Wolfgang Naucke

Strafrecht als Teil politischer Macht

Beiträge zur juristischen Zeitgeschichte

De Gruyter

Univ.-Prof. Dr. Wolfgang Naucke war bis zur Emeritierung Inhaber des Lehrstuhls für Strafrecht, Strafprozessrecht, Kriminologie und Rechtsphilosophie an der Rechtswissenschaftlichen Fakultät der Johann-Wolfgang-Goethe-Universität Frankfurt/M.

ISBN 978-3-11-128388-3
e-ISBN (PDF) 978-3-11-128443-9
e-ISBN (EPUB) 978-3-11-128457-6

Library of Congress Control Number: 2023937883

Bibliografische Information der Deutschen Nationalbibliothek

Die Deutsche Nationalbibliothek verzeichnet diese Publikation in der Deutschen Nationalbibliografie; detaillierte bibliografische Daten sind im Internet über http://dnb.dnb.de abrufbar.

Druck und Bindung: CPI books GmbH, Leck

www.degruyter.com

Vorwort

Die Texte dieses Sammelbandes schließen sich eng an den Band „Über die Zerbrechlichkeit des rechtsstaatlichen Strafrechts“, 1999, an, führen dieses Thema weiter aus. Das „Strafrecht als Teil der politischen Macht“ ist eine stete Gefährdung des rechtsstaatlichen Strafrechts. Das ist nicht nur Theorie, sondern, was die folgenden Texte belegen, beständige Praxis.

Ein „Strafrecht als Machtgrenze“ = „Negatives Strafrecht“ (Naucke, Negatives Strafrecht, Rechtsgeschichte und Rechtsgeschehen, herausgegeben von Thomas Vormbaum, Band 42, 2015, S. 27 und 69) ist wahrscheinlich für die Gegenwart Illusion. Zunächst muss das Strafrecht als Teil des staatlichen Machtapparats identifiziert werden, dann kann man die Aussichten eines rechtsstaatlichen Strafrechts sehen. Dazu liefert dieser Sammelband Beispiele, die, so unterschiedlich sie im Sachverhalt angelegt sein mögen, alle das Strafrecht als Machtausübung zeigen, überdeutlich in der Kohlhaas-Situation und bei der Tötung Geisteskranker im NS-System. Es mag sein, dass im staatlichen Machtstrafrecht das traditionelle kritische Naturrecht mitgeführt wird, aber es ist mit der heutigen strafrechtlichen Begrifflichkeit schwer zu identifizieren. Die strafrechtlichen Extremsituationen, die in den folgenden Texten aufgegriffen und erörtert werden, mögen helfen, diese Identifizierung zu leisten.

Herrn Kollegen Thomas Vormbaum habe ich zu danken für die Anregung, diese Texte zusammenzustellen, und für die umfangreiche kollegiale Sorge für die Herstellung diese Bandes.

Kronberg, im Februar 2023 Wolfgang Naucke

https://doi.org/10.1515/9783111284439-202

Inhaltsverzeichnis

NS-Strafrecht als Teil einer längeren Entwicklungslinie im Strafrecht?

A.

Für das Strafrecht ist die Fragestellung des Streitgesprächs vielleicht zu eng. Ein Fortwirken der „nationalsozialistischen Weltanschauung" im strikten Sinne kennt das Strafrecht der Bundesrepublik nicht. Wissenschaftliche und praktische Beruhigung („das Strafrecht 1933-45 war Entartung; alles ist vorbei") kann gleichwohl nicht eintreten. Es ist möglich, daß das Strafrecht der NS-Zeit nicht isolierte Perversion, sondern Anwendungsfall moderner Kriminalpolitik gewesen ist. Der eigentliche NS-Anteil im Strafrecht war dann sicher eine nicht hinwegzudenkende, aber keine notwendige Bedingung für die Erscheinungsform des NS-Strafrechts. Die Linien der Strafrechtsentwicklung sind länger und durchgehender. Das NS-Strafrecht ist ein ständig irritierender, untrennbarer Teil modernen Strafrechts. Es gibt eine Affinität zwischen dem modernen Strafrecht und dem politischen Denken 1933-45. Als Material geht es dabei nicht um die leicht herauslösbaren und dann tilgbaren, biederen (wiewohl gefährlichen) NS-Schlagworte, die im Strafrecht nach 1933 auftauchen („Führerstrafrecht", „Blutschutzstrafrecht", „volksnahes Strafrecht"); sondern es geht um die durchgehenden Linien im modernen Strafrecht, um Linien, die das Strafrecht des 1. Weltkrieges, das Strafrecht der Revolution 1918/19, das NS-Strafrecht, das Strafrecht der Alliierten 1945-49, das Strafrecht der BRD und der DDR gleichermaßen tragen und verbinden, alle diese Strafrechte als Ausprägungen oder Ausnutzungen einer immer gleichen Grundlage auffaßbar machen.

B.

Das Thema ist nicht Eigentum rechtshistorischer Experten, sondern Teil aktuellen Strafrechtsdenkens in Praxis und Wissenschaft.

Es ist fraglich, ob man wissenschaftlich das NS-Strafrecht der normalen Rechtsgeschichte überlassen darf. Wie unterschiedlich diese Rechtsgeschichte auch verfahren mag, stets faßt sie ihren Gegenstand eben als „Geschichte", als vergangen, geschehen und abgeschlossen auf. Für das Strafrecht 1933-45 ist diese historische Annäherung zu begrenzt und zu beschönigend. Die in den Jahren 1933-45 vergangenen („historischen") Strafrechtstexte und strafrechtlichen

https://doi.org/10.1515/9783111284439-001

Verfahrensweisen sind sicher die Veranlassung für die Erörterung des NS-Strafrechts. Die Frage „Was ist als Strafrecht 1933-45 geschehen?", ist aber oberflächlich und inhuman. Diese Frage kommt nicht darum herum, dem NS-Strafrecht das Etikett des Rechtlichen zuzugestehen. Dabei wird aber ein sehr verkürzter Begriff des Rechtlichen benutzt. Der juristische Begriff des Rechtlichen drängt sich durch. Juristen nehmen das Recht, auch das NS-Recht, als ein intellektuelles Produkt, behandeln es als ein begriffliches Wesen oder Mittel, verobjektivieren es damit und trennen es von der Banalität und Bösartigkeit der Macht. Das Entscheidende am NS-Strafrecht 1933-45 ist, daß es dreist damit rechnete und rechnen konnte, Politik in Recht überführen und damit eine besonders unwiderstehliche Form der Macht schaffen zu können. Wenn NS-Strafrecht „geschichtlich" behandelt werden soll, dann nicht als Rechtsgeschichte, sondern als Machtgeschichte. Jedenfalls braucht die Erforschung des NS-Rechts „einen neuen Typus rechtshistorischer Forschung"[1].

Das NS-Strafrecht ist also nicht allein die Summe von Strafrechtstexten und wirklichen Bestrafungsvorgängen 1933-45. Der Gegenstand „NS-Strafrecht" ist viel weiter, ist die Teilgeschichte eines machtnahen, die Macht suchenden Rechtsbegriffs, ist Beispiel für die Ausformung einer allgemeinen Funktion des staatlichen Strafens, einer Funktion, die dem Jahr 1933 überlassen und die nach 1945 dem staatlichen Strafen nicht wieder abgenommen wird. Die Beschäftigung mit dem NS-Strafrecht ist nicht rechtshistorische Arbeit im traditionellen Sinne, sondern ist die besorgte Erforschung der Möglichkeiten modernen staatlichen Strafens, der Möglichkeiten, die 1933 nicht erfunden und die 1945 nicht vernichtet worden sind. Die Strafrechtswissenschaft, die sich mit dem NS-Strafrecht befaßt, befaßt sich nicht mit Rechtsgeschichte (auch nicht mit strafrechtlicher Zeitgeschichte), sondern mit strafrechtlicher Gegenwart.

C.

Zugeschärft muß die Forschungsfrage lauten: Ist das NS-Strafrecht eine Perversion des normalen, guten Strafrechts, oder eine ständig drohende Möglichkeit des normalen, machtgeneigten Strafrechts (also, solange das moderne Strafrecht nicht neu gedacht ist, selbst normales Strafrecht)? Das Muster „NS-Strafrecht als pervertiertes Strafrecht" beherrscht die Szene. Ehe ich Einwände formuliere, zwei Beispiele.

---

1 *Monika Frommel*, Verbrechensbekämpfung im Nationalsozialismus, in: Franz Jürgen Säcker (Hrsg.), Recht und Rechtslehre im Nationalsozialismus, Baden-Baden 1992, S. 185

D.

Die Wahlfeststellung im Strafrecht ist ein fast unausschöpfbarer moderner wissenschaftlicher Gegenstand, für Studenten schwer begreifbar. Die beste Zusammenfassung dieses Instituts als Repetitorium ohne Ironie jedem Studenten zu empfehlen ist § 2b StGB in der Fassung des Gesetzes zur Änderung des Strafgesetzbuchs v. 28. Juni 1935. Die juristisch-professionell kaum übertreffbare Fassung lautet:

> Verurteilung kraft Wahlfeststellung
> Steht fest, daß jemand gegen eines von mehreren Strafgesetzen verstoßen hat, ist aber eine Tatfeststellung nur wahlweise möglich, so ist der Täter aus dem mildesten Gesetz zu bestrafen.

Entschlossen in dieses Gesetz von 1935 übernommen wurde freilich nur, was in der Sache vorher anerkannt war[2]. § 2b StGB 1935 ist durch das Kontrollratsgesetz Nr. 11 v. 30. Januar 1946 „ausdrücklich" (Art. I) aufgehoben worden. Heute wird die Wahlfeststellung als unproblematisch praktiziert, wissenschaftlich abgehandelt als Anhang zu § 1 StGB (nullum crimen sine lege). Etwas verlegen wird registriert, daß „dieser für die Praxis wichtige Problemkreis von 1935 ... bis 1946 ... gesetzlich geregelt" war[3]. Verlegen und übertrieben gelehrt klingt auch die moderne Rechtfertigung des Instituts; es sei ein gemischt materiell-rechtlich-verfahrensrechtliches Institut, das mit § 1 StGB vereinbar sei, kriminalpolitischen Bedürfnissen und präventiven Erwägungen entspreche[4]. Bei v. Hippel 1930 liest sich das klarer: „der Satz nullum crimen sine lege schafft kein Privileg der Straflosigkeit für Verbrecher, das ebenso sinnlos wie staatsgefährdend wäre..."[5]. Das ist die durchgehende strafrechtliche Linie für alle Kriminalpolitiken, rechte, linke und mittlere: das Strafrecht als sinnvolle Prävention zur Abwendung von Staatsgefährdungen. Diese Linie veranlaßt stets Ausdehnung und flexible staatspolitische Anpassung des Strafrechts. Der naheliegende Gedanke, einige würdevolle Freisprüche, weil das Recht es so will, gefährdeten Präventionsergebnisse und Staatssicherheit nicht, hat in dieser Linie keine Aussicht, gehört zu werden. Diese Linie ist charakterisiert durch ihre kleinliche Suche nach Strafbarkeitslücken und durch das Schließen dieser Lücken mit Hilfe gescheiter dogmatischer Figuren.

---

2 S. die Übersicht bei *R. v. Hippel*, Deutsches Strafrecht, Bd. 2, 1930, S. 44 f. mit vielen Nachweisen.

3 *Dreher/Tröndle*, StGB, 44. Aufl., Rdn. 12 zu § 1.

4 *Schönke/ Schröder/Eser*, StGB, 23. Aufl., Rdn. 69 ff., 75 zu § 1.

5 A.a.O. (Anm. 2), S. 44.

In dem Beitrag zu dieser Vorlesungsreihe „Verbrechensbekämpfung im Nationalsozialismus“ hat Monika Frommel vorgeschlagen, für die historische Forschung nicht davon auszugehen, daß staatliche Prävention durch Strafen stets einer illiberalen Logik folge; es müßten „liberale und illiberale Präventionsmodelle“ unterschieden werden. Ob diese Unterscheidung hilft, ist nicht nur eine Frage für die historische Forschung, vielmehr ist dies die wichtigste Frage der aktuellen praktischen Kriminalpolitik[6]. Die Unterscheidung aufnehmend meine ich, daß staatliche Präventionsmodelle stets illiberal sind. akademische Präventionsmodelle mögen liberal angelegt sein, doch sind sie praktisch bedeutungslos, erweisen sich oft z.B. bei v. Liszt selbst in der liberalen Anlage noch als verpuppte Illiberalität.

Das 2. Beispiel liegt ganz in der Nähe. Alle Kennzeichnungen des NS-Strafrechts stimmen darin überein, daß sich dieses Strafrecht polizeilichen Zwecken dienstbar gemacht hat: „Verpolizeilichung des Strafrechts“. Die drei ausführlichsten Monographien der letzten Jahre zum NS-Strafrecht von Lothar Gruchmann, , Gerhard Werle und Stefan Werner[7] haben zu diesem Thema einen festen Befund geschaffen. Doch dieser Befund muß ergänzt werden. Werle und Werner haben dies ausdrücklich eingeräumt. Warum untersucht man nur das NS-Strafrecht auf Verpolizeilichungs-Tendenzen?

Würde man die Untersuchung ausdehnen auf die Zeit vor 1933 und nach 1945, man käme wieder auf eine langfristige Linie, eben jene der stetigen Verpolizeilichung des Strafrechts. Aus dem aufgeklärten Strafrecht übernimmt das nachaufklärerische Strafrecht des 19. Jahrhunderts als festes Strafziel die Verbrechensbekämpfung, den Beitrag des Strafrechts zur inneren und äußeren Sicherheit des Gemeinwesens. Polizeiliche und strafende Staatsziele sind nicht zu unterscheiden[8]. In der wissenschaftlichen Diskussion wird das undeutlich gesehen, weil diese Diskussion sich vom Beginn des 19. Jahrhunderts ab auf selbst geschaffene strafrechtliche Randprobleme im Bereich der allgemeinen Strafrechtslehre zurückzieht, dabei freilich immer noch die fortschreitende Verpolizeilichung des Strafrechts spiegelt, vor allem in den Straftheoriedebatten. Feuerbach kann als Hauptbeleg gelten.

---

6 Vgl. dazu *Lüderssen*, Die Krise des staatlichen Strafanspruchs, 1989. bes. S. 37 ff.

7 *Lothar Gruchmann,* Justiz im Dritten Reich 1933-40, 1988; *Gerhard Werle,* Justiz-Strafrecht und polizeiliche Verbrechensbekämpfung im Dritten Reich, 1989; *Stefan Werner,* Wirtschaftsordnung und Wirtschaftsstrafrecht im Nationalsozialismus, 1990.

8 Vgl. Material und Überlegungen in den Beiträgen von *Rüping, Frommel* und *Siemann*, in: Strafrecht zwischen französischer Revolution und Paulskirche. Akten des 26. Deutschen Rechtshistorikertages, hrsg. v. Dieter Simon, 1987, S. 185 ff., 169 ff., 197 ff.

Die Gesetzblätter im Bereich dessen, was die Wissenschaft als „Nebenstrafrecht“ zu bezeichnen lernt, sprechen eine viel deutlichere Sprache. Da wird unbedenklich unter Strafe gestellt, was in die gerade aktuelle Innen- und Außenpolitik nicht paßt; es wird straflos gelassen, was diese Politik nach Meinung der Politik verstärken könnte. Diese Tradition ist aufgenommen und verfestigt z.B. im wissenschaftlich kaum behandelten Gesetz gegen die gemeingefährlichen Bestrebungen der Sozialdemokratie v. 21. Oktober 1878. Der Titel schon zeigt die polizeiliche Absicht des Gesetzes (die Verwandtschaft des Sprachstils dieses Gesetzestitels mit dem Sprachstil vieler NS-Strafregeln ist nicht zu übersehen). Der Inhalt ist schiere Polizei. Das Ineinandergreifen von Polizeimaßnahmen im engeren Sinne und Strafmaßnahmen, die die Polizei verstärken und ergänzen, ist ausdrücklich durchkonstruiert (§§ 17 ff.). Die Gesetzgebungstechnik des Gefährdungsdelikts ist professionell gehandhabt (§§ 18, 19), Strafen und Maßregeln stehen 1878 nebeneinander (§§ 22, 23), der Schuldgrundsatz ist eingeschränkt (§ 21), die Vorverlagerung der Strafbarkeit z.B. auf die Beteiligung an einer kriminellen Vereinigung ist mit Selbstverständlichkeit gehandhabt (§ 17). Dieser polizeiliche Strafrechtstyp wird im Kolonialstrafrecht und im Strafrecht des I. Weltkrieges genutzt und fortgebildet. Und es ist das jener Typ, der im NS-Strafrecht nicht erfunden, sondern fortgesetzt wird. Es ist keine Beruhigung, wenn man formuliert: „in brutaler Weise“ fortgesetzt wird. Die Brutalität dieses Strafrechtstyp ist eines seiner Charakteristika, keine Ausnahme.

Nach 1945 hat sich prinzipiell nichts geändert. Ein moderner, der Illiberalität nicht verdächtiger Kommentar faßt das Glaubensbekenntnis modernen Strafens zusammen: Aufgabe des Strafrechts sei es, sozialschädliches Verhalten zu bekämpfen; diese Aufgabe sei ähnlich der des Polizeirechts die Gefahrenabwehr[9]. Die angeführte Kommentarstelle sieht in der Festlegung des Strafrechts auf polizeiähnliche Gefahrenabwehr freilich eine „Beschränkung“, was nicht zu verstehen ist. Eine aktuelle Monographie findet das Bild von der Polizei als Pförtner zur Justiz[10]. Das ist wahre strafrechtliche Moderne: Polizei und Strafjustiz wohnen im gleichen Haus, dem Haus der Verbrechensbekämpfung; die Polizei kontrolliert, was die Justiz machen soll. Die Verbrechensbekämpfung als eine polizeiliche Zielsetzung eint Polizei und Straforganisation: Die vorbeugende Bekämpfung von Straftaten (das ist die Legitimation des modernen Strafrechts) wird zur Polizeiaufgabe, die von der Gefahrenabwehr nicht mehr zu unterscheiden ist (z.B. § 1 Abs. 4 HSOG 1990). In diese Entwicklungslinie gehört, daß die internationale Verbrechensbekämpfung (Art. 73 Nr. 10 a.E. GG) in der Form der Internationalisierung des Ermittlungsverfahrens im Polizeirecht (nicht im

---

9 SK-StGB, 5. Aufl., 1989, Rdn. 1 vor § 1.

10 *Kunz*, Vorbeugen statt Verfolgen, 1987, S. 44.

Strafverfahrensrecht) vorangetrieben wird. Das ist die Linie der Verpolizeilichung des Strafrechts, die in der NS-Zeit nur einen Schub, aber keine neue, wieder aufgegebene Qualität erhält.

E.

Damit können die Einwände gegen die Vorstellung vom NS-Strafrecht als kurzfristig für 12 Jahre pervertiertem Strafrecht genauer formuliert werden. Das Selbstverständliche vorweg: Es geht nicht um eine „günstigere“ Einordnung des NS-Strafrechts. Ganz im Gegenteil. Dieses Strafrecht ist in einer widerlichen Weise brutal, machtgierig, böse, und alles dieses in einer sprachlich und begrifflich mittelmäßigen, unintellektuellen Art. Dieses Strafrecht kann nur Gegenstand der Abwertung, also nicht Gegenstand üblicher Forschung an einem seriösen Gegenstand sein. Gerade deswegen ist es mit dem Etikett „Perversion“ nicht getan. Dieses Etikett suggeriert, daß die strafrechtliche Normalität gut und nur die Entartung schlecht ist. Damit kommt die strafrechtliche Normalität der Jahre vor 1933 und nach 1945 viel zu edel davon, und es wird übergangen, daß es diese Normalität war, die die Perversion schon ausbildete. Und außerdem: „Perversion“ ist eine Art von Schicksal, für die niemand etwas kann. Das NS-Strafrecht, dieser Typus modernen Strafrechts, ist aber von der Juristenschaft in allen Berufen zu verantworten.

Einzelheiten:

Es ist merkwürdig und unangemessen, daß gerade ein im NS-Jargon häufig benutzter Ausdruck (Perversion, Entartung) wiederauftaucht, um das NS-Strafrecht selbst zu kennzeichnen. Weiter: Der Ausdruck hat sein wissenschaftliches Hauptanwendungsgebiet in der Sexualpathologie. Die Assoziationen, die damit ausgelöst werden, machen die Benutzung unzweckmäßig. Wichtiger noch: Der Ausdruck „pervertiertes“ Strafrecht hat die offenbar gewünschte Funktion, die NS-Strafrechtszeit als Teil einer durchgehenden Rechts-Epoche registrieren zu können. Auch das pervertierte Recht ist Recht. So bleibt die Vorstellung von einer durchgehenden Rechtsepoche in der Moderne erhalten. Der Zwang, der von der NS-Zeit ausgeht, Epochen mit Rechtscharakter von Epochen ohne diesen Charakter zu unterscheiden, diese Entscheidung durchzudenken und zur Grundlage verzweigten juristischen Handelns zu machen, wird neutralisiert. Als Nebeneffekt gewinnt man die Möglichkeit, für die Zeit 1933-45 normales, d.h. legitimiertes Strafrecht von anderem pervertierten Strafrecht zu unterscheiden: als ob die Begehung und Bestrafung eines Diebstahls unabhängig gestellt werden könnte von dem politischen System, in dem der Diebstahl begangen und bestraft wird. Die Perversions-Vorstellung ist eine nachträglich gefundene (oder vorweggenommene) Verteidigung der Juristen gegen den Einwand, in einem nichtrechtlichen System juristisch gearbeitet zu haben.

F.

Die Gegenmeinung ist schon formuliert worden und braucht nur noch zusammengefaßt zu werden.

Gegen die Vorstellung vom pervertierten Strafrecht, das gleichwohl Recht geblieben ist und das nicht-pervertiertem Recht Raum gelassen hat, ist die Auffassung zu setzen, daß das NS-Strafrecht ein von den Juristen zu verantwortender Teil modernen Strafrechtsdenkens und dessen Realisierung ist. Das aktuelle Strafrecht ist dann nicht mehr beruhigende Normalität, sondern nur Ergebnis zurückgenommener, aber nicht vernichteter Möglichkeiten. Das NS-Strafrecht ist kein einmaliger Fall. Es war vorbereitet und hat sich nach 1945 nicht als erschöpft gezeigt. Die Strafrechtsentwicklung 1945-49 und ab 1949 in der BRD und in der DDR ist kein Neuanfang, hat keine andere Qualität, sondern ist nur zeitabhängige und politikabhängige Neuformulierung unveränderter strafrechtlicher Modernität.

Im NS-Strafrecht zeigen sich die Hauptkennzeichen modernen Strafrechts besonders deutlich und ungebremst. Der Rechtsbegriff ist formal; das Strafrecht ist durchgängig politisch abhängig, d.h. es unterstützt die politische Macht, begrenzt sie nicht. Das Strafrecht ist staatsnahes Strafen; je brutaler der Staat, umso brutaler das Strafrecht, das Strafrecht hat keine staatsunabhängigen Begrenzungen in sich selbst. Das Strafen leistet einen bereitwilligen Beitrag zu den jeweiligen Anforderungen an die innere Sicherheit. Das NS-Strafen bringt das Strafen des 19. und 20. Jahrhunderts auf die Spitze seiner Modernität.

G.

Hat das Strafrecht eine Möglichkeit, sich diesen wiederholbaren Verläufen zu entziehen? Sicher. Zu beginnen ist in den Universitäten. Die begrifflichen Bemühungen um die Erfassung des Strafrechts müssen erhöht werden. Staat, Macht und Politik auf der einen, Recht (Strafrecht) auf der anderen Seite müssen deutlich auseinandertreten. Das Strafrecht ist kein selbstverständlicher Zugewinn bei jedem politischen Machtgewinn. Das Strafrecht ist keine Waffe im Kampf gegen das Verbrechen. Die Unterscheidung: Verbrechensbekämpfung durch Strafrecht in einer Demokratie ist in Ordnung, Verbrechensbekämpfung in einer Diktatur ist Teil-Perversion, ist leichtfertig. Strafrecht ist nicht relativ zu den jeweiligen Machtbedürfnissen. Strafrecht ist ein gebrechliches Verfahren, die Freiheit des Einzelnen gegen Gewalt und List anderer Einzelner oder des Staates zu bewahren.

Würden solche Sätze in den Akademien diskutiert, so könnten Entwicklungen des Strafens vom Strafrecht zur bloßen Strafmacht frühzeitig identifiziert werden. Und es könnten Handlungsmöglichkeiten, Ethiken gegen solche Entwicklungen entworfen werden. Das ist etwas grundsätzlich anderes als die nachträgliche Beschreibung einer Straf-Zeit als „Perversion", die vom Handeln in der Aktualität befreit.

Schwerpunktverlagerungen im Strafrecht

1. Einleitung

Bei den Vorbereitungen zu diesem Text* ist mir im Spätsommer 1992 eine Zeitungsnotiz mit der Überschrift „Rauchen bald kriminell?" in die Hände gefallen[1]. In der Notiz wurde berichtet über die Pläne von Angehörigen großer politischer Parteien, das Rauchen im öffentlichen Bereich – offenbar bei Strafe – zu verbieten.

Man traut zunächst seinen Augen nicht. Das traditionsreiche rechtsstaatliche Strafrecht sollte sich Derartiges zutrauen und für Derartiges zuständig sein? Wie sollte denn ein entsprechender Tatbestand aussehen? Etwa so:

> Wer rechtswidrig in der Öffentlichkeit vorsätzlich oder fahrlässig Tabak raucht, wird mit Freiheitsstrafe bis zu 6 Monaten oder mit Geldstrafe bestraft?

Eine solche Formulierung wäre gesetzlich nicht bestimmt genug (Art. 103 Abs. 2 GG). Die Verhältnismäßigkeit der Rechtsfolge wäre nicht gewahrt. Die Durchsetzung eines solchen Verbots im Strafverfahren müßte zur Allgegenwart von Polizei und Staatsanwaltschaft in der Öffentlichkeit führen. Und überhaupt: Das Rauchen in der Öffentlichkeit ist gar kein Gegenstand rechtsstaatlichen Strafrechts, das ist allenfalls ein Problem des Jugend- und Gesundheitsschutzes durch vernünftige Politik (nicht durch Recht).

Je länger man aber die Frage „Rauchen bald kriminell?" bedenkt, umso einleuchtender wird sie. Man braucht nur von einem traditionellen auf ein aktuelles Strafrechtsprogramm umzuschalten. Warum denn eigentlich nicht das Rauchen zunächst in der Öffentlichkeit, dann auch in der Privatheit bei Strafe verbieten? Das ist doch für das Wohlbefinden und die Gesundheit vieler Bürger und für das gesamte Gesundheitssystem, die Finanzierung dieses Systems eingeschlossen, zweckmäßig. Dem Umweltschutz und der Sauberkeit dient ein solches strafbewehrtes Verbot auch. Die gesetzliche Bestimmtheit des Strafrechts, so kann man überall lesen, darf ohnehin nicht überdehnt werden[2]. Die Verhältnismäßigkeit der Rechtsfolgen läßt sich

---

1 Frankfurter Rundschau vom 07.09.1992.

2 Vgl. das Material bei *Schönke / Schröder-Eser*, StGB, 24. Aufl., bes. Rn. 20 zu § 1 und bei *Krahl*. Die Rechtsprechung des Bundesverfassungsgerichts und des Bundesgerichtshofs zum Bestimmtheitsgrundsatz im Strafrecht (Art. 103 Abs. 2 GG). 1986.

https://doi.org/10.1515/9783111284439-002

durch ein weit ausdifferenziertes Sanktionensystem herstellen. Zur Allgegenwart von Polizei und Staatsanwaltschaft wird es nicht kommen. Das Legalitätsprinzip gilt nicht mehr als zeitgemäß[3]. Die materiellen und prozessualen Strafrechtsregeln haben sich ausgerüstet mit vielfältigen Möglichkeiten des Absehens von der Verfolgung, der Einstellung des Verfahrens, des Absehens von Strafe, kurz, die Strafrechtsregeln haben sich ausgerüstet mit einem vitalen Opportunitätsprinzip. Man kann die Strafbarkeitserklärung also ruhig formulieren. Wieweit sie praktiziert wird, entscheidet ohnehin die Opportunität im konkreten Verfahren. Der Hinweis, „Rauchen in der Öffentlichkeit“ sei kein angemessener Gegenstand des Strafrechts, sondern des vernünftigen Verwaltens, gilt als schwach. Die Grenzen zwischen Rechtsgebieten oder zwischen Strafrecht und Verwaltung sind für das moderne Verständnis des Strafrechts ein formales Argument, wenn es darum geht, präventiv zu wirken.

Der Strafrechtler kommt beim Nachdenken über die Forderung, das Rauchen in der Öffentlichkeit durch ein besonderes Gesetz bei Strafe zu verbieten, auf die Frage, warum denn ein besonderes Gesetz nötig sein solle, warum man nicht die Ansätze in der üblichen Dogmatik aufgreift und entwickelt. Die Lehre von der objektiven Zurechnung, die Rechtswidrigkeitslehre, die Vorsatz- und Fahrlässigkeitslehre, die Ansätze zur strafrechtlichen Produkthaftung in Literatur und Rechtsprechung[4], alle diese professionellen Ansätze lassen die Erörterung der Frage zu, ob das Herstellen und Vertreiben von Tabakerzeugnissen nicht strafbar sein kann. Doch dieser Linie, der Linie des langsam sich bewegenden rechtsstaatlichen Strafrechts, wird in der öffentlichen, auf schnelle Resonanz zielenden Diskussion nicht nachgegangen. Diese rechtsstaatliche Linie ist zu juristisch-professionell, zu zurückhaltend. Diese Linie zeigt zu wenig kriminalpolitische Phantasie, verheißt zu wenig vorzeigbare Präventionsergebnisse in der Form von Texten im Gesetzblatt. Kriminalpolitische Phantasie und vorzeigbare Präventionsergebnisse sind aber die Kennzeichen gegenwärtigen akzeptierbaren

---

3 Vgl. die Nachweise bei *Eser*, Funktionswandel strafrechtlicher Prozeßmaximen, ZStW 104 (1992). S. 369 f., 373, 386 ff.; s. auch: *Ministerium für Justiz, Bundes- und Europaangelegenheiten Baden-Württemberg* (Hrsg.), Ist das Legalitätsprinzip noch zeitgemäß?, 1990 (Der Inhalt dieses Sammelbandes legt die Antwort „nein“ auf die Frage des Titels nahe). Weitere Belege: *Naucke*, Der Zustand des Legalitätsprinzips, in: Lüderssen / Nestler-Tremel / Weigend (Hrsg.), Modemes Strafrecht und ultima-ratio-Prinzip, 1990, S. 149 ff.

4 BGHSt 37 (1992), 106 f. – diese sog. Leder-Spray-Entscheidung – ist ein gewichtiger Versuch, neue Probleme der Zurechnung ohne Vernachlässigung angestammter rechtsstaatlicher juristischer Professionalität und ohne Rückgriff auf unbefangene Kriminalpolitik zu entscheiden. Vgl. früher schon *Kuhlen*, Fragen einer strafrechtlichen Produkthaftung, 1989, vor allem Kapitel 2 und 3.

strafrechtlichen Denkens. Aus diesen Kennzeichen läßt sich auch die Frage beantworten, ob es nicht widersprüchlich ist, das Rauchen von Tabak unter Strafe stellen zu wollen, aber zugleich Straflosigkeit des Gebrauchs von Drogen zu fordern. Kriminalpolitische Phantasie ist heute so offen, daß sie diesen Widerspruch nicht als Widerspruch, sondern als Zeichen für weitgespannte Phantasie empfindet. Offenbar verlagert sich das strafrechtliche Denken von professioneller Rechtsstaatlichkeit zu kriminalpolitischer Phantasie und zu herbeigesehnten Präventionserfolgen. Dieser vermuteten Schwerpunktänderung geht der folgende Text nach. Er wird. zunächst einige allgemeine Themen aufgreifen, dann zu speziellen strafjuristischen Instituten übergehen und am Schluß zum Allgemeinen zurückkehren. Stets werden traditioneller Ansatz und Schwerpunktänderung gegenübergestellt.

2. Von der Strafrechtsphilosophie zum strafpolitischen Pragmatismus

Das europäische Strafrecht seit der 2. Hälfte des 18. Jahrhunderts entwickelt sich aus einer aufwendigen rechtsphilosophischen Debatte. Der Rahmen dieser Debatte ist in Erinnerung zu rufen: Der Mensch ist frei geboren. Im nicht-rechtlichen Zustand, dem Naturzustand, ist diese Freiheit aber ständig durch die aggressiven Neigungen des Mitmenschen bedroht. Die Menschen gründen durch Vertrag den Bürgerverein, den Staat. Aufgabe des Staates ist es, die Freiheit des Bürgers zu sichern. Freiheitsverletzungen sind Verbrechen. Der Staat hat das Recht und die Pflicht, auf diese Verbrechen mit Strafe zu reagieren.

Dieser Gedanke wird in vielen Facetten ausgeführt, in Frankreich von Montesquieu und Rousseau, in Italien von Beccaria, in Deutschland von Hommel und Feuerbach[5]. Kant, Fichte und Hegel vertiefen diesen Gedanken. Sie sichern ihn erkenntnistheoretisch ab und nehmen ihm seine politische Relativität[6].

---

5 Übersichten: *Seelmann*, Vertragsmetaphern zur Legitimation des Strafens im 18. Jahrhundert, in: Stolleis (Hrsg.), Die Bedeutung der Wörter, Festschrift für Sten Gagner, 1991, S. 441 ff.; *Deimling* (Hrsg.), Cesare Beccaria, Die Anfänge moderner Strafrechtspflege in Europa, 1989; s. auch *Naucke*, Kant und die psychologische Zwangstheorie Feuerbachs. 1962, S. 7 ff.

6 Neuere Literatur, die die Zusammenhänge für die gegenwärtige Diskussion aufbewahrt: *Herzog*, Prävention des Unrechts oder Manifestation des Rechts, 1987; *Kahlo / E.A. Wolff / Zaczyk* (Hrsg.), Fichtes Lehre vom Rechtsverhältnis, 1992, darin besonders der Beitrag von *Köhler*, S. 93 ff.; *Kühl*, Naturrechtliche Grenzen strafwürdigen Verhaltens, in: Festschrift für Spende!, 1992, S. 75 ff.; *Köhler*, Der Begriff der Strafe, 1986; *Schild*. Die Aktualität des Hegelschen Strafbegriffs, in: Heime! (Hrsg.), Philosophische Elemente der Tradition des politischen Denkens, 1979, S. 199 ff.; *Seelmann*, Hegels Straftheorie in seinen „Grundlinien

Kern dieser Philosophie ist die Einsicht in die stetige Gefährdung der individuellen Freiheit. Diese Gefährdung entsteht aus der Machtausübung durch den Straftäter gegenüber dem Opfer und aus der Machtausübung des Staates gegenüber dem zum Täter erklärten Bürger. Das philosophisch richtige Strafrecht ist die Summe der Regeln, die gegen die Machtausübung durch den Straftäter und gegen die Machtausübung durch den Staat, also gegen Straftat und Strafe, schützen. Diese Summe von Regeln, die gegen Macht schützen, ist das rechtsstaatliche Strafrecht.

Diese Philosophie als Grundlage für ein wirkliches Strafrecht ist aus den aktuellen strafrechtlichen Überlegungen verschwunden. Den Beginn der Entwicklung kann man in Deutschland klar sehen an dem Text Birnbaums aus dem Jahre 1834 über den Begriff des Verbrechens[7]. Die Philosophie ist beiseitegesetzt. An ihre Stelle ist der Appell an zeitgeistnahe Plausibilität getreten. Das Strafrecht schützt „Vorteile", die der Bürger wünscht und deren Gefährdung er als Sozialstörung auffaßt; auch die Freiheit ist ein solcher „Vorteil": der Schaden an diesem Vorteil wird „nach den Grundsätzen der Politik" gemessen[8]. Die Reaktion auf wechselnde Sozialstörungen wird im Geiste Birnbaums „ein Grundprinzip jeder rationalen Strafrechtslehre[9]. Große, begrifflich anspruchsvolle deutsche Lehrbücher aus der Zeit nach dem II. Weltkrieg – z.B. die Lehrbücher von Baumann, Jakobs, Jescheck, Roxin – haben Verbrechen und Strafe von der Philosophie der Freiheit gelöst[10]. An die Stelle tritt ein theoretisch unaufwendiger strafpolitischer Pragmatismus. „Strafrecht ist Rechtsgüterschutz" (und die Freiheit kann ein

der Philosophie des Rechts", in: JuS 1979, S. 687 ff.; *E.A. Wolff*, Die Abgrenzung von Kriminalunrecht zu anderen Unrechtsformen, in: Hassemer (Hrsg.), Strafrechtspolitik, 1987, S. 137 ff.

7 *Birnbaum*, Über das Erfordernis einer Rechtsverletzung zum Begriffe des Verbrechens, in: Archiv des Criminalrechts, Neue Folge, 1834, S. 149 ff.

8 *Birnbaum*, a.a.O. (Anm. 7), S. 175/176.

9 *Amelung*, Rechtsgüterschutz und Schutz der Gesellschaft, 1972, S. 10. Amelung weist freilich darauf hin, daß das Prinzip der Sicherung des Freiheitsraums des Bürgers als „Gegenprinzip" zu beachten sei. Der Gang der Entwicklung ist an dieser Formulierung augenfällig. Die Freiheit des Bürgers ist von der Grundlage des Strafrechts zu einem Gegenprinzip vitaler Kriminalpolitik geworden.

10 Zu vergleichen ist: *Feuerbach*, Lehrbuch des gemeinen in Deutschland gültigen peinlichen Rechts, z.B. 3. Aufl., 1805, §§ 8 ff. mit *Baumann / Weber*, Strafrecht, AT, 9. Aufl., 1985, S. 7 ff.; *Jakobs*, Strafrecht, AT, 2. Aufl., 1991, S. 1 ff., 34 ff.; *Jescheck*, Lehrbuch des Strafrechts, AT, 4. Aufl., 1988, S. I ff., 7 ff., 17 ff. (S. 21 erscheint die Freiheit nur noch als Grenze der Kriminalpolitik); *Roxin*, Strafrecht, AT I, 1992, S. 11 ff., 26 ff. (Aus der Freiheit ist die „freie Entfaltung" durch Rechtsgüter im Rahmen eines funktionierenden Systems geworden, S. 11 f.).

Rechtsgut sein), damit begnügt man sich[11]. Aber trotz vielfältiger Bemühungen weiß man nicht, was diese Rechtsgüter „sind", wer sie legitim schaffen kann und ob die Freiheit ein notwendiges Rechtsgut ist[12]. Die Strafrechtsgeschichte der neueren Zeit lehrt, daß diese Rechtsgüter die schwankenden Vorteile sind, die die gerade herrschende politische Macht dem Bürger oder Untertanen einräumt. Der strafrechtliche Rechtsgüterschutz versagt sich keiner Zumutung: Volk und Rasse, Sozialismus und Kapitalismus, moderne Waren- und Geldvertriebsformen und die außenpolitische Achtung eines Staates, alles kann Rechtsgut sein.

Das Strafrecht rückt in die Nähe polizeilicher Ordnungsmechanismen[13].

Ein wenig anspruchsvoller klingt die Wendung, das Strafrecht diene dem „Rechtsfrieden"[14]; aber diese Wendung ist nur eine unabgeleitete Leerfonnel. Theoretisch kraftlos – verglichen mit der Philosophie der Freiheit – sind die Versuche, das Strafrecht zu stützen auf empirische Befunde zu den Meinungen der Bürger über Strafrecht und auf Akzeptanzvennutungen, die aus diesen Befunden entnommen werden[15]. Mit dem Aufgeben einer dem staatlichen Strafbedürfnis entgegentretenden Strafrechtsphilosophie im 19. Jahrhundert verliert das Strafrecht sein eigenständiges Programm. Der Naturzustand rückt wieder näher. Bedrückend klar wird das an der Unfähigkeit des aktuellen Strafrechts, schwere

---

11 *Baumann / Weber*, a.a.O. (Anm. 10), S. 9 f.; *Jakobs*, a.a.O. (Anm. 10), S. 37 ff.; *Jescheck*, a.a.O. (Anm. 10), S. 6 ff.; *Roxin*, a.a.O. (Anm. 10), S. 7 ff.; Probleme mit dieser Kennzeichnung werden hervorgehoben (besonders deutlich bei *Jakobs*, S. 44 ff. und bei *Roxin*, S. 10 ff.), aber doch nur, um ein verbessertes Konzept des Strafrechts als Rechtsgüterschutz finden zu können. Vgl. zu der im Text gezogenen Linie *Hassemer*, Kennzeichen und Krisen des modernen Strafrechts, ZRP 1992, S. 379 ff.

12 Ablesbar an folgender Monographienreihe: *Herbert Jäger*, Strafgesetzgebung und Rechtsgüterschutz bei Sittlichkeitsdelikten, 1957; *Sina*, Die Dogmengeschichte des strafrechtlichen Begriffs „Rechtsgut", 1962; *Marx*, Zur Definition des Begriffs „Rechtsgut", 1972; *Amelung*, Rechtsgüterschutz und Schutz der Gesellschaft, 1972; *Hassemer*. Theorie und Soziologie des Verbrechens, Ansätze zu einer praxisorientierten Rechtsgutslehre, 1973.

13 SK-StGB (*Rudolphi*), Rn. 1 vor § 1. Vgl. die kritische Analyse von *Krauß*, Sicherheitsstaat und Strafverteidigung, StV 1989, S.315ff., bes. S.317f.

14 *Eser*, a.a.O. (Anm. 3), S. 375, 381, 385, 386, 394, 396; *Baumann* u.a., Alternativ-Entwurf Wiedergutmachung (AE-WMG), 1992. S. V; *Schöch*, Empfehlen sich Änderungen und Ergänzungen bei den strafrechtlichen Sanktionen ohne Freiheitsentzug? Gutachten C zum 59. DJT. 1992, S. C 65 f. – Die pathetischen Ausdrücke „Friedensstiftung" oder „gesellschaftliche Friedenssicherung" als Ziele des Strafrechts werden wohl einen ähnlichen. freilich keinen klareren Sinn haben (*Pfeiffer*, Täter-Opfer-Ausgleich – das Trojanische Pferd im Strafrecht?, ZRP 1992, S. 338, 345.

15 Ein eindrucksvoll ausgearbeitetes Beispiel: *Sessar*, Wiedergutmachung oder strafen?, 1992: s. auch *Pfeiffer*, a.a.O. (Anm. 14), S. 339 ff. und *AE-WMG*, a.a.O. (Anm. 14), S. VI, und *Michael C. Baurmann / Schrödter*, Das Opfer nach der Straftat – seine Erwartungen und Perspektiven. 1991, bes. S. 283 ff.

Beeinträchtigungen der individuellen Freiheit – Tötung, Freiheitsberaubung, Vergewaltigung – theoretisch angemessen hervorzuheben und praktisch verhältnismäßig zu bestrafen. Auch diese schweren Taten gegen die Freiheit geraten in den Sog politisch-pragmatischen Strafens. Die Tötung eines Menschen interessiert das Strafrecht in erster Linie als gesellschaftliche Verunsicherung, nicht als Auslöschung eines individuellen Lebens.

Das aktuelle Strafrecht begleitet die Machtentwicklung, steuert sie aber nicht. „In einer sich wandelnden Gesellschaft verändert sich das Strafrecht"[16], das ist das Genaueste, was man gegenwärtig über das Strafrecht weiß.

3. Vom staatlichen Strafmonopol zur Privatisierung staatlicher Strafmacht

Die Strafrechtsphilosophie der Freiheit ist voller Mißtrauen gegen Machtausübung, gleichgültig, ob die Macht beim Straftäter oder beim strafenden Staat liegt. Diese Philosophie will Machtausübung durch den Bürger unterbinden, indem die Machtausübung beim Staat monopolisiert wird; und diese Philosophie will gleichzeitig die monopolisierte strafende Machtausübung durch den Staat mit Schärfe rechtlich kontrollieren. Dieser Gedanke läßt ein hart profiliertes Strafrecht entstehen: strenge strafende Reaktion auf die Überwältigung der Freiheit eines anderen, strenge juristische Kontrolle dieser Reaktion selbst.

Mit dem Zusammenbruch der praktischen Wirksamkeit dieser Strafrechtsphilosophie der Freiheit bricht auch das Strafmonopol des Staates zusammen, wird dieses Strafmonopol dezentralisiert und privatisiert, folgerichtig angelehnt an den vorherrschenden strafpolitischen Pragmatismus. Wenn Vorteile, Güter, Rechtsgüter durch den Privaten effektiver geschützt werden können als durch den Staat, warum sollte der Private dann nicht handeln dürfen?

Der Private – Täter oder Opfer – ist in einem Strafrecht der Freiheitsbewahrung eine wichtige Person: am Opfer wird die Verletzung der Freiheit durch den Täter sichtbar; das Strafrecht hebt diese Verletzung auf durch die Bestrafung des Täters in einem Stil, der die Freiheitsverletzung durch Strafe beim Täter legitimieren kann.

Der private Verletzte bezeugt die Verletzung seiner Freiheit und fordert das Machtmonopol des Staates notfalls über das Klageerzwingungsverfahren ein.

16 Formulierung von *Kindhäuser*, Sicherheitsstrafrecht, Gefahren des Strafrechts in der Risikogesellschaft, Universitas 1992, S. 27. Der Text von Kindhäuser hat freilich das Ziel. den Konsequenzen des zitierten Satzes zu entkommen.

Das pragmatisch-politische Strafrecht des ausgehenden 20. Jahrhunderts kann mit solchen Stilisierungen nicht viel anfangen. Das bloße Bezeugen der Freiheitsverletzung wird gering geachtet. Das Klageerzwingungsverfahren verkommt[17].

Der Täter als Mitgestalter von Sachverhalt und Rechtsanwendung im Verfahren, also als prozessualer Mitgestalter der durch ihn geschehenen Freiheitsverletzung, tritt in den Vordergrund: beim Absehen von der Verfolgung, bei der Einstellung (§§ 153 ff. StPO), bei der Diversion, bei der Wiedergutmachung, beim Täter-Opfer-Ausgleich, bei den Absprachen im Prozeß über Sachverhalte, materielles Recht und Verfahrensrecht. Das Opfer ist „wiederentdeckt"[18], aber nicht als Opfer einer Freiheitsverletzung[19], sondern als

---

17 Vgl. *Jans*, Die Aushöhlung des Klageerzwingungsverfahrens, 1990.

18 Vgl. *Neumann*, Die Stellung des Opfers im Strafrecht, in: Hassemer (Hrsg.), Strafrechtspolitik, 1987, S. 225 ff.; *Eser*, a.a.O. (Anm. 3), S. 374 f. und *Luther*, Wiedergutmachung – Dritte Spur im Strafrecht, NJ 1992, S. 400 f., jeweils mit Nachweisen. Übersicht über die neuere Literaturgeschichte dieser Frage bei *Müller-Dietz*, Die geistige Situation der deutschen Strafrechtswissenschaft nach 1945, GA 1992, S. 123, Anm. 153.

19 Einer der weitgehendsten theoretischen und praktischen Nachteile der aktuellen Debatte um Wiedergutmachung bzw. Täter-Opfer-Ausgleich *statt* Strafe *besteht* in der Vernachlässigung der Kontrollfrage: bei welchen Taten ist die Privatisierung des staatlichen Strafanspruchs richtig? Die einschlägigen Passagen in der aktuellen Literatur sind bemerkenswert karg. Der AE-WGM, a.a.O. (Anm. 14), S. 29 f., will in einer Art trotzigen Konsequenz für *alle* Formen der Kriminalität, auch für die Schwerkriminalität, privatisierte Strafrechtspflege zulassen (S. 29 f.). Bei der „Schwerstkriminalität" (S. 30) werden Einschränkungen vorgesehen, wenn private Schutzbedürfnisse oder starke öffentliche Interessen es erfordern. Das ist eine Banalisierung von Tötung, Freiheitsberaubung und Vergewaltigung. Der Totschläger, der sich bei den Hinterbliebenen entschuldigt und der Gesellschaft versichert, nie wieder werde er *töten*, und der – bei politisch motivierten Taten nicht selten – auf das Verständnis zumindest eines Teils der Öffentlichkeit rechnen kann, müßte folgerichtig straflos gelassen werden, jedenfalls kann er mit einer deutlichen Strafmilderung rechnen. Das ist die vollständige Akademisierung und emotionale Austrocknung des Strafrechts. Dem AE-WGM schließt sich *Schöch*, a.a.O. (Anm. 14), S. C 74 f. an, führt bei schweren Straftaten nur das zusätzliche Kriterium „Zumutbarkeit für das Opfer" ein (S. C 74). Diese Kategorie macht deutlich, daß das Opfer einer schweren persönlichen Straftat prinzipiell dem Wiedergutmachungs- und Täter-Opfer-Ausgleichsdruck als Regel unterliegt und nur im Ausnahmefall, für den das Opfer begründungspflichtig ist, von diesem Druck freigestellt wird. Wenn man solche Stellungnahmen auf einen Ausländer als Opfer eines ausländerfeindlichen Brandanschlags anwendet, kommt absurdes Theater heraus. Wiedergutmachung und Täter-Opfer-Ausgleich sind Ergebnisse von 40 Jahren ruhiger Kriminalpolitik der alten Bundesrepublik. Diese Institute sind unfähig, die geänderte Situation seit 1989 zu diskutieren. Aus der empirisch fundierten Darstellung von *Sessar*, a.a.O. (Anm. 15), S. 112 ff., 180 f., 231 wird klar, daß bei schweren Gewaltdelikten gegen die Person die „Wiedergutmachung statt Strafe" an ihre Grenze stößt. – Möglicherweise ist es auch nur wissenschaftlicher Perfektionismus, der auf die Einbeziehung *aller* Straftaten in das Konzept von Wiedergutmachung und Täter-Opfer-Ausgleich besteht. Der AE-WGM, die Monographien von Schöch und Sessar behandeln der Sache nach nur jene Tätergruppen, die schon immer Gegenstand akademischer (universitärer und ministerieller) Kriminalpolitik waren: Kleintäter, allenfalls Täter mittlerer Kriminalität, nicht aber

Wahlbürger, dessen handelsfähige Lebensvorteile in einer für die aktuelle Ordnung störenden Weise berührt worden sind. Diese Wiederentdeckung findet in einem Klima aufgedrängter Fürsorge und unechter Mitleidigkeit statt. Dem Opfer wachsen daher auch nach seiner Wiederentdeckung keine Rechte zu, die Freiheitsverletzung besser zu benennen und anzuklagen, sondern nur tatsächliche Befugnisse, in informellen Verfahren Vermögensvorteile zu erlangen.

Das Strafrecht als mühsam ausgebildetes „Recht" trennte Täter und Opfer, hielt sie räumlich und emotional auseinander: darin lag der kulturelle Fortschritt aus dem Strafmonopol des Staates. Heute werden Täter und Opfer als Handelspartner dicht zusammengebracht, und man verlangt Einigung von ihnen[20].

---

mächtige Staatstäter, Hochverräter, politisch motivierte und organisierte, wirtschaftlich einflußreiche Täter mit Machtorganisationen im Hintergrund. Ein Mauerschütze im Täter-Opfer-Ausgleich: das ist nicht vorstellbar, sollte es jedenfalls nicht sein, ebensowenig z.B. der Täter eines Verstoßes gegen § 20 des Kriegswaffenkontrollgesetzes (Entwicklung biologischer und chemischer Waffen). Für die harmlosen Täter wäre wirkliche Entkriminalisierung am Platze (mit zivilrechtlich sorgfältig organisiertem Schadenersatz). Die mächtigen Täter könnten dann das ungeteilte Interesse der Kriminalpolitik finden; vgl. *Jäger*, Makrokriminalität, 1989, S. 11 ff., und *Schüler-Springorum*, Kriminalpolitik für Menschen. 1991. S. 235 ff.

20 Jeder, der sich zum Strafrecht äußert, lebt dabei nicht nur von wissenschaftlich gesicherter Empirie, sondern auch aus eigenen Erfahrungen mit Straftat und Bestrafung. Die Frage ist nicht abzuweisen, welche Erfahrungen mit Kriminalität wohl die Verfasser von Entwürfen zur Wiedergutmachung und zum Täter-Opfer-Ausgleich gemacht haben. Vielleicht gehören sie zu der kleinen Gruppe von Bürgern dieses Staates, die selten Opfer von Straftaten werden. In der Zeit, in der über Wiedergutmachung statt Strafe und Täter-Opfer-Ausgleich diskutiert wird, bin ich Ziel zweier einfacher Diebstähle (die allfälligen Diebstähle der morgendlichen Tageszeitung nicht mitgerechnet), eines Hauseinbruchs, einer (vorsätzlichen) Sachbeschädigung, mehrerer Beleidigungen (Beispiel: „Du akademisch gebildete Nazi-Sau") und zahlreicher Nötigungen im Straßenverkehr geworden. Bei all' diesen Straftaten besteht faktische Entkriminalisierung. Die einfachen Diebstähle, die Beleidigungen, die Sachbeschädigungen und die Nötigungen entkriminalisiert man selbst durch realitätsgerechtes Unterlassen einer Strafanzeige oder eines Strafantrags. Den Hauseinbruch entkriminalisiert die Polizei durch nicht ernsthaftes Verfolgen. Damit kann man sich als Geschädigter einrichten. Man wird teilnehmender Beobachter des Experiments der großflächigen faktischen Entkriminalisierung und seiner staats- und straftheoretischen Folgen. Nicht einrichten könnte ich mich mit einem Verlangen von Polizei oder Sozial-Vermittlern, die Täter intensiv suchen zu lassen und dann auf Wiedergutmachung zu drängen oder in dem unwürdigen Schauspiel des Täter-Opfer-Ausgleichs eine Rolle zu spielen. Die Vermögensschäden sind überwiegend durch Versicherungen gedeckt. Wiedergutmachungsforderungen wären unverhältnismäßig. Über meinen eigentlichen Schaden aber: die Überwältigung meiner Freiheit durch den Eingriff in meinen Willen, den Zustand meiner Sachen und die Organisation meines Alltags – unter Beachtung der Freiheit der anderen – selbst zu bestimmen, gibt es keinen Täter-Opfer-Ausgleich in Bargeld oder abwiegelnden Emotionen. Sollte das moderne Strafrecht die Einbrüche in die Freiheit nicht mehr bestrafen können oder wollen, dann sollte lieber nichts geschehen, damit das Strafrecht sich umgestalten kann.

Das Strafmonopol des Staates löst sich auf in ein „halbstaatliches Privatstrafrecht vor dem eigentlichen Strafrecht“[21], ein konturloses und stilloses Gebilde. Dieses Strafrecht bleibt machtvoll, denn es verlangt von Täter und Opfer Unterwerfung. Aber dieses Strafrecht fordert von den Beteiligten, daß die Macht geleugnet wird. Eine gespenstische Situation ist dies. Sie wird nicht erträglicher dadurch, daß man diese privatistische Machtausübung „kommunikative Rechtsfindung“[22] nennt.

Ein Nebenergebnis dieses Weges vom staatlichen Strafmonopol zur Privatisierung staatlicher Strafmacht zeigt sich am deutlichsten in der Umorganisation der Strafmacht vom Staat zum Privaten. Im Strafprozeß, vor allem im Ermittlungsverfahren, werden immer mehr Rechte, die nur aus dem Strafmonopol des Staates erklärt werden können, von Privatleuten wahrgenommen. Die Polizei und die Staatsanwaltschaft ziehen sich zurück und überlassen es dem Privaten, seine Vorteile selbst zu sichern. Kommunen werben private Sicherheitsdienste an und schmücken sich damit gegenüber dem Wähler. Der Private bedient sich dieser Sicherheitsdienste auch direkt. Inhaber staatlicher Ämter stehen nicht an, über private Hilfs- oder Ergänzungspolizeien nachzudenken; und man nennt das dann „Bürgerbeteiligung an der Verbrechensbekämpfung“[23]. Nachbarschaftswehren und Bürgerwehren dürften verbreiteter sein als man es weiß. Und all' diese Organisationen privater Straftatverfolger sind keine Debattierklubs. Sie bündeln das Notwehrrecht (§ 32 StGB), Eingriffsrechte aus dem rechtfertigenden Notstand (§ 34 StGB) und die Befugnis zur vorläufigen Festnahme (§ 127 StPO) zu einer massiven Macht. Verbunden mit dem herrschenden strafpolitischen Pragmatismus ist das – gemessen an der Strafrechtsphilosophie der Freiheit – ein kläglicher Zustand. Die Privatisierung des Strafrechts führt schließlich dazu, daß

---

21 Diesen Ausdruck habe ich abwertend zur Charakterisierung des Täter-Opfer-Ausgleichs benutzt, in: NK 2/1990, S. 14 = Senator für Justiz und Verfassung der Freien Hansestadt Bremen (Hrsg.). Täter-Opfer-Ausgleich und Opferhilfe im Land Bremen, 1990, S. 99. *Walter* (in: Grundfragen des Jugendkriminalrechts und seiner Neuregelung, 1992, S. 23 Anm. 43) hält diesen Ausdruck für treffend, aber für positiv treffend. Schärfer können die Unterschiede in der Beurteilung der aktuellen Strafrechtsentwicklung kaum sichtbar gemacht werden. – Eine Übersicht über die theoretischen Probleme der Privatisierung staatlichen Strafrechts bei *Jung*, Art. „Private Verbrechenskontrolle“, Kleines Kriminologisches Wörterbuch, 3. Aufl., 1993, S. 404 ff.

22 *Pfeiffer*, a.a.O. (Anm. 14), S. 338, 340, 343.

23 So die öffentliche Forderung einer großen politischen Partei in der Bundesrepublik, s. Die Welt vom 30.09.1992. Ähnliche Forderungen, zusammengelesen im Sommer 1992, unterschiedlicher Parteien: Frankfurter Allgemeine Zeitung vom 14.08.1991; Frankfurter Allgemeine Zeitung vom 16.07.1992. In diesen Zusammenhang gehört das Gesetz über den freiwilligen Polizeidienst in Baden-Württemberg vom 18.06.1963 (Gesetzblatt für Baden-Württemberg 1963, 75).

Kriminalpolitik ganz in das private Gemüt von Opfer und Täter verlegt wird. Die Kriminalpolitik des privatisierten Strafrechts erschöpft sich in der Aufforderung an den nicht tatgeneigten Bürger, mehr Kriminalität zu ertragen, und in der Aufforderung an den tatgeneigten Bürger, sich freiwillig (vor der Anwendung der gesetzlichen Sanktion) zu unterwerfen. Strafrecht ist dann ein sozialpsychologischer Großvorgang: das mögliche Opfer ist opferbereiter, der mögliche Täter selbst-disziplinierter. Strafrecht und Strafprozeßrecht sind nur noch Orientierungstafeln für privates Denken und Fühlen.

4. Von der begrenzten Repression des Unrechts zur unbegrenzten Prävention bei Abweichung im Konflikt

Diese Schwerpunktverlagerung ist vielleicht die folgenreichste. Doch ist sie nur ein Teilstück der vorher beschriebenen Schwerpunktverlagerungen.

a) Das Strafrecht der Aufklärung und der unmittelbaren Nach-Aufklärungszeit kennt nur einen engen Verbrechensbegriff. Strafwürdiges Unrecht ist die Freiheitsverletzung. Daraus entsteht ein konzentriertes Kriminalrecht. Es beschränkt sich auf die Repression schweren Unrechts an der Freiheit der Person und der Gemeinschaft. Konkret: das Kriminalrecht sieht die Repression der Gewaltdelikte gegen die Person, die Freiheit und das Vermögen und die gewaltsame Verunsicherung der Grundlagen der individuellen Freiheit, nämlich Staat und Gesellschaft, als seine Zuständigkeit an. Alle anderen Sanktionsnotwendigkeiten, die in einem Gemeinwesen verspürt werden mögen, gehören nach dieser Konzeption in das Polizeirecht. Dieses Polizeirecht darf Gefahren verhindern, aber nicht mehr. Der Kriminalpolitiker Feuerbach denkt in diesem Zusammenhang nicht anders als der Philosoph Kant[24]. Diese in den Ausmaßen begrenzte Repression des Unrechts ist streng, am Beginn hart. Das rechtsstaatliche Strafrecht entwickelt sich als Verfassung dieser Härte. Das rechtsstaatliche Strafrecht ist die Verfassung der Freiheit im Strafrecht. Und um es zu wiederholen: der Freiheit des Opfers gegen den Täter und der Freiheit des Täters gegen den Staat. Dieses rechtsstaatliche Strafrecht hat die Tendenz, die Härte gegen den Täter abzubauen.

---

24 Zu Feuerbachs Straftatbegriff: *Maier-Weigt*, Der materiale Rechts- und Verbrechensbegriff von der französischen Aufklärung bis zur Restauration, 1987, S. 83 ff. und *Naucke*, Zu Feuerbachs Straftatbegriff, in: Wissenschaftliche Zeitschrift der Friedrich-Schiller-Universität, Gesellschaftswissenschaftliche Reihe, 1984, S. 479 ff. Zu Kants Straftatbegriff: *Kühl*, Naturrechtliche Grenzen strafwürdigen Verhaltens, in: Festschrift für Spendel. 1992. S. 75 ff.; *E.A. Wolff*, Die Abgrenzung von Kriminalunrecht zu anderen Unrechtsformen, in: Hassemer (Hrsg.). Strafrechtspolitik, 1987, bes. S. 162 ff.

b) Dieses rechtsstaatliche Strafrecht dehnt sich im 19. Jahrhundert aus. Es erweitert seine Zuständigkeit auf das Nebenstrafrecht, um nur Beispiele zu nennen: auf das Militärstrafrecht, auf das Gewerbestrafrecht, auf das beginnende Verkehrsstrafrecht. Und ganz konsequent bezieht es die Bagatellen ein, die Übertretungen[25]. Aber das Strafrecht will trotz dieser Ausweitung einheitlich Repression von Unrecht, rechtsstaatliches Strafrecht im Interesse der Freiheit bleiben.

Die Organisation des deutschen Strafrechts am Ende des 19. Jahrhunderts zeigt das Bemühen um diese Konsequenz mit Klarheit. Strafgesetzbuch, Strafprozeßordnung und strafrechtliche Gerichtsverfassung bilden ein juristisch kunstvolles umfassendes System politisch unabhängiger Repression von Unrecht aus.

Aber schon im Nebenstrafrecht gibt es Brüche. Das Strafrecht gegen den innenpolitischen Gegner in der 2. Hälfte des 19. Jahrhunderts – in diesem Fall die Sozialdemokratie – ist harte polizeiliche Unterdrückung, formuliert als Strafrecht ohne rechtsstaatliche Rücksicht[26]. Das Kolonialstrafrecht des ausgehenden 19. Jahrhunderts hat mit rechtsstaatlichem Strafrecht nichts mehr zu tun[27], ein gesamteuropäischer Vorgang übrigens. Das rechtsstaatliche Bagatellstrafrecht möchte man so schnell wie möglich wieder loswerden[28].

---

25 Der Vorgang ist in der neueren Diskussion zuerst zusammengefaßt von *Hellmuth Mayer*. Das Strafrecht des deutschen Volkes, 1936, S. 53 ff.; *Hellmuth Mayer*, Strafrechtsreform für heute und morgen, 1962, S. 37 ff., 57 ff. Die Nachwirkung dieses Standpunkts schildert *Müller-Dietz*, Aspekte und Konzepte der Strafrechtsbegrenzung, in: Festschrift für Rudolf Schmitt, 1992, S. 95 ff. Nachweise für die Entwicklung bei den Bagatellen: *Naucke*, Gutachten D zum 51. Deutschen Juristentag, 1976, S. D I9 ff.

26 „Gesetz gegen die gemeingefährlichen Bestrebungen der Sozialdemokratie" vom 21.10.1878, mehrfach verlängert. Zu Einzelheiten s. *Naucke*, NS-Strafrecht: Perversion oder Anwendungsfall moderner Kriminalpolitik? RJ 1992, S. 286.

27 Einzelheiten bei *Naucke*, Deutsches Kolonialstrafrecht 1886-1918, in: RJ 1988, S. 297 ff. vgl. auch *v. Trotha*, Zur Entstehung von Recht, Deutsche Kolonialherrschaft und Recht im „Schutzgebiet Togo" 1884-1914, in: RJ 1988, S. 317 ff. und *v. Trotha*, Die Herausbildung und Entwicklung des Jugendstrafrechts im Verständnis rechtssoziologischer Theorien, in: Grundfragen des Jugendkriminalrechts und seiner Neuregelung, 1992, bes. S. 185 ff.; *Hattenhauer*. Europäische Rechtsgeschichte, 1992, S. 640 ff.

28 Übersicht über den Vorgang bei *Goldschmidt*, Das Verwaltungsstrafrecht, 1902; *Mattes*, Untersuchungen zur Lehre von der Ordnungswidrigkeit, 1. Halbband. 1977; knapper: *Göhler*, OWiG, 10. Aufl., 1992, Rn. 1 ff. vor § 1.

c) Der Übergang zu einem anderen Strafrecht wird mit v. Liszt's Aufsatz „Der Zweckgedanke im Strafrecht" 1882 sichtbar[29]. Dieses andere Strafrecht hat deutlich neue Konturen[30]. An die Stelle der Freiheit als Beginn und Ziel allen Strafrechts tritt das gesellschaftliche Interesse an der Sicherung des status quo für die Zukunft. Aus Unrecht als strafwürdige Handlung wird das sozialschädliche Verhalten, wird die Interessenverletzung, wird der falsch gelöste Konflikt. wird das risikoreiche Verhalten oder die verhinderte Daseinsvorsorge[31]. Aus der Strafe als Repression wird die differenzierte Reaktion als Prävention: von der Repression des Unrechts zur Prävention der Gefahr[32]. Prävention kann mit der Gegenwart des Unrechts, z.B. mit der Gegenwart der vorsätzlichen Anwendung von Gewalt oder List gegen einen Menschen, nichts anfangen. Prävention wendet das Interesse einer unklaren Zukunft z.B. der Gewaltlosigkeit zu. Wird diese Zukunft dann Gegenwart und ist die Gewalt nicht ausgeblieben, dann ist diese gewaltsame Gegenwart als Gegenwart von Unrecht wiederum strafrechtlich uninteressant. Das Strafrecht der Prävention bewegt sich von einer entschiedenen Benennung des Unrechts in der Gegenwart zu einem unentschiedenen Schweben zwischen Gegenwart und Zukunft, d.h. zwischen Härte und Großzügigkeit.

Die Folgen dieser Schwerpunktänderung sind groß.

---

29 Eine der wichtigsten strafrechtshistorischen Fragen an das 19. Jahrhundert lautet, ob in diesem Jahrhundert das rechtsstaatliche Strafrecht nicht „das andere Strafrecht", ein kaum rechtsstaatliches, aktuellen politischen Bedürfnissen verpflichtetes Strafrecht schon immer mitgeführt hat. Rechtsstaatliche Repression und wenig rechtsstaatliche Prävention sind möglicherweise nur Varianten einer einheitlichen kriminalpolitisch gerichteten Sicht auf das Strafrecht. S. dazu *Frommel*, Präventionsmodelle in der deutschen Strafzweck-Diskussion, 1987; *Helga Müller*, Der Begriff der Generalprävention im 19. Jahrhundert, 1984. Speziell zur kriminalpolitischen Zielabhängigkeit des Repressionstheoretikers Binding: *Naucke*, in: NS-Recht in historischer Perspektive, 1981, S. 97 f. und *Westphalen*, Karl Binding (1841-1920), 1989, S.475 ff.

30 Zusammenfassende Darstellungen: *Eberhard Schmidt*, Einführung in die Geschichte der deutschen Strafrechtspflege, 3. Aufl., 1965, S. 357 ff.; *Rüping*, Grundriß der Strafrechtsgeschichte, 2. Aufl., 1991. S. 88; *Roxin*, Franz v. Liszt und die kriminalpolitische Konzeption des Alternativentwurfs, ZStW 81 (1969), S.611 ff.; *Naucke*, Die Kriminalpolitik des Marburger Programms, ZStW 94 (1982), S. 525 ff.; *Frisch*, Das Marburger Programm und die Maßregeln der Sicherung und Besserung, ZStW 94 (1982). S. 565 ff.; *Frommel*, a.a.O. (Anm. 29), S. 17 ff., 65 ff., 115 ff.

31 Sozialschädliches Verhalten, Friedensstörung, Interessenverletzung, Gefährdung der inneren Sicherheit, falsche Lösung eines Konflikts, risikoreiches Verhalten, auch Störung der Daseinsvorsorge sind übliche Synonyme geworden für das, was zuvor „strafwürdiges Unrecht" genannt wurde. Auffällig ist allenfalls noch, daß für das falsche Verhalten im Konflikt – inkonsequent – noch der Ausdruck „Unrecht" benutzt wird; s. z.B. *Pfeiffer*, a.a.O. (Anm. 14), S. 338. – Die Formulierung „strafrechtliche Daseinsvorsorge" stammt in kritischer Absicht von *Herzog*, Gesellschaftliche Unsicherheit und strafrechtliche Daseinsvorsorge, 1991.

32 S. *Herzog*, Prävention des Unrechts oder Manifestation des Rechts, 1987.

aa) Das Strafrecht weitet sich ohne feste Grenzen aus. Die Orientierung am gesellschaftlichen Interesse, die strafrechtliche Reaktion einzusetzen, schafft immer mehr Strafrecht. Das Kernstrafrecht erweitert sich, vor allem im Vermögens-, Wirtschafts-. Staatsschutz-, Verkehrs- und Umweltstrafrecht. Es findet eine beträchtliche Vorverlagerung der Strafbarkeit statt. Die konkreten und vor allem die abstrakten Gefährdungsdelikte werden zum Prototyp der Straftat[33]. Das Strafprozeßrecht zieht nach. Die Vorverlagerung der Strafbarkeit verlangt „Vorfeldermittlungen“[34]. Die Zwangsmittel im Strafprozeß müssen dem materiellen Recht entsprechend vervielfacht und umgestellt werden. Für die deutsche StPO ist ermittelt worden, daß die Zahl der strafprozessualen Zwangsmittel von 1877 bis 1992 von 10 auf 25 steigt und daß diese Zwangsmittel sich immer weniger an der Repression und immer mehr an der Prävention ausrichten[35]. Das gesamte Ermittlungsverfahren ist nicht mehr auf die Vorbereitung gerecht gemeinter Repression ausgerichtet, sondern wird selbständiger Beitrag zur Prävention. Das Ermittlungsverfahren wird zum wichtigsten Teil des Strafverfahrens. Das Hauptverfahren, im 19. Jahrhundert der Gegenstand des größten Interesses der Strafprozeßwissenschaft, wird immer mehr zur strafprozessualen Nebenmenge; das Hauptverfahren trägt ja zur Prävention wenig bei.

bb) Die Rechtsfolgen im präventiven Strafrecht differenzieren sich aus, werden ungenau und unübersehbar. Der Schwerpunkt verlagert sich von der juristisch scharfsinnig kontrollierten Rechtsfolge auf strafwürdiges Unrecht zur verwaltenden Sozialarbeit als Konsequenz des gefährlichen Verhaltens im Konflikt[36]. Die Maßregel ist die dem neuen Strafrecht kongeniale Reaktion. Sie wird überall eingeführt. Aber auch dort, wo das Wort „Strafe“ beibehalten wird, ist klar, daß diese „Noch-Strafe“ von den Maßregeln her eingefärbt wird.

---

33 *Jakobs*, Kriminalisierung im Vorfeld von Rechtsgutsverletzungen, ZStW 87 (1985), S. 751 ff.; *Kindhäuser*, Gefährdung als Straftat, 19 89; *Graul*, Abstrakte Gefährdungsdelikte und Präsumtionen im Strafrecht, 1991.

34 Vgl. *Weßlau*, Vorfeldermittlungen, Probleme der Legalisierung „vorbeugender Verbrechensbekämpfung“ aus strafprozessualer Sicht, 1989.

35 *König*, Die Entwicklung der strafprozessualen Zwangsmaßnahmen im Ermittlungsverfahren seit 1877, Tendenzen zur Verpolizeilichung des Ermittlungsverfahrens durch präventiv ausgerichtete Zwangsbefugnisse, 1993.

36 Die Hauptlinien sind formuliert von *Stolleis*, Strafrecht und Sozialrecht, Zeitschrift für Sozialreform, 1979, S. 261 ff. Wiedergutmachung und Täter-Opfer-Ausgleich, die sich nicht an das Zivilrecht und nicht an das Verwaltungsrecht binden, sondern von staatlichen oder privaten Vermittlern betrieben werden, sind neueste Ausprägungen dieser Linien.

Die häufig angewandte Geldstrafe ist heute eine generalpräventive Maßregel[37], eine Gebühr für Abweichung.

cc) Die präventive Reaktion hat das alte Strafrecht längst gesprengt. Die Grenzen des Strafrechts sind verschwommen. Ordnungswidrigkeitenrecht und Strafrecht sind austauschbar geworden. Prinzipien, nach denen das eine oder das andere Rechtsgebiet genutzt wird, sind nicht zu erkennen[38]. Aber die präventive Verbrechensbekämpfung überschreitet auch die Grenze von Strafrecht und Ordnungswidrigkeitenrecht zusammen. Die Straftat-Prävention ist als neue Polizeiaufgabe in das Polizeirecht aufgenommen worden. „Vorbeugende Straftatenbekämpfung" taucht in den Polizeigesetzen der deutschen Länder wie selbstverständlich als neue Polizeiaufgabe aus[39]. „Vorbeugende Straftatenbekämpfung" ist aber nur ein anderes Wort für Prävention. Es gibt zwischen Strafrecht und Polizeirecht keinen Unterschied mehr[40]. Vor allem die Zwangsmittel des Polizeirechts und des Strafverfahrensrechts werden sich immer ähnlicher[41] und summieren sich dadurch.

Theoretisch verwunderlich ist das nicht. Strafrecht und Polizeirecht dienen nach ihrem aktuellen Selbstverständnis dem gleichen Ziel, der Prävention der Gefahr, der Erhöhung der inneren Sicherheit. Dann kann man sich der Regelmenge

37 Gut ablesbar an der Erörterung der Frage, ob die Geldstrafe „vertretbar" ist: natürlich ist sie es, weil sie nicht-repressiv ist, sondern nur „präventiv" zu wirken braucht, was sie auch kann, wenn ein Dritter sie bezahlt. Vgl. *Noack*, Ist die Mitwirkung Dritter bei der Bezahlung fremder Geldstrafen als Strafvereitelung gern. § 258 Abs. 2 StGB anzusehen? Diss. Frankfurt am Main, 1978, bes. S. 113 ff. Klare Entscheidung aus der Rechtsprechung: BGH MDR 1991, S. 268.

38 Folgerichtig enthält § 1 Abs. 1 OWiG die rechtstheoretisch weitreichende Festlegung, daß nur an der positivrechtlichen Bestimmung abgelesen werden kann, ob ein Verhalten eine Ordnungswidrigkeit oder Straftat ist. Das ist die Einladung an den Gesetzgeber, prinzipienlos zu verfahren.

39 Z.B.: § 1 Abs. 4 HSOG; Art. 11 Abs. 2 Nr. 1 BayPAG; § 1 Abs. 1 PoLGNW; § 2 Abs. 1 SOG-LSA. Kritisch informierend zu diesem Begriff *Rachor*, Vorbeugende Straftatenbekämpfung und Kriminalakten, 1989, vor allem S. 5 ff., 31 ff., 38 ff.

40 Beinahe beschwörend meint *Denninger*, in: Lisken / Denninger (Hrsg.), Handbuch des Polizeirechts, 1992, S. 161 Rn. 139, an der Unterscheidung zwischen Prävention und Repression müsse festgehalten werden, weil sonst die rechtsstaatliche Auslegung und Anwendung des Polizei- und Strafverfahrensrechts nicht mehr möglich sei. Aber die Begründung für dieses „müssen" zeigt, daß die Sache theoretisch verloren ist. Denninger will Prävention und Repression unterscheiden nach zu erwartender und eingetretener Rechtsgutsverletzung. Das aktuelle Strafrecht hat sich aber gerade der zu erwartenden Rechtsgutsverletzung in der Form der Gefährdungsdelikte angenommen, und das aktuelle Strafrecht begreift die eingetretene Rechtsgutsverletzung als mögliches Indiz für die in der Zukunft zu erwartende Rechtsgutsverletzung. Von der Rechtsgutsverletzungsdoktrin her sind Polizeirecht und Strafrecht, sind Repression und Prävention nicht mehr zu trennen.

41 *König*, a.a.O. (Anm. 35).

„Strafrecht und Polizeirecht" wie eines Steinbruchs bedienen und nach Handlungsbedarf Stücke herausbrechen. Das Polizeirecht hat in diesem Vorgang einen deutlichen Vorsprung. Es ist flexibler. Bei dem sich entwickelnden neuen Rechtsgebiet „internationale Straftatenbekämpfung" ist das mit Händen zu greifen. Dieses Gebiet entsteht nicht im Strafrecht (obwohl es „eigentlich", nach rechtsstaatlichen Begriffen, Strafrecht ist), sondern im Polizeirecht[42]. Das Zivilrecht als Präventionsersatz oder Präventionsverstärkung ist längst entdeckt[43].

Das präventive Tun, die präventive Straftatenbekämpfung hat aber sogar den rechtlich verfaßten Bereich bereits verlassen. „Präventionsräte" schießen in der Bundesrepublik wie Pilze aus dem Boden der Lehre von der Verbrechensbekämpfung. Diese Präventionsräte sind eine öffentlichrechtliche Variante der privaten Bürgerwehren. Diese Präventionsräte sind keine Polizei und keine Strafjustiz, aber auch nicht nur private Vereine. Es sind Ergänzungen zur Polizei und zur Strafjustiz, Gremien, die Quellen für Straftaten ortsnah und unbürokratisch aufspüren und an der Verstopfung dieser Quellen mitarbeiten. Die Präventionsräte arbeiten ohne gesetzliche Grundlage in dem Bereich, der bisher der Bereich der unbeschränkten bürgerlichen Freiheit war. Im Bundesland Hessen gibt es solche Präventionsräte auf der Ebene des Landes und der Kommunen. Sie sind so zusammengesetzt, daß der gesamte Präventionsverstand von Justiz, Polizei, Verwaltung und privatem Bereich gebündelt werden kann[44]. Wahrscheinlich ist dies das Idealbild präventiver Straftatverwaltung ohne rechtsstaatlichen Strafprozeß.

---

42 Übersicht bei *Endres*, Internationale Verbrechensbekämpfung, 1991. und *Bundeskriminalamt Wiesbaden* (Hrsg.), Verbrechensbekämpfung in europäischer Dimension, BKA-Vortragsreihe. Bd. 37, 1992. – In der internationalen Verbrechensbekämpfung durch die Polizei liegt die Zukunft des gesamten europäischen Strafrechts. Anders *Bollke*, Täterschaft und Gestaltungsherrschaft, 1992, der die „Struktur der Täterschaft bei aktiver Begehung und Unterlassung" für einen „Baustein eines gemeineuropäischen Strafrechtssystems" hält. Vgl. dagegen den strafrechtstheoretisch noch zu entdeckenden Titel III „Polizei und Sicherheit" des Übereinkommens zur Durchführung des Übereinkommens von Sehengen vom 19.06.1990 (Bundesanzeiger 1990, Nr. 217a, S. 10 ff.): vor allem bildet sich in den Art. 40 Abs. 7, 41 Abs. 4 ein klarer Begriff des Kernstrafrechts heraus.

43 Am Anfang der neueren Diskussion zur Frage, wie weit strafrechtliche Probleme im Zivilrecht gelöst werden können, stehen die Vorschläge von *Hellmuth Mayer*, Strafrechtsreform für heute und morgen, 1962, S. 64 f. und von *Hellmer*. Zur Bedeutung er neuen Schmerzensgeldrechtsprechung für das Strafrecht, Festschrift für Hellmuth Mayer, 1966, S. 665 ff. Die Debatte wird dann pragmatisch zugeschärft von *Arzt* u. a., Entwurf eines Gesetzes gegen Ladendiebstahl, 1974, vor allem S. 9 f. Grundsätzlich zuletzt: *Lüderssen*, Die Krise des öffentlichen Strafanspruchs, 1989, S. 37 ff. mit Nachweisen.

44 Dem Präventionsrat des Landes Hessen gehören Mitglieder der Ministerien für Justiz. Inneres, Kultus, Jugend. Arbeit und Wohnungsbau und Privatleute an. Ziel des Rates ist der vor-

d) Aber offenbar übernimmt sich diese ausgebreitete Prävention. Sie verfolgt ein Ziel – die soziale Kontrolle bis zum Ausbleiben von Abweichung –, das kein Sanktionenrecht bisher hat lösen können und das offenbar auch das Gesamtgebiet präventiver Verbrechensvorbeugung nicht lösen kann.

So wird man Zeuge eines höchst erstaunlichen Vorgangs: der Besondere Teil des Strafrechts breitet sich aus, das Straftatverfolgungssystem breitet sich aus, damit breitet sich die Prävention aus, erfaßt alle Lebensbereiche vom Kindes- bis zum Greisenalter: zugleich aber entsteht ein ausgebreitetes Instrumentarium, das den Verzicht auf Prävention möglich macht und organisiert. Präventionsausbreitung und Präventionsverzicht gehören zusammen[45].

Ich nenne nur die Mittel, die in ganz Europa verbreitet sind und die sich zu dem Instrument des Präventionsverzichts bei ausgebreiteter Prävention summieren: das Ermessensprinzip im Polizeirecht bei der vorbeugenden Straftatbekämpfung; das Opportunitätsprinzip im Ordnungswidrigkeitenrecht (§ 47 Abs. 1 OWiG); die Diversion im Jugend- und im Erwachsenenstrafrecht; die Institute des Absehens von der Verfolgung und der Einstellung des Verfahrens im Strafverfahren vom Ermittlungsverfahren bis zur Revision (§§ 153 ff. StPO); die offenbar nicht mehr loszuwerdenden Absprachen im Strafprozeß; die Durchdringung der Bestimmungen des Besonderen Teils des StGB und des Nebenstrafrechts mit Möglichkeiten, von Strafe abzusehen (das gilt

beugende Schutz vor Straftaten durch eine effektive Kriminalpolitik. Der Rat soll Maßnahmen im Vorfeld der Kriminalität finden, damit potentielle Kriminelle bereits vor Beginn der Tat entmutigt werden (Bericht der Frankfurter Allgemeinen Zeitung vom 27.06.1992 über Äußerungen der Justizministerin des Landes Hessen und Bericht der Frankfurter Allgemeinen Zeitung vom 28.10.1992 über den Beginn der Arbeit des Hessischen Präventionsrates). – Dem Präventionsrat der Stadt Darmstadt gehören Vertreter des Sozialamts, des Wohnungsamts, des Jugendamts, der Verkehrsbehörde und der Polizeipräsident an. Ziel des Rates ist Kriminalitätsbekämpfung durch Aufdecken und Verstopfen von Kriminalitätsursachen (Bericht über die Bildung dieses Präventionsrates in Frankfurter Allgemeine Zeitung vom 10.07.1992). Ein weiterer Kriminalpräventionsrat soll in Gießen entstehen (Frankfurter Rundschau vom 16.10.1992). Offenbach und der Rheingau-Taunus-Kreis haben Präventionsräte organisiert. Den Präventionsräten verwandt sind die in der parteipolitischen Diskussion verlangten „runden Tische" zur Diskussion von Kriminalprävention (in: „Innere Sicherheit", Thesen der CDU Hessen, herausgegeben von der CDU Hessen, August 1992, S. 2). – Zu den Schleswig-Holsteinischen Vorbildern vgl. *Northoff*, Schubkraft für die Kriminalprävention, ZRP 1991, S. 229 f.

45 Aussagekräftig der Titel der von *Ostendorf* herausgegebenen Festschrift zum 125-jährigen Bestehen der Staatsanwaltschaft Schleswig-Holstein: „Strafverfolgung und Strafverzicht", 1992. „Strafverfolgung und Strafverzicht", das eine ist ohne das andere nicht mehr diskutierbar: eine moderne juristische Symbiose. Vgl. die Ausführungen des Herausgebers zum Titel der Festschrift, S. VIII ff.

für die Staatsschutzdelikte wie für die Umweltschutzdelikte[46]. Der Zustand des Besonderen Teils zeigt, daß es eine feste Grenze zwischen Strafbarkeit und Straflosigkeit nicht mehr gibt. Die Prävention nach Möglichkeit und Bedürfnis kann mit einer solchen Grenze nichts anfangen. Für die Stratbarkeitsvoraussetzungen bedeutet dies, daß die Entgegensetzung Schuld-Nichtschuld nicht mehr gilt; es gibt nun auch eine „halbe Schuld", deren Folgen für den Halbschuldigen kaum absehbar sind[47].

e) Eine Überlegung will ich zum Schluß dieser Ziffer noch anfügen. Es muß diskutiert werden, ob dieser Weg der privatisierten, zugleich ausgedehnten und wieder eingeschränkten Prävention in der Kriminalpolitik nicht nur die Fortsetzung der Kriminalpolitik der alten Bundesrepublik bis 1989 und eines Teils der Kriminalpolitik der alten DDR bis 1989 ist. Die Wiedervereinigung als Teil der ausgreifenden Veränderungen durch den Zusammenbruch des sozialistischen Lagers mußte auch das Strafrecht erfassen und hat auch das Strafrecht erfaßt. Neue Probleme sind entstanden, die mit dem Instrumentarium aus 40 Jahren BRD/DDR kaum zu meistern sind. Das Partei- und Staatsunrecht ist eines dieser

---

46 Z.B. §§ 83a, 330b StGB. S. im einzelnen *Naucke*, Auf der Grenze zwischen Strafbarkeit und Straflosigkeit, Jura 1979, S. 426 ff. Das Ausmaß der Durchdringung des Strafrechts mit Möglichkeiten, im konkreten Prozeß von der Strafbarkeit zur Straflosigkeit überzugehen, ist geschildert von *Rüdiger Schäfer*, Die Privilegierung des „freiwillig-positiven" Verhaltens des Delinquenten nach formell vollendeter Straftat, 1992. Angesichts dieses Ausmaßes hätte die an Tatbestandsmäßigkeit, Rechtswidrigkeit und Schuld orientierte Dogmatik längst zu einer Dogmatik des Absehens von Strafe übergehen müssen. Die Dogmatik altert, weil ihr Material – das begrenzte Strafrecht des StGB des Nationalstaates – gealtert ist.

47 Es ist widersprüchlich, eine uneingeschränkte Präventionstheorie zu formulieren und zugleich die Binding'sche Zurechnungsdogmatik fortzuschreiben, wie dies beispielsweise in den Lehrbüchern des Allgemeinen Teils des Strafrechts geschieht. Prävention und informelle Erledigungen brauchen Ungenauigkeit und Opportunität bei der Diskussion der Stratbarkeitsvoraussetzungen. Die subtile Begrifflichkeit der objektiven und subjektiven Zurechnung – eine Begrifflichkeit, die weiterhin gepflegt wird unmittelbar neben weitgreifenden Präventionsvorschlägen – eignet sich für das Revisionsverfahren, das freilich immer unwichtiger wird (vgl. *Naucke*, Der Revisionsrichter in Strafsachen, in: Bemmann (Hrsg.), Der Richter in Strafsachen, 1992, S. 107 ff.). Die aktuellen Schwerpunktverlagerungen im Strafrecht zielen auf die Stärkung des Ermittlungsverfahrens und auf die Herausbildung informeller Erledigungstechniken neben dem eigentlichen Strafverfahren. In den neuen Schwerpunkten braucht man keine subtile Zurechnungs-Begrifflichkeit; man kommt mit pauschalen Zurechnungen aus. Die Prüfung schwieriger Pllichtwidrigkeitszusammenhänge im Täter-Opfer-Ausgleich wäre absurd. – Andere Auffassung bei *Lüderssen* (zusammenfassend: Kriminologie, Einführung in die Probleme, 1984, S. 153 ff.), der allerdings einräumt, daß das Zusammenbringen von Prävention und genauen Zurechnungskriterien nur aus der vorsichtigen Diagnose einer historischen Situation folge (a.a.O., S. 154): die vorsichtige Diagnose ist durch die wirkliche Strafgesetzgebung und durch die Strafpraxis allein im Bereich der §§ 153 ff. StPO als Kunstfehler ausgewiesen.

Probleme; es ist mit privatisierter Kriminalpolitik nur bei Inkaufnahme von Lächerlichkeit zusammenzubringen. Man stelle sich vor: der Diktator Honecker im Täter-Opfer-Ausgleich mit früheren Eingesperrten, Verschleppten, Verletzten, Bedrohten. Man sieht dann, daß der Täter-Opfer-Ausgleich einer anderen politischen Epoche verpflichtet ist als der, in der wir seit 1989 leben. Die Schwierigkeiten, mit dem Staats-Unrecht der früheren DDR und mit dem weltweit zu erkennenden Staatsunrecht in anderen Regionen würdig und rechtsstaatlich klar fertig zu werden, hängen aber durchaus damit zusammen, daß man die kriminalpolitischen Denkformen, die aus dem rechtspolitischen Klima der alten Bundesrepublik und der Epoche, zu der sie gehört, entstanden sind, nicht aufzugeben bereit ist. Die kleinen Täter, denen man sich überlegen fühlen kann, sind mit den aktuellen kriminalpolitischen Instrumentarien ganz gut zu fassen, die menschenverachtenden großen und kleinen Politiker dagegen nicht[48]. Das aktuelle kriminalpolitische Instrumentarium versagt gegenüber dem politisch erfolgreichen Individualdelikt und gegenüber dem Staatsverbrechen. Das Thema „strafbare Politik" ist – verglichen mit dem Thema „Täter-Opfer-Ausgleich" beim kleinen Diebstahl – vernachlässigt. Die Frage, ob ein Weltstrafgerichtshof zur Aburteilung staatlicher Menschenrechtsverletzung gründbar ist[49], kennzeichnet die gegenwärtigen strafjuristischen Probleme aber genauer als die Frage, ob man anstelle von wirklicher Entkriminalisierung, die möglich wäre, nicht noch mehr Täter-Opfer-Ausgleich oder Wiedergutmachung einführen soll.

5. Vom kunstvollen Legalitätsprinzip zur grauen Opportunität beim Sanktionieren

Das Legalitätsprinzip gehört fest zu einem an der Freiheit orientierten Strafrecht: die ungerechte Verletzung der Freiheit des Opfers durch den Täter und die zulässige Verletzung der Freiheit des Täters durch den Staat sind aus dem Gesetz erkennbar. Die Freiheitsbestätigung wird durch die Gesetze beherrscht,

---

48 Ähnlich – auf der Grundlage des Standes der kriminologischen Forschung – die Analysen und Forderungen von *Herbert Jäger*, Makrokriminalität, 1989, S. 11 f., 210 ff.

49 Zum Stand der Erörterungen innerhalb der Vereinten Nationen, vgl. den unter dem Vorsitz von Tomuschat erarbeiteten Report of the International Law Commission der UN (über die 44. Sitzung der Kommission), UN, New York 1992, Kapitel II-IV und Annex (Report of the Working Group on the questions of an International Criminal Jurisdiction); vgl. *Graefrath*, Die Verhandlungen der UN-Völkerrechtskommission zur Schaffung eines Internationalen Strafgerichtshofs, ZStW 104 (1992), S. 190 ff. Zum Stand der Erörterungen in der Bundesrepublik vgl. den Bericht des Bundesjustizministeriums, in: „recht", Informationen des Bundesministeriums der Justiz, 1992, S. 60.

nicht nur die präventionspolitischen Auffassungen von Menschen, die mit Abweichung befaßt sind.

Die aktuelle Situation ist dadurch gekennzeichnet, daß das Legalitätsprinzip weicht und das Opportunitätsprinzip kaum zähmbar vordringt. Für das Polizeirecht und das Ordnungswidrigkeitenrecht, die sich dem gesamten Straftatenbekämpfungsrecht angeschlossen haben. ist das traditionell selbstverständlich. Aber auch für den Strafprozeß im engeren Sinne steht das Legalitätsprinzip theoretisch und praktisch offen zur Disposition. Das Opportunitätsprinzip hat mit den §§ 153 ff. StPO und §§ 45. 47 JGG eine riesige Fläche des materiellen Rechts besetzt. Zeitlich, d.h. im Ablauf des Verfahrens, können Opportunitätserwägungen den Beginn des Ermittlungsverfahrens und noch die Revision (§ 153 Abs. 2 StPO) bestimmen.

Zum Beleg für die Abkehr vom Legalitätsprinzip in der Praxis erinnere ich nur noch einmal an Diversion, Absehen von der Verfolgung, Einstellung des Verfahrens, Absprachen im Prozeß und Absehen von Strafe. Das sind keine Ausnahmen vom Legalitätsprinzip, sondern selbständige Alternativen zu diesem Prinzip[50].

Und diese Alternativen werden nicht mit schlechtem Gewissen betrieben und weiterentwickelt. Theoretisch ist das Legalitätsprinzip abgeschrieben. Der strafrechtsphilosophische Zusammenhang, dem das Legalitätsprinzip Begründung und Wirksamkeit verdankt, ist matt geworden, wird als überholt nicht mehr mitgeführt. Das Legalitätsprinzip muß sich in die moderne juristische Denkform der Abwägung von tatsächlich nun einmal vorhandenen Prinzipien und Instituten nach – ungeklärten – Vorteilskriterien einbauen lassen. Vorteile und Nachteile von Legalität und Opportunität bei der Prävention werden gegeneinander

50 S. früher schon *Naucke*, Gesetzlichkeit und Kriminalpolitik, JuS 1989, S. 866, und: der Zustand des Legalitätsprinzips. in: Lüderssen / Nestler-Tremel / Weigend (Hrsg.), Modernes Strafrecht und ultima-ratio-Prinzip, 1990, S. 155; ebenso jetzt *Wolter*, Aspekte einer Strafprozeßreform bis 2007. 1991, S. 57 ff. und *Eser*, a.a.O. (Anm. 3), S. 370.

abgewogen[51]. Einmal gewinnt dabei mit Abstrichen das Legalitätsprinzip[52], einmal, freilich auch mit Abstrichen, das Opportunitätsprinzip[53]. Prävention und Legalität passen theoretisch und praktisch nicht zusammen[54]. Die konsequente Spitze dieser Entwicklung ist, daß man auch das polizeiliche Handeln innerhalb des Strafprozesses vom Verlangen nach Legalität freistellt[55].

Eine merkwürdige, kraftvolle Linie in diesem Vorgang der Abwahl des Legalitätsprinzips ist bei der vorbeugenden Straftatbekämpfung durch die Polizei und vor allem bei dem unter 4. beschriebenen Präventionsräten zu sehen. Um vorbeugen und prävenieren zu können, muß man das vorbeugungs- und präventionsbedürftige Verhalten identifizieren können. Es findet eine Gesetzesanwendung vor dem Verfahrensbeginn statt. Das Legalitätsprinzip mit seinen aufwendigen Ergänzungen durch das Prinzip der Unschuldsvermutung und der Verdachtskonkretisierung taugt hierzu nicht. Es kommt zu einer pauschalen, unprofessionellen Gesetzesanwendung. zu einem Ersetzen der gesetzlich bestimmten Straftat durch das präventionsbedürftige Verhalten, damit vorbeugende Straftatbekämpfung betrieben werden kann und damit die Präventionsräte überhaupt funktionieren können. In den Präventionsräten steckt viel verbrechensbekämpferischer Populismus. Das Legalitätsprinzip zeigt sich als völlig verkommen.

---

51 Klar zu sehen im Aufbau von *Hassemers* Abhandlung „Legalität und Opportunität im Strafverfahren", in: Ostendorf, a.a.O. (Anm. 45), S. 529 ff.; die Abhandlung hat folgende Abschnitte: „Gründe für Legalität" (S. 529 ff.), „Gründe für Opportunität" (S. 532 ff.), „Bedingungen einer Option" (S. 537 ff.). Ähnlich verfährt *Denninger* (in: Lisken / Denninger. a.a.O. [Anm. 40], S. 167 f.), der Legalität und Opportunität in der Strafverfolgung auf die gleiche Stufe stellt und „unvermeidliche Spannungslagen" ausgleichen will, aber nicht „einseitig" zu Gunsten des Legalitätsprinzips; übereinstimmend *Rachor* (in: Lisken / Denninger, a.a.O. [Anm. 40], S. 218 ff.) und *Eser*, a.a.O. (Anm. 3), S. 386 ff.

52 *Hassemer*, in: Ostendorf, a.a.O. (Anm. 45), S. 537 ff.; *Lorenzen*, Legalitätsprinzip und Opportunitätsprinzip, in: Ostendorf, a.a.O. (Anm. 45), S. 541 ff.; *Eser*, a.a.O. (Anm. 3), S. 386 ff.

53 S. die zahlreichen Stellungnahmen zugunsten des Opportunitätsprinzips, in: *Ministerium für Justiz, Bundes- und Europaangelegenheiten Baden-Württemberg*, a.a.O. (Anm. 3).

54 S. im einzelnen *Naucke*, Gesetzlichkeit und Kriminalpolitik, JuS 1989, S. 862 ff.

55 Vgl. die Diskussion bei *Schmidt-Jortzig*, Möglichkeiten einer Aussetzung des strafver- folgenden Legalitätsprinzips bei der Polizei, NJW 1989, S. 129 ff. S. auch die Berichte von *Rachor*, in: Lisken / Denninger, a.a.O. (Anm. 40), S. 219 f. und *Dölling*, Polizeiliche Ermittlungstätigkeit und Legalitätsprinzip, eine empirische und juristische Analyse des Ermittlungsverfahrens, 1987.

6. Von der Pflicht zur Erforschung der Wahrheit und von der korrekten Anwendung des materiellen und prozessualen Strafrechts zur Absprache über Tatsachen und Recht im Strafververfahren

Die Hochschätzung der Freiheit von Täter und Opfer im Strafprozeß führt zu kunstvollen, profilierten strafrechtlichen Instituten. Und diese Institute ihrerseits verlangen einen besonderen Juristentyp, der bereit ist, sich dem Gesetz zu unterwerfen, aus dieser Unterwerfung freilich auch sein besonderes Berufsethos gewinnt (§ 1 GVG). Ohne wahren Sachverhalt kann es keine zulässige Freiheitsverletzung in der Form der Strafe geben. § 244 Abs. 2 StPO formuliert diesen Gedanken sprachlich klar, mit zurückgenommenem Pathos und doch mit großer strafprozessualer Berufsmäßigkeit. Man kann diese Vorschrift nicht oft genug lesen:

> Das Gericht hat zur Erforschung der Wahrheit die Beweisaufnahme von Amts wegen auf alle Tatsachen und Beweismittel zu erstrecken, die für die Entscheidung von Bedeutung sind.

Die Wahrheit des Sachverhalts, auf den sich der strafrechtliche Vorwurf stützt, ist ein beträchtliches Stück Legitimation der Strafe[56]. Die Wahrheit des Sachverhalts ist die Grundlage für den Satz „nullum crimen sine lege", für die korrekte Anwendung des materiellen und des prozessualen Rechts. Diese korrekte Gesetzesanwendung will dem Opfer versichern, daß die Verletzung seiner Freiheit als Straftat gesehen worden ist, will dem Täter garantieren, daß seine Freiheit nur in den zugelassenen Grenzen beschränkt wird. Und das sind nicht nur Prinzipienreitereien. Die Konstrukteure des rechtsstaatlichen Strafrechts haben sich große Mühe gegeben, die Pflicht zur Erforschung der Wahrheit – mit ihren juristischen Konsequenzen – in handhabbares Prozeßrecht auszuformen.

Das Beweisantragsrecht(§§ 219, 244 StPO), die Pflicht zur Bescheidung dieser Anträge, verbunden mit einem numerus clausus von Ablehnungsgründen (§ 244 StPO), die freie Beweiswürdigung(§ 261 StPO) und die Unschuldsvermutung (Art. 6 Abs. 2 MRK) sind beeindruckende Beispiele für die Ausformung.

---

56 Es ist eine der Schwächen der Strafrechtsdogmatik, daß sie die Art, in der ein Sachverhalt gewonnen wird, nicht zu den entscheidenden Strafbarkeitsvoraussetzungen macht. Dadurch kann es geschehen, daß eine von der uneingeschränkten Anwendung des § 244 Abs. 2 StPO abhängige, subtile Diskussion von Tatbestandsvoraussetzungen, Rechtfertigungsgründen und Schuldvoraussetzungen weiterläuft, obwohl einer solchen Diskussion durch die Absprachen-Praxis der Boden entzogen ist. Die Art der Sachverhaltsermittlung muß in die Beschreibung des Straftatbegriffs aufgenommen werden; vgl. dazu *Naucke*, Grundlinien einer rechtstaatlich-praktischen allgemeinen Straftatlehre, 1979, S. 23 ff. und *Marxen*. Straftatsystem und Strafprozeß, 1984, S. 343 ff.

Unter dem theorielosen Ansturm des strafpolitischen Pragmatismus, der die schnelle Erledigung möglichst vieler Verfahren im Auge hat, bricht dieses schöne System zusammen. Innerhalb weniger Jahre ist der Strafprozeß nur noch „Verständigung"[57], Absprache, Vergleich, Konsens – über Sachverhalt, materielles Recht und Verfahrensrecht[58]. Die Rechtsprechung versucht, Grenzen zu setzen; doch sind diese Grenzen so weit, daß eine Ermutigung der Praxis, von Absprachen zu lassen, nicht eintritt[59]. Das pragmatische Abwägungsstrafrecht, das auch in den rechtsstaatlichen Prinzipien nur Material für die Abwägung sieht, fühlt sich in seinem Element[60]. Auch anspruchsvollere Rechtfertigungen der Absprachen sind zur Hand[61]. Kurz, das Absprachen-Strafrecht und nicht das

57 Übersicht: *Schmidt-Hieber*, Verständigung im Strafverfahren, 1986. Typisch für dieses Buch ist. daß es den Prinzipien des reformierten deutschen Strafprozesses nicht erst mehr nachspürt. Im Strafprozeß werden nur noch Konflikte ausgetragen (S. 1). Dann ist eine Anleitung zur Verständigung naheliegend. Das Buch von Schmidt-Hieber trägt für das Prozeßrecht nur nach, was sich an Schwerpunktverlagerungen zuvor vor allem im Sanktionsrecht schon abgespielt hatte (s. vor allem S. 70 ff.). – Dagegen betont *Seier*, Der prozessuale Vergleich im Lichte des § 136a StPO, JZ 1988, S. 683 ff., daß das Konzept des reformierten deutschen Strafprozesses „vergleichsfeindlich" ist (S. 684, 688).

58 Vgl. *Schmidt-Hieber*, a.a.O. (Anm. 57), S. 15 ff. Übersicht über die Praxis bei *Kleinknecht / Meyer*, StPO, 40. Aufl., Einl. Rn. 119 ff.

59 BVerfG, NJW 1987, S. 2662 f. (Absprachen grundsätzlich zulässig); BGHSt 37, 99 ff. (Verständigung im Strafprozeß grundsätzlich zulässig). Die von diesen Entscheidungen angegebenen Grenzen („faires rechtsstaatliches Verfahren") sind formelhaft, werden nicht abgeleitet, entfalten daher keine juristische Kraft.

60 Umfassend in Bericht, Analyse, Bewertung und eigener Abwägung: *Schünemann*, Ab- sprachen im Strafverfahren? Grundlagen, Gegenstände und Grenzen, Gutachten zum 58. DJT, 1990. S. zu den Prinzipienproblemen *Nestler-Tremel*, Der Handel um die Funktionstüchtigkeit der Strafrechtspflege. in: Lüderssen / Nestler-Tremel / Weigend (Hrsg.). Modemes Strafrecht und ultima-ratio-Prinzip, 1990, S. 159 ff.; *Wolter*, a.a.O. (Anm. 50). S. 65 ff. und *Schlüchter*, Zur Relativierung der gerichtlichen Aufklärungspflicht durch Verständigung im Strafverfahren, Festschrift für Spendel, 1992, S. 737 ff. – Der Sitzungsbericht L zum 58. DJT „Absprachen im Strafverfahren?", 1990, ist eine unausschöpfbare Sammlung von Gesichtspunkten zur Abwägung für und gegen Absprachen. Der prinzipienlose Pragmatismus des heutigen Strafrechts, bei folgenlosem Bekenntnis zum Rechtsstaat. wird erschreckend klar gezeichnet. Da es viele für „gut" gehaltene Argumente zugunsten von Absprachen gibt, werden Absprachen gemacht. Der 58. DJT hat es offenbar abgelehnt, Absprachen grundsätzlich für unzulässig zu erklären (Sitzungsberichte L. S. 191 einerseits, S. 207 andererseits).

61 Vor allem *Lüderssen*, Die Verständigung im Strafprozeß, Überlebensstrategie oder Paradigmawechsel?, StV 1990, S. 415 ff. Lüderssen sieht in der Verständigung im Strafprozeß ein Beispiel für das – begrüßenswerte – Vordringen des Konsensprinzips im Recht überhaupt. Aber es wird – verglichen mit der Begründung für das freiheitsorientierte rechtsstaatliche Strafrecht – nicht klar, warum dieser Vorgang begrüßt werden sollte. Tatsächlich nicht zu bestreiten ist, daß das Konsensprinzip im Recht vordringt; tatsächlich nicht zu bestreiten ist, daß empirische Untersuchungen im Verfahrensablauf zunehmende Konsensorientierungen belegen (a.a.O., S. 418). Doch warum von diesem Sachverhalt – einem Faktum – auf die Empfehlung, Absprachen zu praktizieren, geschlossen wird, bleibt offen. Schwach nur wird

Strafrecht der Wahrheitserforschung gilt als das der Aktualität angemessene Strafrecht. An diesem Beispiel zeigt sich deutlich die Schwerpunktverlagerung von einer stilsicheren Repression des Unrechts zur grauen Verwaltung von Abweichung. Der Strafjurist wandelt sich vom Sachverständigen des rechtsstaatlichen Strafens zum Moderator im Ausgleichsdiskurs, der durch abweichendes Verhalten ausgelöst wird.

7. Vom eigenständigen Rechtsgebiet „Strafrecht" zum Strafen als Mittel im parteipolitischen Machtkalkül

Die folgende Wiederholung ist gewollt:

Das ausgehende 18. und das beginnende 19. Jahrhundert bilden ein profiliertes Strafrecht aus. Dieses Strafrecht rechnet mit der ständigen Bereitschaft des Menschen, mit Macht in die Freiheit des anderen Menschen einzudringen. Dieses Strafrecht grenzt die Freiheitssphären ab, setzt Strafen auf die Verletzung der Freiheit, schützt die Freiheit aber selbst noch im Vorgang des Strafens.

Dieses Strafrecht trägt aber einen Krankheitskeim in sich, der es lähmen kann und wird. Zwar, es ist ein Strafrecht nicht-parteilicher Freiheitsphilosophie, aber – das ist der Krankheitskeim – es ist auch ein Strafrecht als Mittel zum Zweck, als Mittel zur Freiheitssicherung. Und als ein solches Mittel wird es im 19. Jahrhundert durchorganisiert. Kommt nun, wie es tatsächlich geschieht, der Zweck des Strafrechts, die Freiheitsgarantie, aus dem Blick, so ist das Strafen nur noch Mittel zum (nun beliebigen) Zweck, zur Vorteilssicherung, zum Gutsschutz, zum Rechtsgutsschutz, zur Erhöhung der inneren Sicherheit, zur Risikoverminderung. zur Daseinsvorsorge, zum Schutz eines Kaisers, einer Republik, eines Diktators, eines Besatzungsregimes oder einer Demokratie.

Das Strafrecht ändert sich vom begrenzten Mittel zu einem absoluten Zweck der Freiheitssicherung zum unbegrenzten Mittel für jeden beliebigen politischen Zweck. Die politischen Zwecke werden in den modernen Staaten von den regierenden Parteien in Auseinandersetzung mit der Opposition bestimmt. Das Strafrecht wird zu einem Mittel der Parteipolitik. Diese Schwerpunktänderung von der strafrechtsphilosophisch eigenständig begründeten Politikunabhängigkeit

---

die Alternative zum überkommenen Strafrecht angedeutet. Und die normativen Grenzen der Absprachen werden dann doch wieder aus dem alten Strafrecht des 19. Jahrhunderts entwickelt (a.a.O., S. 418 ff.). Vielleicht gibt es zwischen dem rechtsstaatlichen Strafrecht einerseits und dem strafenden Pragmatismus andererseits doch kein Drittes. – Diese Erwägung ist auch vorzubringen gegen die Auffassung von *Wolter*, a.a.O. (Anm. 50), S. 65, in die Verständigungen im Strafprozeß lasse sich „mit gutem rechts- und sozialpolitischem Grund auch die Konfliktregelung zwischen Täter und Opfer ... einbringen".

des Strafrechts zum parteipolitisch abhängigen Strafrecht wird in der Strafrechtswissenschaft kaum diskutiert[62].

Dabei sind die Beispiele in Mengen zur Hand. Jeder Wissenschaftler weiß, daß Gesetzgebung und Gesetzesanwendung im Strafrecht in trivialer Weise zum Mittel parteipolitischer Auseinandersetzung geworden sind. Die Hauptbeispiele will ich nennen.

Die Debatte um die Reform des Rechts der Schwangerschaftsunterbrechung ist in den für die Gesetzgebung verantwortlichen Parteien flach und formelhaft und zielt auf die Befriedigung der jeweiligen eigenen Klientel. Ähnlich verhält es sich mit den Reformdebatten zum Drogenstrafrecht, zum Umweltstrafrecht, zum Wirtschaftsstrafrecht und zum Tatbestand des Landfriedensbruchs. Man erkennt die Probleme der Freiheit, die in diesen Gebieten stecken, in den Debatten nicht wieder[63]. Diese Debatten sind theoretisch undifferenziert und nehmen das Strafrecht als konturloses politisches Machtmittel, als Droh- und Druckmittel bei der parteipolitischen Durchsetzung.

Deutlich ist das in den Momenten, in denen Parteipolitiker die Anwendung der vollen Schärfe des Gesetzes fordern[64] gegen alle Erscheinungen, die politisch als falsch laufend aufgefaßt werden, gegen Rechts- und Linksterroristen, gegen individuelle Bombenleger und gegen das organisierte Verbrechen. Versagende Parteipolitik sucht sich durch Strafen zu kompensieren.

Die parteipolitische Nutzung des Strafrechts wird auch dann unangenehm deutlich, wenn Parteipolitiker in einer Pose betroffener Aufgebrachtheit Strafanzeigen gegeneinander erstatten – wegen politisch falscher Handlungen, z.B. bei der

---

62 S. *Naucke*, Entwicklungen der allgemeinen Politik und der Zusammenhang dieser Politik mit der Reform des Strafrechts, in: Hassemer (Hrsg.), Strafrechtspolitik, 1987, S. 15 ff. Zur Diskussion dieses Standpunktes: *Herzog*, Gesellschaftliche Unsicherheit und strafrechtliche Daseinsvorsorge, 1991. S. 65 ff.

63 Für das Drogenstrafrecht ist das abzulesen an der Abhandlung von *Köhler*, Freiheitliches Rechtsprinzip und Betäubungsmittelstrafrecht. ZStW 1992 (104), S. 3 ff.: Köhler formuliert die Fragen, die zu lösen wären, stützte sich das deutsche Drogenstrafrecht auf eine Rechtsphilosophie der Freiheit und nicht auf eine flache Prävention zugunsten der Volksgesundheit.

64 Zufällig gefundene einschlägige Formulierungen: „unnachsichtige strafrechtliche Verfolgung“ (Frankfurter Allgemeine Zeitung vom 02.10.1992): „mit der vollen Härte des Strafrechts zur Rechenschaft“ ziehen (Frankfurter Allgemeine Zeitung vom 28.08. und 30.11.1992). Was derartige Formulierungen für die Strafrechtstheorie bedeuten. ist bisher offen.

Reaktion auf rechts- oder linksextreme Gewalttaten[65]. Man fragt sich als Beobachter, was das für ein Strafrecht sein soll, das mit diesen Politiker-Anzeigen aufgerufen wird. Offenbar ist es doch nur jener von Hegel so genannte Stock, den man gegen einen Hund hebt[66]: als habe es eine Erörterung um ein menschenwürdiges, von der Politik nicht verbrauchbares Strafrecht nie gegeben.

Dieser Nutzen des Strafrechts im parteipolitischen Kalkül ist völlig eingeübt. Sobald ein kleines oder großes soziales Problem auftaucht, ruft man nach der Anwendung oder der Reform des Strafrechts. Keine Partei und keine parteiähnliche Organisation macht hier eine Ausnahme. Das öffentliche Rauchen soll nach bestimmten parteipolitischen Auffassungen bei Strafe verboten werden, am Anfang dieses Textes hatte ich das erwähnt. Der eine Politiker will den Gewaltbegriff im Strafrecht ändern[67], der andere den Verfassungsschutz zur Kriminalitätsbekämpfung einsetzen[68]. Dieser Gedanke findet seine Ausformung in der Forderung des Präsidenten des Bundesamts für Verfassungsschutz, dieses Amt in ein Bundessicherheitsamt – mit entsprechenden Maßnahmen in den Ländern – umzuwandeln; dabei sollen in diesem Amt neue Zuständigkeiten gegeben werden, etwa bei der Bekämpfung organisierter Kriminalität; es sollen ihm Tätigkeiten im Vorfeld polizeilicher Arbeit gestattet sein – ohne Bindung an das

---

65 Beispiele aus der jüngsten Zeit: Strafanzeige eines Frankfurter Politikers gegen einen Politiker aus Mecklenburg-Vorpommern wegen der Art der Reaktion auf Gewalttaten gegen Asylbewerber in Rostock-Lichtenhagen; Strafanzeige des Brandenburgischen Ministerpräsidenten gegen einen früheren Stasi-Offizier wegen falscher Anschuldigung und umgekehrt als politische Verteidigungsstrategie; Strafanzeige eines parteipolitisch festgelegten. im öffentlichen Dienst stehenden Amtsleiters eines städtischen Amtes für multikulturelle Angelegenheiten „als Privatperson" gegen einen einer anderen Partei angehörenden Landrat der Region wegen bestimmter Vorschläge in der Asyl-Debatte (Frankfurter Allgemeine Zeitung vom 14./15.10.1992 und Frankfurter Rundschau vom 16.10.1992). – Man versuche. sich vorzustellen, wie solche Strafverfahren laufen können, vor allem, wenn sie in den Strudel des Gegeneinanders von Legalität und Opportunität gelangen oder gar mit Wiedergutmachungs- und Täter-Opfer-Ausgleichsforderungen konfrontiert werden. – Die Strafrechtswissenschaft kommentiert solche Vorgänge, die das Strafrecht zum Instrument tagespolitischer Auseinandersetzungen verkommen lassen, nicht.

66 *Hegel* gegen Feuerbach: Rechtsphilosophie. § 99. Zusatz.

67 Bericht der Frankfurter Allgemeinen Zeitung vom 13.08.1992 über eine Bundesratsinitiative des Landes Niedersachsen.

68 Vgl. die Debatte vom Sommer 1992, wiedergegeben in der Frankfurter Allgemeinen Zeitung vom 08.08. und 14.08.1992.

Legalitätsprinzip[69]. Eine Partei will die Fehlnutzung von Wohnraum sanktionieren[70], mehrere Parteien wollen Verfahrensvereinfachung fast um jeden rechtsstaatlichen Preis[71]. Die Justizministerin eines Bundeslandes denkt über eine Vorverhandlung vor dem Strafprozeß nach zur Abklärung von Interessengegensätzen und zur Abklärung der möglicherweise zu erwartenden Strafe[72]. Ein Sprecher der Gewerkschaft der Polizei fordert die Umkehr der Beweislast im Strafverfahren jedenfalls gegen organisierte Kriminelle[73]. Die Ausländerbeauftragte einer großen Stadt fordert zur Bekämpfung von Ausländerfeindlichkeit die Aufnahme von „Haß- und Vorurteilsverbrechen" in das Strafgesetzbuch[74]. Die Bundesfamilienministerin fordert die Verschärfung der §§ 177, 178 StGB[75]. Pornographie, sexueller Mißbrauch von Kindern und organisierte Kriminalität müssen nach Meinung der Parteipolitik mit immer neuen Regeln immer stärker bekämpft werden[76].

Das eigenständige, pfleglich zu behandelnde Gebiet „Strafrecht" ist einem ständigen, verantwortungslosen, parteipolitischen Hantieren und Machen beim Strafen gewichen.

---

69 Bericht über eine Stellungnahme des Präsidenten des Bundesamts für Verfassungsschutz in der Frankfurter Rundschau vom 24.10.1992. Hier zeigt sich eine ähnliche Entwicklung wie bei den Präventionsräten, nämlich die Vorverlagerung der Prävention in den Bereich „vor" der Polizei.

70 Bericht über eine Bundesratsinitiative des Landes Bayern (Frankfurter Rundschau vom 12.08.1992). Offenbar ist an eine Ergänzung des Ordnungswidrigkeitenrechts gedacht. Aber es ist in der aktuellen parteipolitischen Debatte offensichtlich. daß zwischen Strafrecht und Ordnungswidrigkeitenrecht kein Unterschied mehr gemacht wird – nur Effektivität muß die Regelung versprechen.

71 Abzulesen an dem Gesetz zur Entlastung der Rechtspflege v. 11.01.1993, BGBl. I, 1993, S. 50. Zum Entwurf dieses Gesetzes kritisch: *Werle*, Aufbau oder Abbau des Rechtsstaats?, JZ 199 I. S. 789 ff.. im Prinzip zustimmend: *Schlüchter*, Weniger ist mehr, Aspekte zum Rechtspflegeentlastungsgesetz, 1992.

72 Bericht der Frankfurter Allgemeinen Zeitung vom 12.03.1992.

73 Frankfurter Allgemeine Sonntagszeitung vom 31.05.1992. Solche Meldungen lösen keine Reaktionen aus. Man hat das Bewußtsein dafür verloren, daß Einschränkungen der strafprozessualen Beweispflicht des Staates ein Kennzeichen totalitärer Strafrechtsentwicklungen waren und sind. Man denkt in simplen vermuteten tatsächlichen, aber politisch ausmünzbaren Zusammenhängen: die Effektivität des Strafrechts läßt sich erhöhen, wenn die Anforderungen an den Beweis zurückgenommen werden (in der wissenschaftlichen Literatur ist das immer wieder gesagt worden, freilich warnend und anklagend; s. z.B. *Volk*, Wahrheit und materielles Recht im Strafprozeß, 1980, S. 27).

74 Frankfurter Allgemeine Zeitung vom 20.10.1992.

75 Frankfurter Rundschau vom 24.10.1992.

76 Vgl. Gesetz zur Bekämpfung des illegalen Rauschgifthandels und anderer Erscheinungsformen der Organisierten Kriminalität, BGBl. I, 1992, 1302.

8. Zusammenfassung

a) Die Schwerpunktverlagerungen, die ich geschildert habe, lassen sich in einer größeren historischen Linie sehen. Im 18. Jahrhundert ist das Strafrecht ein Machtmittel in der Hand des absoluten Staates, aber es ist delegitimiert durch seine Brutalität und durch seine politische Verfügbarkeit, d.h. durch seinen Mangel an Rechtlichkeit.

„Strafrecht" im Unterschied zur politischen Machtausübung, aber auch im Unterschied zu Zivilrecht und Polizeirecht, wird dieses Gebiet erst am Ende des 18. und am Beginn des 19. Jahrhunderts durch die Gründung auf den Freiheitsgedanken, durch die Trennung des Strafrechts von aktueller Politik und Macht, durch das Versprechen des Strafrechts, als eigenständiges Rechtsgebiet die Freiheit gegen den Täter und gegen den Staat zu garantieren.

Lange hält sich dieser Gedanke im 19. Jahrhundert nicht. Er prägt in Deutschland die Gesetzgebung um die Jahrhundertmitte, leitet das StGB von 1871 und die StPO/ das GVG von 1877. Aber auch in dieser Gesetzgebung wird der Gedanke eines nicht-politischen Strafrechts der Freiheitssicherung nicht rein erhalten. Er mischt sich mit der Zweckmäßigkeit: das gerechte Strafrecht ist das zweckmäßige Strafrecht[77]. Und neben diesem Gerechtigkeit beanspruchenden Hauptstrafrecht bildet sich ein wichtiges Nebenstrafrecht aus, das mit freiheitsliebender Rechtlichkeit wenig im Sinn hat, umso mehr aber im Sinn hat mit der Verstärkung politischer Macht. Das Strafrecht gegen den politischen Gegner (in Deutschland: die Sozialdemokratie), das gesamteuropäische Kolonialstrafrecht, schließlich das Strafrecht der Kriege in der 2. Hälfte des 19. Jahrhunderts und im I. Weltkrieg sind die schon erwähnten, schwerlich zu übersehenden, Beispiele.

Gegen Ende des 19. Jahrhunderts wird auch noch die Unzweckmäßigkeit des gerechten Strafrechts behauptet. Der Satz von der Zweckmäßigkeit des gerechten Strafrechts wird in der Liszt-Schule umgedreht: Das zweckmäßige Strafrecht ist das gerechte Strafrecht[78].

Damit verliert das Strafrecht seine Kontur wieder vollständig. Es fällt auf den Stand des 18. Jahrhunderts zurück, wird Machtmittel nun für neue Machthaber,

77 S. *Binding*, Grundriß des Strafrechts, AT, 7. Aufl., 1907, S. 226 f.; Die Normen, 1. Band. 4. Aufl., 1927, S. 418 ff. Modernisierung Bindings bei: *Hellmuth Mayer*, Strafrecht, AT, 1953, S. 23 f. – Weitere Nachweise zu dieser Richtung: *Naucke*, Über den Einfluß Kants auf Theorie und Praxis des Strafrechts im 19. Jahrhundert, in: Blühdorn und Ritter (Hrsg.). Philosophie und Rechtswissenschaft, zum Problem ihrer Beziehung im 19. Jahrhundert, 1969, S. 37 ff.

78 *v. Liszt*, Der Zweckgedanke im Strafrecht, ZStW 3 (1883), vor allem S. 21 f.

gegründet auf seine faktische Durchsetzung, austauschbar gegen andere Machtmittel (Zivilrecht, Polizeirecht, Ordnungswidrigkeitenrecht oder einfach Terror).

Festester Ausdruck dieser Entwicklung ist die Einführung der Maßregeln der Besserung und Sicherung in ganz Europa. Diese Maßregeln mit der Betonung von Schuldunabhängigkeit und präventiver Effektivität sind unendlich modernisierbares modernes Strafrecht. Diese Maßregeln färben alles ein, was in ihre Nähe kommt. Strafrecht, Polizeirecht, Zivilrecht, Unterbringungsrecht werden maßregelähnlich. Es findet eine große Einebnung der Rechtsgebiete statt. Übrig bleibt ein Mechanismus sozialer Steuerung ohne eigenen Inhalt, der erwartet, von wechselnden politischen Systemen benutzt zu werden[79]. Die Strafrechte der faschistischen und der stalinistischen Systeme sind die schlimmen Proben auf diesen Satz.

b) In konkreten juristischen Figuren findet eine Verlagerung von einer klaren Stilisierung der Freiheit durch Strafrecht zu einer unklaren sozialen Kontrolle statt. Im einzelnen heißt das:

Der Schwerpunkt des Strafrechts wandert von politikfreier enger Reaktion auf Unrecht durch ein staatliches Strafmonopol, von begrenzter Repression des Unrechts, gestützt auf ein kunstvolles Legalitätsprinzip, von der Pflicht zur Erforschung der Wahrheit und der Einhaltung strikter gehaltvoller Legalität, von einer eigenständigen Rechtlichkeit des Strafens – zu einem umfänglichen strafpolitischen Pragmatismus, zu ausgeweiteten und vermehrten Tatbeständen, zu unabgrenzbarer Prävention, zu einem Strafrecht als Teil des parteipolitischen Machtkalküls, und das ganze Neue mühsam ausbalanciert durch Opportunität, Absprachen im Prozeß, freihändigen Umgang mit dem Gesetz.

---

79 Zur Diskussion dieser Linie: *Naucke*, Die Aufbebung des strafrechtlichen Analogieverbots 1935, in: NS-Recht in historischer Perspektive, 1981, S. 71 ff. und NS-Strafrecht, Perversion oder Anwendungsfall moderner Kriminalpolitik?, RJ 1992, S. 279 ff.; *Vormbaum*, Eid, Meineid und Falschaussage, 1990, S. 167 ff. und Aktuelle Bezüge nationalsozialistischer Strafgesetzgebung, in: Ostendorf, a.a.O. (Anm. 45), S. 71 ff.; *Frommel*, Verbrechensbekämpfung im Nationalsozialismus, in: Säcker (Hrsg.), Recht und Rechtslehre im Nationalsozialismus, 1992, S. 187 ff. und Strafjustiz und Polizei, in: Dieter Simon (Hrsg.), Akten des 26. Deutschen Rechtshistorikertages, 1987, S. 169 ff.; *Marxen*, Kontinuität in der neueren deutschen Strafrechtsgeschichte. KritV 1990, S. 287 ff. und Die Rechtsprechung des Volksgerichtshofs, in: Säcker, a.a.O., S. 216 ff.; *Stefan Werner*, Wirtschaftsordnung und Wirtschaftsstrafrecht im Nationalsozialismus, 1991, S. 571 ff. mit vielen Nachweisen; *Werle*, Justiz-Strafrecht und polizeiliche Verbrechensbekämpfung im Dritten Reich, 1989, S. 733 ff; *Schumacher*, Staatsanwaltschaft und Gericht im Dritten Reich, 1985, S. 259 ff.

Dem rechtsstaatlichen Strafrecht ist ein ganz anderes „modernes“, entformalisiertes Strafrecht[80] gegenübergetreten. Es ist der Gang vom rechtsstaatlichen Strafrecht zum machtvollen sozialen Lavieren[81]. Die Epoche des rechtsstaatlichen Strafrechts, die eine theoretische Episode war, ist am Ende.

c) Die gegenwärtige strafrechtswissenschaftliche Diskussion fasse ich in ihren Hauptlinien als ein großes Sich-Arrangieren mit dieser Situation auf. Überwiegend wehrt man sich nicht. Das Neue wird akzeptiert und vorangetrieben; man beruhigt sich mit der Auffassung, man habe das Neue erfunden. Man registriert das Ende der absoluten Straftheorie der Freiheit wie ein willkommenes Schicksal und zieht daraus willkommene präventive Folgerungen[82]. Man erfindet Figuren wie „Funktionswandel“[83] von rechtsstaatlichen Prinzipien, um weitermachen zu können. Der Name einer solchen Figur suggeriert, daß man als Wissenschaftler nur Beobachter des Ganges der Dinge ist, nicht aber handelnder Mitgestalter. Noch deutlicher wird das Sich-Arrangieren mit dem Ende der rechtsstaatlichen Strafrechts-Alternative an der Floskel „Kriminalpolitik, begrenzt durch Rechtsstaat“, mit der überall hantiert wird. Das Grundmuster stammt von v. Liszt: Das Strafgesetz sei die Schranke der Kriminalpolitik[84]. Aber jeder Strafrechtswissenschaftler kann wissen, daß dieser Satz eine wirkungslose Beruhigungsformel ist. Das Feld, das durch den Satz „Kriminalpolitik, begrenzt durch Gesetze“ abgesteckt wird, ist riesig, läßt ganz unterschiedlichen Strafrechten Raum. Das Gesetz folgt den kriminalpolitischen Anforderungen der Mehrheit. Das kriminalpolitisch orientierte Gesetz kann die Kriminalpolitik nicht begrenzen, sondern nur sichtbar machen[85]. Der Fehler dieses Arrangements

---

80 Vgl. die Charakterisierung von *Hassemer*, Einführung in die Grundlagen des Strafrechts, 2. Aufl., 1990, S. 274 ff. und Rauschgiftbekämpfung durch Rauschgift? JuS 1992, S. 113.

81 S. *P.-A. Albrecht*, Prävention als problematische Zielbestimmung im Kriminaljustizsystem, KritV 1986, S. 55 ff. und Das Strafrecht auf dem Weg vom liberalen Rechtsstaat zum sozialen Interventionsstaat, KritV 1988, S. 182ff.

82 Z.B. *Roxin*, Strafrecht AT I, 1992, S. 31; Strafverfahrensrecht, 22. Aufl., S. 68; *Lüderssen*, Die Krise des öffentlichen Strafanspruchs, 1989, *vor* allem S. 24 ff. S. z.B. auch *Eser*, a.a.O. (Anm. 3), S. 377, 395; *Rachor*, in: Lisken / Denninger, a.a.O. (Anm. 40), S. 219 f. Dieses Muster des Sich-Arrangierens mit dem Trend hat zwei Fehler: einmal ist unsicher, ob man die absolute Straftheorie wirklich abschreiben kann (s. *Hassemer*, Einführung in die Grundlagen des Strafrechts, 2. Aufl., 1990, S. 282 ff. und *Naucke*, Strafrecht, Eine Einführung, 6. Aufl., 1991, S. 63 ff.); zum anderen ist offen, welche Folgerungen aus einem angenommenen tatsächlichen Ende absoluter Straftheorien zu ziehen sind (der optimistische Präventions-Betrieb ist nur eine Möglichkeit, eine andere ist wissenschaftliche Kritik und Suche nach grundsätzlichen neuen Wegen).

83 *Eser*, a.a.O. (Anm. 3).

84 *v. Liszt*, Strafrechtliche Vorträge und Aufsätze, 2. Bd., 1905, S. 79 f.

85 Einzelheiten: *Naucke*, Gesetzlichkeit und Kriminalpolitik, JuS 1989, S. 862 ff.

liegt darin, daß es die Kriminalpolitik als zweckmäßige Verbrechensbekämpfung politisch freisetzt und erst nach der Freisetzung mit dem Begrenzen beginnt, mit einem Begrenzen, das der vitalen Kriminalpolitik von außen aufgedrängt werden muß[86].

Das rechtsstaatliche Strafrecht dagegen trägt seine Begrenzungen von vornherein in sich, setzt die Kriminalpolitik nicht erst frei.

d) Das Sich-Arrangieren mit der Kriminalpolitik reicht nicht mehr. Das phantasievolle Erfinden immer neuer aufwiegelnder Tatbestände und immer neuer abwiegelnder Rechtsfolgen ist kriminalpolitisch sinnlos und rechtlich deprimierend. Wir haben in der komplizierten Gegenwart am Ende des 20. Jahrhunderts nicht das bestdurchdachte Strafrecht, sondern das am bequemsten zu verstehende Strafrecht[87]. Der Strafrechtstheorie gelingt es nicht, an die wirklichen politischen und menschlichen Kräfte heranzukommen, die das Strafrecht bestimmen.

Was kann man tun? Glücklicherweise gibt es eine ausgebreitete strafrechtswissenschaftliche Erörterung. Und in dieser Erörterung zeigen sich Linien, die sich mit dem bloßen Macht- und Wirklichkeitsarrangement nicht zufriedengeben. Das Hauptproblem, das in diesen Linien verfolgt wird, ist die be-

---

86 Auch hier stammt das Grundmuster von *v. Liszt*: die Kriminalpolitik dient dem unbe- stimmten allgemeinen Interesse; dann sind die „Einschränkungen" der Kriminalpolitik aus der Freiheit des einzelnen nachgetragen (Lehrbuch des deutschen Strafrechts, 14. Aufl., 1905, S. 79). – Der Justizminister eines Bundeslandes leitet 1992 eine aktuelle Festschrift (*Ostendorf* [Hrsg.], Strafverfolgung und Strafverzicht, S. V) mit der folgenden, den Zustand der modernen Straftheorie treffenden Formulierung ein: „Kriminalpolitik hat in erster Linie dem Schutz der Gesellschaft zu dienen. Nur auf dieser rationalen Grundlage kann sie auch effektiv sein. Dabei findet sie ihre liberale Begrenzung in den Freiheitsrechten der Bürgerinnen und Bürger. Sie hat die Menschenwürde von Opfern und Tätern zu achten". In aktuellen Lehrbüchern wird dieser Gedanke ausgeführt (z.B. *Jescheck*, Lehrbuch des Strafrechts, AT, 4. Aufl., 1988, S. 1 ff. und 17ff.; *Jakobs*, Strafrecht, AT, 2. Aufl., 1991, S. 5 ff. und 63 ff.), in Einzelabhandlungen wie selbstverständlich zugrunde gelegt (z.B. *Eser*, a.a.O. [Anm. 3], S. 384 ff.). Charakteristisch sind Titel und Untertitel einer Abhandlung über Diversion von *Heinz* (ZStW 104 [1992], S. 591 ff.): „Diversion im Jugendstrafverfahren, Praxis, Chancen, Risiken und rechtsstaatliche Grenzen" (die rechtsstaatlichen Grenzen kommen zuletzt und sind eine geringfügige Argumentationsmenge, S. 627 ff.). – Kritisch zu dieser Argumentationspraxis *Jung*, Sanktionensysteme und Menschenrechte, 1992. S. 229.

87 Mit Recht mahnt *Waller*, GA 1992, S. 569, Bemühungen der Strafrechtswissenschaft um eine theoretische Erklärung und Leitung weit auseinanderstrebender Entwicklungen an.

drohte Zukunft des rechtsstaatlichen Strafrechts. Die Möglichkeiten, dieser Bedrohung zu begegnen, lassen sich inzwischen vollständig angeben[88]. Es sind nicht viele. Die wenigen – insgesamt vier – Möglichkeiten, die Bedrohung des rechtsstaatlichen Strafrechts zu diskutieren, sind:

aa) die beständige, wissenschaftlich sorgfältige Erinnerung an die klassischen, heute manchmal belächelten strafrechtsphilosophischen Grundlagen z.B. bei Kant, Hegel und Fichte, die Erinnerung an die reine Lehre[89];

bb) die genaue, aber von Distanz gesteuerte Analyse des „modernen" Strafrechts der theorielosen und uferlosen Prävention[90];

cc) das bedingungslose Einfordern des rechtsstaatlichen Strafrechts, auch zu Lasten der Prävention, bei freilich prinzipieller Sympathie für Kriminalpolitik durch Prävention. In dieser dritten Möglichkeit rangiert der Rechtsstaat vor der Kriminalpolitik und ist nicht nur Begrenzung der Kriminalpolitik.

Diese dritte Möglichkeit, mit der Gefährdung des rechtsstaatlichen Strafrechts umzugehen, spaltet sich dann noch einmal auf in drei Muster.

In einem ersten Muster wird die Generalprävention in der Form der positiven Generalprävention streng rechtsstaatlich ausgeprägt[91].

---

88 Zusammenfassende Monographien: *Marxen*, Straftatsystem und Strafprozeß, 1984; *Herzog*, Gesellschaftliche Unsicherheit und strafrechtliche Daseinsvorsorge, 1991; *Prittwitz*. Strafrecht und Risiko, 1993. In der Tendenz ähnlich: *Kindhäuser*, Sicherheitsstrafrecht, Gefahren des Strafrechts in der Risikogesellschaft, Universitas 1992, S. 227 ff.

89 Vgl. *E.A. Wolff*, Die Abgrenzung von Kriminalunrecht zu anderen Unrechtsfonnen, in: Hassemer (Hrsg.), Strafrechtspolitik, 1987, S. 137 ff. und Das neuere Verständnis von. Generalprävention und seine Tauglichkeit für eine Antwort auf Kriminalität, ZStW 97 (1985), S. 786ff.; *Zaczyck*, Das Strafrecht in der Rechtslehre J.G. Fichtes, 1981; *Kahlo* / E.A. Wolff / Zaczyck (Hrsg.), Fichtes Lehre vom Rechtsverhältnis, Juristische Abhandlungen XXI, 1992; *Hassemer*, Unverfügbares im Strafprozeß, in: Festschrift für Maihofer, 1988, S. 183 ff.

90 *Hassemer*, Kennzeichen und Krisen des modernen Strafrechts, ZRP 1992, S. 378 ff.; *Hassemer*, Prävention im Strafrecht, JuS 1987, S. 257 ff.; *Hassemer*, Symbolisches Strafrecht und Rechtsgüterschutz, NStZ 1989, S. 553 ff.; *Herzog*, Gesellschaftliche Unsicherheit und strafrechtliche Daseinsvorsorge, 1991; *Lüderssen*, Die Krise des öffentlichen Strafanspruchs, 1989, S. 7 ff.; *Naucke*, Versuch über den aktuellen Stil des Rechts, in: KritV 1986, S. 189 ff.; *P.-A. Albrecht*, Prävention als problematische Zielbestimmung im Kriminaljustizsystem, KritV 1986, S. 55 ff. Zu dieser Diskussionslinie sind wichtige Beiträge enthalten in: *Schüler-Springorum*, Kriminalpolitik für Menschen, 1991 und *Sackes*, Kriminalpolitik ohne Legitimität, KritV 1986, S. 315 ff. und *Kuhlen*, Diversion im Jugendstrafverfahren, 1988.

91 *Hassemer*, Strafziele im sozialwissenschaflich orientierten Strafrecht, in: Hassemer / Lüderssen / Naucke, Fortschritte im Strafrecht durch die Sozialwissenschaften? 1983, bes. S. 57 ff.; *Hassemer*, Einführung in die Grundlagen des Strafrechts, 2. Auf.,. 1990, § 30; *Hassemer*, AK-StGB, 1990, Rn. 429 ff. vor § 1. *Hart-Hönig*, Gerechte und zweckmäßige Strafzumessung, zugleich ein Beitrag zur positiven Generalprävention, 1992. *Rüdiger Schäfer*, Die Privilegierung des „freiwillig-positiven" Verhaltens des Delinquenten nach formell vollendeter

In einem zweiten Muster liegt der präventive Akzent auf der Resozialisierung, doch wird dem rechtsstaatlichen Strafrecht so viel Gewicht verliehen, daß es die Resozialisierung nicht nur äußerlich begrenzt, sondern inhaltlich einformt[92].

Ein drittes Muster mißtraut dem akademischen und praktischen Präventionsbetrieb, hält Distanz zu diesem Betrieb, verlangt mehr Realitätsnähe in der Prävention (was auch rechtsstaatliches Mißtrauen gegenüber der üblichen Präventionsorganisation bedeutet) und fordert vom präventiven Strafrecht, nicht nur die ohnmächtigen kleinen Täter im Auge zu haben, sondern auch die großen mächtigen Täter[93].

dd) Die vierte Möglichkeit, zur Sicherung des rechtsstaatlichen Strafrechts beizutragen, ist die prinzipielle und kompromißlose Kritik an den geschilderten Schwerpunktverschiebungen im Strafrecht. Diese Kritik ist getrieben von der Überlegung, daß das neue, moderne, überwiegend nicht-rechtsstaatliche Strafrecht politisch außerordentlich kraftvoll ist, so kraftvoll, daß ihm durch wissenschaftlich formulierte Reformforderungen nicht beizukommen ist[94], sondern eben

Straftat, 1992. – Zu den weitreichenden gesetzgeberischen Konsequenzen aus dieser wissenschaftlichen Haltung s. *P.-A. Albrecht / Hassemer / Voß* (Hrsg.), Rechtsgüterschutz durch Entkriminalisierung, Vorschläge der Hessischen Kommission „Kriminalpolitik" zur Reform des Strafrechts, 1992 und *Hassemer*, Kennzeichen und Krisen des modernen Strafrechts, ZRP 1992, S. 383. – Die Vorform dieser Annäherung an ein präventiv ausuferndes, rechtsstaatlich fragliches, positive Generalprävention und Rechtsstaat wieder zusammenführendes Strafrecht findet sich bei *Hellmuth Mayer*, Strafrechtsreform für heute und morgen, 1992.

92 *Lüderssen*, Kriminalpolitik auf verschlungenen Wegen, 198 l. S. 13 ff; *Lüderssen*, Der Freiheitsbegriff der Psychoanalyse und seine Folgen für das moderne Strafrecht, in: Hassemer / Lüderssen / Naucke, Fortschritte im Strafrecht durch die Sozialwissenschaften? 1984, S. 67 ff.; *Lüderssen*, Die Krise des öffentlichen Strafanspruchs, 1989, S. 16 ff., 60 ff. – Ähnlich *Jung*, Sanktionensystem und Menschenrechte, 1992.

93 *Herbert Jäger*, Strafgesetzgebung und Rechtsgüterschutz bei Sittlichkeitsdelikten, 1957; *Herbert Jäger*, Glosse über Lehrbuchkriminalität, MschrKrim. 1973, S. 300 ff.; *Herbert Jäger*, Subjektive Verbrechensmerkmale als Gegenstand psychologischer Wahrheitsfindung, in: Herbert Jäger (Hrsg.), Kriminologie im Strafprozeß, 1980. S. 173 ff.; *Herbert Jäger*, Strafgesetzgebung als Prozeß, in: Festschrift für Ulrich Klug, 1983. S. 579 ff.; *Herbert Jäger*, Entkriminalisierungspolitik im Sexualstrafrecht, in: Herbert Jäger und Schorsch (Hrsg.), Sexualwissenschaft und Strafrecht, 1987, S. 1 ff.; *Herbert Jäger*. Makrokriminalität, Studien zur Kriminologie kollektiver Gewalt, 1989. An vielen Stellen auch *Schüler-Springorum*, Kriminalpolitik für Menschen, 1991.

94 Beispiele für solche Reformforderungen aus dem Geiste der Kritik am aktuellen Zustand des Strafrechts: *P.-A. Albrecht / Hassemer / Voß* (Hrsg.), Rechtsgüterschutz durch Entkriminalisierung, 1992; *P.-A. Albrecht* u.a., Strafrecht - ultima ratio, 1992.

nur durch ständigen Widerspruch[95]. Dem „modernen" Strafrecht muß die absolute Strafrechtskritik gegenübertreten[96].

---

95 *Naucke*, Die Kriminalpolitik des Marburger Programms 1882, ZStW 94 (1982), S. 563 f.; Über deklaratorische, scheinbare und wirkliche Entkriminalisierung, GA 1984, S. 216 ff.; Versuch über den aktuellen Stil des Rechts, KritV 1986, S. 207 ff.; Remarks on the Difficulty to Teach Criminal Law, in: Institutt for kriminologi og strafferett (Hrsg.), Stensilserie Universitetet i Oslo, Nr. 52, Teil II; Entwicklungen der allgemeinen Politik und der Zusammenhang dieser Politik mit der Reform des Strafrechts, in: Hassemer (Hrsg.), Strafrechtspolitik. 1987, S. 31 f.; Gesetzlichkeit und Kriminalpolitik, JuS 1989, S. 867; Täter-Opfer-Ausgleich im Strafverfahren, NK 2/1990. S. 14, 17; Über die Zerbrechlichkeit des rechtsstaatlichen Strafrechts, KritV 1990, S. 257 ff.; Lücken im Allgemeinen Teil des Strafrechts, in: Lahti und Nuotio (Hrsg.), Strafrechtstheorie im Umbruch, 1992, S. 278 f.; NS-Strafrecht: Perversion oder Anwendungsfall moderner Kriminalpolitik?, RJ 1992, S. 290 ff. – Teilweise ähnliche Annäherung bei *Vormbaum*, Entkriminalisierung und Strafgesetz, in: Festschrift für Gmür, 1983, bes. S. 342 f. und *Vormbaum*, Aktuelle Bezüge nationalsozialistischer Strafgesetzgebung, in: Ostendorf (Hrsg.), a.a.O. (Anm. 45), bes. S. 89 ff.; *Hassemer*, Rauschgiftbekämpfung durch Rauschgift?, Jura 1992, S. 113; *Krauß*, Sicherheitsstaat und Strafverteidigung, StV 1989, bes. S. 320 f., 325; *P.-A. Albrecht*, Das Strafrecht auf dem Wege vom liberalen Rechtsstaat zum sozialen Interventionsstaat, KritV 1986, S. 205 ff. und *P.-A. Albrecht*, Prävention als problematische Zielbestimmung im Kriminaljustizsystem, KritV 1986, S. 81 f.; *Backes*, Kriminalpolitik oder Legitimität, KritV 1986, bes. S. 340 ff.; *Schüler-Springorum*, Kriminalpolitik für Menschen, 1991, bes. S. 215 ff., 278 ff. Vgl. auch *Krahl*, Die Rechtsprechung des Bundesverfassungsgerichts und des Bundesgerichtshofs zum Bestimmtheitsgrundsatz im Strafrecht, 1986, bes. S. 348 ff. und *Runte*, Die Veränderung von Rechtfertigungsgründen durch Rechtsprechung und Lehre, 1991, bes. S. 318 ff.

96 Es gehört zu den ungeklärten Annahmen der aktuellen Strafrechtswissenschaft, sie müsse positiv „wirken". Gerade eine strenggenommene Strafrechtswissenschaft braucht die Wirkung als Bedingung ihrer Möglichkeit aber nicht. Zumindest müßte es ein Kennzeichen der Großorganisation „freie Strafrechtswissenschaft" sein, daß diese Organisation sich eine Sektion „absolute Kritik in alle politische Richtungen" leistet. Wenigstens ein Teil der Strafrechtswissenschaft müßte das Strafrecht vor dem Gesetzgeber schützen (vgl. *Naucke*, Über die Zerbrechlichkeit des rechtsstaatlichen Strafrechts, KritV 1990, S. 259), anstatt dem Gesetzgeber immer neue, zeitadäquate, präventionsorientierte Angebote zu machen. Die fällige neue Revision der Grundbegriffe des Kriminalrechts ist von einer Strafrechtswissenschaft, die immer positiv wirken will, wahrscheinlich nicht zu schaffen.

Konturen eines nach-präventiven Strafrechts

Vorbemerkung

Die[1] Zahl der Änderungen im gesamten Straf- und Maßregelrecht der letzten Jahre ist außerordentlich groß[2]. Die Zahl der für die nächsten Jahre angekündigten Änderungen ist nicht kleiner. So bietet sich der Versuch an, die Tendenzen zu beschreiben, die sich in den vielen Änderungen abzeichnen. Dieses Unternehmen erweist sich freilich als kompliziert.

Schon die Zahl der zu berücksichtigenden Bestimmungen schreckt ab. Die nicht enden wollenden Listen von großen und kleinen Änderungen durch das 6. Strafrechtsreformgesetz (StrRG) von 1998 sind ein Beispiel. Ein weiteres Beispiel ist das europarechtlich bestimmte und das internationale Strafrecht.

Die größte Schwierigkeit einer Beschreibung liegt aber darin, einen Rahmen für die Beschreibung jener Tendenzen zu finden. Natürlich werde ich den sich anbietenden vertrauten Rahmen nutzen und von den traditionellen Straf- und Maßregeltheorien ausgehen, also mich bemühen zu zeigen, was in den aktuellen Strafrechtsänderungen an Vergeltung, an Generalprävention und Resozialisierung enthalten ist. Auch bediene ich mich des üblichen Begriffs der Kriminalpolitik als Vorbeugung von Straftaten, als Verhütung von Straftatbegehung und Straftatrückfall mit Hilfe des Strafrechts.

Es wird sich aber schnell zeigen, daß diese üblichen Begriffe von Straftheorie und Kriminalpolitik nicht ausreichen, sich die aktuellen Linien der Strafrechtsveränderung zu erklären.

Ich schiebe ein Beispiel ein: das ungewöhnlich breite Vordringen der Regelbeispielstechnik im Besonderen Teil des StGB. Eine general- oder spezialpräventive Erklärung finde ich für diese Erscheinung nicht. Die innere Sicherheit wird durch diese Technik nicht erhöht. Allerdings wird der Besondere Teil viel flexibler, und diese Flexibilität für sich scheint zu reichen, um die Technik breit zu nutzen. Flexibilität nur eben, weil es Flexibilität ist, wäre in der Kontur des Strafrechts neu. Mein Ziel ist es zu belegen, daß sich im Bereich von Straf- und

1 Erweiterter Text eines Vortrags in der Richterakademie Wustrau im Februar 1999. Die Anmerkungen weisen die Texte nach, die die Literatur zum gerade behandelten Problem erschließen.

2 Vgl. *Hettinger*, Entwicklungen im Strafrecht und Strafverfahrensrecht der Gegenwart, Versuch einer kritischen Bestandsaufnahme, 1997.

https://doi.org/10.1515/9783111284439-003

Maßregelrecht in der Tat etwas Neues abzeichnet, ein Strafrecht, das mit den alten Begriffen von repressiver oder präventiver Kriminalpolitik nicht angemessen erörtert werden kann. In der Strafgesetzgebung und in der Strafrechtsprechung der Gegenwart zeigen sich die Konturen eines nach-präventiven Strafrechts. Ich bemühe mich, diese Konturen zu bestimmen und zu bewerten.

1. Die überall herrschende Meinung: Strafrecht ist Präventionsrecht

Einen Ausgangspunkt für meine Überlegungen will ich mir durch die Schilderung der vorherrschenden kriminalpolitischen Lehre verschaffen. Diese Lehre faßt Strafrecht als Präventionsrecht auf. Die Belege für die Herrschaft dieser Auffassung entnehme ich der neueren Gesetzgebungsgeschichte und aktuellen Äußerungen in der Praxis der Gesetzgebung.

a) Das StGB von 1871 beruht auf der Theorie der Tat-und-Schuld-Vergeltung, freilich mit vielen generalpräventiven Einschüben. „Gerechte gesetzliche Vergeltung stärkt die Rechtstreue der Bevölkerung" ist, auf eine Kurzformel gebracht, die kriminalpolitische Grundlage des StGB von 1871. Ein Jahrzehnt später findet eine „moderne" Strafrechtsschule eine kriminalpolitische Neuorientierung des Strafrechts: Spezialprävention anstatt Vergeltung. Das Hauptargument für die Forderung ist: allein Spezialprävention könne die ansteigenden Kriminalitätsziffern senken[3]. Das Präventionsdenken im Strafrecht dringt vor und wird im 1. Weltkrieg durch die Betonung der generalpräventiven Seite erweitert[4]. Seither entfaltet sich das Präventionsdenken. Die Weimarer Republik betont die Spezialprävention. Das Dritte Reich nutzt die brutalen Möglichkeiten der Generalprävention[5]. Die beginnende Bundesrepublik praktiziert eine zurückgenommene General- und Spezialprävention[6]. Das 1. und das 2. Strafrechtsreformgesetz 1969 und 1975 modernisieren den Gedanken der Spezialprävention und

---

3 Kritische Sichtung des Materials, das am Ende des 19. Jahrhunderts vorliegt, vor allem bei *Frommel*, Präventionsmodelle in der deutschen Strafzweck-Diskussion, 1987. Weiter: *Vormbaum*, Texte zur Strafrechtstheorie der Neuzeit, Band II, 1993; *Sellert / Rüping*, Studien- und Quellenbuch zur Geschichte der deutschen Strafrechtspflege, Band II, Von der Aufklärung zur doppelten Staatsgründung, 1994.

4 *Naucke*, Über das Strafrecht des 1. Weltkrieges, Rechtshistorisches Journal IX (1990), S. 330 ff.

5 Die Linie ist deutlich gezeichnet bei *Jescheck /Weigend*, Lehrbuch des Strafrechts, Allgemeiner Teil, 5. Aufl., 1996, S. 97 ff.

6 Umfassendes Material bei *Jörg Marschall*, Die straftheoretische Entwicklung vom Ende des II. Weltkrieges bis zum Alternativentwurf eines Strafgesetzbuchs (AE 1966), Diss. Frankfurt/ Main 1982.

verankern ihn im StGB: Ausbau der Maßregeln, Ausbau der Strafaussetzung zur Bewährung, Abbau der kurzen Freiheitsstrafe, Tagessatzsystem bei der Geldstrafe, Ausbau des Bagatellstrafsystems[7]. Der Stand, den die kriminalpolitische Theorie und Praxis in der Mitte der 70er Jahre erreicht hat, ist am klarsten an § 2 StVollzG (für die Freiheitsstrafe) abzulesen:

> Aufgaben des Vollzuges. Im Vollzug der Freiheitsstrafe soll der Gefangene fähig werden, künftig in sozialer Verantwortung ein Leben ohne Straftaten zu führen (Vollzugsziel). Der Vollzug der Freiheitsstrafe dient auch dem Schutz der Allgemeinheit vor weiteren Straftaten.

Also: Spezialprävention im Zentrum, Generalprävention am Rande der Kriminalpolitik. Übrigens, und für die folgenden Überlegungen nicht unwichtig, für die sich schnell ausbreitende Geldstrafe gibt es eine vergleichbare Vorschrift nicht; es gibt auch sonst keine gesetzliche oder gesetzesähnliche Festlegung zur Kriminalpolitik durch Geldstrafe. Die Geldstrafe ist für jede Kriminalpolitik zugänglich; an der Geldstrafe läßt sich das neue Strafrecht am ehesten ablesen.

Die weitere Entwicklung ist schon Gegenwart. Anders als erwartet, sinken die Kriminalitätsziffern nicht. Die Terroristenprozesse der 70er und 80er Jahre werden als Widerspruch zwischen einer für sehr wichtig genommenen Tätergruppe und der Spezialprävention empfunden. Die Vorstellung von der „Krise der Spezialprävention“ breitet sich aus[8]. Innerhalb weniger Jahre geht der kriminalpolitische Schwerpunkt von der Spezial- zur Generalprävention[9]; Spezialprävention wird nicht vergessen, aber sie wird zur Unterform der Generalprävention mit einer Konzentration auf das Jugendstrafrecht. Und die Generalprävention wird in einem fast rasanten Diskussionsprozeß modernisiert[10]. Abschreckung des tatgeneigten Täters gilt als archaisch und wird als negative Generalprävention diskreditiert. Das Ziel der Stärkung der Rechtstreue der Bevölkerung wird als positive Generalprävention ausgezeichnet und wird als Kriminalprävention schlechthin zur Spitze der kriminalpolitischen Theorie und Praxis[11].

---

7 Vgl. wiederum *Jescheck / Weigend* (Anm. 5), S. 101 ff.

8 *Eser*, Resozialisierung in der Krise? in: Festschrift für K. Peters, 1974, S. 505 ff. Aus aktueller Sicht: *Günther Kaiser*, Ist Resozialisierung noch ein aktuelles Thema der Strafprozeßreform? in: Festschrift für Lenckner, 1998, S. 781 ff.

9 *U. Neumann / Schroth*, Neuere Theorien von Kriminalität und Strafe, 1980.

10 S. das Material bei *Hassemer / Lüderssen / Naucke*, Hauptprobleme der Generalprävention, 1979.

11 S. die Zusammenfassung des Standes der Diskussion bei *E. A. Wolff*, Das neue Verständnis von Generalprävention und seine Tauglichkeit für eine Antwort auf Kriminalität, ZStW 1985, S. 786 ff.; NK-StGB-*Hassemer*, Rn. 1 ff., insb. Rn. 429 ff. vor § 1; *Müller-Tuckfeld*, Integrationsprävention, 1998; *Schünemann / v. Hirsch / Jareborg* (Hrsg.), Positive Generalprävention, 1998.

Traditionelle strafrechtliche Auffassungen und Begriffe, die sich gegen diesen Verlauf sperren, werden angepaßt. Der Einwand, Prävention jeder Art entwürdige den Straftäter als Mittel zum Zweck (Art. 1 GG), wird belächelt und ist im Debattengemenge um die Kriminalprävention nicht mehr wahrnehmbar. Der Schuldbegriff – ein merkwürdiger, fast irrationaler Schutz gegen strafrechtliche Präventionstechniken – wird eingegliedert, als Resozialisierungsbedürftigkeit in der Spezialpräventionslehre, als Zurückbleiben hinter der geschuldeten Rechtstreue in der Generalpräventionslehre[12]. Selbst die Erörterung der Staatskriminalität, die auf die Vorstellung vom Unrechtsausgleich angewiesen ist, muß sich an der Frage „Notwendigkeit und Möglichkeit von Prävention?" messen lassen[13].

Ein neuer strafrechtlicher Sprachgebrauch wird üblich. Strafrecht ist Kriminalprävention = positive Generalprävention und auch Spezialprävention = Beitrag zur Verbrechensbekämpfung = Stärkung der inneren Sicherheit.

An dieser Stelle schon ist die Bemerkung einzuschieben, daß es für Praxis und Wissenschaft leichtfertig ist, Präventionsstrafrecht, Verbrechensbekämpfungsrecht und Strafrecht als Mittel zur Verbesserung der inneren Sicherheit gleichzusetzen. Gemeinsam mag diesen Strafrechten eine gedanklich abgekürzte Erörterung des Strafrechts sein, eine Erörterung, die über einen unklaren Funktionalismus erreicht wird. Im Übrigen sind diese „Rechte" deutlich voneinander verschieden. Das Präventionsstrafrecht sieht auf das konkrete Opfer, um über die Bestrafung des konkreten Täters Prävention erreichen zu können. Das Verbrechensbekämpfungsrecht stellt einen Gegenstandsbereich (Verbrechen) und eine Menschengruppe (die Verbrechensbekämpfer) einander gegenüber und erwartet von der Gruppe, daß sie den Gegenstandsbereich verkleinere. Das Strafrecht als Teil des Rechts der inneren Sicherheit sieht die Wirkung eines Stücks des Rechts, nämlich des Strafrechts, auf eine Situation (die innere Unsicherheit) und verlangt Verbesserung der Situation. Das sind drei kaum miteinander vergleichbare Rechtstypen. Der dritte Typus, um die Linie meiner Argumentation anzudeuten, ist der stärkste, der nach-präventive.

b) Die Praxis der Gesetzgebung vollzieht diese Vorstellungen. Alle Parlamente und Regierungen seit dem Beginn der 80er Jahre haben keinen Zweifel daran gelassen, daß Strafrecht Teil der Kriminalprävention ist und sonst nichts. Das 6.

---

12 *Roxin*, Kriminalpolitik und Strafrechtssystem, 1970, S. 14 ff.; *Günther Jakobs*, Schuld und Prävention, 1976.

13 Differenzierte Problemerörterung: *Lüderssen*, Abschaffen des Strafens? 1995, S.172 ff. – Ablehnung der Bestrafung staatlichen Unrechts mit dem Hinweis, positive Generalprävention sei unnötig: *Günther Jakobs*, Vergangenheitsbewältigung durch Strafrecht? in: Isensee (Hrsg.), Vergangenheitsbewältigung durch Recht, 1992, S. 39.

StrRG 1998 steht ganz im Dienst der Kriminalprävention durch die Schwerpunkte: Schließen von Strafbarkeitslücken und Anheben von Strafrahmen. Andere Gesetze, die das 6. StrRG vorbereiten und sich um dieses Gesetz gruppieren, sagen schon im Titel, welchem kriminalpolitischen Programm sie dienen: Gesetze „zur Bekämpfung der Wirtschaftskriminalität" (seit 1976); Gesetze „zur Bekämpfung der Umweltkriminalität" (seit 1980); Gesetze „zur Bekämpfung des Terrorismus und zur Bekämpfung der Organisierten Kriminalität" (seit 1986); „Verbrechensbekämpfungsgesetz" (1994); „Gesetz zur Bekämpfung von Sexualdelikten" (1998). Polizei, Private und Justiz kämpfen überall unter Berufung auf das Strafrecht gegen das Verbrechen. Die überwiegende Zahl der Lehrbücher für Studierende sind Lehrbücher eines Verbrechensbekämpfungsrechts[14]. Ein Staatsanwalt fordert eine bestimmte Strafe „nicht zuletzt aus präventiven Gründen"[15]. Der Vorsitzende einer Strafkammer begründet die Höhe einer verhängten Strafe mit den Worten, die Strafe sei geboten, „allein um andere abzuschrecken"[16]. Diese Formulierungen werden die Hauptlinie der Strafzumessungserwägungen der Polizei, der StA und der Instanzgerichte treffen.

Wohin man blickt, überall findet man Belege für die herrschende Meinung: Strafrecht ist Kriminalprävention, was könnte es auch sonst sein.

2. Die Praxis des Präventionsstrafrechts

Die Auffassung vom beinahe selbstverständlichen Charakter des Strafrechts als Kriminalprävention führt zu bestimmten Kennzeichen des Strafrechts. Diese Kennzeichen sind den Strafjuristen vertraut. Ich fasse sie zusammen.

a) Das Strafrecht dehnt sich laufend aus. Es gibt mit dem Schwerpunkt der positiven Generalprävention eine „Normlawine"[17] im Strafrecht. In der Gesetzgebung ist das ablesbar am 6. StrRG mit seiner Neigung zur flächendeckenden Strafbarerklärung (aber damit wird nur eine in die 80er Jahre zurückgehende Linie fortgesetzt), weiter an den schnell aufeinander folgenden, die Strafbarkeit

---

14 *Baumann / Weber / Mitsch*, Strafrecht, Allgemeiner Teil, 10. Aufl., 1995, S. 39 f.; *Jakobs*, Strafrecht, Allgemeiner Teil, 2. Aufl., 1991, S. 5 f.; *Jescheck / Weigend*, Lehrbuch des Strafrechts, Allgemeiner Teil, 5. Aufl., 1996, S. 2; *Roxin*, Strafrecht, Allgemeiner Teil I, 3. Aufl., 1997, § 3 Rn. 37; *Maurach / Zipf*, Strafrecht, Allgemeiner Teil, Teilband 1, 8. Aufl., 1992, S. 80 ff. – Treffend der Titel des Strafrechtslehrbuchs von Thomsen, 1905: „Grundriß des deutschen Verbrechensbekämpfungsrechtes".

15 Aus dem Gerichtsbericht einer Tageszeitung, FAZ 1. 12. 98, S. 51.

16 Aus dem Gerichtsbericht einer Tageszeitung, FAZ 17. 12. 98, S. 47.

17 *Hettinger* (Anm. 2), S. 2.

regelmäßig erweiternden Strafrechtsänderungsgesetzen (Ausdehnung der Bestimmung über den Schutz der Totenruhe, § 168 StGB; Ausdehnung der Bestrafung des Menschenhandels, § 180b StGB; Ausweitung der Bestrafung der Abgeordnetenbestechung, § 108e StGB) und nicht zuletzt an den Spezialgesetzen zu nicht-strafrechtlichen Materien, die überwiegend mit Strafvorschriften enden (z.B. Gewerbeordnung i.d.F. v. 1999, Chemikaliengesetz, Strahlenschutzvorsorgegesetz, Gesetz über das Krebsregister, Tierschutzgesetz, Medizinproduktgesetz). Auch das europäische Sanktionenrecht, besonders eindeutig präventiv orientiert[18], das direkt oder indirekt Einfluß auf das deutsche Strafrecht hat, ist Strafausdehnungsrecht, an keiner Stelle Strafeinschränkungsrecht. Die Vorschriften über die Strafbarkeit des Insiderhandels (§ 14 WpHG) können andeuten, was gemeint ist[19].

Unter dem Regime der Kriminalprävention ist der Besondere Teil des StGB kaum wiederzuerkennen. Um die Mitte des 19. Jahrhunderts war man sich nicht sicher, ob der Betrug überhaupt eine Straftat ist. Gegenwärtig expandieren die Strafvorschriften über den Betrug in einer Weise, die Praxis und Wissenschaft überfordert. Die Zahl der Vorschriften nimmt rapide zu. Der Betrug ist vom Erfolgsdelikt zum Gefährdungsdelikt umgebildet worden (Subventionsbetrug, § 264 StGB; Kapitalanlagenbetrug, § 264a StGB). Was man nicht für möglich gehalten hätte, ist eingetreten: die ersten Formen fahrlässigen Betrugs sind strafbar (leichtfertiger Subventionsbetrug, § 264 Abs. 4 StGB). Das geplante europäische Strafrecht wird zur Hauptsache Betrugsstrafrecht sein[20]. Die Untreue, § 266 StGB, lange Zeit im Strafrecht als Fremdkörper betrachtet, ist jetzt klassisches Strafrecht und wird um breite Flächen ergänzt (Vorenthalten von Arbeitsentgelt, § 266a StGB; Mißbrauch von Scheckkarten, § 266b StGB). Das 6. StrRG hat sich als besonders scharfsinnig im Aufspüren und Schließen von traditionsreichen Strafbarkeitslücken erwiesen. Nun ist die Fundunterschlagung endlich strafbar (§ 246 StGB n. F.). Die Paradebeispiele für eine sinnvolle Beschränkung des Strafrechts, für den fragmentarischen Charakter des Strafrechts,

18 S. *Delmas-Marty* (Hrsg.), Corpus Juris der strafrechtlichen Regelungen zum Schutz der finanziellen Interessen der Europäischen Union, 1998, mit der Forderung nach 8 neuen Straftatbeständen; kritische Bewertung von *Hassemer*, „Corpus Juris“: Auf dem Wege zu einem europäischen Strafrecht?, KritV 1999, S. 133 ff.

19 S. *Haouache*, Börsenaufsicht durch Strafrecht, 1996.

20 Vgl. *Delmas-Marty* (Anm. 18).

– die Straflosigkeit des Versuchs der Körperverletzung und der Freiheitsberaubung – sind gestrichen. Versuchte Körperverletzung und versuchte Freiheitsberaubung sind jetzt strafbar (§§ 223 Abs. 2, 239 Abs. 2 StGB)[21].

b) Parallel zur Ausdehnung der Strafbarkeitsvoraussetzungen weiten sich in einem Präventionsstrafrecht die Strafrahmen aus und verhärten sich die Strafen. Was die neuere Gesetzgebung „Strafrahmenharmonisierung" nennt, ist überall Angleichung an das höhere Niveau, gut zu sehen z. B. im Verhältnis von Körperverletzung und Diebstahl (§§ 223, 242 StGB). Die aktuelle Gesetzgebung gegen Kindesmißbrauch ist Gesetzgebung zur Verschärfung der Strafrahmen (§§ 176, 176a, 176b StGB). Beim minderschweren Fall des Totschlags ist mit dem 6. StrRG die Mindeststrafe von 6 Monaten auf 1 Jahr und die Höchststrafe von 5 auf 10 Jahre gestiegen. Die gleiche Erscheinung findet sich bei der Aussetzung (§ 221 Abs. 4 StGB). Als Folge dieser Verschärfungen taucht die Nachricht auf, die Überbelegung der Justizvollzugsanstalten beruhe statistisch belegbar auf härteren Urteilen der Instanzgerichte[22]. Das geplante europäische Betrugsstrafrecht sieht harte, neue, ungenaue Strafdrohungen vor[23].

c) Der Strafprozeß der Prävention neigt zur Beschleunigung. Das beschleunigte Verfahren im engeren Sinne wird in den letzten Jahren immer weiter ausgebaut (§§ 417 ff. StPO). Das Normalverfahren wird auf Beschleunigungsreserven hin durchsucht, und man wird an vielen Stellen fündig, etwa bei den Rechtsmitteln, die man einschränken kann (§ 313 StPO), und bei den Entscheidungsbegründungen, die immer knapper werden dürfen (§§ 267 Abs. 4, 349 Abs. 2 StPO). Das führt weiter zu einem bevorzugten Ausbau des Ermittlungsverfahrens. Es ist nicht übertrieben zu formulieren, daß der Präventionsprozeß das Ermittlungsverfahren zu verselbständigen und mit dem präventiven Polizeirecht zu verklammern sucht.

Ein gewichtiges Kennzeichen des Präventionsstrafprozesses ist die schnelle Zunahme der Zwangsmittel im Prozeß und die Zulassung dieser Zwangsmittel unter abgesenkten juristischen Bedingungen. Eine genaue Analyse hat 1992 ergeben, daß die Zwangsmittel seit Inkrafttreten der repressiv gerichteten StPO 1877

---

21 Übersicht über die Ausdehnungen der Strafbarkeit durch das 6. StrRG bei *Dencker / Struensee / Nelles / Stein*, Einführung in das 6. StrRG 1998, 1998.

22 Bericht der FAZ 19.1.99, S. 2.

23 Vgl. *Delmas-Marty* (Anm. 18).

in einer ununterbrochenen Entwicklung von ursprünglich 10 auf 25 angewachsen sind[24]. Seither hat sich das Verhältnis nicht verbessert. Zumindest die Ausweitung der vorläufigen Festnahme 1994 (§ 127b StPO, „Hauptverhandlungshaft") und die zwangsweise molekulargenetische Untersuchung 1998 (§ 81e StPO, „Gentest") sind hinzugekommen. Die präventive Ausrichtung der neuen Zwangsmittel ist nicht zu übersehen. Prototypen sind die vorläufige Entziehung der Fahrerlaubnis (§ 111a StPO) und die Verhaftung bei Wiederholungsgefahr (§ 112a StPO). Und der erhofften Präventionsverbesserung ist es geschuldet, daß sich immer mehr Zwangsmittel gegen Unverdächtige richten, damit Verdächtige gefunden werden können (körperliche Untersuchung; Rasterfahndung; Gentest als Beispiele).

d) Insgesamt müssen sich materielles Strafrecht und Strafprozeß unter dem Regime des Präventionsgedankens als Teil eines alle Rechtsgebiete ergreifenden Großunternehmens „Prävention" = soziale Kontrolle verstehen lassen. Strafrecht und Strafprozeß verlieren theoretisch und praktisch ihre Selbständigkeit. Am klarsten ist dies am Ineinanderwachsen von Strafrecht und Polizeirecht zu sehen. Die Unterscheidung von Repression und Prävention ist aufgegeben. Das Strafrecht dient der Prävention. Ein geachteter Kommentar formuliert: „Seine (des Strafrechts) Aufgabe ist ähnlich wie die des Polizeirechts auf Gefahrenabwehr beschränkt"[25]. Das ist die Auffassung, die die Zusammenlegung von Justiz- und Innenministerium denkbar macht. Das Polizeirecht hat – wörtliches Zitat aus dem Hessischen Gesetz über die öffentliche Sicherheit und Ordnung – die Aufgabe der „vorbeugenden Bekämpfung von Straftaten" (§ 1 Abs. 4 HSOG). Diese Austauschbarkeit von Strafrecht und Polizeirecht zum Zwecke der Prävention erklärt, warum die Zwangsbefugnisse von Justiz und Polizei nach Zahl und Inhalt immer ähnlicher werden[26].

Das Ordnungswidrigkeitenrecht gilt als ein Gebiet, das mühelos Strafrecht aufnehmen und wieder entlassen kann. Die meisten aktuellen Gesetze, die Sanktionen androhen, nutzen Straf- und Ordnungswidrigkeitenrecht kumulativ und alternativ: am Straßenverkehrsrecht sind die Möglichkeiten dieses Verfahrens schön ablesbar.

---

24 *Olaf König*, Die Entwicklung der strafprozessualen Zwangsmaßnahmen im Ermittlungsverfahren seit 1877, 1993; s. auch *Hettinger* (Anm. 2), S. 43 ff., 53 ff.

25 SK-StGB-*Rudolphi*, 6. Aufl., 1998, Rn. 1 vor § 1.

26 S. §§ 11 ff. HSOG im Verhältnis zur StPO.

Aber auch das Zivilrecht, vor allem das Schadensersatzrecht, kann so präventiv wirken wie das Strafrecht (oder präventiver) und also mit dem Strafrecht konkurrieren[27], und auch das Einweisungsrecht. Kaum jemand findet etwas dabei, in der Ausweisung eines straffälligen Ausländers nach Ausländerrecht einen Beitrag zur Verbrechensbekämpfung zu sehen. Sogar die Privatisierung von Polizeiaufgaben findet ständig mehr Anhänger. Sog. private „City-Streifen“[28] zur Abschreckung von Straftätern sind in Großstädten Normalität[29].

Gemessen an der Prävention hat das Strafrecht viele funktionale Äquivalente. Scharfe Abgrenzungen für die Frage, welches Rechtsgebiet unter welchen Voraussetzungen für Abweichung zuständig ist, gibt es nicht mehr, braucht es – das Ziel der Prävention vorausgesetzt – nicht zu geben. Das präventive staatliche Strafrecht steht in der Aufgabenstellung auf einer Stufe mit der privaten Präventions-GmbH.

e) Dies führt zu einer praktischen Ausprägung des Präventionsgedankens, die wahrscheinlich zu wenig beachtet wird, zu den sog. „Präventionsräten“. Die Länder haben mit der Organisation dieser Räte begonnen; die Räte haben sich auf die Kommunen, auf Stadtteile und Straßenzüge ausgebreitet. Der Bund plant nach den Angaben in der Koalitionsvereinbarung 1998 zwischen SPD und Bündnis 90/Die Grünen unter der Zuständigkeit des Innenministers ein „Deutsches Forum für Kriminalprävention“; Vorsitzender soll ein Polizeibeamter werden[30]. In Hessen gibt es gegenwärtig 70 Präventionsräte[31].

Diese Präventionsräte sind eine Maßnahme der Exekutive. Die Zusammensetzung ist verschieden. Im Grundsatz können alle Behörden und Privatpersonen beteiligt werden, auch Jugendliche (gemeint sind wohl potentielle Täter)[32]. Ziel dieser Räte ist allgemein die Förderung der Kriminalprävention durch Vor-

---

27 S. *Hellmer*, Zur Bedeutung der neuen Schmerzensgeldrechtsprechung für das Strafrecht, Festschrift für Hellmuth Mayer 1966, S. 665 ff.; aktueller und differenzierter: *Lüderssen*, Abschaffen des Strafens? 1995, S. 410 ff.

28 S. den Bericht FAZ 15.1.99.

29 Überblick: *R. Weiß / Plate* (Hrsg.), Privatisierung von polizeilichen Aufgaben (BKA Forschungsreihe 41), 1996; *Beste / Voß*, Verformungen des Strafrechts durch private Sicherheitsdienste, in: Institut für Kriminalwissenschaften Frankfurt am Main (Hrsg.), Vom unmöglichen Zustand des Strafrechts, 1995. S. 313 ff.

30 Entnommen einem Bericht der FAZ-Sonntagszeitung 15. 11. 98, S. 2.

31 Mitteilung des Vorsitzenden der hessischen Sachverständigenkommission für Kriminalprävention, wiedergegeben in FAZ 14. 11. 98, S. 76.

32 Bericht FAZ 20.1.99, S. 54 zu Vorschlägen des Sozialausschusses der Frankfurter Stadtverordnetenversammlung zur Arbeit der Stadt-Teil-Präventionsräte.

schläge zur Vermeidung von Verbrechensbegehung und von Verbrechenswiederholung, also ein Beitrag zur Kriminalpolitik. Man weiß wenig Zusammenhängendes über diese Vorschläge[33]. Sicher sagen läßt sich, daß sich in den Präventionsräten eine großflächige, informelle, gesetzlich nicht gebundene Parallele zur justizförmigen, zumindest gesetzesgebundenen Kriminalprävention herausbildet. Praxis der Kriminalprävention gegenwärtig ist also die Summe aus formellen und informellen kriminalpolitischen Techniken.

3. Kriminalprävention und rechtsstaatliche Straftheorie

Der Hinweis auf den breiten Bereich informeller, nicht justizförmiger Prävention führt auf das Stichwort „Kriminalprävention und rechtsstaatliche Straftheorie“[34]. Das ist ein ehrwürdiges, schwieriges Thema. Ich sammle nur die ausgeprägtesten Erscheinungen und gehe die Gliederung noch einmal durch, die ich bei der Schilderung der Praxis des Präventionsstrafrechts benutzt habe.

a) Parallel zur Ausdehnung der Strafbarkeit überhaupt läuft eine Auflösung der Tatbestandsgrenzen, eines Pfeilers rechtsstaatlichen Strafrechts. Die materiellrechtlichen Gesetze werden immer ungenauer. Die Tatbestandsgrenzen der Geldwäsche etwa, § 261 StGB, lassen sich kaum bestimmen. Die Auslegungsspielräume werden ständig größer durch die objektive Auslegungslehre selbst und durch die Notwendigkeit, diese Lehre wegen der sich ständig vermehrenden Generalklauseln auch ständig anzuwenden. Das 6. StrRG hat bei den Generalklauseln keine Skrupel mehr. Merkmale wie „grob“, „erheblich“, „schwer“, bisher heikle Ausnahmen, werden zur Regel[35]. Die offenen Tatbestände insgesamt werden von der Ausnahme zur Regel. Das bedeutet eine Verschiebung von der Herrschaft des Gesetzes zur Herrschaft des Gesetzesanwenders.

---

33 Gut dokumentiert, aber wenig bekannt ist die Tätigkeit des hessischen Präventionsrates in drei ausführlichen, tatsächlich und juristisch weit ausdifferenzierten Berichten 1993, 1996 und 1998. Solche Berichte müßten publiziert und müßten dringend wissenschaftlich ausgewertet werden. Auf einen Blick kann man sehen: Familie und Schule, Kultur- und Zivilisationsmechanismen sind ersetzt durch ein landesweites Beobachtungs- und Kontrollnetz gegen Abweichung durch eine Art Mischbehörde von Sozialamt, Polizei, Justiz und Wirtschaft vor der professionellen Handhabung von Sozialrecht, Polizeirecht, Kriminalrecht und Arbeitsrecht. Die Kennzeichen eines neuen intervenierenden Strafrechts sind gut zu sehen. Die Begriffe von Verbrechen und Abweichung bleiben so vage wie die der Prävention und der Verbrechensverhütung. Auf Täter und Opfer kommt es auch nicht mehr an, sondern auf „Regulierung von Situationen“ mit einem unklaren Regelungsziel (am besten zusammengefaßt im Hessischen Präventionsbericht 1998, S. 135 ff.). Das ist ein Freiheitsproblem ersten Ranges.

34 Zusammenfassende Darstellung: *Ehret*, Franz v. Liszt und das Gesetzlichkeitsprinzip, 1996.

35 Einzelnachweise: *Naucke*, Strafrecht, Eine Einführung, 8. Aufl. 1998, § 6 Rn. 205.

b) Eine ähnliche Entwicklung findet man bei den Rechtsfolgen der Straftat. Das Ermessen in der Strafrahmenbestimmung und in der Strafzumessung weitet sich ständig aus. Das gilt auch für die Maßregeln. Angefangen hat das in den 70er Jahren bei der Geldstrafe. Das Ermessen, das man braucht, um mit einem Strafrahmen von DM 10,- bis zu DM 3.600.000,- bei einer Tat fertig zu werden (§ 40 StGB), ist riesig und grenzt an Willkür. Die Ausdehnung der Strafrahmen durch das 6. StrRG ist eine Vergrößerung des Rechtsfolgenermessens. Die Ausweitung der Regelbeispielstechnik auf Widerstand gegen Vollstreckungsbeamte, Vergewaltigung, Betrug und Urkundenfälschung zeigt die juristische Ausformung der Ermessensausweitung. Mit der gesetzlichen Bestimmtheit des Strafens (Art. 103 II GG) ist diese Linie nicht zu vereinbaren.

c) Die präventive Ausrichtung des Strafprozesses, vor allem die Verzahnung von Justiz und Polizei durch den Präventionsgedanken, berührt viele rechtsstaatliche Grundsätze. Die Justiz als dritte Gewalt (Art. 20 III, 92 GG) verliert in der großen Präventionslandschaft ihr Profil. Die Unabhängigkeit der Gerichte (Art. 97 I GG) läßt sich schwer verteidigen, wenn die Gesetze unklar sind, also viele Entscheidungen möglich werden, vor allem aber, wenn die Arbeit der Justiz sich täglich daran messen lassen muß, wieviel Verbrechensbekämpfung geleistet worden ist. Die Entstaatlichung der Prävention ändert das Bild des dem staatlichen Gesetz unterworfenen Richters und Staatsanwalts. Angriffe einzelner Opfer oder der Medien, ein bestimmter Richter habe in einem bestimmten Fall für die Prävention nicht genug getan, künftig müßten die Richter unter Berücksichtigung ihrer Präventionsfähigkeiten gewählt werden, liegen nahe und lassen sich nicht mit dem Hinweis auf die richterliche Unabhängigkeit erledigen. Kriminalprävention und rechtsstaatliches Strafrecht leben nicht aus den gleichen Überzeugungen.

d) In dem Regime der Präventionsräte schließlich zeigt sich das Aufgeben, zumindest das Aufweichen der Legalität strafrechtlichen Handelns. Die Präventionsräte haben ihren eigenen, nicht-gesetzlichen, unkontrollierbaren Verbrechensbegriff. Die Mittel, die sie zur Prävention einsetzen, sind nirgendwo niedergelegt, werden nach aktuellen Bedürfnissen beschlossen und unterliegen lediglich einer politischen Kontrolle. Wenn das funktioniert, muß dieses System die rechtsstaatliche Strafrechtspflege gegenstandslos machen[36].

---

36 Einzelheiten zu Abschnitt 3: Schwerpunktverlagerungen im Strafrecht, KritV 1993, S. 135 ff.

4. Zwischenbilanz

Die gegenwärtige Kriminalpolitik hat als Ziel die Prävention. Das Hauptziel, das erreicht werden soll, ist die positive Generalprävention. Dieses Ziel prägt die Strafrechtspraxis. Die Abschwächung rechtsstaatlicher Grundsätze, die mit der präventiven Ausrichtung des Strafrechts verbunden ist, wird gesehen, aber, z.T. bedauernd, hingenommen. Präventionsstrafrecht mit abgeschwächter Rechtsstaatlichkeit, das ist das Kennzeichen der aktuellen Kriminalpolitik[37].

5. Neue kriminalpolitische Linien

Freilich ist sogleich einzuräumen, daß diese Zwischenbilanz, so naheliegend sie für viele Strafjuristen zu sein scheint, zu pauschal ist. Viele neue strafrechtliche Regelungen und Verfahrensweisen sind so glatt nicht erklärbar. Ich will das an praktisch und theoretisch wichtigen Beispielen zeigen und dann versuchen, die neuen kriminalpolitischen Linien, die sich abzeichnen, zu bestimm.

a) Ich gehe aus von § 142 StGB, unerlaubtes Entfernen vom Unfallort. Zunächst sieht man am Gesetzestext alle Kennzeichen moderner Kriminalpulitik. Mit der Bestrafung aus § 142 StGB künftig verhindert werden soll die Gefährdung zivilrechtlicher Ansprüche eines Unfallgeschädigten. Mit der Strafdrohung gegen die Verletzung von Wartepflicht, Vorstellungspflicht und Rückkehrpflicht und mit einer verblüffend großen Ausweitung des Täterbegriffs (Abs. 5) hat man einen außerordentlich weiten, dennoch, wie die Rechtsprechung zeigt, unklaren Tatbestand[38]. Die Frage, ob die Strafbarkeitsvoraussetzungen des § 142 StGB mit Art. 103 II GG vereinbar sind, verstummt nicht. Der Strafrahmen ist weit und hart. Im Versicherungsrecht drohen zusätzlich schwerwiegende Nachteile (Entfernen vom Unfallort als Obliegenheitsverletzung mit Verlust von Versicherungsschutz gemäß § 7 AKB): das Versicherungsrecht verbindet sich mit dem Strafrecht zur Präventionsverstärkung. Also: Präventionsstrafrecht mit eingeschränkter Rechtsstaatlichkeit und Präventions-Anleihen im Versicherungsrecht. Aber damit hat man nur eine dürftige kriminalpolitische Information zu § 142 StGB. Das 6. StrRG hat für viele Fälle des § 142 StGB Strafmilderung

---

37 Ausführliche kritische Würdigung dieser Situation: *P.-A. Albrecht*, Erosionen des rechtsstaatlichen Strafrechts, KritV 1993, S. 163 ff.; *P.-A. Albrecht*, Prävention als problematische Zielbestimmung im Kriminaljustizsystem, KritV 1986, S. 55 ff.; *Hassemer*, Produktverantwortung im modernen Strafrecht, 2. Aufl. 1996, S. 74 ff.; *Hettinger*, Das Strafrecht als Büttel?, NJW 1996, S. 2263 ff.; *Zaczyk*, Prozeßsubjekte oder Störer? Die Strafprozeßordnung nach dem OrgKG, StV 1993, S. 490 ff.

38 Aktuelle Zusammenfassung: *Engelstädter*, Der Begriff des Unfallbeteiligten in § 142 StGB, 1997.

oder Absehen von Strafe ermöglicht (Abs. 4). §§ 153, 153a StPO ergänzen und erweitern diese Regelungen. Vom Beginn des Verfahrens bis zur Rechtskraft eines Urteils ist eine formlose Beendigung des Verfahrens möglich, nach § 153a StPO mit vielfältig auszugestaltenden Folgen. Dieses System: zwar strafbar, aber im konkreten Verfahren in großem Umfange straflos, ist mit Prävention unvereinbar. Die Sanktionsmöglichkeiten des § 153a StPO gleichen dies nicht aus; sie sind nur der Preis für die informelle Beendigung des Verfahrens oder eine Legitimation dafür, daß man das Verfahren überhaupt begonnen hat. Und bei der Handhabung des § 153a StPO kann strafrechtliche Phantasie entfaltet werden, ohne Rücksicht auf Prävention, z.B. bei der Festsetzung der Höhe der Geldbußen und bei der Auswahl der Einrichtungen, die die Geldbußen erhalten. Wie soll man diese strafjuristischen Handlungen kriminalpolitisch nennen? Man kann sich die Antwort einfach machen. Man diskutiert diese neuen Regeln mit den alten Begriffen. Dann ergibt sich: Zu Prävention und schwindender Rechtsstaatlichkeit ist die Prozeßökonomie hinzugekommen. Prävention wird zurückgenommen auf das Bezahlbare. Das hat das weitere Abschleifen rechtsstaatlicher Bedingungen zur Folge. Daran ist man aber gewöhnt.

Möglicherweise verfehlt man jedoch mit diesem Festhalten an den angestammten Erklärungsmustern das wirklich Neue, das sich abzeichnet.

Um eine erste Annäherung an das Neue in dieser Vorschrift zu finden, muß man sich noch einmal die Bestimmung des geschützten Rechtsguts bei § 142 StGB ansehen. Die Behauptung, dieses Rechtsgut sei die Sicherung der zivilrechtlichen Ansprüche des Geschädigten, wird auch durch ständige Wiederholung nicht einleuchtender. Warum dieser Schutz gerade hier und nicht auch an anderen, möglicherweise wichtigeren Stellen, bei der Miete z. B., auf die ein Vermieter angewiesen ist, genutzt wird, ist unerklärlich.

Die Frage läßt sich aber ganz gut beantworten, wenn man die Entscheidung des BVerfG genau liest, die das Rechtsgut „Schutz der zivilrechtlichen Ansprüche des Unfallgeschädigten" akzeptiert und § 142 StGB verfassungsrechtlich gegen den schlagenden Einwand, die Vorschrift sei mit dem verfassungsrechtlich gesicherten Recht auf Selbstbegünstigung unvereinbar, gerettet hat. Das Gericht argumentiert so: Der Straßenverkehr sei für Personen und Sachen gefährlich, aber dieser gefährliche Straßenverkehr müsse bleiben. Dazu gehöre, daß die Folgen der Gefährlichkeit gemindert würden. Dann bleibe der gefährliche Straßenverkehr akzeptierbar[39].

39 BVerfGE 16, 191.

Die Bestrafung aus § 142 StGB, d.h. die Verbesserung der zivilrechtlichen Stellung eines Geschädigten, ist ein kleiner Beitrag des Strafrechts zur Minderung der Folgen des gefährlichen Straßenverkehrs und damit zur Aufrechterhaltung dieses Verkehrs. Ein geschütztes Rechtsgut im überkommenen Sinne gibt es nicht mehr. Nur noch eine politisch-wirtschaftliche Lage, in der das Strafrecht agiert. Der einzelne Täter und das einzelne Opfer sind damit strafrechtlich uninteressant. Das Strafrecht bei § 142 StGB ist Teil eines komplizierten rechtlichen Instruments, das die Situation „gefährlicher notwendiger Straßenverkehr" erträglicher machen soll. Das erklärt die juristische Konstruktion dieses Teilinstruments zur Beeinflussung einer Situation. Man legt das Instrument breit und drohend an, ändert es aber je nach Zustand der Situation ab – bis zur faktischen Aufhebung, wenn man sieht, daß über § 142 StGB die Situation „gefährlicher notwendiger Straßenverkehr" ohnehin nicht zu beeinflussen ist. Mit rechtsstaatlich geminderter bezahlbarer Prävention hat das nichts mehr zu tun. Das ist etwas anderes. Das ist nicht vorbeugender Rechtsgüterschutz, sondern – viel anspruchsvoller – Beteiligung an der Aufrechterhaltung des Straßenverkehrs durch kluge, phantasievolle Nutzung einer strafrechtlichen Bestimmung, die, damit sie genutzt werden kann, möglichst flexibel sein muß und die den Rechtsstaat als Maßstab nicht mehr berücksichtigen kann. § 142 StGB gehört einer nach-präventiven, nach-rechtsstaatlichen Ära an.

§ 142 StGB ist kein Einzelfall, sondern Beispiel für einen Typus von Bestimmungen.

b) Noch einmal die Kennzeichen der Bestimmungen, die für eine neue Kriminalpolitik als Beeinflussung von Situationen erforderlich sind: weite, ungenau bleibende Strafbarkeitsvoraussetzungen, hohe Strafdrohungen mit viel Ermessen und Ermöglichung formloser Beendigung von Verfahren in großem Umfange und mit vielen Alternativen. Diese Kennzeichen finden sich fest ausgeprägt bei der Geldwäsche (§ 261 StGB), im gesamten Bereich des Betruges (§§ 263 ff StGB), beim Diebstahl (§ 242 mit § 248a StGB), bei den Umweltdelikten (§§ 324 ff., 330b StGB) und besonders klar im Betäubungsmittelgesetz (§§ 29 ff. BtMG). Und die §§ 153 ff. StPO (Einstellung und Absehen von der Verfolgung mit und ohne Sanktionen unter kaum noch überschaubaren, den innovativen Strafjuristen voraussetzenden Bedingungen) stellen sicher, daß diese Kennzeichen auch in die Bestimmungen eindringen, die nicht so modern formuliert sind wie §§ 142, 261 StGB.

c) Am klarsten aber sind die Konturen einer nach-präventiven Kriminalpolitik an den Absprachen, Vereinbarungen, am Vergleich, am Vertrag im Strafprozeß abzulesen. Dieses Institut ist nirgendwo geregelt. Seine praktische Bedeutung ist groß[40].

Gegenstand der Absprachen, z.B. in einem Wirtschaftsstrafprozeß, können alle Gegenstände sein, die man bisher im Prozeß getrennt hat. In eine Absprache können eingehen: der Sachverhalt, das materielle Recht, vor allem das Rechtsfolgenrecht, das Verfahrensrecht, das Vollstreckungs- und Vollzugsrecht bis hin zum Gnadenrecht. Diese Gegenstände und ihre Folgen für das Verfahren werden so lange als Masse gestaltet und umgestaltet bis ein für alle notwendig Beteiligten hinnehmbares Ergebnis erreicht ist. Die Erklärung dieser selbständigen Verfahrensart aus der Prozeßökonomie bleibt hinter der kriminalpolitischen Bedeutung der Absprachen weit zurück. Es handelt sich nicht um ein unter den Bedingungen der Bezahlbarkeit abgewandeltes Normalverfahren, sondern um etwas prinzipiell Neues, um die mehr oder weniger großräumige Gestaltung einer Situation, veranlaßt durch ein Strafverfahren. Die Erwägungen über die Restdauer des Verfahrens, die Rechtsfolgen und die Vollzugsgestaltung sind die Grundlage für die Bereinigung einer Situation: die Stiftung von Forschungsgeldern als Ergebnis von Absprachen dient der Aufhellung von naturwissenschaftlich ungeklärten Verläufen; Absprachen können zweifelhafte Produkte vom Markt entfernen und Produktionsverläufe umorganisieren. Das ist ein neues strafrechtliches Denken. Die neue Professionalität besteht darin, daß die beteiligten Juristen das gesamte Strafrecht zusammennehmen, um ein Verfahren beenden zu können. Das hat mit Gesetzesanwendung nicht mehr zu tun. Strafrechtlich genügt eine „Plausibilitätsprüfung“[41] – bei offenen Plausibilitätskriterien. Neu ist, daß das Strafrecht nur ein Mittel ist, ein im Grundsatz offenes Ziel der Verfahrensbeendigung zu bestimmen. Prävention spielt bei dieser Zielbestimmung eine untergeordnete Rolle. „Situationsbereinigung“ wird angestrebt. Die Bestimmung der Situation und die Art der Bereinigung bleibt der Phantasie und dem rhetorischen Geschick der Beteiligten überlassen.

Man kann nicht einwenden, die neue mit differenzierten, aber informellen Regeln arbeitende Verfahrensart „Beendigung eines Strafverfahrens durch Absprache“ habe sich nur in komplizierten Wirtschaftsstrafverfahren bilden können, auf die das durchschnittliche Verfahrensrecht nicht passe. Ein solcher Einwand

---

40 Übersichten über tatsächliche Abläufe und rechtliche Probleme: *Schünemann*, Absprachen im Strafverfahren? 1990; *Sinner*, Der Vertragsgedanke im Strafprozeß, 1999 .

41 Diesen treffenden Ausdruck übernehme ich aus der Diskussionsbemerkung eines Teilnehmers der in Anm. 1 genannten Veranstaltung. Daß eine solche Formulierung nicht zufällig gefunden wird, vielmehr ein hervorragendes Charakteristikum des Umgangs mit der Legalität bei den Absprachen ist, ergibt sich aus der wissenschaftlichen Analyse von *Sinner* (Anm. 40), S. 207.

unterschätzte die Menge und die Ergebnisse der neuen Verfahrensart. Statistisch weiß man über den Umfang der Absprachen wenig. Vielleicht wird die Hälfte der angefangenen Verfahren durch Absprachen beendet? Bemerkenswert ist, daß es zwar Veröffentlichungen zu den juristischen Grenzen der Absprachen gibt, daß es aber keine Veröffentlichungen zu den vielfachen Inhalten der Absprachen gibt. Dabei kann nur die Interpretation der Summe dieser Inhalte einen Einblick in das gegenwärtige Strafrecht geben. Jedenfalls ist sicher, daß die Absprachen auch die Alltagsfälle bestimmen. Zu entnehmen ist das im Augenblick am deutlichsten den Gerichtsberichten in Tageszeitungen. Ein Beispiel[42]:

Aus nichtigem Anlaß stößt ein 57-jähriger Mann eine 70 Jahre alte Frau in einer U-Bahn-Station in Frankfurt/ Main auf die Gleise. Passanten können die Frau auf den Bahnsteig zurückziehen, bevor der nächste Zug einläuft. Die Frau ist schwer verletzt; sie bleibt querschnittsgelähmt. In erster Instanz wird der Mann in einem normalen Verfahren zu einer Freiheitsstrafe von 2 Jahren und 4 Monaten verurteilt. Das Berufungsverfahren, das kein Berufungsverfahren, sondern ein eigenständiges Abspracheverfahren ist, kommt zu folgenden Ergebnissen: Die Strafe wird auf 2 Jahre ermäßigt und zur Bewährung ausgesetzt. Der Mann räumt Vorsatz ein und verzichtet auf die Einlegung der Revision. Ziel dieser Verabredung ist es, die Rechtskraft des Verfahrens wegen eines vorsätzlichen tätlichen Angriffs auf eine Person zu erreichen. Damit greift das Opferentschädigungsgesetz (§ 1 Abs. 1 OEG) ein, ohne daß ein weiterer langer Verfahrensweg abgewartet werden muß.

In dieser Verabredung spielt das Strafrecht nur noch eine Randrolle. Der Sachverhalt wird künstlich abgesteckt. Die Anwendung des materiellen Rechts ist pauschal und nicht einmal sonderlich plausibel. Die Tendenz des 6. StrRG, die Strafen für Körperverletzung deutlicher zu machen, ist nicht zu sehen. Dem Täter wird eine unspürbare Strafe angeboten; von Prävention kann die Rede nicht sein. Die Revision wird zum Spielmaterial in der Absprache. Das Strafverfahren hat nur das Ziel, die Voraussetzungen für die Anwendung des Opferentschädigungsgesetzes herzustellen. Die Absprache bereinigt eine zu enge Fassung dieses Gesetzes ohne Gesetzgebung.

Kriminalpolitisch kongeniale Gebilde zur Absprache im Hauptverfahren sind im Ermittlungsverfahren die Deeskalation als polizeiliche Strategie und die Zusicherung freien Geleits ohne Rücksicht auf die engen Voraussetzungen und Zuständigkeiten des § 295 StPO; beide Gebilde befreien wie die Absprache vom Legalitätsprinzip und setzen die für die Situation plausiblen, aber nicht abgeleiteten Regeln an die Stelle der Legalität.

---

42 Entnommen aus FAZ v. 6.3.99, S. 75.

d) Ich halte es für sicher, daß man an den meisten Reformen im materiellen und formellen Strafrecht seit etwa 1980 feststellen kann, daß sie sich aus dem Grundsatz „prozeßökonomische Prävention bei großzügigem Umgang mit dem Rechtsstaat" nicht mehr erklären lassen. Hier sind noch drei Belege:

aa) 1877 beim Inkrafttreten der StPO hatte die StA am Ende des Ermittlungsverfahrens zwei Möglichkeiten; sie mußte einstellen, weil die Tat nicht erwiesen war (§ 170 II StPO) oder sie mußte anklagen (§ 170 I StPO). Die Zahl der Möglichkeiten, die die StA heute hat, um ein Ermittlungsverfahren nicht fortzuführen oder abzuschließen, ist schwer zählbar. Überwiegend wird sie von der Verfolgung absehen, einstellen, Auflagen machen oder davon absehen, im Gebiet der neuen Bundesländer an Schiedsstellen abgeben oder auch ein Täter-Opfer-Ausgleichsverfahren zur Vorbereitung der Diversion einleiten[43]. Es findet eine Verselbständigung des Ermittlungsverfahrens statt. Mit Vermehrung von Prävention kann man das aber schwerlich erklären. Und der Einwand, rechtsstaatlich sei das fragwürdig, liegt merkwürdig neben der Sache. Die Entwicklungen im Ermittlungsverfahren haben mit Prävention und Legalität nicht mehr viel zu tun. Diese Ermittlungsverfahren bewegen sich mit einem offenen Ziel im gesellschaftlichen Feld der Kriminalität, zusehend, verwaltend, zufassend, flexibel mit ständigen Schwerpunktänderungen, nach kaum angebbaren Regeln.

bb) 1877 beim Inkrafttreten der StPO hatte das Opfer eine scharf zugeschnittene juristische Stellung im Strafprozeß. Das Opfer ist als Anzeigeerstatter und als Zeuge Informant. Der Staat stellt das beschädigte und gedemütigte Opfer wieder her durch das mit dem Legalitätsprinzip begründete Versprechen der Bestrafung des Täters. Das Klageerzwingungsverfahren garantiert, daß der Staat sein Versprechen hält.

Das hat sich geändert und differenziert. Das Opfer hat jetzt drei Rollen, vom gegenwärtigen Strafprozeß unterschiedlich bewertet.

Das Opfer in der Rolle desjenigen, der den Prozeß in Gang bringen und in Gang halten will, sieht der gegenwärtige Strafprozeß nicht gern. Ob der Prozeß beginnt und fortgesetzt wird, unterliegt einem breiten Ermessen von StA und Gericht, niedergelegt vor allem in den §§ 153 ff. StPO, in den entsprechenden Vorschriften des Besonderen Teils des StGB und in der Anerkennung von Absprachen. Das Klageerzwingungsverfahren ist bis auf Reste lahmgelegt (§ 172 II StPO)[44]. Dafür sind die Möglichkeiten für das Opfer mit Hilfe der Strafgerichte

43 Zusammenfassungen: *Bohnert*, Die Abschlußentscheidung des Staatsanwalts, 1992; *Walk*, Die Beendigung des Ermittlungsverfahrens im Strafprozeß, 1996.

44 Ausgeführt bei *Jans*, Die Aushöhlung des Klageerzwingungsverfahrens, 1990.

Wiedergutmachung, eine neue Form des Schadensersatzes, im Laufe des Verfahrens zu erlangen, bedeutend ausgeweitet worden (Hauptvorschriften: §§ 153a StPO, 46a StGB). Die rechtliche Verschlechterung der Opferstellung am Beginn des Verfahrens ist durch eine wirtschaftliche Besserstellung im Laufe des Verfahrens ersetzt. Man hat dem Opfer seine rechtliche Stellung abgekauft. Die Zeugenstellung ist von diesem Vorgang völlig abgelöst und in der Entwicklung verselbständigt. Den Zeugen, vor allem den Opfer-Zeugen, braucht der Staat. Der Druck auszusagen ist gegenüber 1877 nicht gemindert. Die Sorge des Zeugen, durch die Aussage geschädigt zu werden, ist durch die Modernisierung von Vernehmungsmethoden (§ 58a StPO) und durch vielfältige Zeugenschutzprogramme gemindert. Die drei unterschiedlich ausgestatteten Opferrollen verbinden sich nicht zu einem Gesamtbild. Prävention wird nicht gefördert; die rechtsstaatlichen Grundsätze hat man beim Ausgestalten der Rollen nicht intensiv befragt. Gesetzgebung und Praxis sind aber sicher phantasievoll im Umgang mit dem Opfer. Das Ziel dieser Nutzung juristischer Phantasie ist offen.

cc) Die Wahl des Ausdrucks „phantasievolle Kriminalpolitik ohne festes Ziel" ist kein Zufall. Der Aufruf zu Phantasie, Innovation, Kreativität in der Kriminalpolitik, auch in der Kriminalpolitik durch Gesetzesanwendung bei Polizei und Justiz, ist überall zu hören. Und er wird gehört. Die Vorschläge zu kriminalpolitisch gemeinten Praxis- und Gesetzesänderungen im Strafrecht haben nichts mehr gemeinsam, außer daß sie eben neu und kreativ sind.

Als Beispiel nehme ich den Ladendiebstahl. Nach positivem Recht ist er kaum faßbar. Er ist ein normaler Diebstahl, nach § 248a StGB regelmäßig ein Antragsdelikt, das aber auch von Amts wegen verfolgt werden kann. Die Strafverfolgung kann durch die zahlreichen Diversions-Möglichkeiten lahmgelegt werden. Vorgeschlagen wird, den Ladendiebstahl auf Kosten der Ladeninhaber zu bestrafen, ein gesondertes Bagatellstrafverfahren für den Ladendiebstahl zu schaffen, den Ladendiebstahl nur noch zivilrechtlich zu verfolgen (vielleicht mit einem Zuschlag zum Schadensersatz), § 153a StPO auf den Ladendiebstahl zuzuschneiden, die Verfolgung an das Ordnungswidrigkeitenrecht abzugeben oder der Polizei zu überlassen. Mit rationaler Kriminalpolitik hat diese Debatte wenig zu tun. Das ist juristisch begeistertes Spielen mit immer mehr Möglichkeiten ohne festes Ziel und ohne Rücksicht auf den Rechtsstaat. Welche Möglichkeit man schließlich wählt, ist willkürlich, hat nur das Kennzeichen, „Mitgestaltung der Situation Ladendiebstahl". Das ist nicht Schutz des Rechtsguts „Eigentum", sondern strafrechtliche Beteiligung am Weiterfunktionieren der Vertriebsform „Selbstbedienung". Das Spiel ist ohne Ende, vor allem deswegen, weil ein einmal gefundenes strafrechtliches Reaktionsmittel auf Ladendiebstahl sofort neue

Phantasien weckt. Es lag nicht fern, im Anschluß an den ministeriellen Vorschlag „Polizeistrafe bei Ladendiebstahl" sogleich zu verlangen, daß es dann erst recht „Polizeistrafe bei Nichtbezahlung von Miete" geben müsse[45].

Wenn man nur über ein paar Wochen die Tageszeitungen nach Strafrechtsreformvorschlägen von Leuten, die durchaus Zugang zum Gesetzgebungsverfahren haben, durchsieht, entdeckt man die Forderungen nach:

Bestrafung des Rauchens in der Öffentlichkeit; Bestrafung der Handy-Benutzung im fließenden Straßenverkehr und in Flugzeugen; Sondervorschriften zur Bestrafung des Dopings im Sport; Einführung einer elektronisch kontrollierten Privatwohnungs-Freiheitsstrafe; Beschleunigung des Jugendstrafverfahrens; Sicherungsverwahrung für Jugendliche; Senkung des Strafmündigkeitsalters; Ausdehnung der Aussetzung der Freiheitsstrafe zur Bewährung; Einführung der Strafaussetzung zur Bewährung bei der Geldstrafe; Erweiterung des Täter-Opfer-Ausgleichs unter besonderer Berücksichtigung des Anwaltsgebührenrechts; Einführung einer zwangsweise zu kaufenden Jahreskarte für den öffentlichen Nahverkehr anstelle von Strafe beim Schwarzfahren; Ausbau der sanktionsbewehrten Diversion; Entziehung der Fahrerlaubnis als Hauptstrafe; Zwangstherapie bei gewalttätigen Ehemännern; Einführung der Anschlußberufung im Strafverfahren; Neuberechnung des Verhältnisses Tagessatz-Freiheitsstrafe; Alkoholverbot für Nachwuchsfahrer; Verschlankung der Justiz; Änderung des Gerichtsaufbaus; Privatisierung von Justizvollzugsanstalten; Verpflichtung von Graffiti-Sprayern, die Graffiti auf eigene Kosten zu beseitigen; Einführung der gemeinnützigen Arbeit als Sanktion im Erwachsenenstrafrecht; Ausdehnung des Strafbefehlsverfahrens; und immer wieder Beschleunigung und Vereinfachung des Verfahrens und Amnestien, auch Kombinationen von Amnestien mit § 153a StPO (phantastisch die Überlegung im Bundesfinanzministerium: Steuerverkürzer werden amnestiert unter der Bedingung, daß sie die nichtversteuerten Beträge in niedrig verzinslichen speziellen Staatspapieren anlegen; angesichts solcher Vorstellung mag man nach dem Rechtsstaat gar nicht fragen).

Das ist eine Sammlung, die durch keine kriminalpolitische Lehre und durch keine rechtstheoretische Linie zusammengehalten wird. Das ist Präsentation von juristischer Innovationsfähigkeit um ihrer selbst willen, auch viel Dilettantismus oder nur subjektive Reflexion (im Gegensatz zur objektiven Vernünftigkeit). Das Strafrecht hat zu viele Alternativen und wird zerredet.

6. Konturen eines nach-präventiven, zugleich nach-rechtsstaatlichen Strafrechts

a) Die Konturen eines solchen Strafrechts zeichnen sich ab. So ungewöhnlich, wie das klingen mag, ist es nicht. Diese Entwicklung führt zurück auf Radbruchs 1932 formulierte Hoffnung, es möge dereinst etwas Besseres geben als das

45 Leserbrief FAZ 7.1.99, S. 11.

Strafrecht[46]. Entfaltungen dieser Forderung finden sich in der Abolitionsbewegung, in der Forderung nach dem Aufgeben der Strafe zugunsten der Maßregel und in der uferlosen Debatte über Alternativen zum Strafrecht. Sobald man diese allgemeinen Forderungen konkretisiert, muß das überkommene Strafrecht zur Verfügungsmasse für Innovationen werden. Hauptsache ist, daß man die Änderung als Innovation ausgeben kann. Der rechtspolitische Sprecher einer Regierungspartei hat die Forderung nach einer weitreichenden Änderung des § 153a StPO mit der Formulierung begründet: „die Koalition hat ein Reformprojekt"[47]. Ob die vielen Innovationen zusammenpassen, ist nicht zu bedenken. Nur auf diesem Hintergrund ist die Aufnahme der Vermögensstrafe (§ 43a StGB) in das Strafgesetzbuch erklärbar.

b) Daß es ein einheitliches präventives, dabei rechtsstaatlich großzügiges Strafrecht nicht mehr gibt, zeigt sich auch an einer anderen theoretischen und praktischen Debatte, der Debatte über das mehrspurige Strafrecht.

Die erste Spur ist das traditionelle rechtsstaatliche Schuldstrafrecht, soweit es das noch gibt. Die zweite Spur ist das schuldunabhängige, rechtsstaatlich nicht mehr anspruchsvolle (z.B. das Rückwirkungsverbot abweisende, § 2 VI StGB) spezialpräventiv gerichtete Maßregelrecht. Als dritte Spur wird inzwischen bezeichnet alles Strafrecht, das sich um den Wiedergutmachungsgedanken gruppiert. Die Kennzeichen dieser dritten Spur sind: innovative Rechtsfolgen, die von keiner kriminalpolitischen Theorie präzise erreicht werden und den Maßstab „Rechtsstaat" nicht mitführen[48]. Die Zählung geht inzwischen weiter, um wenigsten äußerlich einen Überblick über Strafrechtsänderungen und Forderungen nach immer neuen Änderungen zu behalten. Es liegt nahe, den Bereich der opportunen Diversion (Hauptvorschriften: §§ 153 ff. StPO, 45, 47 JGG) als vierte Spur zu bezeichnen, charakterisiert durch unübersichtliche, kriminalpolitisch uneinheitliche rechtsstaatlich kaum faßbare formelle und informelle Regeln[49]. Und es fällt nicht schwer weiterzuzählen, wenn man sich an den Ausgangspunkten Prävention und Rechtsstaat orientiert[50]. Fünfte Spur: die Verfolgung und Bestrafung organisierter Kriminalität. Kriminalpolitik ist in dieser Spur nicht Prävention, sondern flexible Mitgestaltung einer unübersichtlichen

---

46 *Radbruch*, Rechtsphilosophie, 3. Aufl., 1932, S. 166 = Radbruch-Gesamtausgabe Band 2, herausgegeben und bearbeitet von Arthur Kaufmann, 1993, S. 403.

47 Rechtspolitischer Sprecher von Bündnis 90/Die Grünen, wörtlich nach FAZ v. 13.2.99, S. 6.

48 Zusammenfassung: *Roxin*, Strafrecht, Allgemeiner Teil I, 3. Aufl., 1997, § 3 Rn. 65 ff.

49 Zusammenfassend: *Pott*, Die Außerkraftsetzung der Legalität durch das Opportunitätsdenken in den Vorschriften der §§ 154, 154a StPO, 1996, S. 102 f.

50 S. schon: Die strafrechtliche Privilegierung staatsverstärkter Kriminalität, 1996. S. 79 ff.

sozialen Situation mit ständig wechselnden, rechtsstaatlich unabgeklärten materiellrechtlichen und verfahrensrechtlichen Mitteln[51]. Spur 5a: Verfolgung und Bestrafung der Betäubungsmittelkriminalität. Krirninalpolitisch ist das eine undurchschaubare Mischung von positiver und negativer Generalprävention, Spezialprävention und Verwaltung eines Problems; rechtsstaatlich ist das BtMG nicht einzuordnen. Sechste Spur: Die Verfolgung und Bestrafung der Staatskriminalität. Präventionstheoretisch ist diese Spur nicht erklärbar. Gemessen an einem biederen Rechtsstaat, der den Politiker vom Strafrecht freistellt, ist diese Spur rechtsstaatlich bedenklich; gemessen an einem kraftvollen Rechtsstaat, der der Politik das strafrechtliche Risiko ihres Handelns vorführt, ist das beispielhafter Rechtsstaat. Siebente Spur: das Recht der Schwangerschaftsunterbrechung, §§ 218 ff. StGB. Das dem Sprachgebrauch des Präventionsstrafrechts entnommene Etikett „Schutz des ungeborenen Lebens durch Strafrecht" ist nichtssagend. §§ 218 ff. StGB sind kaum noch Strafrecht. Ganz modern gleichen sich Regelstrafbarkeit und Ausnahmen aus. Entstanden ist eine Mischung aus Versicherungsrecht und Sozialrecht mit weitem staatsanwaltlichem und richterlichem Ermessen. Das Ziel der Vorschriften ist nicht Prävention, sondern politisches Ausbalancieren von ausufernden Vorschlägen zur Vermeidung von Strafbarkeit bei gleichzeitiger Vermeidung einer Kollision mit den auch nicht klaren Vorgaben des Bundesverfassungsgerichts. Man sieht, daß das StGB ganz neue Aufgaben übernimmt. Nicht mehr Prävention in irgendeiner Form bei mehr oder weniger Rechtsstaatlichkeit, sondern innovatives Auflösen einer politisch verfahrenen Situation. Die achte Spur besteht aus dem internationalen Strafrecht und dem erwartbaren europäischen Strafrecht mit neuen materiellrechtlichen, verfahrensrechtlichen und gerichtsverfassungsrechtlichen Profilen. Auch das schon planbare Weltstrafrecht gehört in die achte Spur[52].

c) Ich versuche eine Zusammenfassung.

Die Annahme, das gegenwärtige Strafrecht werde kriminalpolitisch geleitet durch Präventionsforderungen bei geminderter Rechtsstaatlichkeit, ist unergiebig. Die Forderung nach Prävention durch Strafrecht scheint eine leere Floskel geworden zu sein. Die Forderung nach genauer strafrechtlicher Rechtsstaatlichkeit wird nicht abgewehrt, löst aber Desinteresse aus, ist erledigt.

---

51 Das Material für diese Beurteilung bei *H. J. Albrecht u. a.*, Organisierte Kriminalität und Verfassungsstaat, 1999.

52 Um dieses Zählverfahren zu ironisieren, nenne ich eine neunte Spur: das akademische Strafrecht, mit dem man Klausuren „lösen" kann, ein Kunstprodukt, niedergelegt in einer breiten Literatur, frei von jeder Wirklichkeit; diese Wirklichkeitsferne ist ein Indiz dafür, daß das nach-präventive Strafrecht nicht lehrbar ist.

Das Strafrecht ist am Beginn einer neuen Entwicklung, ist in ein Übergangsstadium getreten. Das Strafrecht hat eine andere Sprache und einen anderen Stil als bisher[53]. Ein dauerhaftes langfristiges kriminalpolitisches Ziel ist nicht mehr zu sehen. An die Stelle von kriminalpolitischen Zielen sind charakteristische Züge getreten. Das Strafrecht besteht aus Teilbereichen, die keine Verbindung zueinander haben. Das gesamte Strafrecht ist offen, flexibel, kreativ, innovativ[54]. Es geht im Strafrecht zu wie in einem großen Wirtschaftsunternehmen, das sich am Markt behaupten will. Der Markt für das Strafrecht ist die aktuelle politische Lage. Es müssen immer neue Produkte, auch Dienstleistungen, gefunden werden, neue Strukturen organisiert werden, damit die Verbindung zum Markt nicht verloren geht[55]. Das Hauptangebot des Strafrechts an den politischen Markt scheint in diesen Jahren zu sein, ein Gemenge unterschiedlich zusammengesetzter materiellrechtlicher und verfahrensrechtlicher Mittel zur Beeinflussung schwieriger sozialer Situationen zur Verfügung zu stellen.

Auf diesem Wege wird mehr und härteres Strafrecht erzeugt (produziert) als erforderlich und handhabbar ist. Viel Strafrecht bleibt unangewendet, z.B die Vorschriften über die Strafbarkeit der versuchten Körperverletzung und der Fundunterschlagung. Diese Erscheinung versucht man mit dem Ausdruck „symbolisches Strafrecht“[56] zu erfassen. Aber dieser Ausdruck unterschätzt die Erscheinung. Angelehnt an wirtschaftliche Begriffe muß man sagen, daß im Augenblick zunehmend das Angebot an Strafrecht die Nachfrage übersteigt. Und vielleicht ist das gewollt. Diese Lage kann sich schnell ändern, d.h. die Nachfrage kann größer werden, auch ausgeweitet werden, und trifft dann auf ein vorhandenes Angebot mit flexiblen Abgabebedingungen.

Das Strafrecht driftet. Es muß bereit sein, sich jederzeit zu ändern. Das Berufsbild des Strafjuristen wird fließend. Die Forderung nach einer „innovativen Strafjustiz“ wird von der Justiz nicht zurückgewiesen. Das ist, entgegen der immer wieder gehörten Formulierung, keine Ausdifferenzierung des Präventionsstrafrechts, sondern die Versorgung von Politiknischen, die Zugang zu einer Mehrheit haben. Die Strafregeln sind nicht mehr auf Dauer gestellt.

---

53 Für den Strafprozeß s. Herzog (H.), Quo vadis, Strafprozeß? 1998.

54 Die Strafzwecke „sind in unglaublicher Bewegung“ (LR-StPO-*Lüderssen*, 25. Aufl., 1998, Einleitung Abschnitt L Rn. 31).

55 „Neue Freiheiten, neue Risiken, neue Chancen“ ist nicht etwa der Titel eines Aufsatzes zur Einführung des Euro, sondern der Titel einer aktuellen Publikation des BKA (Wiesbaden 1998) zu Fragen der Verbrechensbekämpfung mit Beiträgen von Politikern, Polizeibeamten, Wissenschaftlern und Journalisten (nicht von Richtern).

56 Zusammenfassende kritische Analyse dieses Begriffs von *Hassemer*, Symbolisches Strafrecht und Rechtsgüterschutz, NStZ 1989, S. 553 ff.

Ohne langfristige feste, politisch einigermaßen resistente Ziele kann Prävention aber gar nicht gedacht werden. Ständiges Umstrukturieren, d.h. jeden Monat ein Stück neues Strafrecht, ist mit rechtsstaatlichen Vorstellungen, die auf Stabilität der Institution „Strafrecht" setzen müssen, unvereinbar.

Man sieht die Anfänge eines nach-präventiven, nach-rechtsstaatlichen Strafrechts. In der Gesetzgebung muß es viel Spaß machen, sich in diesen Anfängen einer neuen Epoche zu bewegen. Die Möglichkeiten sind fast unbegrenzt. Die Rechtsanwendung, Täter und Opfer haben ihre Mühe mit dem Ende einer stabilen Strafrechtsphase. Sie müssen sich ständig dem situationsabhängigen Strafrecht anpassen.

Wer das rechtsstaatliche Strafrecht nicht aufgeben will, hat die größten Probleme. „Prävention und Rechtsstaat" war ein eingespieltes Stück mit klar verteilten Rollen. Die Anhänger eines strikten Rechtsstaats im Strafrecht, die Anhänger der Forderung, jedes Strafrecht (und nicht zuletzt das verschwommene, schnell zu ändernde nach-präventive Strafrecht) sei Machtausübung und müsse rechtsstaatlich begrenzt werden, haben eine neue große Schwierigkeit. Sie bekommen ein neues Gegenüber, ein Gegenüber, das kräftiger, zeitgemäßer, autoritärer[57] ist als die Kriminalprävention. Die Aufgabe des rechtsstaatlichen Strafrechts als Kontrolle strafender Macht ist schwieriger geworden.

57 Gut sichtbar an der sog. elektronischen Fessel. Feuerbach meinte bei der Begründung der Generalpräventionslehre am Ende des 18. Jahrhunderts (Revision der Grundsätze und Grundbegriffe des positiven peinlichen Rechts, 1799, S. 40), es sei natürlich unmöglich, die Bürger in Fesseln zu legen, damit sie keine Straftaten begingen. Am Ende des 20. Jahrhunderts ist das Prinzip, Bürger in Fesseln zu legen, damit sie keine Straftaten begehen. wie selbstverständlich akzeptiert, nur die technischen Einzelheiten sind streitig.

Die Michael-Kohlhaas-Situation. Ein juristischer Kommentar

I.

Kleists Kohlhaas* ist exemplarische juristische Literatur. Kein Student dürfte aus dem Studium der Rechtswissenschaft entlassen werden, ohne sich verbindlich zu Kohlhaas geäußert zu haben. Kleist diskutiert einen Fall professionell durch, in einer sprachlich glänzend gefassten Führung der Gedanken. Alle rechtlichen Grundfragen werden abgegrenzt, differenziert, erörtert und entschieden: Das Verhältnis von Recht und Macht, von positivem Recht und Gerechtigkeit; die Bedeutung des Gesetzes für das juristische Denken; das Problem des gesetzlichen Unrechts; die Wichtigkeit solider Beweisaufnahmen für eine juristische Entscheidung; die Greulichkeit der Todesstrafe; das Prinzip der Verhältnismäßigkeit; die Gebrechlichkeit juristischer Argumentation und das Mittel gegen diese Gebrechlichkeit, die juristische Dogmatik; die Einsicht in die unabsehbaren irrationalen Folgen von rational gemeinten juristischen Entscheidungen.

Der Jurist kann von Kleist lernen, unprätentiös, erfahrungsgesättigt und rechtsphilosophisch gehaltvoll über allgemeine und spezielle Rechtsfragen zu debattieren. Nachhaltig in diese Richtung wirken kann die wiederholte Lektüre der Auseinandersetzung zwischen Luther und Kohlhaas (S. 46 ff.); laut mit verteilten Rollen gelesen, gehörte dieser Text als Pflichtstoff in jede juristische Anfängervorlesung. Über die größtmögliche Genauigkeit einer Beweisaufnahme und über die persönliche und sprachliche Souveränität, die für eine Beweisaufnahme nötig ist, kann man sich schwerlich besser beraten lassen als durch sorgsame Lektüre der Befragung Herses als Zeugen durch Kohlhaas als Ermittler (S. 16 ff.).

Kleists juristische Überlegungen zum Kohlhaas-Fall führen den heutigen juristischen Leser noch weiter. Teile dieser Überlegungen können Anlass sein, über die für selbstverständlich gehaltene, aber begrenzte begriffliche Ausstattung des heutigen Juristen nachzudenken. Es gibt bei Kleist eine prinzipielle juristische Denk- und Argumentationsmöglichkeit, die die berufsmäßigen Juristen bisher abgewiesen haben, die man aber in jedem Repetitorium gern auftauchen sähe,

---

* Seitenangaben beziehen sich auf den Text in: *Heinrich von Kleist*, Michael Kohlhaas. Mit Kommentaren von Wolfgang Naucke und Joachim Linder. (Juristische Zeitgeschichte. Abteilung 6, Band 6. Baden-Baden (Nomos), 2000.

https://doi.org/10.1515/9783111284439-004

weil sie juristisches Denken vertiefen könnte. Juristen haben für ihr Verhalten gute oder schlechte Gründe, jedenfalls immer Gründe. Bei Kleist – in der Geschichte über den Passschein, den der Junker Tronka höhnisch unter Berufung auf positives Recht von Kohlhaas verlangt – gibt es den „Ungrund" (S. 13) für den Passschein, ein wundervolles juristisches Wort. Der „Un-grund" ist eine Denkfigur, die klarmacht, dass es neben guten und schlechten Gründen für juristisches Verhalten ein gleichrangiges Drittes gibt, gar keinen Grund für ein bestimmtes juristisches Verhalten, nur willkürliche Macht, eben „Ungrund", wie immer das Phänomen juristensprachlich auch formuliert sein mag. Wie lästig dieses Dritte den Juristen ist, liest man bei Kleist. Die Räte, die den „Ungrund" bescheinigen sollen, handeln nicht von sich aus (von Amts wegen), warten vielmehr auf das ausdrückliche „Ansuchen" Kohlhaasens (S. 13) und sind ob dieses Ansuchens „missvergnügt" (S. 13). Dieses Missvergnügen von Juristen bei der professionellen Behandlung von Ungründen ist Teil der Michael-Kohlhaas-Situation. „Missvergnügt", übrigens, ist angesichts der Argumentation Kohlhaasens auch Kleists Luther (S. 50).

2.

Der Missmut der Räte bei der Bescheinigung des Ungrundes, dessen Opfer Kohlhaas wird, weist auf eine juristische Besonderheit bei der Lektüre des Kleist-Textes hin. Anders als bei den allermeisten juristischen Fällen kann man einer persönlich zu verantwortenden Entscheidung nicht ausweichen. Eine nur professionelle „Lösung" des Kohlhaas-Falles genügt nicht. Man muss sich klarwerden, ob man Kleists Kohlhaas mit Angst um Kohlhaas oder mit Angst vor Kohlhaas liest. In der Entscheidung zwischen diesen beiden Möglichkeiten erfährt man, was man als Jurist über Recht und Staat denkt.

Üblicherweise wird – mit vielen Differenzierungen – in der „Zwar-Aber"-Form gedacht: Zwar ist Kohlhaas Unrecht geschehen, aber er hat sich falsch gewehrt.

3.

Kleist hat diese Form selbst geprägt. Auf der ersten Seite der Erzählung sammelt Kleist alle Etiketten, die Kohlhaas im dann folgenden Text und in den unzähligen Interpretationen tragen muss. Kohlhaas ist „einer der rechtschaffensten zugleich und entsetzlichsten Menschen" (S. 9); er ist zwar „das Muster eines guten Staatsbürgers" (S. 9), „das Rechtsgefühl aber machte ihn zum Räuber und Mörder" (S. 9). In Kleists Formulierungen ist Kohlhaas das Opfer „ungesetzlicher

Erpressungen" (S. 10/11) und „unverschämter Forderungen" (S. 12), aber er unternimmt den „allzu raschen Versuch, sich selbst Recht verschaffen zu wollen" (S. 104), er tut zu viel gegen das Unrecht, er wird zum „rasenden Mordbrenner" (S. 43).

Der Kohlhaas-Leser muss sich prüfen, ob er diese so bequeme wie edle Argumentation übernehmen will. Durchschnittlich wäre das.

4.

In der schönen Literatur ist es Goethe, der Kleists Entgegensetzung übernimmt, ohne sie zu zitieren, und sie verstärkt. Autor Kleist und Held Kohlhaas seien, spricht Goethe[1], von einem zu „großen Geist des Widerspruchs" und von „gründlicher Hypochondrie" erfüllt. Wie gegen Kleist und Kohlhaas gerichtet liest sich die Goethe-Reflexion:

> Es ist besser, es geschehe Dir unrecht, als die Welt sei ohne Gesetz. Deshalb füge sich jeder dem Gesetz[2].

Kleist – und den meisten seiner Interpreten – ist dieser Gedanke, der dem Gesetz einen beinahe uneinholbaren Vorsprung verschafft, nicht fremd. Goethe übernimmt das Argument, das Kleist in der Luther-Kohlhaas-Debatte nicht zufällig Luther brauchen lässt. Luther hat in seinen Schriften formuliert, die Staatsgewalt sei Gottes Henker und Stockmeister, gebietend über Schalke und böse Buben[3]. Die Absicht von Kleists Luther ist es, Kohlhaas „in den Damm der menschlichen Ordnung zurückzudrücken" (S. 44). Im Kohlhaas sagt Luther zu Kohlhaas gleich kraftvoll: „Dein Odem ist Pest und deine Nähe Verderben" (S. 46). Kein Einwand Kohlhaasens wirkt. Luther benutzt das grobe Argument, wenn alles nichts helfe, dann müsse man „um (des) Erlösers willen" dem ungerechten Mächtigen vergeben und heimreiten (S. 49). Kohlhaas antwortet: „'Kann seyn!'", indem er ans Fenster trat: 'kann seyn, auch nicht!'" (S. 49). Das ist kein bequemer Relativismus und keine blasse Verhältnismäßigkeitsabwägung, sondern tiefe Nachdenklichkeit. Luther – hier ganz Juristenrepräsentant – reagiert darauf nicht einmal.

---

1 Zu Falk (Artemis-Ausgabe 22, Goethes Gespräche 1, S. 626).

2 *Goethe*, Maximen und Reflexionen (Artemis-Ausgabe 9, S. 610). – Lüderssens Versuch, die status-quo-Nähe dieses Textes zu relativieren (*Lüderssen*, „Ich will lieber eine Ungerechtigkeit begehen, als Unordnung ertragen", Notizen über Goethes Verhältnis zum Recht, in: Lüderssen, Produktive Spiegelungen, 1991, S. 147 ff., bes. 155 f.) reicht jedenfalls nicht bis zu Goethes eindeutig formuliertem Widerwillen gegen Kohlhaas.

3 *Luthers* Werke, Weimarer Ausgabe, 16. Band, S. 488.

Er sei aus der Gemeinschaft verstoßen worden, sagt Kohlhaas. Luther dagegen:

> ... ja, wo ist, so lange Staaten bestehen, ein Fall, daß jemand, wer es auch sey, daraus verstoßen worden wäre? (S. 47).

Der Staat kann kein Unrecht tun. Und als ob das nicht schon reichte, lässt Kleist Luther hinzusetzen:

> ... wer anders als Gott darf ihn (den Landesherrn) ... zur Rechenschaft ziehen, und bist du, gottverdammter und entsetzlicher Mensch, befugt, ihn ... zu richten? (S. 47).

Der Herrscher ist nur Gott verantwortlich. Kohlhaas ist chancenlos. Das Zugeständnis, es sei ihm Unrecht geschehen, ist folgenlos.

Goethe und Kleists Luther stimmen überein. Trotz allen Unrechts, das dem Kohlhaas geschehen ist, er hat sich den Gesetzen, die Gegenaktionen verbieten, zu unterwerfen. Und das ist nicht nur schöne Literatur, sondern generell erwartete, praktisch wirksame Staats- und Rechtstheorie.

Thomas Mann ist ganz auf Goethes Linie. Zwar will er Kohlhaas „nicht ganz verurteilen“ (das ist das gängige wohlfeile „Zwar“), nennt ihn aber einen „Mordbrenner aus Rechtsgefühl“ und erklärt „empörte Rechtsleidenschaft“ zum unzulänglichen Grund für „Schreckenstaten“ und ist „einverstanden damit, daß sein (Kohlhaasens) Haupt dem Henker verfällt“. Es gehört zu diesem Zwar-Aber-Muster bei der Kohlhaas-Debatte (mit dem Vorrang des „Aber"), dass man sich mit Thomas Mann vorstellt, Kohlhaas selbst sei mit seiner juristisch abgesicherten Tötung einverstanden gewesen. „Gleich ihm selbst“ sind „wir“ mit seiner, des Kohlhaas Tötung einverstanden. Thomas Mann übersieht, dass Kohlhaas „unter einer allgemeinen Klage des Volkes“ (S. 107) getötet wird. Der Juristen-Leser muss sich entscheiden, ob das „wir“ Thomas Manns eine Zumutung ist. Thomas Mann fügt auch noch hinzu, der Rechtsanspruch des Kohlhaas sei „heilig“ gewesen, aber eben „wüst verfochten“ mit „terroristischer Weltverbesserungswut“[4]. Das ist dicht am Rechtskitsch, aber diese Nähe ist Teil der üblichen Haltung gegen Kohlhaas.

---

4 *Thomas Mann*, Gesammelte Werke in 13 Bänden (Fischer-Verlag) , IX, S. 833-835. – Im literaturwissenschaftlichen Sekundärschrifttum zum Kohlhaas wird aus Thomas Manns Einverständnis mit der Hinrichtung des Kohlhaas schließlich eine „ehrenhafte Hinrichtung“ (*Kiermeier-Debre*, Nachwort zu: Heinrich v. Kleist, Michael Kohlhaas, dtv-Ausgabe 1997, S, 157) ; solche Formulierungen liest man angesichts der überall erörterten Fraglichkeit der Todesstrafe mit ablehnender Verwunderung, Sollte aus Kleists Kohlhaas ein modernes Argument für die Tötung des Ordnungsfeindes gewonnen werden können?

5.

Die juristischen Interpretationen fügen wenig hinzu. Die Angst vor Kohlhaas überwiegt, wird nur genauer begründet. Die juristischen Interpretatoren sehen, auch wenn sie es nicht sagen, schärfer als die Schriftsteller, was in diesem Kohlhaas steckt: die Wendung gegen ein arrogantes, mächtiges Justizsystem.

Einen festen Sympathisanten hat Kohlhaas unter den Juristen nicht. Auch Ihering, dem große Sympathien für Kohlhaas nachgesagt werden, ist kein solcher Sympathisant. Ihering verherrlicht Kohlhaas. „Ergreifende Wahrheit", ein „Rechtsdrama" habe Kleist geschildert; die „Tragik seines (des Kohlhaas) Schicksals" rühre. Ihering sieht auch genauer, worin eigentlich das Unrecht steckt, das dem Kohlhaas angetan wird, nämlich im „Übermuth der Großen und Mächtigen", in der „Pflichtvergessenheit und Feigheit der Richter". Und Ihering verallgemeinert: „ ... kein Unrecht ... reicht von weitem an das heran, welches die von Gott gesetzte Obrigkeit verübt", Dieses Charakteristikum der Kohlhaas-Geschichte wird von Juristen-Lesern selten gesehen. Bei Ihering kann man erfahren, dass die üblichen Kohlhaas-Interpretationen ein merkwürdig machtnahes juristisches Weltbild verraten. Aber Iherings Pathos bei der Behandlung der Kohlhaas-Situation ist zu groß, so groß, dass man es als unecht abtun kann. Und Kohlhaas bleibt bei Ihering, was er überall ist, ein „Verbrecher aus verletztem Rechtsgefühl", ein „Räuber und Mörder"[5].

Und damit hat man die Hauptlinie der Kohlhaas-Auffassung in der Jurisprudenz[6] wieder. Kohlhaas ist für die Juristen reichlich sperrig. Man räumt ein, dass ihm Unrecht geschehen ist, tadelt ihn aber heftig wegen der Maßlosigkeit seiner Reaktion. Dabei geschieht das Einräumen erlittenen Unrechts routinemäßig; das ist kein ernstes juristisches Problem. Beim Tadel aber sind die Formulierungen und Argumente individuell und kraftvoll. Die Unkontrollierbarkeit des Kohlhaas, nachdem ihm Unrecht geschehen ist, widersteht den Juristen. „Kohlhaas der

---

5 Alle Zitate: *Ihering*, Der Kampf ums Recht, 5. Aufl. 1877, S. 59-62.

6 Die Juristenliteratur über Kohlhaas erschließt sich vollständig über folgende Texte: *Hans-Joachim Kreutzer* (Hrsg.), Kleist-Jahrbuch 1988/89, 1988 (vor allem über die Abhandlungen von *Ogorek, Diesselhorst, Frommel, Rückert* und *Bohnert*, alle mit vielen Interpretations-Facetten); *Ekkehard Kaufmann* , Michael Kohlhaas = Hans Kohlhase, in: Dilcher und Diestelkamp (Hrsg.), Recht, Gericht, Genossenschaft und Policey, Studien zu Grundbegriffen der germanistischen Rechtstheorie, 1984, S. 65 ff.; *Sendler*, Michael Kohlhaas, gestern und heute, Ausgabe de Gruyter zum Jahreswechsel 1985/86, 1985; *Scholdt*, Kleists „Michael Kohlhaas" als Modell eines Aufruhrs, Festschrift für Müller-Dietz, 1998 , S. 115 ff.; *Grathoff*, Michael Kohlhaas, in: Hinderer (Hrsg.), Kleists Erzählungen, 1998, S. 43 ff.; *Thomas-M. Seibert*, Zeichen, Prozesse, 1996, S. 18 ff.

Entsetzliche“[7] ist der Tenor. „Rechtsausschweifungen“[8] werden dem Kohlhaas nachgesagt. „Sinnlose Aktion“[9], „Aufruhr“[10] sieht man in Kohlhaasens Handeln, ein Verschleudern der kostbaren „Münze des positiven Rechts“[11]. Die Nähe des Kohlhaas zum Terrorismus, die Thomas Mann schon gestört hatte, wird in aktuellen Diskussionsformen durchgegangen[12]. „Ein krankhaftes Umschlagen in das Extrem einer Rechts-Verabsolutierung“[13] wird bei Kohlhaas diagnostiziert.

Alle Einordnungen zusammen machen jene von Martin Walser identifizierte „Kohlhaas-Marke“[14] aus, die die Juristen allen wirklichen und vermeintlichen Kohlhaasen anheften und sie sich damit juristisch vom Halse halten. Es verwundert nicht, dass die Juristen und juristisch argumentierende Schriftsteller überlegt haben, wie man den Kleist'schen Kohlhaas wohl beruhigender ausgehen lassen, d. h. wie man ihn entschärfen kann. Da stellt man sich vor: die Mächtigen sehen sehr früh in der Entwicklung ihr Unrecht ein, korrigieren es schuldbewusst, und Kohlhaas kehrt aufatmend in die Gesellschaft der Ordentlichen zurück[15]; das ist eine süßliche Trivialisierung Kohlhaasens. Oder man beruhigt sich mit der Überlegung, Kohlhaas würde, betrachte man die Abläufe genau, ein zweites Mal so nicht handeln[16], ein verständlicher juristischer Wunsch und zugleich eine Art Kohlhaas-Prävention.

6.

Diese Auffassung, die das Denken über Recht beherrscht, hat ein scharfes, Widerstand abwehrendes Profil.

---

7 *Bohnert*, Kohlhaas der Entsetzliche, in: Kleist-Jahrbuch 1988/89 (Anm. 6), S. 404.

8 *Ogorek*, Adam Müllers Gegensatzphilosophie und die Rechtsausschweifungen des Michael Kohlhaas, in: Kleist-Jahrbuch 1988/89 (Anm. 6), S. 96.

9 *Frommel*, Die Paradoxie vertraglicher Sicherung bürgerlicher Rechte, Kampf ums Recht und sinnlose Aktion, in: Kleist-Jahrbuch 1988/89 (Anm. 6), S. 357,367 ff.

10 *Scholdt* (Anm. 6), S. 115.

11 *Rückert*, „... der Welt in der Pflicht verfallen ...“. Kleists „Kohlhaas“ als moral- und rechtsphilosophische Stellungnahme, in: Kleist-Jahrbuch 1988/89 (Anm. 6), S. 403.

12 Sendler (Anm. 6), S. 8 f., 13 ff.; *Scholdt* (Anm. 6), S. 123.

13 *Schmidhäuser*, Verbrechen und Strafe. Ein Streifzug durch die Weltliteratur von Sophokles bis Dürrenmatt, 2. Aufl. 1996, S. 42.

14 *Martin Walser*, Finks Krieg. Frankfurt (suhrkamp-taschenbuch) 1998, S. 82.

15 *Christoph Hein*, Der neuere (glücklichere) Kohlhaas. Bericht über einen Rechtshandel aus den Jahren 1972/73, in: Christoph Hein, Nachtfahrt und früher Morgen, Prosa, 1994 (1980), S. 73 ff

16 *Schmidhäuser* (Anm . 13), S. 42.

Diese Auffassung vereinzelt und vereinsamt den Kohlhaas Kleists und jeden anderen Kohlhaas. Der „Fall Kohlhaas“ wird zum exotischen Einzel- und Schulfall, der „Täter Kohlhaas“ zum pathologischen Täter. Schon Luther bei Kleist sieht Kohlhaas „im Wahnsinn“ (S. 44). Der Hinweis Goethes auf die „Hypochondrie“ in der Kohlhaas-Figur[17] und die Charakterisierung von Kohlhaasens Vorgehen als „krankhaft“ in einem modernen juristischen Text[18] sind kein Zufall. Der Täter, der unangenehme Fragen an das Rechtssystem stellt und – bei ungenügender Antwort – gegen dieses Rechtssystem handelt, wird für zurechnungsunfähig oder vermindert zurechnungsfähig erklärt.

Die Möglichkeit, in Kohlhaas das Beispiel für einen hervorragenden, notwendigen Massen-Typus der Moderne zu sehen, wird verkürzt durch die ständige Überlegung – von Thomas Mann bis in die aktuelle juristische Literatur – zur Nähe von Kohlhaas und Terrorismus[19]. Dabei ist wenig Scharfsicht vonnöten, die Unterschiede zwischen Terrorismus und Kohlhaas-Verhalten zu sehen. Kohlhaas ist Opfer konkreten Unrechts und wendet sich gegen die namhaft zu machenden Urheber dieses Unrechts. Der Terrorist erfindet eine bessere Welt, kümmert sich um die konkrete Urheberschaft für die schlechte Welt nicht und nimmt Leben und Freiheit Unbeteiligter als Geiseln für seine vagen Ziele. Der Terrorist sieht sich als der bessere Mächtige, argumentiert in den juristischen Formen jeder Staatsgewalt, ist Urheber von staatsähnlicher Gewalt, in den Terrorakten jedenfalls nicht Opfer; er steht dem Junker Tronka nahe. Kohlhaas ist an seinem Beginn Opfer und nur Opfer unrechter Gewalt. Der Terrorist und Kohlhaas können unterschiedener kaum sein. Kohlhaas-Verhalten gegen Terroristen ist gut vorstellbar. Der Terrorismus-Verdacht, dem Kohlhaas ohne Grund, aber mit unterschwelliger Abwehr-Absicht ausgesetzt wird, macht ihn noch unleidlicher.

Die juristischen und politischen Rückwirkungen dieser Kohlhaas-Auffassung sind noch einmal schärfer zu bestimmen. Diese Auffassung stärkt die Ordnung, jede oder irgendeine Ordnung, auf Kosten konkreten Unrechts. Goethes Formulierung, Unordnung sei schlimmer als Unrecht, ist mehr als nur eine hübsche Reflexion; diese Formulierung enthält eine Staats- und Rechtstheorie für den Staat und gegen den Bürger. Die Ordnung, um die es geht, ist die aktuelle staatliche Ordnung, d.h. irgendeine Ordnung: und diese wird gegen das individuelle Unrecht ausgespielt. Die übliche Kohlhaas-Interpretation „löst“ nicht nur einen

---

17 *Goethe* (s. Anm. 1).

18 *Schmidhäuser* (s. Anm. 13).

19 Für Thomas Mann s. Anm. 4; für die moderne juristische Literatur s. zusammenfassend *Sendler* (Anm. 12).

exotischen Einzelfall, sie beschreibt ein staatsnahes, ordnungsliebendes Weltbild von Politik und Recht.

Die Rückwirkungen dieses üblichen Kohlhaas-Verständnisses sind so intensiv, dass man kaum noch bemerkt, wenn man in einer Kohlhaas-Situation steckt, und dass man sich, bemerkt man es doch, keine positive, d.h. Verteidigung herausfordernde Bewertung erlaubt. Ein Kohlhaas darf man nicht sein oder werden.

Ein bedrückendes, kaum zu Ende zu denkendes Geschehnis aus der neueren Staats- und Rechtsgeschichte gehört hierher: In seiner Autobiographie schildert der Mediziner Werner Schmidt[20] die willkürlichen, ungesetzlichen und ungerechten, drangsalierenden Maßnahmen staatlicher, universitärer und berufsständischer Behörden 1933 bis 1945 gegen einen Halbjuden. Die juristisch klingenden, inhaltlich absurden Begründungen der Behörden für diese Maßnahmen sind stets zur Hand. Vor allem die Hinweise auf ein Gesetz, einen Erlass, eine Verordnung, eine Anordnung, einen Befehl sind leicht zu haben. Jede moderne Macht produziert solche Texte zur Machtausübung mühelos in Massen. Tronka und seine Leute üben auch nicht einfach Macht aus, sondern konstruieren einen juristisch legitimierbaren, Ordnung bestätigenden, juristisch klingenden „Passschein" (S. 10), der auf einem „landesherrlichen Privilegium" beruhe (S. 9). Und typisch für die Kohlhaas-Situation: eine Kontrolle der Legitimation der behaupteten Rechts-Maßnahme ist für den Betroffenen (hier: Kohlhaas) schlechterdings unmöglich. Kleist zeigt ein modernes Macht-Muster.

Dem angehenden Arzt Schmidt werden berufliche Qualifikation und Berufsausübung unmöglich gemacht. Und der Mediziner Schmidt ist machtlos und hilflos. Was Kohlhaas vom Junker Tronka hinzunehmen hat, ist wenig, verglichen mit dem, was Werner Schmidt mit dem Ungrund, er sei Halbjude, von ns-staatlichen Behörden hinzunehmen hat. Schmidt befindet sich in der typischsten Kohlhaas-Situation, die vorstellbar ist: der Überwältigung durch eine Bürokratie, die sich auf gesetzliches Unrecht stützt, ohnmächtig gegenüber einer machtwillfährigen Justiz. Der Kohlhaas musste Werner Schmidt einfallen. Und das geschieht auch. Aber Schmidt wird kein Kohlhaas, im Gegenteil. Im Anschluss an eine besonders autoritäre, weitreichende Verhinderung seines beruflichen Fortkommens überlegt er:

> ... (ich) beabsichtigte nicht, ein Michael Kohlhaas zu werden[21].

---

20 *Werner Schmidt*, Leben an Grenzen, Autobiographischer Bericht eines Mediziners aus dunkler Zeit, Taschenbuchausgabe, 2. Aufl., 1998.

21 *Werner Schmidt* (Anm. 20), S. 79.

Es ist nicht zu übersehen, das die übliche abwehrende Kohlhaas-Interpretation ein Teil der politischen Wahrnehmungsformen im 20. Jahrhundert geworden ist. Mehr noch, diese abwehrende Interpretation ist Teil der Machtorganisation des modernen Staates, verschafft dem ungerechten Staat einen schwer einholbaren Machtvorsprung. Das ist sofort zu entdecken, wenn man sich die Überlegung nicht verbietet: angenommen, Kohlhaas wäre Allgemeingut als Vorbild eines Bürgers, der sich gegen eine ihn selbst entwürdigende und gefährdende ungerechte Staatsgewalt, gegen autoritäre Behörden und gegen eine mutlose Justiz wehrt, wie anders hätte Werner Schmidt als einer von Millionen denken und handeln dürfen, können und müssen. In den Wendungen, die die übliche Kohlhaas Interpretation benutzt, hätte es ein furchtbares Chaos gegeben, für Drangsalierte und vom Tode Bedrohte, für Drangsalierer und „Dritte", zu Aufruhr wäre es gekommen, zu entsetzlichen sinnlosen Aktionen, zu Rechtsausschweifungen, zu Rechtsfanatismus und Verschleuderung von positivem Recht; es hätte massenhaft Unordnung gegeben, aber, folgt man Kleists Kohlhaas, das Unrecht wäre öffentlich geworden (in Kohlhaasens Worten: „die öffentliche Gerechtigkeit" wäre für die Erniedrigten „aufgefordert" worden, S. 21); die ungerechte Staatsgewalt hätte ihren oft unwiderstehlichen Machtvorsprung verloren. Aus Staatsfunktionären wären „Volksbedrücker" (S. 56) geworden.

7.

Die Interpretation der Michael-Kohlhaas-Situation als exotischer Außenseiter-Situation ist verkehrt. „Kohlhaas" ist ein Ereignis, das sich jederzeit wiederholen kann[22]. Der Kern der Situation ist das Erleiden-Müssen von konkretem Unrecht durch individuelle Personen, ist das Hinnehmen-Müssen der Überwältigung von Würde, körperlicher Unversehrtheit, Freiheit, Leben, Eigentum durch eine überlegene illegitime Macht, die von Personen gebraucht wird. Die Kohlhaas-Situation ist die millionenfach anzutreffende Opfer-Situation: das Überwältigt-werden durch Macht. Die Kohlhaas-Situation hat nichts Exotisches. Nur eine politisch interessierte Interpretation nimmt ihr die Allgegenwart.

Es ist aber hilfreich, zu unterscheiden zwischen der „normalen" Opfer-Situation (ein Bürger wird Opfer eines anderen mächtigeren Bürgers) und der gesteigerten Opfer-Situation (ein Bürger wird Opfer staatlicher oder staatlich-justitieller

22 *Frommel* (Anm. 9), S. 368; ähnlich *Jochen Schmidt*, Nachwort zu: Heinrich v. Kleist, Michael Kohlhaas, insel-taschenbuch 1352, 2. Aufl. 1986, S. 166.

Macht). Diese Situationen sind freilich nur dem Grade nach (Privatmacht – organisierte Macht) und gemessen an den Folgen unterschieden, nicht dem Grunde nach, der machtvollen Überwältigung nach, unterschieden.

a) Die „normale" Opfer-Situation bei Tötung, Vergewaltigung, Körperverletzung, Freiheitsberaubung, Raub, Diebstahl und demütigender Beleidigung ist Kohlhaas-Situation. Dem Opfer geschieht durch den Täter unmittelbar Unrecht durch Überwältigung seines, des Opfers Willen zu leben, frei zu sein und nicht entwürdigend behandelt zu werden. Dass aus dieser alltäglichen Kohlhaas-Situation keine chaotischen Kohlhaas-Handlungen folgen, beruht auf der praktischen Klugheit des Strafrechts der Moderne. Die jederzeit naheliegenden Kohlhaas-Handlungen werden in staatlich organisierter Strafe gegen den Täter verfasst. Die alltäglichen Kohlhaas-Situationen, d.h. die normalen Opfer-Situationen werden entschärft durch die Fähigkeit des modernen Strafrechts, das Opfer abzubringen von Kohlhaas-Handlungen, abzubringen durch Bestrafung des Täters (durch Schaffung eines Unrechtsausgleichs).

Die Bestrafung ihrerseits ist aber Überwältigung des Täters an Unversehrtheit, Freiheit, Vermögen und, solange es die Todesstrafe gibt, Leben. Die Klugheit des modernen Strafrechts besteht auch darin, die Kohlhaas-Situation, in die der Täter bei der Bestrafung gerät, durch die Entwicklung des Begriffs der legitimen Strafe zu neutralisieren. Im reinen „normalen" Fall ist nur das Opfer in der Kohlhaas-Situation. Dass ein Kohlhaas-Verhalten sich nicht entwickelt (von eingehegten Resten wie Notwehr abgesehen), liegt an der fest organisierten und in jeder Epoche neu legitimierten staatlichen Straforganisation, in der Opfer und Täter ihre Rollen zu spielen haben.

Dieses Verfahren der Entschärfung der „normalen" Kohlhaas-Situation (und zwar so weit, dass diese Situation als Kohlhaas-Situation kaum noch wahrgenommen wird), ist allerdings stets gefährdet, zerbrechlich. Da das Strafrecht Macht ist und zum großräumigen Abbrechen stets neu entstehender vieler Kohlhaas-Situationen auch sein muss, kann es sich als Machtorganisation verselbständigen und als politisches Instrument zu ganz anderen Zielen als der Vermeidung von Kohlhaas-Handlungen gebraucht und missbraucht werden. Schon die üblich gewordene Uminterpretation des Unrechts-Ausgleichs-Strafrechts zu einem Strafrecht, das die Sicherheit der Bürger erhöhen soll (durch präventiven Rechtsgüterschutz), ist im Hinblick auf das Kohlhaas-Problem heikel. Der präventive Rechtsgüterschutz dient zunächst staatlichen Zwecken, dann den Zwecken potentieller Opfer und nur verwischt dem aktuellen Opfer.

Das Unrecht, das Kohlhaas erdulden muss, war Unrecht zu der Zeit, zu der Kohlhaas wahrscheinlich gelebt hat (16. Jahrhundert), war Unrecht im 19. Jahrhundert, als Kleist den Kohlhaas schrieb, und ist Unrecht heute. „Sicherheit der Rechtsgüter" dagegen ist ein relativer beliebiger Begriff, abhängig von der Staatsform und vom Zustand des positiven Rechts. „Sicherheit der Rechtsgüter" kann Sicherheit vor Wohnungseinbruch und Sicherheit vor rassisch unerwünschten Eheschließungen oder Sicherheit vor Republikflucht sein. „Sicherheit von Rechtsgütern" ist ein Zustand, den der staatliche Machtapparat braucht, um regieren zu können, ist ein staatsnaher, kein bürgernaher Zustand. Je mehr sich dieses Gebilde „Sicherheit durch Strafrecht" als epochenabhängiges Machtmittel ausbildet, je mehr das Strafrecht im Interesse des jeweiligen Staatsgebildes gehandhabt wird, umso schärfer tritt die Michael-Kohlhaas-Situation in der „normalen" Opfer-Lage wieder hervor. Wenn der Bestrafungsvorgang sich vom Unrecht, das das Opfer erlitten hat, abtrennt und eigene Wege im Machterhaltungsinteresse des Staates geht, wird man mit Kohlhaas-Handlungen zu rechnen haben – es sei denn, es gelinge, dem Opfer das Entdecken der Kohlhaas-Situation unmöglich zu machen (durch Abwertung des Kohlhaas und durch alle möglichen, vor allem finanzielle Wohltaten wie Täter-Opfer-Ausgleich und Wiedergutmachung). Aber viele Äußerungen, die Kleist für Kohlhaas formuliert, belegen die Größe des intellektuellen und physischen Schmerzes, den Unrecht beibringt. Der großräumig gedachte Versuch, durch die gerechte Handhabung des Strafens nicht aus jeder Alltags-Kohlhaas-Situation eine Kohlhaas-Reaktion ohne Ende oder nur mit einem willkürlich-chaotischen Ende werden zu lassen, dieser Versuch kann durch politische Unklugheit und kriminalpolitische Aufgeregtheit leicht scheitern.

b) Ein unselbständiges machtnahes Strafrecht, ein Strafrecht, das sich vom Unrechtsausgleich wegbewegt und zeitnahe Staatsziele unterstützt, lässt leicht die gesteigerte Opfersituation, die eigentliche Michael-Kohlhaas-Situation entstehen. Diese eigentliche gesteigerte Kohlhaas-Situation ist die Situation des Opfers von krimineller Staatsgewalt. Zur Charakterisierung dieser Situation folge ich Kleists Text.

Das allgemeinste Kennzeichen dieser Situation – abgelesen an Kohlhaasens Entwicklung – ist: Kohlhaas ist das hilflose ohnmächtige (S. 14) Opfer einer an Kräften und Organisation dem Einzelnen weit überlegenen Macht, einer Macht, die die Möglichkeit hat und nutzt, sich selbst durch Regelgebung oder durch Regelhandhabung (in einer machtgeneigten Justiz) vom Unrechtsausgleich durch Strafe freizustellen. Die Überwältigung durch den Staat, seine Beamten und seine Justiz bei fehlender oder – wie bei Tronka – nur formal beschaffbarer

Legitimation ist die eigentliche Kohlhaas-Situation. Das Symbol für diese Situation bei Kleist ist der Schlagbaum, dem Kohlhaas plötzlich und unausweichbar gegenübersteht (S. 9).

Die Einzelheiten, die diese Situation kennzeichnen, sind bei Kleist unübertreffbar geschildert.

Kohlhaas sieht sich zunächst als normales Opfer eines mit öffentlicher Macht ausgestatteten Täters und sucht sein Recht auf normalem juristischem Weg im Instanzenzug von Exekutive und Justiz. Nur langsam wird ihm klar, dass er Opfer „eine(r) höhere(n) Insinuation“ (S. 22), einer listigen staatlichen Organisation geworden ist und bleibt, einer Organisation, die nicht bereit ist, Recht zum Ausgleich einer ungesetzlichen „Gewaltthätigkeit“ (S. 13, 14, 23) gegen sich selbst zu wenden und die leicht Argumente findet, Kohlhaas ins Unrecht zu setzen.

Wie diese Organisation auf der untersten Funktionärsebene arbeitet, ist an Lisbeths Schicksal abzulesen. Sie kommt „an die Person des Landesherrn“ gar nicht erst heran und erhält „von dem bloßen rohen Eifer einer Wache einen Stoß mit dem Schaft einer Lanze“, der sie schließlich tötet (S. 30). Die Mächtigen sind nichts ohne die gewalttätigen Kleinen, die an der Macht teilhaben.

Der Protagonist der ungerechten Staats-Organisation – der Junker Tronka – hat alle Züge eines modernen Mächtigen. Er nutzt die Macht, die er tatsächlich hat und die ihm unkontrolliert zufällt, willkürlich und höhnisch. Er demütigt Kohlhaas, solange er ihm überlegen ist. Als Kohlhaas auf seinem Recht besteht, stimmen Hunde „ein Mordgeheul“ gegen ihn an; man lacht ihn aus (S. 15).

Kohlhaas weigert sich mit Gründen, die Pferde als Pfand zurückzulassen. Der Kommentar Tronkas, ein Kommentar, der auf Machtarroganz gestützt ist, lautet: „Wenn er die Pferde nicht loslassen will, so schmeißt ihn wieder über den Schlagbaum zurück“ (S. 12). Kohlhaas weigert sich mit Gründen, die abgehärmten Pferde wieder zu nehmen. Und Tronka darauf: „ ... so mag er es bleiben lassen“. Und anschließend: „Schafft Wein!“ (S. 15). Später amüsiert sich Tronka „unter vielem Gelächter (im) Troß junger Freunde“ (S. 33) über die Ankündigung Kohlhaasens, sich sein Recht selbst verschaffen zu wollen.

Nicht untypisch für die Täter, die sich auf eine staatliche Organisation stützen können, ist die Charakterisierung Tronkas, nachdem er seine physisch starke, begrifflich verschönte Stellung verloren hat. Von einer Sekunde zur anderen ist er ein kläglicher Privatmann, wird „plötzlich leichenbleich“ (S. 33) und flieht. „Aus einer Ohnmacht (fällt er) in die andere“, zwei Ärzte müssen sich um die körperlichen Auswirkungen seiner Angst bemühen (S. 40). Tronka stellt nur etwas dar mit Burg, Befehlsempfängern und einem Staatsapparat im Hintergrund, der ihn stützt. Fällt diese Machtfassade weg, ist er nur noch ein Angsthase, der, bei Staatstätern üblich, voller Selbstmitleid die Schuld auf Untergebene abzuwälzen versucht (S. 58, 71). Was Kleist an Tronka schildert, ist ein allgemeiner Zug der Staatskriminalität. Kümmerliche Personen überhöhen sich mit äußeren und begrifflichen Staatsinsignien; meinen, sie könnten Unrecht überhaupt nicht begehen; blicken mit Hohn und Verachtung auf den machtlosen Bürger; und kehren, mitleidverlangend, zu ihrer Kümmerlichkeit zurück, sobald sie die Macht verloren haben.

Die anderen Repräsentanten der Macht sind bei Kleist nicht besser als Tronka. Der Schloßvogt Tronkas ist der Prototyp des überzeugten Mitläufers. Hinz und Kunz von Tronka sind – wie ihr Schwager Graf Kallheim, der Chef des Tribunals gegen Kohlhaas – korrupte Rädchen im staatlichen Anti-Kohlhaas-System. Der brandenburgische Stadthauptmann und der sächsische Freiherr und Schlosshauptmann nehmen mutlos, blass-professionell, am eigenen Vorteil ausgerichtet die Machtinteressen ihrer Herren wahr. Der Prinz von Meißen begegnet dem von Anfang an in Dresden verlorenen Kohlhaas „herablassend" (S. 57). Der sächsische Kurfürst ist auch nicht eben eine souveräne und prinzipienfeste Gestalt. Und der Kurfürst von Brandenburg nutzt rabulistisch das Gesetz wie eine Waffe gegen Kohlhaas (S. 93, 106).

Auffällig am Reden und Handeln Tronkas und der übrigen Repräsentanten Sachsens und Brandenburgs ist, dass sie zwar immer Recht und Ordnung gegen Kohlhaas anführen, aber doch nur ihre eigene Sicherheit, ihren eigenen Vorteil, den Machterhalt meinen. Man hat Kohlhaas von moderner juristischer Seite „grenzenlosen Subjektivismus" in der Verfolgung seiner Rechte vorgeworfen[23] – als ob Tronka und die Kurfürsten echte Objektivisten wären. Der Subjektivismus Tronkas, der Justizpersonen, der Herrscher und auch Kleists Luther ist nur schwer zu übersehen. Sicher reden sie oft von Recht, vor allem von Ordnung, die durch Recht befördert werden müsse. Aber sie meinen nur ihren Vorteil, der aus der rechtsgestützten Ordnung erwächst, sie meinen ihre Herrschaft, ihr Eigentum, ihr Leben und ihre Stellung. Es ist nicht zu verkennen, dass „die Staatsgewalt (gegen Kohlhaas) zur Durchsetzung einer offenbar unrechtlichen Maßregel in Anspruch" genommen wird (S. 52), dass man sich nicht scheut, „ein offenbares Unrecht an ihm (Kohlhaas) zu verüben" (S. 66) – um die persönliche Haut der Staatspersonen zu retten. Auch Exzesse werden begangen; Beispiel: das Verteilen der Kinder des zum Staatsfeind stilisierten Kohlhaas auf Findel- und Waisenhäuser (S. 82). Das ist ungebremster Subjektivismus. Der Subjektivismus-Einwand schwächt den Bürger in der eigentlichen Kohlhaas-Situation.

---

23 *Schmidhäuser* (Anm . 13), S. 26

Die eigentlichen Subjektivisten jedoch sind die Mächtigen. Vielleicht ist Kohlhaas bei Kleist sogar der einzige Objektivist im Spiel; er verlangt Vorgehen gegen das Unrecht aus objektiven Prinzipien, die er trotz Wut und Rachebedürfnis immer wieder erwägt:

c) Das entscheidende Merkmal der eigentlichen, gesteigerten Michael-Kohlhaas-Situation nach der Beschreibung Kleists ist, dass Kohlhaas, nachdem er im normalen Instanzenzug immer wieder scheitert, die Sache nicht auf sich beruhen lässt, also völlig anders handelt als Staatspraktiker, Staatstheoretiker, Rechtstheoretiker und Kohlhaas-Interpreten es für richtig halten. Das Beeindruckendste an Kleists Text ist, dass er es wagt zu beschreiben, was geschieht, wenn man das erlittene staatliche Unrecht nicht im Interesse der Ordnung, das immer das Interesse bestimmter Personen ist, mögen sie auch den Titel von Staatsführern oder Untergebenen von Staatsführern tragen, hinnimmt. Dann hilft keine Notwehr, denn die staatlichen Unrechts-Angriffe sind zu diffus und zu stark, als dass ihnen mit Notwehr beizukommen wäre. Dann werden die Verläufe für Einzelne, für Gruppen und für Organisationen unvorhersehbar und unsteuerbar. Das Unrecht wird, typisch für Staatsunrecht, nicht im Normalverfahren ausgeglichen (an Freiheit und Vermögen der Tronka-Typen).

Gezielt wie in einem durchschnittlichen juristischen Prozess, so ist Kleist zu verstehen, lässt sich unterbliebener Ausgleich für staatliches Unrecht nicht organisieren. Es entsteht Chaos, wenn man sich gegen erlittenes, unausgeglichenes staatliches Unrecht auflehnt. Was Kohlhaas bei Kleist in Gang setzt, ist das empirisch Erwartbare, das mit juristischen Begriffen wie Verhältnismäßigkeit / Unverhältnismäßigkeit nicht gesteuert werden kann. Geschieht durch den Staat Unrecht und wird dies nicht ausgeglichen und unterwirft sich der ungerecht Getroffene dem Staat gleichwohl nicht, dann wird die freiwerdende Gewalt nicht mehr verfassbar, es kommt zu anarchischem Durcheinander, zu „Verwirrung“ (S. 43); viel menschliche Rohheit wird frei, Gewalt macht sich selbständig. Irrationalität, gebündelt in der Wirkung des Schinder-Schicksals der Pferde und in der Figur der Zigeunerin und in allem, was diese Figur in Gang setzt, wird Normalität, ebenso wie die Demoralisierung sonst guter Bürger. Unbeteiligte werden getroffen an Leib, Leben und Eigentum.

Bei Kleist findet sich die für den Umgang mit Staatskriminalität bedrängende Überlegung, ob, wenn der Staat Unrecht begeht und wenn der Betroffene sich wehrt bis zur Zerstörung der Ordnung, die das Unrecht möglich gemacht hat, ob es in dieser eigentlichen Kohlhaas-Situation überhaupt Unbeteiligte geben kann. Wenn staatliches Unrecht stehen bleibt, lässt Kleist den Kohlhaas verkünden, versinkt die ganze Welt in Arglist (S. 42), ein für Juristen unannehmbarer Gedanke. Das ist allerdings zumindest ein Hinweis darauf, dass zum üblichen Herunterinterpretieren der eigentlichen Kohlhaas-Situation die Auffassung gehört, Kollektivschuld für Staatsunrecht gebe es nicht, eine jedenfalls bequeme Auffassung, die es schwierig macht, ein Kohlhaas zu werden. Kleist ist jedoch unbequemer als man im Allgemeinen wahrhaben will. Von der Beteiligung an einem Unrechtssystem durch normal-alltägliches Weiterleben ist man durch das Argument „keine Kollektivschuld" nicht freigesprochen. Luther entschlüpft im Gespräch mit Kohlhaas die verräterische Wendung, „die ... Gemeinschaft ... beschirmt" den mächtigen Junker Tronka (S. 47). Zwischen individueller Schuld im Unrechtssystem, die häufig nicht vorliegt, und Kollektivschuld, die es angeblich nicht gibt, erscheint ein Drittes (in den üblichen Kohlhaas-Interpretationen immer unterdrückt): wer an dem politischen Klima durch Tun oder Unterlassen mitwirkt, in dem ungerechte Macht sich entfalten kann, haftet mit Leib, Leben und Vermögen politisch, z. B. als Opfer eines Kohlhaas.

d) Die eigentliche Michael-Kohlhaas-Situation ist so zusammenzufassen: Ein Bürger wird von Personen, die sich auf staatliche Belehnung berufen, ungerecht an Leib und Leben, Freiheit, Hab und Gut überwältigt. Die Versuche des Bürgers, das Unrecht namhaft zu machen und in geordneten Bahnen ausgleichen zu lassen, scheitern mit Notwendigkeit am Interesse der beteiligten Staatspersonen, sich mit Unrecht nicht auseinandersetzen zu wollen und zu brauchen. Beruhigt sich der ungerecht überwältigte Bürger nicht (was freilich die politische und juristische Erwartung ist), wendet er sich vielmehr gegen den ungerechten Staat, so ist Schlimmes für Kohlhaas und Staatsrepräsentanten und für alle Mitbürger zu erwarten. Auf ein glückliches Ende dieses Verlaufs ist nicht zu rechnen. Die Lehre bis hierhin wäre: begeht der Staat Unrecht (und gleicht es, was zu erwarten ist, nicht aus), so ist die Ordnung für alle dahin.

8.

Der Schluss bei Kleist ist aber doch ganz anders. Der Verlauf wird aus dem Chaos in die juristische Ordnung zurückgeführt. Die Macht zeigt Reue, sieht ihr Unrecht ein und handelt nach der Einsicht. Die Pferde sind gefüttert, Tronka wird endlich doch bestraft. Kohlhaasens Ruf ist wiederhergestellt; für die Kinder wird gesorgt. Auch Kohlhaas zeigt Reue und lässt sich aus Einsicht töten. Das ist ein wahrhaft glückliches Ende, das viele Mächtige, Juristen und Bürger sicher aufatmend lesen. Aber wie alle glücklichen Enden hat auch dieses etwas Märchenhaftes, etwas begrifflich Unwahrscheinliches, etwas nicht Realistisches.

Mit dieser Bemerkung ist nicht die Liste derjenigen fortzusetzen, die den Kohlhaas-Schluss umschreiben wollen. Es geht darum, einen juristischen Eindruck zu formulieren, am klarsten mit den Worten des Juristen Kafka: man könne den Kohlhaas immer wieder mit „Staunen“ und „wirklicher Gottesfurcht“ lesen, aber der Schluss sei schwach, „teilweise grob heruntergeschrieben“[24]. Dieses Urteil hilft, sich von Kleists allzu ausgewogenem, ordnungsfreundlichen Schluss zu befreien und zu sehen, was der Kohlhaas allein lehren kann. Das unausgeglichene, auf Macht vertrauende Staatsunrecht ist die eigentliche Kohlhaas-Situation. Und die eigentliche Kohlhaas-Reaktion ist das risikoreiche Nicht-Hinnehmen von Staatsunrecht, mit der Folge: Chaos.

Kleists Kohlhaas, die Schilderung der eigentlichen Kohlhaas-Situation und der eigentlichen Kohlhaas-Reaktion, ist ein gehaltvolles Kriterium zur Beurteilung der Rechtsentwicklung. Die eigentliche Kohlhaas-Situation, das Erleiden-müssen von Staatsunrecht, ist im 20. Jahrhundert allgegenwärtig. Aber die Kohlhaase gibt es tatsächlich nicht, nicht in der Kleist‘schen Form (Chaos durch die Reaktion auf Staatsunrecht, aber die alte Ordnung wird bewusst wiederhergestellt) nicht in der konsequenten Form (Chaos durch die Reaktion auf Staatsunrecht, dabei bleibt es), nicht in der kläglichen Form (Chaos durch Reaktion auf Staatsunrecht, danach Verebben im Üblich-Politischen).

Es setzt sich als Teil der Abwehr der Kohlhaas-Figur ein anderes Verfahren durch. In der eigentlichen Kohlhaas-Situation muss das staatliche Unrecht reaktionslos hingenommen werden. Kohlhaas-Regungen werden mit Härte und mit Legitimitätsbehauptungen unterdrückt. Dabei bleibt es, wenn die ungerechte Staatsmacht sich behaupten kann. Geht sie unter, werden die Hauptfiguren eines Unrechtsregimes bestraft, die Kohlhaase, die gar keine geworden sind, werden rehabilitiert. Das ist die unheroische und bürokratische Alternative zum eigentlichen Kohlhaas, Vergangenheitsbewältigung durch Strafrecht, immerhin.

---

24 *Kafka*, Briefe an Felice und andere Korrespondenz aus der Verlobungszeit, 1970, S. 291. – Zum gegenwärtigen, Kafka nicht widersprechenden Stand der literaturwissenschaftlichen Forschung s. *Reuß*, „Michael Kohlhaas" und „Michael Kohlhaas“ in: Berliner Kleist Blätter 3 1990, Anlage zur Berliner Kleist-Ausgabe II 1 (Michael Kohlhaas), S. 34 ff.

Rechtstheorie und Staatsverbrechen. (Zur Schrift von Binding / Hoche)

1. Einleitung

„Binding/Hoche, Die Freigabe der Vernichtung lebensunwerten Lebens, ihr Maß und ihre Form“ ist 1920 im renommierten wissenschaftlichen Verlag Felix Meiner in Leipzig erschienen, in 2. unveränderter Auflage 1922. Karl Binding war Jurist, Alfred Hoche Psychiater[1].

Genaues Lesen des dichten Textes „Binding/Hoche“ belehrt über die Denk- und Handlungsgrundsätze, mit denen Jurisprudenz und Psychiatrie das Sterben und das Töten von Menschen zu verwalten in der Lage sind. Der Text lehrt, mit welch’ einfachen intellektuellen Mitteln das Tötungsverbot eingeschränkt werden kann, und lehrt, wie schwierig es ist, diese Einschränkung wieder rückgängig zu machen.

Der folgende Kommentar will die Aufmerksamkeit des Lesers schärfen. Ich nenne einen ersten Punkt. Titel und Untertitel von „Binding/Hoche“ sind keine Problembeschreibung, nicht einmal Aufforderung zum distanzierten Nachdenken, sondern sind – juristisch – ein Urteilstenor, d.h. die auf eine machtvolle Autorität gestützte Feststellung und Handlungsanweisung: das „lebensunwerte Leben“ ist nach Maß und Form zur Vernichtung freigegeben. Ein Buchtitel belegt, dass die professionelle Sprache von Juristen und Psychiatern sich gegen die Anweisung zur Begehung von Grausamkeiten nicht sperrt.

Eine knappe Inhaltsangabe vorweg:

„Lebensunwertes Leben“ ist ein Etikett, das die kräftigen Fachleute schwachen Kranken anheften: „lebensunwert“ = „unheilbar blödsinnig“ (Binding S. 33) = „geistig tot“ (Hoche S. 49). „Freigabe“ ist ein juristischer Fachausdruck, der die staatliche Macht legitimiert, das „lebensunwerte Leben“ straflos zu vernichten.

1 Der Text wird hier nach der Ausgabe von 1920 wieder vorgelegt. Die in Klammern eingefügten Seitenzahlen verweisen auf den folgenden Text von „Binding/Hoche“: *Karl Binding / Alfred Hoche*, Die Freigabe der Vernichtung lebensunwerten Lebens. Ihr Maß und ihre Form (1920). Mit einer Einführung von Wolfgang Naucke. (Juristische Zeitgeschichte. Taschenbücher. Bd. 1). Berlin 2006. Mit der Neuveröffentlichung wird ein fortwirkender Schlüsseltext der Jurisprudenz und der Psychiatrie des 20. Jahrhunderts wieder leicht zugänglich

https://doi.org/10.1515/9783111284439-005

„Vernichtung" ist Tötung nach dem Stand der Wissenschaft durch Gas oder Gift oder Verhungern-lassen.

Konzentriert ist dieser Kommentar auf Binding. Von ihm stammt der Hauptteil des Textes. Er bestimmt Ausgangspunkte, Ziele und Ergebnisse des Traktats.

Hoche unterstützt Binding.

2. Die Autoren

Die Autoren Karl Binding und Alfred Hoche sind hochgeschätzte Fachleute gewesen.

Karl Binding (1841–1920)[2] war Strafrechtler, Rechtstheoretiker, Verfassungsrechtler und Rechtshistoriker. Er war Professor in Basel, Freiburg, Straßburg und Leipzig. Er amtierte als Richter am Landgericht Leipzig und – zwei Mal – als Rektor der Universität Leipzig. Seine Veröffentlichungen sind außerordentlich zahlreich. Am einflussreichsten wurde die Monographie „Die Normen und ihre Übertretung". Dieses Buch entfaltete ab 1872 in vier Bänden und zahlreichen Auflagen „Bindings Normentheorie". Binding wurde zum Mittelpunkt einer strafrechtlichen Schulrichtung, die bis heute „klassische Schule des Strafrechts" genannt wird. Als Kennzeichen dieser Schulrichtung gilt die Orientierung strafrechtlichen Arbeitens allein am positiven Gesetz. Diese Theorie will damit strikt säkulare Rechtstheorie sein. Eine Orientierung an überpositivem, natürlichem Recht ist für diese Richtung ausgeschlossen. Die „klassische Schule des Strafrechts" ist zugleich die „Schule des strafrechtlichen Positivismus". Man schreibt ihr „rechtsstaatlich-liberale" Züge zu[3]. Aus dieser Schule stammt die Schrift über die „Freigabe der Vernichtung lebensunwerten Lebens".

Alfred Hoche (1865–1943)[4] war Psychiater mit großem Interesse für rechtliche Probleme und mit literarischen Neigungen. Er studierte Medizin, habilitierte

---

2 Alle Einzelheiten zu Bindings persönlicher und fachlicher Biographie finden sich in: *Daniela Westphalen*, Karl Binding (1841–1920), Materialien zur Biographie eines Strafrechtsgelehrten, 1989; knappe Information mit Textbeispielen bei: *Thomas Vormbaum*, Strafrechtsdenker der Neuzeit, 1998, S. 430 ff., 628.

3 *Eberhard Schmidt*, Einführung in die Geschichte der deutschen Strafrechtspflege, 3. Aufl., 1965, S. 282 ff., bes. S. 304 ff. mit großer Bewunderung für Binding ohne Erwähnung von „Binding/Hoche".

4 Autobiographie unter dem Titel: Jahresringe. Innenansicht eines Menschenlebens, 1934; viele Daten bei: *Seidler*, Alfred Hoche (1865–1943), Freiburger Universitätsblätter 25 (1986), S. 65 ff.; moderne Interpretation mit umfangreichen Belegen: *Müller-Seidel*, Alfred Erich Hoche. Lebensgeschichte im Spannungsfeld von Psychiatrie, Strafrecht und Literatur, 1999.

sich für Psychiatrie, praktizierte über ein Jahrzehnt als niedergelassener Nervenarzt und war 1902 bis 1933 Direktor der Psychiatrischen und Nervenklinik in Freiburg. Sein Publikationsverzeichnis ist lang. Es umfasst Untersuchungen aus dem Bereich der inneren Medizin, im Schwerpunkt Arbeiten zu allen Bereichen der Psychiatrie und zu ihren Grenzgebieten, philosophische Abhandlungen und literarische Texte. Ein Zentrum – wie bei Binding die Normentheorie – ist bei Hoche nicht zu sehen[5]. In der Geschichte der Psychiatrie, des Strafrechts und der Politik ist er als Mitverfasser von „Binding/Hoche" gegenwärtig.

3. „Binding/Hoche" als Denkform der juristischen Moderne

a) Gesetzespositivismus als Ausgangspunkt

Bindings Gedankengang verfolge ich mit dem Ziel zu zeigen, daß nichts daran abstrus oder exotisch ist. Binding liefert ein Beispiel für avanciertes, säkulares strafrechtsdogmatisches Denken.

Binding lehrt, daß ein „lebensunwertes Leben" vom Staat vernichtet, d.h. getötet werden darf. Das „geeignetste Mittel" richte sich „nach dem Befund des Einzelfalls", müsse „unbedingt schmerzlos" sein, und „nur ein Sachverständiger" dürfe das Mittel anwenden (S. 35). Weder Binding noch Hoche benennen die Mittel der Tötung genau. Tödlich wirkende Gase oder Gifte werden sich die beiden Wissenschaftler als solche Mittel vorgestellt haben.

Die Lehre, man dürfe „lebensunwertes Leben" straflos z.B. durch Gas töten, handelt Binding unter der Überschrift „rechtliche Ausführung" ab (S. 3). Das ist keine zufällige Wortwahl. Am Anfang des Textes wiederholt Binding, nur „bedächtige rechtliche Erwägungen" kämen in Frage; er lege „auf strengste juristische Behandlung das größte Gewicht"; diese Strenge könne nur erreicht werden, wenn man „das geltende Recht" zum Ausgangspunkt nehme (S. 5). Damit ist die positivistische Methode, damit ist das positive Recht als einziger Maßstab auch für die Begründung der „Freigabe der Vernichtung lebensunwerten Lebens" angenommen. Diese Begründung wird zum normalen juristischen Geschäft der Gesetzeshandhabung. Das ist ein Teil der Modernität von „Binding/Hoche".

---

5 S. zur Gesamtwürdigung der Veröffentlichungen Hoches: *Schimmelpenning*, Alfred Erich Hoche. Das wissenschaftliche Werk: „Mittelmäßigkeit"?, 1990.

Die juristische Aufgabe formuliert Binding klar. Die Tötung eines anderen Menschen ist vom Strafgesetzbuch bei hoher Strafe verboten. Wie kann man juristisch belegen, daß trotz dieses positivrechtlichen Verbots die Tötung „lebensunwerten Lebens freigegeben" werden kann, diese Tötung also von Gesetzes wegen straflos bleibt (S. 5)?

Das Zulassen dieser Frage als juristische, berufsmäßig abzuhandelnde Fachfrage ist eine entscheidende Wende in der Jurisprudenz der Moderne überhaupt. Stellt ein Philosoph, ein Mediziner, ein Soziologe oder ein Politiker diese Frage und beantwortet sie, so äußert er eine Meinung. Diese Meinung kann nur Folgen haben, wenn eine diktatorische Macht oder eine machtvolle Mehrheit diese Meinung übernimmt. Anders verhält es sich bei einem Juristen. Er hat nicht nur eine Meinung. Er ruft die schon vorhandene Macht des positiven Gesetzes auf; er tritt hinter seine Meinung zurück und läßt das als objektiv vorgeschützte positive Recht sprechen.

Auf den ersten Blick ist die Fachfrage, ob das positive Recht die Tötung eines anderen Menschen freigibt, ganz einfach zu beantworten: nein. Die Wende tritt ein durch die Annahme Bindings, man müsse dieses „nein" genauer prüfen. Es ist eine dramatische Wende. Das Strafrecht der Moderne wird allgemein gerechtfertigt als *Schutz* wichtiger Güter. Binding verlangt zu prüfen, ob das Strafrecht auch als *Vernichtung* wichtiger Güter gerechtfertigt werden kann. Noch einmal: für Binding ist das eine Rechtsfrage, keine Machtfrage. Mich wundert, daß diese Wende möglich war. Wie kann eine Regel, die man als eine Regel des positiven Rechts auffaßt, die Gewalt entfalten, Menschen zu töten?

b) Die theoretischen Voraussetzungen und die Folgen des Gesetzespositivismus

Eine Antwort zeigt sich, wenn man das normale juristische Geschäft erklärt, das aus Bindings positivistischer Rechtstheorie folgt. Man erklärt damit zugleich ein Stück des politischen Weltbilds normalen positivistischen juristischen Arbeitens.

Es zeigt sich eine unerwartete Kongenialität von hochdifferenziertem rechtstheoretisch-dogmatischem Arbeiten und der Vorstellung von der „Freigabe der Vernichtung lebensunwerten Lebens".

Binding lehnt eine religiöse Rechtsbegründung ab; auch ein Vernunft- oder Naturrecht hält er für unmöglich (S. 6 f.). Absolute, von einem Gott offenbarte oder als Wahrheit erkannte Rechtsgrenzen gibt es für ihn nicht. Binding greift zwar zu der Formulierung, es gebe „offizielle ewige Rechtswahrheiten". Aber diese Wahrheiten haben mit den gerechten Inhalten des Strafrechts nichts zu tun; sie sind identisch lediglich mit der „Psychologie der Gesetze". Diese Wahrheiten sind begrenzt auf die Beschreibung der empirischen Bedingungen, unter denen Strafgesetze wirken können. Rechtswahrheiten sind nur die Funktionsbedingungen jeden Strafrechts, erläutern z.B. das tatsächliche Verhältnis von Strafdrohung und Bewußtsein[6]. Relativismus in der Jurisprudenz (alles Recht ist geschichts- und kontextabhängig) hält Binding für Pflicht; auch das ist hochmodern[7].

An keiner Stelle läßt sich dies deutlicher sehen als an der Bestimmung des für die Begrenzung des Strafrechts so folgenreichen Begriffs des strafrechtlich geschützten Rechtsguts. Rechtsgut kann alles sein, was „in den Augen des Gesetzgebers für die Rechtsordnung von Wert ist"[8].

An diese Formulierung ist auch der moderne Jurist gewöhnt. Die Gefahr, daß man das Programmatische in dieser Formulierung übersieht, ist daher groß. Das Programmatische liegt in der Wertabhängigkeit des Rechtsguts. Werte sind relativ wichtig zur jeweiligen Zeit. Ändern sich die Werte, dann ändern sich die Normen und dann ändern sich die Rechtsgüter. Eingeschlossen in diesen Rechtsgutsrelativismus ist, daß ein einzelnes Rechtsgut, z.B. das Leben, im Wert gestuft sein kann. Damit hat Binding das begriffliche Programm für die Unterscheidung von gutem und schlechtem Leben. Die Einführung der Vorstellung vom unterschiedlichen Wert des Lebens schützt das Leben nicht, sondern gefährdet es. Werte wie das Leben sind im Prinzip abstufbar.

Aus der Debatte der Aufklärung und des 19. Jahrhunderts übernimmt Binding den Standpunkt, daß, wenn ein Gott oder ein Naturrecht als Rechtsbegründung ausfallen, nur das sich selbst tragende positive Recht bleibt. Bindings Positivismus entsteht als Folge seines Relativismus[9]. Mein Plan ist es zu belegen, daß derartig rein theoretische, fast edel klingende juristische Festlegungen große Gewalt in sich bergen. Leicht begreifbar wird, daß der relativistische juristische Positivismus – anders als Gottes Gebot „Du sollst nicht töten" – aus Prinzip Ausnahmen vom Tötungsverbot für möglich halten kann. Dies ist Bindings fachliche Chance.

---

6 *Binding*, Die Normen und ihre Übertretung, Band 2, 2. Aufl., 1914, S. 3 ff.

7 Eine Strafrechtsdogmatik nach dem Muster von Bindings Normentheorie macht also prinzipielle theologische und philosophische Voraussetzungen überflüssig. Auffällig ist, daß eine solche Dogmatik keine fachliche Pflicht akzeptiert, diese Voraussetzungen stets und bis in die Einzelheiten ihres dogmatischen Geschäfts auseinanderzulegen. Das Verhältnis von dolus eventualis und völliger Säkularität der Strafrechtsdogmatik ist kein Gegenstand der Strafrechtswissenschaft.

8 *Binding*, Handbuch des Strafrechts, 1885, S. 169.

9 Klare Darstellung dieses Zusammenhangs gerade bei Binding: *Hattenhauer*, Europäische Rechtsgeschichte, 4. Aufl., 2004, Rn. 1969 und *Hellmuth Mayer*, Strafrecht, Allgemeiner Teil, 1953, S. 32.

Freilich müssen, bevor die Gewalt im relativistischen strafrechtlichen Positivismus sich entfalten kann, zwei beträchtliche rechtstheoretische Probleme überwunden werden.

Das erste Problem: Warum, wenn Gottes Wort nicht gilt und wenn Vernunftrecht undenkbar ist, sollte man sich an das positive Recht halten? Der Begriff der Positivität für sich ist leer. Die Inhalte, die das positive Recht aufnehmen kann, sind beliebig. Diese Inhalte sind jederzeit bestreitbar und austauschbar. Das positive Recht reicht nicht weiter als die Macht, seine Einhaltung zu erzwingen.

Binding wird nicht müde, auf die Frage, warum man sich an das positive Recht halten soll, emphatisch zu antworten, das positive Recht sei „herrlich". Die Anerkennung der „Herrlichkeit" des positiven Rechts fordert er immer wieder[10]. Die Funktion dieser Auszeichnung des positiven Rechts als „herrlich" liegt auf der Hand. Sie soll das positive Recht unangreifbar machen gegen den Einwand, was da im Gesetzblatt stehe, sei nur unverbindliche Prosa. Und man sieht, was Binding erreicht. Alles, was dem positiven Recht zugeordnet werden kann, wird machtvoll. Dennoch ist es überraschend zu registrieren, daß jemand als ganz weltlicher juristischer Relativist zu argumentieren beginnt und bei der „Herrlichkeit" des positiven Rechts anlangt.

Die Überraschung legt sich, wenn man die Lösung des zweiten Problems im Positivismus Bindings betrachtet, des Problems, wie die völlige Verbindlichkeit („Herrlichkeit") des positiven Rechts – ohne Rückgriff auf Gottes Willen oder auf eine erkennende Vernunft – erreicht wird.

c) Die Idealisierung des Gesetzes durch die Normentheorie

An dieser Stelle des juristischen Gebäudes wird Bindings Unterscheidung zwischen Gesetz und Norm wichtig. Diese Unterscheidung hat Binding den Respekt seiner juristischen Zeitgenossen und der Nachfahren eingebracht. Der Fachausdruck „Bindings Normentheorie" beruht auf dieser Unterscheidung[11]. Die Trennung von Gesetz und Norm ermöglicht den juristischen Weg zur „Freigabe der Vernichtung lebensunwerten Lebens".

10 Knapp und unmißverständlich: *Binding*, Grundriß des deutschen Strafrechts, Allgemeiner Teil, 7. Aufl., 1907, S. 228 und: Die Normen und ihre Übertretung, Band 1, 4. Aufl., 1922, S. 419.

11 *Bindings* ausführlichste Formulierungen der Normentheorie: Die Normen und ihre Übertretung, Band 1, S. 1 ff.; Handbuch des Strafrechts, 1885, S. 155 ff. Aktuelle Darstellung einschließlich der Entwicklung der Normentheorie in Bindings Texten bei: *Westphalen,* a.a.O.

Die Unterscheidung ist nicht schwierig zu begründen. Das juristische Aufheben, das von dieser Unterscheidung gemacht wird, ist auch nicht von der Unterscheidung selbst veranlaßt, sondern von den Folgen der Unterscheidung zwischen Gesetz und Norm für das juristische Arbeiten.

Binding sieht sich die strafrechtlichen Gesetzestexte des Besonderen Teils des Strafrechts an und bemerkt, daß sie sprachlich keine Verbote oder Gebote formulieren. „Wer tötet, wird bestraft" – so die beispielhafte Formulierung der Tötungsbestimmung – ist die Mitteilung eines tatsächlichen Geschehens. Ein Mensch, der tötet, handelt, sprachlich genau genommen, nicht gegen das Gesetz; er erfüllt das Gesetz, handelt dem gesetzlichen Tatbestand gemäß. Die heute gebräuchliche Worthülse „tatbestandsmäßiges Verhalten" hat ihren Ursprung in Bindings Normentheorie.

Damit entsteht die etwas komische, jedenfalls verblüffende Frage, wie man jemanden bestrafen kann, der das Gesetz nicht verletzt, sondern es gerade erfüllt.

Die Antwort auf diese Frage ist die „Norm". Normen sind Verbote oder Gebote, meist nicht schriftlich fixiert; sie gehen dem Gesetz voraus, sind aber Teil des geltenden Rechts. Das Gesetz „wer tötet, wird bestraft", ruht auf der Norm „Du sollst nicht töten". Ein Mensch, der tötet, verstößt gegen diese Norm, nicht gegen das Gesetz[12].

Diese Normen, um es zu wiederholen, gehen nach Binding den Gesetzen sachlich und zeitlich voraus. Das Entstehen der Normen erklärt sich aus den Bedürfnissen der Bürger einer Gesellschaft. Nachgewiesen werden sie aus den Strafgesetzen und „aus den Bedürfnissen der Gesetzgebung"[13]. Der Endzweck der Normen ist stets die Sicherung des Bestehens der Gesellschaft[14]. Das macht ihre außerordentliche Bedeutung aus[15].

Von dieser Haltung her erklärt sich das bei einem relativistischen Positivisten wie Binding kaum erwartbare Bestehen auf der „Herrlichkeit" des Gesetzes. So

---

(Anm. 2) S. 39 ff.; knappe Übersicht und Mitteilung der modernen strafrechtlichen Diskussion bei: *Röhl*, Allgemeine Rechtslehre, 2. Aufl., 2001, S. 193 ff.

12 Beste Zusammenfassung: *Binding*, Die Normen und ihre Übertretung, Band 1, 4. Aufl., 1922, S. 66 ff. und Handbuch des Strafrechts, 1885, S. 155 ff.

13 *Binding*, Die Normen und ihre Übertretung, Band 1, 4. Aufl., 1922, S. 36.

14 *Binding*, a.a.O. (vorige Anm.) S. 51 ff., bes. S. 419 Anm. 5.

15 Ähnliche Auffassung der Normentheorie mit vielen Nachweisen aus Bindings Texten bei: *Frommel*, Präventionsmodelle in der deutschen Strafzweck-Diskussion, 1987, S. 57 ff., 60 ff., 71 ff., 104 ff., 116 ff., 122 ff. – Die staatspolitische Funktion der Normentheorie ist in der NS-Zeit genau beschrieben bei: *Seidenstücker*, Strafzweck und Norm bei Binding und im Nationalsozialismus, 1938, S. 20 ff., 52 f.

säkular und relativ wie es scheint ist Bindings Positivismus nicht. Das positive Recht hat einen wichtigen, absoluten Zweck. Das positive Recht präzisiert durch Strafandrohung und Strafvollziehung den für eine Gesellschaft unverzichtbaren Teil der Normen. Positives Recht und seine unbedingte Anwendung sind Normsicherung – der moderne Ausdruck ist Normstabilisierung – und damit Gesellschaftssicherung. Das positive Strafrecht garantiert die an den Normen sichtbare Tiefenverankerung einer Gesellschaft. Das positive Strafrecht muß bei Binding „herrlich" sein, weil es die Normen für die „soziale Selbstbehauptung" garantiert[16]. Was man an juristischer Selbstgewißheit durch den Untergang von Rechtstheologie und Naturrecht verloren hat, gewinnt man durch die sozialnützliche „Herrlichkeit" des positiven Rechts zurück. Die weitreichende Folge ist, daß das positive Recht nur im Einklang mit den darunter liegenden Normen verstanden und angewandt werden kann[17]. In einer simpleren Fassung kennt jeder aktuell arbeitende Jurist diese Bindingsche Denkfigur der Rückbindung des Gesetzes an die gesellschaftssichernde Norm als Vorverständnis bei der Gesetzeshandhabung oder als zeitadäquate objektive Auslegung des Gesetzes – auch bei den Tötungsstraftaten. In der 1982 ergangenen „Rechtsfolgenentscheidung beim Mord" des BGH taucht Bindings Unterscheidung von Gesetz und Norm und seine Vorstellung von der Herrschaft der Norm über das Gesetz in der folgenden Form wieder auf: abschließend geregelte Tatbestände der Tötungsverbrechen müssen sich der zeitgemäßen Auslegung der Strafrechtsnorm unterwerfen, mit der Folge der Auflösung der in sich geschlossenen Tötungsgesetzgebung[18].

d) Die Herrschaft der Norm über die Gesetze, auch über die Tötungsgesetze

Für das juristische, speziell das strafrechtliche Arbeiten ist etwas Gewichtiges, Schwerwiegendes erreicht. Wer den Zugriff auf die Normen hat, hat den Zugriff

16 Kompromißlos: *Binding,* a.a.O. (Anm. 13) S. 419.

17 Bei *Hoche* (Das Rechtsgefühl in Justiz und Politik, 1932, S. 46) findet sich diese Denkfigur in dem Satz: „Das natürliche Rechtsgefühl bewegt sich im Rahmen seiner Zuständigkeit, wenn es [...] dringlich [...] Gehör verlangt".

18 BGHSt 30, 105 ff. (111). Wie ein konzentriertes Repetitorium von Bindings Normentheorie liest sich eine Entscheidung des BGH 2004 zum Deal (NJW 2005, S. 1440 ff.). Unter Berufung auf das BVerfG nimmt der BGH „eine freiere Handhabung der Rechtsnormen" für sich in Anspruch, „wenn das geschriebene Gesetz seine Funktion nicht mehr erfüllt". Dann geht es in derselben Entscheidung so weiter, ebenfalls unter Berufung auf das BVerfG: „Die Norm steht ständig im Kontext der sozialen Verhältnisse und der gesellschaftlich-politischen Anschauungen [...]; ihr Inhalt kann und muß sich [...] mit ihnen wandeln" (S. 1443). Das ist ungekürzt Bindings Normentheorie, nach Formulierung und nach Arbeitsweise: die klaren Regeln der StPO, die einen Deal nicht kennen, werden ohne Gesetzgebung korrigiert. Die Denkform der Normentheorie ist modern.

auf den Inhalt des Gesetzes. Wer im Besitz der Normen ist, oder wer sich in ihren Besitz zu setzen versteht, bestimmt über das Gesetz. Der Normtheoretiker beherrscht das Gesetz, denn das Gesetz ist nur die Oberflächenerscheinung der Norm.

Diese Oberfläche für sich genommen verdient keinen Respekt. Großen Respekt dagegen verdient das Gesetz als Ausdruck und Verstärkung der Norm. Respekt muß dem positiven Gesetz verschafft werden, weil es die Normen als Existenzbedingungen einer Gesellschaft sichert. Binding ist kein großer Positivist; er ist der Verherrlicher von Sozialnormen.

Um auf den Boden alltäglichen juristischen Arbeitens zurückzukommen: es verwundert nicht, daß Binding die Hauptkennzeichen einer strikten Gesetzesbindung – das Analogieverbot und die subjektive Auslegung – juristisch lächerlich findet[19]. Gesetzestreue bei Binding ist nicht Wortlauttreue, sondern aktuelle Normentreue im Interesse der Gesellschaft.

Eine solche Theorie des positiven Rechts, eine solche Rechtstheorie im Unterschied zur Rechtsphilosophie, kann liberal und rechtsstaatlich, aber sie kann auch illiberal und rechtsstaatswidrig sein. Das hängt allein vom Inhalt der Normen ab. Und diese Normen, so schön sie heißen, sind in der Sache die aktuell bestehende oder die sich ausbildende Politik[20].

Die Folgen der Normentheorie für die Tötungsbestimmungen und für alle anderen Strafgesetze reichen sehr weit. Schon im 1. Band der „Normen und ihre Übertretung“, lange vor „Binding/Hoche“[21], macht Binding an einer unverfänglichen Stelle darauf aufmerksam, daß die „Strafgesetze wider die Tötung“ im Lichte des Umfangs der Tötungsnormen zu interpretieren seien. Die Tötungsbestimmungen müssen sich nach den Normen über die Tötung richten. Die Verbotsnorm „Du sollst nicht töten“ ist im StGB unverkürzt in das positive Recht übernommen und durch unverkürzte Bestrafungsanweisung für den Fall der Übertretung des Verbots gesichert.

Aber die Normentheorie ermöglicht den folgenden professionell-juristischen Gedankengang:

---

19 *Binding*, Handbuch des Strafrechts, 1885, S. 213 ff., 454 ff.

20 Die zeitgenössische Debatte, ob man denn die Norm neben dem Gesetz wissenschaftlich noch brauche (materialreicher Bericht über diese Debatte bei: *v. Hippel*, Deutsches Strafrecht, Band 1, 1925, S. 19 ff.) ist kurzsichtig. Sie verkennt die große theoretische Modernität und politische Nützlichkeit der Normentheorie. Diese Theorie liefert entschlossen die Konsequenz aus der Säkularisierung und naturrechtsfreien Rationalisierung des Strafrechts bei gleichzeitiger Erhaltung, ja Verstärkung seiner politischen Macht.

21 *Binding*, Die Normen und ihre Übertretung, Band 1, 2. Aufl., 1890, S. 47.

Wenn man zeigen kann, daß die Norm „Du sollst nicht töten" im Denken von Politik und Gesellschaft Lücken hat, wenn man also zeigen kann, daß bestimmte Tötungen von der Verbotsnorm ausgenommen sind, z.B. weil die Gesellschaft sonst Schaden nähme: dann ist die Norm, die das Töten verbietet, mit Ausnahmen zu versehen und das zur Norm gehörende Strafgesetz entsprechend zu verkürzen.

Damit sieht man die juristischen Denkinstrumente, die in „Binding/Hoche" angewandt werden. Das uneingeschränkt formulierte Gesetz „Wer tötet, wird bestraft" kann eingeschränkt werden, sobald belegt ist, daß die Verbotsnorm „Du sollst nicht töten" für das „lebensunwerte Leben" nicht gilt. Über die „Freigabe der Vernichtung lebensunwerten Lebens" wird außerhalb des Gesetzes entschieden, nämlich bei der Normbestimmung[22]. Zuständig für den Beleg, daß das Verbot der Tötung für das „lebensunwerte Leben" nicht gilt, folglich dieses Leben straflos getötet werden darf, sind in „Binding/Hoche" der Strafrechtswissenschaftler und der wissenschaftlich arbeitende Psychiater.

4. Die „Freigabe der Vernichtung lebensunwerten Lebens" als Anwendungsfall der Normentheorie

Binding behandelt die „Freigabe der Vernichtung lebensunwerten Lebens" als Schulfall der Normentheorie. Alles Argumentieren beginnt beim positiven Recht, geht zu den Normen zurück und endet beim positiven Recht. Binding zeigt sich bei diesem dogmatischen Problem der „Freigabe" einer Tötung, wie etwa bei der Verbrechenseinheit auch[23], als sachlich entschiedener Zergliederer des positiven Strafrechts, als „Dogmatiker reinsten Blutes" – so ist er in der ausführlichsten Gesamtwürdigung seines Werkes unwidersprochen eingeordnet worden[24]. Ich ziehe die Gedankenschritte Bindings (S. 5 ff.) zusammen, um die unheimliche Folgerichtigkeit dieser Schritte vorzustellen.

Das Tötungsverbot ist ohne Einschränkung in das positive Recht übernommen (S. 5 ff.). Aber „die wissenschaftliche Klarstellung des positivrechtlichen Ausgangspunkts" (S. 6) ist unumgänglich. Diese „wissenschaftliche Klarstellung" ist nichts anderes als die Einschränkung des positiven Tötungsrechts.

---

22 Unerklärt bleibt folgendes: Der Relativismus, der den juristischen Gesetzespositivismus stützt, ist offen – zugunsten der Schwachen oder gegen die Schwachen. Was muß intellektuell geschehen sein, damit die Offenheit des Relativismus genutzt wird zur Abwendung von den Kranken und Häßlichen?

23 *Binding*, Handbuch des Strafrechts, 1885, S. 520 ff.

24 *Nagler*, Der Gerichtssaal 1925, S. 45.

a) Traditionelle normtheoretische Beschränkung der Tötungsstrafbarkeit (straflose Selbsttötung und ähnliche juristische Situationen)

Binding registriert mit beträchtlichem Interesse, daß die Tötungsbestimmung selbst – § 212 StGB – schon eine Verkürzung enthält. Die Selbsttötung ist nicht erfaßt. An dieser juristisch harmlosen Stelle taucht der Ausdruck „Freigabe", nämlich der Selbsttötung, zum ersten Mal auf (S. 15). Binding sucht den dogmatischen Weg von der „Freigabe" der Selbsttötung zur „Freigabe" der Fremdtötung. Der Ausdruck „Freigabe" ist bei Binding ein juristischer Fachausdruck von großer Reichweite. Dieser Ausdruck verbindet die Straflosigkeit der Selbsttötung mit der Straflosigkeit der Tötung schwer Geisteskranker.

Binding stellt sich und der strafrechtlichen Profession die Frage, warum allein die Tötung des „Nebenmenschen" (der *Mitmensch* kommt bei „Binding/Hoche" nicht vor[25]), aber nicht die Selbsttötung unter Strafe gestellt ist. Es gebe drei juristische Erklärungen. Die Selbsttötung könne zwar rechtswidrig, aber straflos, sie könne rechtmäßig, sie könne schließlich unverboten sein (S. 6 ff.). Für Binding sind dies nicht etwa freischwebende dogmatische Figuren, mit denen man weitgehend willkürlich verfahren kann. Für ihn ermöglichen diese drei Erklärungen eine Stufung, eine unterschiedliche Bewertung jener Norm, die die Selbsttötung freigibt. Halte man die positivrechtliche Straflosigkeit der Selbsttötung für straflose Rechtswidrigkeit, so behandele man sie härter als das Gesetz, das sie nicht erwähne. Halte man die Selbsttötung für rechtmäßig, so werte man den Selbstmörder zu weit auf, gebe ihm ein Recht auf Selbsttötung, was aber die Norm nicht wolle. Eine Norm, die den Bestand der Gesellschaft sichere, könne nicht zulassen, daß ein Mitglied der Gesellschaft sich ihr entziehe. Lediglich als unverboten sei die gesetzliche Straflosigkeit der Selbsttötung normtheoretisch treffend erklärt. An dieser Stelle greift Binding in der Formulierung entlarvend zu. Die Selbsttötung ist „der Verlust einer ganzen Anzahl durchaus lebenskräftiger Leben" (S. 15). Die Selbsttötung hält er im Prinzip für sozialwidrig, sie sei „bequem, feige", der Selbstmörder wolle nur seine „durchaus tragbare Lebenslast" nicht weiter schleppen (S. 15). Mehr als die Bewertung mit „unverboten" könne es für die Selbsttötung nicht geben.

Die Folge aus dieser Einstufung für die Beteiligten an der Selbsttötung kennt jeder Jurastudent. Die Beteiligten bleiben strafbar. Bei Binding ist dies aber nicht nur eine neutral-dogmatische, sondern eine sachliche Folge. Wer sich an einer sozialwidrigen Tat beteiligt, muß strafbar sein.

25 Nur in einem wörtlich übernommenen Zitat taucht der Ausdruck einmal auf (S. 26 Anm. 47).

Auf dem Wege zur „Freigabe der Vernichtung lebensunwerten Lebens" ist damit rein juristisch viel erreicht. Die Figur der „Freigabe" (S. 15) einer unverbotenen Tötung ist als Rechtsfigur eingeführt. Die Frage der Strafbarkeit der Beteiligten ist gestellt, freilich mit der Einordnung als „strafbar" bei der Teilnahme an der Selbsttötung so beantwortet, daß der Fortgang des juristischen Denkens zur Straflosigkeit der Teilnehmer an einer Tötung „lebensunwerten Lebens" unmöglich erscheint.

Binding hat das genau gesehen. Was als unüberwindbares juristisches Hindernis auf dem Weg zur „Freigabe der Tötung lebensunwerten Lebens" erscheint, wird zur Unterstützung dieses Weges genutzt.

Binding registriert, ganz Jurist, daß die Hilfe zur Selbsttötung unterschiedlich hart bestraft werden muß, je nach dem Selbsttötungsmotiv. Die Hilfe zur Selbsttötung eines Gesunden wiege schwer und sei scharf zu bestrafen; die Hilfe zur Selbsttötung eines schwachen Todkranken wiege leicht und sei milde zu bestrafen (S. 17). Man ist beim Lesen von „Binding/Hoche" Zeuge der Schaffung der juristischen Denkform der unverbotenen, freigegebenen Tötung schwachen Lebens mit schwach verbotener Teilnahme. Für die völlige Straflosigkeit der „Tötung lebensunwerten Lebens" bei allen Beteiligten fehlt noch die Fortentwicklung des Begriffs des schwachen Lebens zum Begriff des „lebensunwerten Lebens", und es fehlt noch, als Folge, die Fortentwicklung der schwach verbotenen Teilnahme zum gänzlichen Unverbotensein der Teilnahme an der „Vernichtung lebensunwerten Lebens".

Binding erreicht dies auf Umwegen, die sich normtheoretisch als starke Förderungen des Hauptweges erweisen.

Es überrascht juristisch schon nicht mehr, daß Binding nun übergeht zur Erörterung der echten Euthanasie. Er versteht die echte Euthanasie als Unterstützung eines schmerzbeladenen Sterbevorgangs bei schwerer Krankheit und tödlicher Verwundung (S. 15 ff.).

An dieser Stelle bietet sich eine Bemerkung zum Sprachgebrauch an. Ich werde, wie Binding, den Ausdruck „Euthanasie" auf die Unterstützung des schwer schmerzbeladenen Sterbevorgangs beschränken. Wenn man das Wort „Euthanasie" auf die „Vernichtung lebensunwerten Lebens" ausweitet – und sei es in Anführungszeichen – übernimmt man den NS-Sprachgebrauch, d.h. man will vermeiden, die Sache beim Namen zu nennen. Dieser Sprachgebrauch ist aber ein Teil des Ermöglichens der „Vernichtung lebensunwerten Lebens". Für die Aufklärung der historischen Verläufe und der aktuellen Auseinandersetzungen im Gesamtgebiet der „freigegebenen" Tötung ist mit Schärfe zu betonen, daß man zwischen Euthanasie und Tötung streng zu unterscheiden hat[26].

Für Binding ist der schwer schmerzbeladene Sterbevorgang eine weitere Situation schwachen Lebens. Die Norm gebe auch dieses Leben „frei" (S. 17). Binding meint, die Beendigung eines derart beklagenswerten Lebens sei überhaupt „keine Tötungshandlung im Rechtssinn" (S. 17). Die Norm, die eine Tötung verbiete, greife nicht (S. 17). Es werde „in Wahrheit eine reine Heilbehandlung" vorgenommen (S. 17), die eben unverboten sei.

Auf eine Einwilligung des Leidenden komme es nicht an. Die Heilbehandlung des „gequälten Kranken" bleibe auch ohne Einwilligung unverboten (S. 18). Nur einem „ausdrücklichen Verbot" zuwider dürfe nicht geheilt werden.

Mit aller juristischen Ruhe führt Binding an dieser Stelle einen neuen Begriff ein.

Der „momentan Bewußtlose" müsse dann eben „Gegenstand" (Binding formuliert „Gegenstand", sagt nicht Opfer) des heilenden Eingriffs sein (S. 18), ohne daß das Strafgesetz in Erscheinung treten könne: denn die Norm „Du sollst nicht töten" erfasse diese Tat überhaupt nicht.

Es ist wichtig, sich klarzumachen, was diese Festlegung auf dem begrifflichen Weg zur „Freigabe der Vernichtung lebensunwerten Lebens" bedeutet. Die Regel – Leben, auch schwaches Leben, ist durch das Strafrecht geschützt – wird abgelöst durch den Satz: das schwache Leben ist nur ausnahmsweise geschützt, nämlich wenn ein ausdrückliches Verbot der Beendigung des schwachen Lebens ausgesprochen wird.

Und Binding fügt an, anders als bei der Selbsttötung sei bei der wirklichen Euthanasie auch die Beteiligung unverboten und straflos (S. 19). Das ergebe sich „aus der Natur dieser Handlung" (S. 19), und diese Handlung ist in „Binding/Hoche" Hilfe für den Kranken, die Angehörigen und die Gesellschaft. Am Beispiel der Euthanasie ist die juristische Möglichkeit der unverbotenen straflosen Tötung schwachen Lebens und die unverbotene straflose Teilnahme an dieser Tat entwickelt. Weit ist der juristische Weg zur unverbotenen straflosen „Freigabe der Vernichtung lebensunwerten Lebens" nicht mehr.

---

26 Ebenso sehr entschieden unter dem Eindruck der Wirkung von „Binding/Hoche" in der NS-Zeit: *Engisch*, Euthanasie und Vernichtung lebensunwerten Lebens, 1948, S. 4 ff., 19; aus aktueller medizinischer Sicht: *Dörner*, in: Dörner u.a. [Hrsg.], Der Krieg gegen die psychisch Kranken, 1980, S. 75.

b) Normentheorie und Strafmilderung bei der Tötung auf Verlangen

Der nächste Schritt bei Binding ist von gewaltvoller Konsequenz. Die bisher behandelten Situationen – straflose Selbsttötung, straflose echte Euthanasie und straflose Tötung bewußtlosen, schwachen Lebens – enthalten, von der Tötungsnorm her gesehen, keine wirklichen Verstöße gegen das Tötungsverbot. Sie werden nach Bindings Normentheorie vom Tötungsverbot nicht erfaßt.

Also beginnt die Suche nach einer „echte(n) Einschränkung des rechtlichen Tötungsverbots“, nach der „Freigabe der Tötung des Nebenmenschen“ (S. 20).

Von vornherein wird nach einer juristischen Begründung dafür gesucht, daß „ein rechtlich anzuerkennender Anspruch gewisser Personen auf Erlösung aus einem unerträglichen Leben“ besteht (S. 20). Binding geht bei dieser Suche juristisch sorgfältig zu Werke.

Binding bietet erst einmal eine riesige historische, literarische und positivrechtliche Gelehrsamkeit auf, und er unterlegt mit diesem Material die Auffassung, die Tötung auf Verlangen, auch die Tötung nur mit Einwilligung, sei – als nicht normwidrig – straflos zu lassen (S. 19 ff.). Das deutsche gegebene Strafrecht steht gegen eine solche Auffassung. Aber die früher beschworene „Herrlichkeit“ des positiven Rechts ist nun vergessen. Diese „Herrlichkeit“ gibt es nur, wenn das Gesetz die richtige Auswahl aus der Norm trifft. Binding bezeichnet die Strafbarkeit der Tötung auf Verlangen als „ängstlich“ (S. 20). Alle Regeln, die die Tötung des Opfers mit Zustimmung straflos lassen, haben Bindings uneingeschränktes Lob; er findet diese Regeln „köstlich“ (S. 25). Normtheoretisch bedeutet dies: das Gesetz widerspricht der köstlichen Norm.

c) Normentheorie und „Freigabe der Vernichtung lebensunwerten Lebens“

Immerhin, die Tötung auf Verlangen *ist* nach positivem Recht strafbar. Es muß also gelingen, diese Sperre wegzuräumen. Es ist die letzte Sperre vor der „Freigabe der Tötung des Nebenmenschen“ ohne Einwilligung.

Binding setzt bei der milden Strafdrohung gegen die Tötung auf Verlangen an. Diese Milde weise darauf hin, daß die Verbotsnorm bei der Tötung auf Verlangen schwach sei. Die Schwäche sei gut erklärbar. Der Täter habe „es nicht nötig [...], den Lebenswillen des Opfers zu brechen“ (S. 23).

Dieser Gedanke wird verallgemeinert. Wer seinen eigenen Tod verlange, schätze das Leben, das er führe, als wertlos ein. Und die Norm sagt, daß „solch’

Leben vollsten Strafschutz nicht mehr verdient", anders als beim „robusten Leben" (S. 24).

Von dieser merkwürdigen Feststellung aus ist es ganz einfach, dem positiven Strafrecht vorzuwerfen, es sei normwidrig, weil es „nicht zwischen der Vernichtung lebenswerten und lebensunwerten Lebens" unterscheide (S. 23)[27]. Dieser Vorwurf wird erhoben, noch ehe von der Tötung Geisteskranker die Rede ist. Der Vorwurf ist das Ergebnis rein juristischer Überlegungen zum Verhältnis von Tötungsnorm und positivem Tötungsstrafrecht. Aus dem Vorwurf entsteht die Forderung, die „Freigabe der Vernichtung lebensunwerten Lebens" durch die Tötungsnorm im Strafgesetz und seiner Handhabung zu berücksichtigen[28].

Die Hauptfrage für einen Gesetzespositivisten ist, ob die „Freigabe der Vernichtung lebensunwerten Lebens" im Strafgesetz noch mitgeteilt werden muß oder ob die normtheoretische Rechtsfigur des Unverbotenseins reicht, um die Tötungsbestimmung auf die „Vernichtung lebensunwerten Lebens" nicht anzuwenden. Die Antwort ist eindeutig. Eine Änderung der gesetzlichen Tötungsbestimmung ist für die unverbotene Tötung nicht nötig. Die Norm, die die „Vernichtung lebensunwerten Lebens freigibt", ist bei der Handhabung der Strafgesetze zu berücksichtigen, d.h. diese Gesetze sind auf die Handlungen, die nicht unter das Tötungsverbot fallen, nicht anzuwenden. Eine Forderung an den Gesetzgeber findet sich bei „Binding/Hoche" nicht[29].

Alle Argumentation bleibt Dogmatik des geltenden Rechts, von der Norm gesteuert. Zu lösen sind noch zwei Probleme: die Abgrenzung der Vorstellung von einem „lebensunwerten Leben" und die Organisation seiner Vernichtung.

---

27 Was Binding „normwidrig" im Bereich der Tötungsnorm nennt, erscheint bei Hoche vereinfacht als tiefe Kluft zwischen Rechtsgefühl und Strafgesetz (*Hoche*, Das Rechtsgefühl in Justiz und Politik, 1932, S. 49 f.).

28 *Hattenhauer* in der Analyse des Gedankengangs von „Binding/Hoche" meint, an dieser Stelle einen Bruch zu sehen (Europäische Rechtsgeschichte, 4. Aufl., 2004, Rn. 2127 ff., bes. S. 2130). Dagegen ist zu wiederholen, daß der Gedankengang bruchlos von der normtheoretischen Beurteilung der Selbsttötung zur „Freigabe der Vernichtung lebensunwerten Lebens" läuft.

29 Wohl findet sich in „*Binding/Hoche*" (S. 24) die Bemerkung, de lege ferenda entstünde eine Frage für die Privilegierungsgründe bei der Tötung Dritter. Aber diese Frage betrifft nur das Nebenproblem, ob die gefundenen Privilegierungsgründe nicht zu einem Strafausschließungsgrund „erhoben" werden müßten. Die Frage wird als belanglos behandelt. An keiner Stelle wird auch nur in Andeutungen die Notwendigkeit von positivrechtlichen Tatbestandskorrekturen erörtert.

aa) Die Denunzierung „lebensunwerten Lebens"

Für die Selektion des „lebensunwerten Lebens" nutzt Binding normtheoretisch-dogmatische Versatzstücke[30]. Die Normen schützten Rechtsgüter. Das Leben sei ein wichtiges Rechtsgut. Rechtsgüter hätten einen Wert für den Träger des Rechtsguts oder für die Gesellschaft (S. 26). Werte könnten verlorengehen. Das Leben könne also für den „Lebensträger" (S. 26: ein gefährlicher Sprachgebrauch) oder für die Gesellschaft dauernd allen Wert verlieren (S. 26). Dies ist die Stelle, an der die Denunzierung des „lebensunwerten Lebens" konkret wird. Als synonym erscheint die „nicht nur absolut wertlose, sondern negativ zu wertende Existenz" (S. 26). Binding stimmt einer kläglich mathematisierenden Formel aus der zeitgenössischen Debatte als „ganz richtig" zu, der „Wert des Lebens kann aber nicht bloß Null, sondern auch negativ werden" (S. 26 Anm. 47), und er formuliert diese Zustimmung noch einmal selbst: es gebe „Leben negativen Wertes" (S. 38). Als Gegenbild wird, nicht ohne unangenehm sentimentalische Untertöne „das wertvollste, vom stärksten Lebenswillen und der größten Lebenskraft erfüllte [...] Leben" beschworen (S. 26).

Alles Weitere ergibt sich beängstigend von selbst.

Das lebenswerte Leben, das unbeschränkte Rechtsgut Leben, gehöre nur den nützlichen Gliedern der Gesellschaft. Arbeiter im Bergwerk und Soldaten auf dem Schlachtfeld werden hervorgehoben (S. 26). „Lebensunwert" sind die „unheilbar Blödsinnigen" (S. 30); Hoche spricht von „Zuständen endgültigen unheilbaren Blödsinns oder wie wir in freundlicher Formulierung sagen wollen: Zustände geistigen Todes" (S. 48). Mit unintellektueller Grobheit fährt Binding fort:

> (Die unheilbar Blödsinnigen) haben weder den Willen zu leben, noch zu sterben. So gibt es ihrerseits keine beachtliche Einwilligung in die Tötung, andererseits stößt diese (gemeint ist die Tötung) auf keinen Lebenswillen, der gebrochen werden müßte (S. 30).

Diese durch kein empirisches Datum belegte Behauptung wird dann noch ein wenig hin und her gewendet. Es tauchen folgende Vokabeln auf: „absolut zweckloses Leben", „furchtbar schwere Belastung" für die Angehörigen und die Gesellschaft, „ihr (der Blödsinnigen) Tod reißt nicht die geringste Lücke auf" (S. 30). Alle diese Worte haben nur ein juristisches Ziel, eine bestimmte Personengruppe der Tötungsnorm, also dem Tötungsverbot zu entziehen und Gewalttätigkeit bis zum Tod gegen diese Personengruppe straflos freizugeben.

---

30 Ähnlich *Große-Vehne*, Tötung auf Verlangen (§ 216 StGB), „Euthanasie" und Sterbehilfe. Reformdiskussion und Gesetzgebung seit 1870, 2005, S. 91.

bb) Das Vernichtungsverfahren

Der beklemmende Rest ist juristische Abwicklung. Das Vernichtungsverfahren gegen das „lebensunwerte Leben“ muß organisiert werden. Ich wiederhole, daß Binding eine Einschränkung des materiellen Rechts nicht für nötig hält. Die Einschränkung folgt aus der normtheoretischen Einsicht in die Tötungsbestimmungen. Man braucht nur noch Tötungsorganisation.

Ob diese Organisation durch Gesetz, Verordnung oder Erlaß geschehen soll, wird in „Binding/Hoche“ nicht überlegt. Andeutungen bei Binding lassen die Interpretation zu, er denke an eine gesetzliche Regelung (S. 34). Das wäre folgerichtig. Der Positivist kann alles ins Gesetz bringen, auch das massenweise staatliche Töten, wenn nur die Norm stimmt.

Die Überlegungen Bindings zur juristisch korrekten Bürokratie des Tötens kann man nicht ohne Grauen lesen. Binding beginnt mit der Frage, ob das „Vernichten lebensunwerten Lebens“ durch den Staat – Binding benutzt den Ausdruck „amtlich“ (S. 30) – geschehen könne.

Binding differenziert. In der gegenwärtigen Zeit (1920), der „aller Heroismus verloren gegangen“ und die von „Entnervtheit“ gekennzeichnet sei, gehe die amtliche Tötung nicht[31]. Es kommt der prophetische Satz: „In Zeiten höherer Sittlichkeit [...] würde man diese armen Menschen wohl amtlich von sich selbst erlösen“ (S. 30). Auch Hoche kennt die Figur einer verlernten „höheren staatlichen Sittlichkeit“, die zur „Vernichtung lebensunwerten Lebens“ nötig sei, wünscht sich „heroische Seelenstimmungen“ für das Unternehmen „Vernichtung lebensunwerten Lebens“ (S. 56).

Also, in den entnervten Zeiten braucht man ein bürokratisch-juristisches Verfahren. Die Konturen zeichnet Binding so:

Antragsberechtigt müßten Angehörige und Vormünder sein; der Mutter, die ihr krankes Kind auf ihre Kosten pflegen wolle, „sei ein Einspruch freizugeben“ (S. 31).

Der Antrag müsse dann an eine „Staatsbehörde“ mit dem Namen „Freigebungsausschuß“ gehen (S. 34 f.). Der Ausschuß sei zu besetzen mit einem Arzt, einem Psychiater und einem Juristen. Wörtlich: „Zur Freigabe dürfte Einstimmigkeit zu fordern sein“ (S. 35). „Dürfte“, nicht „Muß“.

---

31 Hoche meint am Beispiel der Todesstrafe durch Erhängen, zum staatlichen Töten des Nebenmenschen gehörten „bessere Nerven als wir“ sie heute haben (*Hoche*, Jahresringe, 1934, S. 227). Eine ähnliche Überlegung, aber ausdrücklich gegen die Demokratie der Weimarer Republik gerichtet, findet sich in: *Hoche*, Das Rechtsgefühl in Justiz und Politik, 1932, S. 47.

Die Entscheidung sei ein „Beschluß“, also kein Urteil, obwohl der Beschluß einen Weg zur Hinrichtung öffnet. Inhalt des Beschlusses sei die „Freigabe“ der Tötung. Rechtsbehelfe sind nicht vorgesehen.

Dem Antragsteller werde „anheimgegeben [...], in sachgemäßester Weise die Erlösung des Kranken von seinem Übel in die Wege zu leiten“ (S. 39).

An dieser Stelle kommt Binding auf die normtheoretischen Voraussetzungen der „Freigabe der Vernichtung lebensunwerten Lebens“ zurück. Es gehe um die „Erweiterung des Gebiets unverbotener Tötungen“ (S. 33), also um die Fortführung normabhängiger strafrechtsdogmatischer Figuren. Die „Freigabe der Vernichtung lebensunwerten Lebens“ ist lediglich die Anpassung der Strafgesetze über Tötung an die Herausnahme des „lebensunwerten Lebens“ aus dem Schutzbereich der Norm „Du sollst nicht töten“. Die Herausnahme führt dogmatisch nur zum Unverbotensein. Juristisch konsequent ist es daher anzufügen, daß es „kein Recht zur Tötung, noch viel weniger [...] eine Pflicht zur Tötung“ gibt (S. 35). Diese Anfügung, eine nichtssagende dogmatische Floskel, zeigt, wie gefährlich die normtheoretische Annäherung Bindings ist. Welche Gewaltmenge in einer unprofessionellen Handhabung normtheoretischer Figuren steckt, belegt Bindings aufsehenerregende Bemerkung: „ausgeschlossen ist die Freigabe der Tötung an Jedermann“ (S. 32). Ganz Gelehrter fährt Binding fort, einer „proscriptio bona mente“ (einer Ächtung aus guter Überzeugung) wolle er nicht das Wort reden (S. 32). Hier hat man die Jurisprudenz staatlichen Tötens, alternativenreich, wie man es vom dogmatischen Denken kennt, wobei eine Alternative die „Freigabe der Tötung an Jedermann“ ist. Die Frage läßt sich nicht umgehen, warum man derartigen Gewaltphantasien das Etikett „normtheoretisch-dogmatisch“ überhaupt bewilligen sollte.

Binding denkt die Tötungsverwaltung bis an ihr Ende. Er empfiehlt dem „Freigebungsausschuß“, „das (nach dem Befund des Einzelfalls) geeignetste Mittel der Euthanasie“ (gemeint ist: der vorsätzlichen Tötung) „zu bezeichnen“ (S. 35). Nur ein „Sachverständiger“ dürfe das Mittel anwenden. Schließlich: „Über den Vollzugsakt wäre dem Freigebungsausschuß ein sorgfältiges Protokoll zuzustellen“ (S. 35).

Ein Dogmatiker geht allen Alternativen nach. Die absurden Alternativen sind die Probe auf das Dogma. Binding faßt sein juristisches Denken zu den Möglichkeiten der straflosen Tötung „lebensunwerten Lebens“ anhand der Frage zusammen, wie zu entscheiden wäre, wenn die „Vernichtung lebensunwerten Lebens“ irrtümlich „freigegeben“ worden wäre. An dieser Frage bewährt sich noch einmal die Normentheorie. Diese Frage geht an die Norm, nicht an das Gesetz.

Wenn die Norm die „irrtümliche Freigabe der Vernichtung lebensunwerten Lebens“ akzeptiert, dann muß das Gesetz dies auch tun. Den Zugriff auf die Norm hat der Normtheoretiker. Binding hat keinen Zweifel über den Inhalt der Norm an dieser Stelle. Wörtlich: „[...] die Menschheit verliert infolge Irrtums so viele Angehörige, daß einer mehr oder weniger wirklich kaum in die Wagschale fällt“ (S. 38). Und Binding dekretiert: „Das Gute und das Vernünftige müssen getan werden trotz allen Irrtumsrisikos“ (S. 37). Nicht einmal fahrlässige Tötung zieht Binding in Betracht. Die irrtümliche „Vernichtung“ eines Lebens, das man für „lebensunwert“ gehalten hat, ist von der Norm „Du sollst nicht töten“ nicht erfaßt, d.h. dogmatisch „unverboten“.

Die Tötungsorganisation ist eine Verwaltungsorganisation; skizziert wird eine Tötungs*verwaltung,* die in das Verwaltungsrecht gehört. Diese Einordnung hat ein politisches Ziel. Diese Einordnung löst die Tötung von Menschen vom Strafrecht und seinen Kategorien. Es ist offenbar eine Absicht des normtheoretischen Unternehmens zur „Freigabe von Tötungen“, das Strafrecht loszuwerden, diesen Bereich des Tötens aus dem Strafrecht auszugliedern und dem Besonderen Verwaltungsrecht, freilich mit gesenkten rechtlichen Anforderungen, zuzuschlagen. Das staatliche Töten wird dann juristisch einfacher[32].

5. Das Gewicht von „Binding/Hoche“ in der Auseinandersetzung um die Grenze von Euthanasie und Tötung

a) Wiederholung der Hauptzüge von „Binding/Hoche“

Das Ziel der Schrift von 1920/1922 ist die juristische und medizinische „Freigabe der Vernichtung lebensunwerten Lebens“. Das Ziel scheint zunächst unerreichbar. Die positive Tötungsgesetzgebung ist eindeutig. Das Tötungsverbot gilt nach positivem Recht uneingeschränkt. Das Ziel der Schrift muß es also sein, die Sicherung des Tötungsverbots im positiven Recht zu schwächen.

---

32 1922 legt der Verwaltungsjurist *Borchardt* (Deutsche Strafrechtszeitung, 1922, S. 206 ff.) den Entwurf eines „Gesetzes über die Freigabe der Tötung unheilbar Geistesschwacher“ vor. Der Entwurf stützt sich ausdrücklich auf „Binding/Hoche“ und zeigt, wie einfach die Tötung schwer Geisteskranker in eine aktuelle Gesetzesfassung zu bringen ist. Borchardt übernimmt die „Freigabe“-Dogmatik Bindings, gliedert die Tötung schwer Geisteskranker aus dem Strafrecht aus (§ 1) und formuliert ein bürokratisch durchgebildetes Verwaltungsverfahren mit Mehrheitsentscheidung ohne Rechtsmittel gegen die „Freigabe der Tötung“ (§ 7); Begründung für den Ausschluß von Rechtsmitteln: „– [...] was sollte hier ein Rechtsmittelverfahren für einen Zweck haben?“ (a.a.O. S. 207).

Das Mittel der Schwächung ist die Norm. Die Norm ist eine juristische durchsäkularisierte Vorstellung, also keine rechts- oder staatsphilosophische, keine naturrechtliche, keine theologische, keine ethische Figur. Die Norm geht dem Gesetz voraus, bestimmt seinen Umfang. Dieses juristische Verfahren kann man nicht oft genug beschreiben. Die traditionelle Lehre versteht das Gesetz als Präzisierung und Begrenzung der Norm. Jetzt trennt sich die Norm vom Gesetz. Es entsteht eine Hierarchie. Die unbegrenzte, stets wandelbare Norm steht über dem Gesetz und regiert es.

Der Inhalt der Norm wird von den Sachverständigen bestimmt. Sie verstehen die Norm als gesellschafts- und staatssichernde Sozialmoral. „Das Bewußtsein der Bedeutungslosigkeit der Einzelexistenz, gemessen an den Interessen des Ganzen" (Hoche S. 55) leitet das Auffinden der Sozialmoral. Dieser Sozialmoral muß das Gesetz sich beugen.

„Binding/Hoche" stellt fest, daß die Sozialmoral starkes und schwaches Leben unterscheidet, daß diese Unterscheidung im positiven Recht nur unvollständig ausgedrückt ist, aber – wegen des Vorrangs der Norm – vollständig ausgedrückt werden muß. Folglich ist das „lebensunwerte Leben" als hervorgehobenes Beispiel des schwachen Lebens vom Schutzbereich des positiven Strafrechts nicht erfaßt. Die Vernichtung ist strafrechtlich freigegeben. Eine Begründung, die auf diese Auszeichnung Anspruch machen könnte, findet sich nicht.

Das ist das Ende der Eigenbedeutung der Gesetze über die Bestrafung der Tötung. Diese Gesetze sind nun Funktionen der Norm. Wer über die Norm gebietet, gebietet über die Auslegung oder Neuschaffung von Tötungsgesetzen. Diese Denkform verschwindet nicht wieder. Die machtverstärkende Einfachheit dieser Auffassung begrüßen die meisten Richter, Rechtswissenschaftler, Politiker, Mediziner, Naturwissenschaftler. Wer sich künftig zu den Grenzen von Euthanasie und Tötung äußert, bestimmt diese Grenzen zunächst von der Norm her und fragt erst anschließend, wieweit die Gesetzgebung mit der gefundenen Norm übereinstimmt oder nicht. Stimmt sie nicht überein, wird sie durch Auslegungsmechanismen angepaßt oder neu formuliert.

b) Der sprachlich-politische Stil von „Binding/Hoche"

Zu den Hauptzügen von „Binding/Hoche" gehört ein sprachlich-politischer Stil von beträchtlicher Anziehungskraft[33].

---

33 Das wird schon in der ersten ausführlichen Würdigung nach Bindings Tod betont, s. *Nagler*, Karl Binding zum Gedächtnis, Der Gerichtssaal, 1925, S. 62.

Mit dem raunenden Ausdruck „lebensunwertes Leben" gelingt „Binding/Hoche" die Besetzung eines großen Gebiets. Vor der „Freigabeschrift" habe ich den Ausdruck nicht gefunden. Danach setzt er sich als Fachausdruck für ein zu lösendes und lösbares Problem fest, bei Zustimmung und bei Ablehnung, mit und ohne Anführungsstriche[34]. Offenbar meint man, eine bestimmte Situation, in die ein Mensch geraten kann, nicht anders denn als „lebensunwertes Leben" fassen zu können. Das ginge jedoch leicht: sorgebedürftiges Leben wäre richtig.

Der Ausdruck „lebensunwertes Leben" ist eingebettet in eine Sprachatmosphäre, die den Nebel um den Ausdruck und die politische Wirkkraft des Ausdrucks verstärkt.

„Binding/Hoche" wird gesehen im Rahmen der Debatte zum Sozialdarwinismus[35], und man schreibt diesem Text zu, die Tötung schwer Geisteskranker „streng justizförmig"[36] organisieren zu wollen. Mit dem nach Wissenschaft klingenden Etikett „verrechtlichter Sozialdarwinismus" tut man aber der „Freigabe der Vernichtung lebensunwerten Lebens" zu viel Ehre an und unterdrückt die Lebensgefahr, die ein solches Etikett erzeugt.

Bei der Einschränkung des Tötungsverbots und bei den Verfahrensvorschlägen in „Binding/Hoche" ist alles Rechtliche beiseite geschoben. Jede rechtliche Sicherung des schwachen Kranken wird zurückgenommen. Was „Binding/Hoche" als „Freigabeverfahren" anbietet, ist, gemessen an einem einigermaßen soliden Verwaltungsverfahren, nichts. Übrig bleibt eine autoritäre juristische Rabulistik.

Von einem wissenschaftlich seriösen Sozialdarwinismus ist an keiner Stelle von „Binding/Hoche" die Rede. Es geht nur um eine in trivialen Sätzen mitgeteilte Wettbewerbsfähigkeit von Staat und Gesellschaft in Krieg und Wirtschaft, überhaupt: in Machtfragen (S. 26 ff., 30 f., 50 ff.). Gemeint sind der nationale deutsche Staat, seine Gesellschaft und seine Macht. „Unsere deutsche Aufgabe"

---

34 Die Literatur in den verschiedenen Stadien der Debatte ist übersichtlich aufgeführt in folgenden Monographien: *Meltzer*, Das Problem der Abkürzung „lebensunwerten Lebens", 1925; *Engisch*, Euthanasie und Vernichtung lebensunwerten Lebens, 1948; *Hafner* und *Winau*, Die Freigabe der Vernichtung lebensunwerten Lebens, Medizinhistorisches Journal 9 (1974), S. 234 ff.; *Claudia Burkhardt*, Euthanasie – „Vernichtung lebensunwerten Lebens" im Spiegel der Diskussionen zwischen Juristen und Medizinern, Medizinische Dissertation, Mainz 1981, veröffentlicht 1982; *Schwartz*, Sozialistische Eugenik, 1995; *Große-Vehne,* a.a.O. (Anm. 30).

35 Z.B. *Klee* [Hrsg.], Dokumente zur „Euthanasie", 1985, S. 36 f.

36 *Godau-Schüttke*, Die Heyde/Sawade-Affäre, 2. Aufl., 2001, S. 16; gleiche Formulierung: *Kolbe*, Reichsgerichtspräsident Dr. Erwin Bumke, 1975, S. 315 Anm. 3. Ähnlich *Ehrhardt*, Euthanasie und Vernichtung „lebensunwerten" Lebens, 1965, S. 10 („ordnungsgemäßes Verfahren") und *Jerouschek*, JZ 2005, S. 514 („rechtlich eingehegte Tötung").

(S. 52) sei es, durch „Freigabe“ der „Vernichtung“ von „Ballastexistenzen“, „unsere nationale Überbürdung“ zu mindern (S. 52).

Typisch für den sprachlich-politischen Stil von „Binding/Hoche“ ist, daß ohne systematischen intellektuellen Ehrgeiz Anleihen bei unterschiedlichen Sachgebieten gemacht werden, um die Einschränkung des Tötungsverbots präsentabel zu machen. Kein wissenschaftliches oder unwissenschaftliches Gebiet bleibt unbehelligt.

Aus der Betriebswirtschaftslehre kommt die Formulierung in „Binding/Hoche“, die Tötung eines vermutlich „Lebensunwerten“ sei kein „übertriebener Kaufpreis für die Erlösung“ (S. 38). Die Mitleidsethik liefert den Ausdruck, die „Freigabe der Vernichtung lebensunwerten Lebens“ entstehe nicht aus „großer Herzlosigkeit“, sondern aus „dem tiefsten Mitleiden“ (S. 25). Auch eine Art emotional-intellektueller Verantwortungsethik wird bemüht. Hoche bescheinigt Binding „tiefe Menschenliebe“ und „lebhaftestes Verantwortungsgefühl“ beim „Nachdenken“ über die Tötung Geisteskranker (S. 1). Aber auch die „Logik“, die in der Tötung „lebensunwerten Lebens“ liege, kommt in das Normfindungsverfahren (S. 27). Gleich darauf wird aus der „Logik“ der Tötung „Erlösung“ durch Tötung (S. 27). Eine Erlösungslogik also, die zum Tode führt, gehört zum Argumentationsstil von „Binding/Hoche“.

Auf dieser Stilebene liegt das prätentiöse Zitieren der Klassiker, die Einschlägiges zur „Freigabe lebensunwerten Lebens“ gesagt haben sollen. Aufgerufen werden bei Binding Seneca, Montesquieu, Friedrich II., natürlich Goethes Faust, die Bibel und Shakespeare; Hoche nimmt Goethe in Anspruch[37].

Die Normentheorie ist ein Gebäude von bedrängender Monumentalität[38]. Zum Stil dieser Theorie gehört eine autoritäre Wuchtigkeit. Binding weiß genau, welches der Inhalt der Normen ist. Zu beweisen braucht man nichts. Man muß nur sicher auftreten und den Zusammenhang von gewußter Norm und Gesetz diktatorisch behaupten: dann entsteht die Wucht der Normentheorie von selbst. Diese Normentheorie ist keine Lehre vom positiven Recht, sondern eine Lehre vom starken deutschen Staat, vom unterschiedlichen Wert des Bürgers für diesen Staat. Was Binding „Normen“ nennt, ist das aktuelle politische Weltbild, das die Gesetze umgibt und das in ihm den berufenen Interpreten findet. Eine Resistenz zugunsten der Freiheit kennt die Normentheorie nicht.

---

37 S. für *Binding*: Anm. 2, 3, 4, 9 a.E., 10, 56. S. für *Hoche*: S. 59 f.

38 Wie das Leipziger Völkerschlachtdenkmal von 1913.

Man muß intellektuell sehr gutwillig sein, um in diesem Stil die aus der strafrechtlichen Aufklärung des 18. Jahrhunderts kommende Mischung aus Gemeinschaftsnutzen und Humanitätsgefühl zur Bestimmung jener Normen zu sehen, die ins Gesetz kommen. Vielmehr vermengen sich Phantasien über einen saubereren Gesellschaftskörper mit Phantasien über ein starkes deutsches Reich. Die Dogmatik der „Freigabe" eines Lebens zur Tötung ruht auf einem begrifflich und emotional undurchdringlichen Durcheinander. Man sollte diesen Stil bezeichnen als einen von privaten Ressentiments und politischer Arroganz angetriebenen strafrechtlichen Expressionismus, der sich als „rein juristisch" ausgibt. Das Verführerische dieses Stils sollte man nicht gering schätzen. Dieser Stil ermöglicht die Mutation unklarer individueller und kollektiver Gemütslagen in scheinbar rationale dogmatische Begrifflichkeit.

c) Die Stelle von „Binding/Hoche" in der „Freigabe"-Debatte bis zur NS-Zeit

Nach der Quellenlage ist sicher, daß „Binding/Hoche" nicht plötzlich auftaucht[39].

Die Debatte läuft seit dem Ende des 19. Jahrhunderts in großer Breite[40], freilich ohne Tiefe. Gesetze in verschiedenen Staaten formulieren Programme zur Reinigung des Volkskörpers von Geisteskranken durch zwangsweise Sterilisation[41]. Tötungsprogramme, juristisch abgesichert, finden sich noch nicht. „Binding/Hoche" liefert eine Summe der bisherigen Debatte und öffnet den Weg zu einer juristisch seriös aufgemachten Tötung schwer Geisteskranker.

---

39 Binding findet leicht Vorgänger. Sein wichtigster Gewährsmann ist *Jost*, Das Recht auf den Tod. Sociale Studie, 1895. Binding folgt Jost in der selbstsicher antireligiösen, relativistischen, säkularen, an einer vagen gesellschaftlichen Wohlfahrt interessierten Haltung (vgl. *Jost*, S. 3 f., 12, 19 f., 32 ff.; *Binding*, Anm. 1, 36, 47). Auch Bindings Entscheidung, die irrtümliche Tötung eines für „lebensunwert" gehaltenen, aber tatsächlich nicht „lebensunwerten" Lebens, sei folgenlos zu lassen, ist bei Jost schon zu finden (a.a.O., S. 20 ff., 25).

40 Plastische Darstellungen: *Platen-Hallermund*, Die Tötung Geisteskranker in Deutschland, 1948, 5. Aufl., 2005, S. 10 ff.; *Schwartz*, Sozialistische Eugenik, 1995, S. 90 ff., 154 ff.; *Burleigh*, Tod und Erlösung, Euthanasie in Deutschland 1900–1945, 2002, S. 21 ff.; *Dörner*, in: Dörner u.a. [Hrsg.], Der Krieg gegen die psychisch Kranken, 1980, S. 76 ff. und *Dörner*, Tödliches Mitleid, Neuausgabe 2002, S. 34 ff., 49 ff.

41 Übersicht bei: *Große-Vehne*, a.a.O. (Anm. 30), S. 88.

Die Debatte in den zwanziger Jahren des 20. Jahrhunderts konzentriert sich zu einem großen Teil auf „Binding/Hoche“[42]. Die „Freigabe“-Vorstellung einer juristischen Anleitung zum Töten eines „lebensunwert“ eingestuften Lebens findet Zustimmung und Kritik.

Die Zustimmung hat es einfach. Die rechtstheoretische Modernität der Schrift wird schon in einer ersten fachkundigen Besprechung gesehen. „Der Feind des Buches steht im religiösen Lager“, heißt es bereits 1920. Und in dem gleichen Text weiter: „Verstandesgemäß“, gemeint ist: vom nicht-religiösen, säkularen Standpunkt, gibt es nur unnötigen „starren Formalismus“ als Einwand gegen die „Freigabe der Vernichtung lebensunwerten Lebens“[43]. Man bedient sich wie selbstverständlich der rechtstheoretischen Denkformen der Normentheorie. Das positive Recht muß sich nach den Normen richten. Die Normen sind relativ. Wer den Zugriff auf diese Relativität hat oder diesen Zugriff sich anmaßt, plädiert für die „Freigabe der Vernichtung lebensunwerten Lebens“ als ethisch, politisch und juristisch einwandfrei[44]. Es ist nur eine Machtfrage, ob aus dem Plädoyer Tat wird. Bei „Binding/Hoche“ steht das schon.

Die Kritik hat es ungleich schwerer. Die Berufung auf das positive Recht hat schon keine Kraft mehr. Der Auffassung, das positive Recht müsse politisch und sozial zeitgemäß sein, einer Auffassung, die in der Normentheorie eine prächtige juristische Fassade gefunden hat, ist nicht zu entkommen. Absolute Standpunkte, die eine scharfe Kritik einer Gesetzgebung und der auf sie bauenden Dogmatik ermöglichten, stehen nicht bereit. Selbst die Kritik an „Binding/Hoche“ muß davon ausgehen, daß das „lebensunwerte Leben“ ein Problem ist und daß dieses Problem gelöst werden muß. Die Kritik an „Binding/Hoche“ bleibt daher im Inneren dieser Schrift.

---

42 S. Engisch, Euthanasie und Vernichtung lebensunwerten Lebens, 1948, S. 31 ff., *Müller*, Verbrechensbekämpfung im Anstaltsstaat, 2004, S. 171 ff. und *Große-Vehne*, a.a.O. (Anm. 30), S. 93 ff.

43 *Gaup*, Die Freigabe der Vernichtung lebensunwerten Lebens, Deutsche Strafrechtszeitung 1920, S. 331 ff.

44 S. vor allem *Mann*, Die Erlösung der Menschheit vom Elend, 1922. Weiter – mit juristischem Schwerpunkt – *Borchardt*, Die Freigabe der Vernichtung lebensunwerten Lebens, Deutsche Strafrechtszeitung 1922, S. 206 ff. Viele zeitgenössische Belege bei: *Meltzer*, Das Problem der Abkürzung „lebensunwerten“ Lebens, 1925, S. 72 f. und *Schwartz*, Sozialistische Eugenik, 1995, S. 106 f.

Ein Einwand lautet, „Binding/Hoche“ gehe von unzutreffenden empirischen Voraussetzungen aus: Der geistig schwer erkrankte Mensch sei kein geistig Toter, sondern ein Mensch mit einer eigenen Lebensform oft ohne Leiden und ohne Lebensüberdruß[45].

Ein anderer Einwand versucht, die sittliche Bedeutung des Tötungsverbots zu betonen[46]. Der Einwand setzt voraus, daß eine absolut gültige sittliche Norm erkannt werden kann. Aber man hat es verlernt, unter Berufung auf absolut richtige sittliche Erkenntnisse von außen auf das Strafrecht zu blicken[47]. Die begrifflich und politisch so attraktive Modernität der Normentheorie besteht gerade darin, die Konsequenz aus der Relativität allen Strafrechts zu ziehen, alles für möglich zu halten, auch die „Freigabe der Vernichtung lebensunwerten Lebens“, und das positive Recht zu schwächen, es dabei aber als „herrliche“ Unterstützung der Norm, wenn nötig, zu erhalten. Die normtheoretisch abgesicherte „Freigabe der Vernichtung lebensunwerten Lebens“ hat den politischen und den juristisch-dogmatischen Zeitgeist auf ihrer Seite.

d) Die NS-Tötungen schwer Geisteskranker und „Binding/Hoche“

Die Tötung schwer Geisteskranker in der NS-Zeit ist ein Anwendungsfall der Denkart, die „Binding/Hoche“ repräsentiert[48].

Die genaue Zahl der getöteten Kinder und Erwachsenen kennt man nicht. Jedenfalls ist es eine große Zahl. Die Anklageschrift 1962 gegen Heyde/Sawade, einen der Hauptbeschuldigten in den Verfahren gegen Ärzte wegen der Tötung Geisteskranker in der NS-Zeit, rechnet mit weit über 100 000 Opfern[49], neuere

45 *Meltzer,* a.a.O. (Anm. 44), S. 49 ff. mit Auswertung der zeitgenössischen Literatur. – Ausführlicher Bericht über die Bemühungen Meltzers aus gegenwärtiger Sicht: *Große-Vehne,* a.a.O. (Anm. 30), S. 96 ff., 107.

46 Mit beeindruckender Festigkeit *Meltzer,* a.a.O. (Anm. 44), vor allem S. 72 ff. mit vielen Nachweisen.

47 Das zeigt sich besonders bedrückend an der juristisch, theologisch, philosophisch und medizinisch breit informierten Schrift von *Meltzer* (Anm. 44). Seine Meinung, daß „Binding/Hoche“ nicht akzeptiert werden könne, ist fest. Die Begründung für diese Meinung erschöpft sich in Berichten über gelehrte Abhandlungen und im Zitieren von Klassikern (S. 72 ff.). Gegenüber diesem Verfahren hat „Binding/Hoche“ mit der Normbegründung aus der sozialen Notwendigkeit einen kaum aufholbaren Vorsprung.

48 Ausführliche Überlegungen hierzu: *Große-Vehne,* a.a.O. (Anm. 30), S. 106 ff., 243.

49 *Vormbaum* [Hrsg.], „Euthanasie“ vor Gericht. Die Anklageschrift des Generalstaatsanwalts beim OLG Frankfurt/M. gegen Werner Heyde v. 22. Mai 1962. Mit Anmerkungen von Uwe Kaminsky und Friedrich Dencker, 2005, S. XXIII f.

Untersuchungen belegen eine viel größere Opferzahl[50]. Gesichert ist, daß es mindestens drei „Freigabe"-Schübe gegeben hat[51]: die Tötung geistig und körperlich behinderter Kinder bis zum Alter von drei Jahren ab August 1939; die Tötung von Patienten aus Heilanstalten in den nach dem 1. September 1939 eroberten polnischen Gebieten; die Tötung von Patienten aus Heilanstalten im gesamten Reichsgebiet ab Oktober 1939 (sog. „Aktion T 4" = Tiergartenstraße 4 in Berlin, wo sich die Verwaltungszentrale für die Tötungen befand). Die Tötungen sind feige und grausam[52].

Mit Aufmerksamkeit und Irritation wird in der Rechtsprechung und in der Fachliteratur nach dem 2. Weltkrieg registriert, daß eine gesetzliche Grundlage für die Tötungen nicht bestanden habe[53]. Mit professionellem Aufwand wird das Privatbriefchen Hitlers vom 1. September 1939, mit dem die Vernichtung schwer Geisteskranker organisiert werden soll[54], juristisch hin und her gewendet mit der Frage, ob sich irgend etwas Juristisches, eine Art von Gesetz, wenigstens ein

50 Vgl. *Dörner*, in: Dörner u.a. [Hrsg.], Der Krieg gegen die psychisch Kranken, 1980, S. 91 ff. *Schmuhl*, Die Patientenmorde, in: Ebbinghaus und Dörner [Hrsg.], Vernichten und Heilen, 2002, S. 297, verweist auf neueste Schätzungen, die von 260 000 Opfern berichten.

51 Präzise Zusammenfassung des gegenwärtigen Kenntnisstandes: *Schmuhl*, a.a.O. (Anm. 50), S. 295 ff. Vgl. weiter *Dörner*, Tödliches Mitleid, 2002, S. 61 ff. Die Auflistung der vielen ineinandergreifenden Tötungsorganisationen bei *Roth* und *Aly*, in: Roth [Hrsg.], Erfassung zur Vernichtung, 1984, S. 101 f. und *Große-Vehne*, a.a.O. (Anm. 30), S. 136 f. zeigt, daß die Nennung von drei Tötungsverläufen bagatellisierend ist.

52 Die ausführlichste Dokumentation der Vorbereitung der Tötungen und der Tötungen selbst findet sich in der Anklageschrift 1962 gegen Heyde/Sawade (S. *Vormbaum* – Hrsg. –, a.a.O. Anm. 49, S. 23 ff., 93 ff.). Die aktuellen Untersuchungen zu den einzelnen Tötungsanstalten bestätigen und ergänzen die Tatsachenermittlung in der Anklageschrift gegen Heyde/Sawade, Beispiele: *Kaminsky*, Zwangssterilisation und „Euthanasie" im Rheinland, 1995, S. 324 ff.; *Faulstich*, Hungersterben in der Psychiatrie 1914 – 1949, 1998, S. 646 ff. und Wert des Lebens, Begleitpublikation zur Ausstellung des Landes Oberösterreich in Schloß Hartheim 2003, 2003, S. 61 ff.

53 Typisch die einschlägigen Passagen in den Urteilen gegen Pfleger und Ärzte in den Tötungsanstalten; Beispiele: LG Dresden bei *Hohmann*, Der „Euthanasie"-Prozeß Dresden 1947, 1993, S. 423; Urteil im Nürnberger Ärzteprozeß bei *Oppitz*, Medizinverbrechen vor Gericht 1999, S. 138 ff. und OGHSt 1 (1949), S. 324. Aus der Literatur vgl. *Engisch*, a.a.O. (Anm. 42), S. 24.

54 Der verquere Text mit dem Absender „Adolf Hitler" lautet: „Reichsleiter Bouhler und Dr. med Brandt sind unter Verantwortung beauftragt, die Befugnisse namentlich zu bestimmender Ärzte so zu erweitern, daß nach menschlichem Ermessen unheilbar Kranken bei kritischster Beurteilung ihres Krankheitszustandes der Gnadentod gewährt werden kann". Faksimile bei *Bieber*, Der Euthanasiebefehl Hitlers in der Bewertung rechtspositivistischer Theorien, 1996, S. 137.

Erlaß oder ein Befehl finden lasse[55]. Beträchtliches Interesse zieht ein Gesetzentwurf des NS-Justizministeriums auf sich, der, zusammen mit der Sterbehilfe, die Tötung schwer Geisteskranker „regeln", d.h. straflos „freigeben" sollte. Der Entwurf ist nicht vollständig erhalten. Indizien lassen den Schluß zu, daß die Hauptlinien von „Binding/Hoche" übernommen worden sind. § 2 dieses Entwurfs lautete wahrscheinlich so:

> „§ 2 Das Leben eines Kranken, der infolge unheilbarer Geisteskrankheit sonst lebenslänglicher Verwahrung bedürfen würde, kann durch ärztliche Maßnahmen, unmerklich für ihn, beendet werden"[56].

Das ist eine komprimierte Fassung von „Binding/Hoche".

Diese NS-Legalisierungs-Debatte[57] ist juristisch gespenstisch. Sie geht davon aus, daß „Gesetze" die Tötung schwer Geisteskranker „regeln" könnten. Das ist nicht so. Derartige Regeln wären ungerechte Machtregeln, keine Gesetze[58]. Und diese Debatte ist juristisch uninformiert und politisch naiv, weil sie meint, ohne Gesetze geschehe nichts oder dürfe eigentlich nichts geschehen, mit Gesetzen könne aber alles geschehen.

Es ist die Normentheorie, die die Sache aufklärt. Hat man die Norm, die nicht geschrieben zu sein braucht, dann hat man die gewollten juristischen Handlungs- oder Unterlassungsmöglichkeiten. Nach der Normentheorie und ihrer Förderung der belastenden Analogie und damit der Freiheit gegenüber dem Gesetz, braucht man keine gesetzlichen Anpassungen, um Geisteskranke zur Tötung „freizugeben". „Freigabe", das sollte nicht übersehen werden, ist ein gesetzesfreier juristischer, kein politischer Begriff. Daher ist es, gemessen an juristisch-normtheoretischer Rechsauffassung, folgerichtig, daß der Staatssekretär des Reichsjustizministeriums, Freisler, unter Berufung auf die Streichung des Analogieverbots 1935 im Jahre 1941 (die „Vernichtung lebensunwerten Lebens" geschieht in großem Umfang) behauptet, die „Freigabe der Vernichtung lebensunwerten Lebens" bedürfe keines Gesetzes. Bis in die Einzelheiten der Wortwahl sind die Anleihen Freislers bei der Normentheorie greifbar; immer

---

55 Vgl. die in Anm. 53 genannten Stellen. Ausführlich: *Bieber,* a.a.O. (Anm. 54). Zur Vergeblichkeit der Bemühungen, dem Text v. 1.9.1939 förmliche juristische Qualitäten abzugewinnen vgl. *Große-Vehne,* a.a.O. (Anm. 30), S. 126 ff.

56 Text bei *Roth* und *Aly,* a.a.O. (Anm. 51), S. 108 und bei *Dörner,* a.a.O. (Anm. 51), S. 77. Bei *Roth* und *Aly* ist auch die juristische Vorbereitung dieses Gesetzestextes in den einzelnen Phasen geschildert (S. 104 ff.).

57 Detailliert beschrieben von *Große-Vehne,* a.a.O. (Anm. 30), S. 109 ff., 125 ff.

58 So schon OGHSt 1 (1949), S. 324.

wieder beruft er sich auf die aktuelle „Norm“, die die Tötung eines „lebensunwerten Lebens“ straflos zulasse[59].

Die zulässige „Freigabe der Vernichtung lebensunwerten Lebens“ wird in der NS-Zeit – ganz nach dem Duktus von „Binding/Hoche“ – mit Verwaltungsregeln unterhalb des Gesetzes organisiert, mit befehlsartigen Mitteilungen, Anordnungen, Erlassen[60]. Die Denkschrift des Preußischen Justizministers „Nationalsozialistisches Strafrecht“, 1933, formuliert unter dem Stichwort „Vernichtung lebensunwerten Lebens“ die Organisationsformen, mit denen „der Staat etwa bei unheilbar Geisteskranken ihre Ausschaltung aus dem Leben gesetzmäßig anordnen“ kann[61]. Ein Runderlaß des Reichsjustizministeriums an Oberlandesgerichtspräsidenten und Generalstaatsanwälte v. 22. April 1941 ist schon selbstverständlich mit „Betr.: Vernichtung lebensunwerten Lebens“ überschrieben[62]. Der als unpolitisch geltende StGB-Kommentar von Schönke, 2. Aufl.,

59 *Freisler*, Deutsches Strafrecht, NF, 8. Band, 1941, S. 63 ff. (68–70), 77 ff. (83). Diese Stelle ist für die Geschichte der Normentheorie aufschlußreich. Die „Norm“ bei Freisler ist wie bei Binding dem Gesetz vorgeschaltet. Der Hauptinhalt der „Norm“ ist Gemeinschaftssicherung. Freisler sieht, wie Binding, die Normorientierung des positiven Rechts als einzige Alternative zu Naturrecht und Rechtstheologie (a.a.O., S. 67 f.). Die bewegten Einwände von *Klee*, Deutsches Strafrecht a.a.O., S. 71ff., akzeptieren die Normentheorie, versuchen aber, der Norm den direkten Einfluß auf die Gesetzeshandhabung zu versagen, und meinen, die Normwidrigkeit z.B. der Tötungsbestimmungen könne nur der Gesetzgeber beheben; Freisler hat es leicht, diesen Einwänden mit normtheoretisch geschulter Professionalität zu begegnen. – Diese Auseinandersetzung hilft auch bei der Interpretation und Bewertung des viel erörterten Verhältnisses von Führerwillen, Gesetz und direkter Aktion (genau zu diesem Verhältnis: *Werle*, Justizstrafrecht und poliz eiliche Verbrechensbekämpfung im Dritten Reich, 1989, S. 681 ff.). Die Denkform der Normentheorie bahnt den Weg zu der Vorstellung, ein „Führerwille“ (= Norm des „Führers“ anstelle der Norm eines Professors oder Richters) könne durch ein Gesetz, aber auch ohne ein Gesetz „juristische“ Wirkung entfalten. Sobald man die Denkform der Normentheorie ohne Rest aufgibt, fällt der „Führerwille“ mit „juristischer“ Bedeutung in sich zusammen, wird belanglose Privatmeinung.

60 Übersicht: *Vormbaum,* a.a.O. (Anm. 49), S. 23 ff., 93 ff. – Einen klaren bedrängenden Einblick in die juristisch-verwaltungstechnische Organisation der Tötung Geisteskranker ermöglicht die Auswertung von Krankenakten, die nach der Wende 1989 in Sonderarchiven des DDR-Ministeriums für Staatssicherheit gefunden worden sind; s. die Berichte von *Hohendorf u.a.*, Die Opfer der nationalsozialistischen „Euthanasie-Aktion T4“. Erste Ergebnisse des Projekts zur Erschließung von Krankenakten getöteter Patienten im Bundesarchiv Berlin, Der Nervenarzt 2002, S. 1065 ff. und *Hinz-Wessels u.a.*, Zur bürokratischen Abwicklung eines Massenmords. Die „Euthanasie“-Aktion im Spiegel neuer Dokumente, Vierteljahrshefte für Zeitgeschichte 2005, S. 79 ff.

61 Nationalsozialistisches Strafrecht, Denkschrift des Preußischen Justizministers, 1933, S. 87. Bemerkenswert ist, daß eine „Gesetzmäßigkeit“ erörtert wird, die nur „die Durchführung einer staatlichen Anordnung“ ist.

62 Nachweis mit Zusammenfassung des Inhalts bei *Vormbaum,* a.a.O. (Anm. 49), S. 426.

1944, hat eine Vorbemerkung II vor § 211, der Mordbestimmung, mit der Überschrift: Vernichtung lebensunwerten Lebens. Der ruhig geschriebene Text referiert, ausgehend von „Binding/Hoche", das juristische Für und Wider der „Freigabe"-Vorschläge, zitiert wörtlich den Einwand von Gleispach gegen „Binding/Hoche" aus dem Jahr 1936[63], die Kraft der sittlichen Norm dürfe nicht aus Zweckmäßigkeit geschwächt werden, hält aber schließlich die „Vernichtung lebensunwerten Lebens" auf gesetzlicher Grundlage juristisch für möglich. Auf knappem Raum ist in diesem Kommentar-Text die selbstverschuldete Hilflosigkeit der modernen Jurisprudenz gegenüber „Binding/Hoche" zu finden. Die „Gutachterausschüsse" der NS-Zeit sind den „Freigebungsausschüssen", die Vorgaben für die „Gutachter" den Kriterien bei „Binding/Hoche" nachgebildet. Getötet wird in besonders ausgerüsteten Heilanstalten durch Gas; dies gilt als das mildeste Mittel. Auch Giftspritzen werden angewandt. Das Hungersterben gehört zu den Tötungsverfahren[64]. Daß das Verfahren nach Möglichkeit geheim gehalten wurde, ist kein Widerspruch zu „Binding/Hoche". Das NS-Regime sah sich als den „heroischen Staat höherer Sittlichkeit", den „Binding/Hoche" zur amtlichen Tötung für befugt hielt (S. 30)[65]. Das NS-Regime griff, wie die Normentheorie es möglich macht, auf die Norm zu, und verkürzte die Norm, die Tötungen verbietet. Nur das hielt sie geheim – aus primitiver Arroganz, die Norm besser zu kennen als jeder Bürger. Hitlers Privattext vom 1. September 1939 ist Ausdruck dieser Arroganz: Mitteilung eines Diktators über den Inhalt der Norm. Das ist viel gefährlicher als jedes Gesetz.

Normtheoretisch bemerkenswert ist das vorläufige, beschränkte Einstellen der Tötung Geisteskranker 1941. Der Widerstand von Angehörigen und vor allem der beiden Kirchen[66] führen zu Unruhe in der Bevölkerung[67]. Der „Staat höherer Sittlichkeit" hatte eine starke Konkurrenz im Zugriff auf die Norm, die das Töten verbietet.

Es ist für das Thema „Rechtstheorie und Staatsverbrechen" wichtig festzuhalten, wie im Einzelnen die Kirchen ihren Widerstand begründen. Als Beispiel nehme ich die Predigt des katholischen Bischofs von Galen am 3. August 1941 in der

---

63 Bei: *Gürtner* [Hrsg.], Das kommende deutsche Strafrecht, 2. Aufl., 1936, S. 375.

64 S. *Faulstich*, Hungersterben in der Psychiatrie 1914–1949, 1998.

65 Wie eine Bestätigung dieser These aus „Binding/Hoche" liest sich der juristisch gemeinte Hinweis in der Denkschrift „Nationalsozialistisches Strafrecht" (Anm. 61, S. 87), „die Vernichtung lebensunwerten Lebens durch eine nichtamtliche Person" sei stets strafbar.

66 Belege bei *Klee* [Hrsg.], Dokumente zur „Euthanasie", 1985, S. 143 ff.

67 S. *Klee*, a.a.O. (Anm. 66), S. 221 ff.

St.-Lamberti-Kirche in Münster[68]. Die Predigt beginnt mit der anklagenden Feststellung, den NS-Tötungen schwer Geisteskranker liege die „furchtbare Lehre“ von der „Freigabe der Vernichtung lebensunwerten Lebens“ zugrunde[69]. Die Predigt nimmt realistisch die Zerstörung des positiven Tötungsrechts durch normtheoretische Verfahren auf. Die Predigt bricht zwei Stützpfeiler der Normentheorie weg. Das positive Recht, insbesondere die Tötungsbestimmung, wird nicht als leerer Zwang für relative wechselnde Gesellschaftsziele genommen. Die Norm „Du sollst nicht töten“ wird beschrieben als „Gottes Gebot, des einzigen Herrn, der das Recht über Leben und Tod hat“[70]. Wenn man dieser Auszeichnung folgt, ist die Normentheorie mit allen ihren Folgen gestürzt. Der Bischof von Galen muß aber darüber informiert gewesen sein, daß die Normentheorie gerade eine Konsequenz der Entfernung Gottes aus dem Tötungsstrafrecht, also eine Konsequenz der Säkularisierung des Tötungsstrafrechts ist. So begibt er sich in den Kosmos der Normentheorie, greift die Norm selbst an, die die „Vernichtung lebensunwerten Lebens“ angeblich „freigibt“, zerstört sie und ersetzt sie durch die überkommene uneingegrenzte Fassung „Du sollst nicht töten“. Der Weg, auf dem dies gelingt, ist bei „Binding/Hoche“ angedeutet. Jedenfalls der Jurist Binding wußte, daß die Situation des „lebensunwerten Lebens“ schwer zu begrenzen ist, läßt sich aber auf Einzelheiten nicht ein (S. 33 f.). Bischof von Galen nennt, für jeden Bürger vorstellbar, diese Einzelheiten. Wenn schwer Geisteskranke „lebensunwert“ seien, dann auch: „Altersschwache, Arbeitsinvaliden, schwerkriegsverletzte Soldaten“. „Dann ist keiner von uns seines Lebens noch sicher“[71]. Der Bischof benennt die beliebige Gewaltmenge für den Staat und für den Einzelnen, die in einer normtheoretisch organisierten „Freigabe der Vernichtung lebensunwerten Lebens“ steckt. Der Ausweg der Predigt ist eine Wiedereinsetzung der von Gott kommenden Norm „Du sollst nicht töten“, die auch das Ertragen einer schweren geistigen Erkrankung verlange[72]. Ein anderes,

---

68 Vollständiger Text in: *Neuhäusler*, Kreuz und Hakenkreuz, 2. Aufl., 1946, 2. Teil, S. 364 ff. An dieser Stelle findet man eine umfangreiche Dokumentation der katholischen kirchlichen Ablehnung der „Freigabe der Vernichtung lebensunwerten Lebens“. Eine nachdenklich stimmende genaue Nachzeichnung der Debatte über die „Freigabe der Vernichtung lebensunwerten Lebens“ in der rheinischen protestantischen Kirchenorganisation bei: *Kaminsky*, a.a.O. (Anm. 52), S. 294 ff., Zusammenfassung S. 527–529; in der Nachzeichnung von Kaminsky wird klar, wie schwierig es ist, dem „Freigabe“-Modell von „Binding/Hoche“ zu entgehen, wenn man gegen säkular-pragmatische Hierarchien von Lebenswerten für die Gesellschaft kein prinzipielles Abwehrmittel (keinen „theologisch-ethischen Fundamentalismus“, S. 529) hat.

69 *Galen*, a.a.O. (Anm. 68), S. 365.

70 *Galen*, a.a.O. (Anm. 68), S. 368.

71 *Galen*, a.a.O. (Anm. 68), S. 367.

72 *Galen*, a.a.O. (Anm. 68), S. 367.

nämlich christliches Normverständnis und ein kongeniales anderes Gesetzesverständnis sind die praktische Konkurrenz zur säkular-normtheoretisch gefaßten „Freigabe der Vernichtung lebensunwerten Lebens“.

Die NS-Tötungsverwaltung gab dieser Konkurrenz teilweise nach, blieb aber bei ihrer Auffassung von der Norm, die bestimmte Tötungen „freigibt“ und setzte die Tötungen bis zum Kriegsende mit vergrößerter Geheimhaltung fort[73]. Man darf nicht unterlassen, hinzuzufügen, daß bei der Einschränkung der Norm „Du sollst nicht töten“ bei der Organisation der Tötungsmaschine zur Vernichtung von Juden, Zigeunern und politisch Mißliebigen den NS-Mächtigen eine starke Konkurrenz in der Norminterpretation nicht entstand[74].

6. Das rechtliche Gegenmittel gegen „Binding/Hoche“

Damit ist genug Material gesammelt für das Urteil: die Normentheorie, die juristische Figur und die Praxis der „Freigabe der Vernichtung lebensunwerten Lebens“ gehören zusammen. Diese Zusammengehörigkeit hat in der Tat, wie Binding meint, etwas Juristisches. Aber es ist eine Jurisprudenz zum Tode. Ihre tödliche Wirkung kann sie jederzeit entfalten. Ist die Normentheorie und sind ihre kongenialen Ableitungen für staatliches Töten überwindbar?

Ich bin mir völlig gewiß, daß „Binding/Hoche“ nach Ergebnis und juristischem Verfahren, mag dieses Verfahren noch so gute Strafrechtsdogmatik sein, grundfalsch ist.

Aber wo liegt der prinzipielle Fehler? Kleinkorrekturen und Formulierungskompromisse sind immer möglich[75]. Wie kann es gelingen, die „Freigabe der Vernichtung lebensunwerten Lebens“ undenkbar und damit unausführbar zu machen?[76]

---

73 Belege bei *Klee*, „Euthanasie“ im NS-Staat, 1983, S. 417 ff. und *Klee*, a.a.O. (Anm. 66), S. 281 ff.

74 Weiterführende Überlegung zu dieser Erscheinung von *Dörner*, in: Dörner u.a. [Hrsg.], Der Krieg gegen die psychisch Kranken, 1980, S.74.

75 Juristisches Beispiel ist die Rezension von „Binding/Hoche“ durch *Ebermayer*, Leipziger Zeitschrift für Deutsches Recht 14 (1920), Sp. 603 f.

76 Eine Historisierung von „Binding/Hoche“ – die Schrift müsse verstanden werden und sei zu verstehen aus den Zeitumständen nach dem 1. Weltkrieg (Anfänge dieser Historisierung bei *Engisch*, a.a.O. – Anm. 43 –, S. 28 f.; besonders deutlich: *Hafner* und *Winau* – Anm. 34 –) – kommt nicht in Frage. Dazu ist „Binding/Hoche“ zu aktuell, zu klar allgemeines politisches Muster, dem nicht mit historischem Begreifen, sondern mit scharfer begrifflicher Abwehr immer von neuem zu begegnen ist.

a) Die Anklageschrift gegen Heyde/Sawade 1962

Die Frage, ob man „Binding/Hoche“ als modern hinzunehmen hat, ist eine bedrängend praktische juristische Frage.

Mit Schärfe ist diese Frage zum ersten Mal gestellt und beantwortet worden in den Strafprozessen 1946/47 gegen Ärzte und Pfleger, die 1933–1945 schwer geisteskranke Kinder und Erwachsene mit Gift oder Gas oder durch Verhungern-lassen getötet haben. Die Prozesse wurden geführt wegen Verbrechen gegen die Menschlichkeit gem. Art. II 1 c des Kontrollratsgesetzes Nr. 10 v. 20. Dezember 1945 oder wegen grausam begangenen Mordes nach § 211 StGB.

In diesen Verfahren zeigt sich ein beständiges juristisches Muster. Die Angeklagten berufen sich zu ihrer Verteidigung auf ein Gemisch aus dem Stand der Wissenschaft, ihren edlen Motiven, Partei- und Führeranordnungen und den Volkswillen[77], kurz: auf die Norm, die die Tötungsbestimmungen verkürzt habe. Das Vokabular aus „Binding/Hoche“ ist in den Verteidigungsformulierungen gegenwärtig[78]. Die Gerichte weisen diese Verteidigung zurück mit der Berufung auf die Unmenschlichkeit der Tötungen. Dieses Argument wird auch eingeführt gegen die Verteidigungslinie, zumindest hätten die Angeklagten sich in einem unvermeidlichen Rechtsirrtum befunden. Die Formulierungen in den Urteilen 1946/47 sind in der Tendenz gleich, in den Begründungen unsicher. Meist findet sich der Hinweis auf die „einfachsten, für die gesamte gesittete Menschheit gültigen Grundsätze der Humanität“, freilich mit dem Zusatz: „– nenne man sie mit den Scholastikern göttliches Recht, mit der Aufklärung Naturrecht oder Vernunftrecht“[79].

Eine solche Formulierung belegt, daß die Größe des juristischen Problems nicht genau gesehen worden ist. Man meint, mit einem naturrechtlich eingeschränkten Gesetzespositivismus juristisch zurechtzukommen. Aber damit unterschätzt

---

77 S. die Angaben bei *Hohmann,* a.a.O. (Anm. 53), S. 422 f.; *Ebbinghaus*, Strategien der Verteidigung, in: Ebbinghaus und Dörner [Hrsg.], a.a.O. (Anm. 50), S. 405 ff., vor allem 414–419; *Oppitz,* a.a.O. (Anm. 53), S. 140; *Benzler* und *Perels*, Justiz und Staatsverbrechen. Über den juristischen Umgang mit der NS-“Euthanasie“, und *Dreßen*, NS-“Euthanasie“. Prozesse in der Bundesrepublik Deutschland im Wandel der Zeiten, beide Texte in: Loewy und Winter [Hrsg.], NS-“Euthanasie“ vor Gericht, 1996, S. 15 ff., 35 ff.

78 S. die Zitate bei *Ebbinghaus,* a.a.O. (Anm. 77), S. 418 f. und bei *Mitscherlich* und *Mielke* [Hrsg.], Medizin ohne Menschlichkeit. Dokumente des Nürnberger Ärzteprozesses, 1960, S. 206 ff., bes. S. 208, 220.

79 LG Dresden 1947, Zitat bei *Hohmann,* a.a.O. (Anm. 53), S. 423. Ähnlich OLG Frankfurt/Main, SJZ 1947, Sp. 621 ff.; KG Berlin, Deutsche Rechtszeitschrift 1947, S. 198 ff. und OGHSt 1 (1949), S. 321 ff. – Zögernder ist die Formulierung im Urteil des Nürnberger Ärzteprozesses 1947, vgl. den Text bei *Oppitz,* a.a.O. (Anm. 53), S. 140 f. = *Mitscherlich* und *Mielke,* a.a.O. (Anm. 78), S. 209 f.

man die Zeitangemessenheit und die daraus entstehende politische Kraft einer Normentheorie, die sich einem Gesetzespositivismus verpflichtet weiß. Ihre Zeitangemessenheit besteht gerade in der Abweisung allen Naturrechts und damit in der Freisetzung der Norm und der Rückwirkung dieses Vorgangs auf das positive Recht. Die freigesetzte Norm hat keine Veranlassung, vielleicht auch keine theoretische Möglichkeit, sich einer absolut verbindlichen Menschlichkeit zu verpflichten.

Prinzipieller und dogmatisch präziser gelungen ist die Auseinandersetzung mit dem Zusammenhang von Theorie des positiven Rechts und Menschlichkeit, mit dem Zusammenhang von Rechtstheorie und Staatsverbrechen in dem Strafverfahren gegen einen der Hauptorganisatoren der „Vernichtung lebensunwerten Lebens" im NS-Regime, gegen den Professor für Psychiatrie Dr. Werner Heyde[80]. Nach dem 2. Weltkrieg hat Heyde unter dem Namen Sawade eine zweite psychiatrische Karriere gemacht[81]. Das Strafverfahren gegen ihn ist als „Heyde/Sawade-Verfahren" bekannt. Der Beschuldigte wurde 1962 angeklagt, „mindestens 100 000 Menschen getötet zu haben"[82]. Er brachte sich in der Untersuchungshaft um.

Heyde/Sawade berief sich auf „Binding/Hoche", zu einer Zeit (1962), zu der Binding in der westdeutschen Strafrechtsdogmatik hochgeachtet war. Die mit großer juristischer Genauigkeit abgefaßte Anklageschrift gegen Heyde/Sawade zeigt ein Modell der Überwindung von „Binding/Hoche", d.h. ein Modell der Überwindung einer positivistischen Rechtstheorie, die Staatsverbrechen veranlaßt[83].

---

80 Dokumentiert in: *Vormbaum* [Hrsg.], „Euthanasie" vor Gericht. Die Anklageschrift des Generalstaatsanwalts beim OLG Frankfurt/Main gegen Werner Heyde v. 22. Mai 1962. Mit Anmerkungen von Uwe Kaminsky und Friedrich Dencker, 2005. – Eine wichtige tatsächliche und juristische Ergänzung der Anklageschrift gegen Heyde/Sawade ist die Antragsschrift des hessischen Generalstaatsanwalts v. 22. April 1965 an das zuständige Landgericht, eine (nach damaligem positivem Recht mögliche) Voruntersuchung gegen 16 in der Justizhierarchie des 3. Reiches hohe Juristen (einen Staatssekretär, OLG-Präsidenten, Generalstaatsanwälte) zu eröffnen. Diese Juristen werden beschuldigt, durch juristisches Tun oder Unterlassen bei der Ermordung schwer Geisteskranker Beihilfe geleistet zu haben. Den Kern der Anschuldigung bildet die Billigung und organisatorische Absicherung der Tötung schwer Geisteskranker nach genauer Unterrichtung in einer amtlichen Sitzung am 23./24. April 1941 in Berlin (Text der Anschuldigungsschrift in *Loewy* und *Winter*, a.a.O. (Anm. 77), S. 145 ff.)

81 S. *Godau-Schüttke*, Die Heyde/Sawade-Affäre, 2. Aufl., 2001.

82 *Vormbaum* [Hrsg.], a.a.O. (Anm. 80), S. XXIII.

83 In der Rechtsprechung des OGHSt (1, S. 321 ff. und 2, S. 117 ff.) ist dieses Modell vorbereitet.

„Binding/Hoche“ wird in der Anklageschrift gegen Heyde/Sawade als Beweismittel aufgeführt[84] und im Rahmen der rechtlichen Würdigung ausführlich dargestellt[85]. Diese rechtliche Würdigung ist eine sorgfältige Auseinandersetzung mit der auf die Normentheorie gestützten „Vernichtung lebensunwerten Lebens“.

Das beginnt bei der Tatbestandsmäßigkeit des Mordes. Die Anklageschrift ist theoretisch präzise. Sie sieht, daß sie mit dem Argument, die Mordbestimmung sei im NS-Regime nicht förmlich eingeschränkt gewesen, also habe die Bestimmung uneingeschränkt gegolten, das Problem verkürzt. Die Anklage sieht auch, daß im modernen Strafrecht selbst gewichtige Bestimmungen zum Schutz der einzelnen Person unter Ausnahmevorbehalt stehen. Die Anklageschrift sieht weiter, daß diese Ausnahmen (damit es nicht vergessen wird: Ausnahmen von der Mordbestimmung) vom Umfang der Tötungsnorm „Du sollst nicht töten“ gesteuert werden.

Die Anklageschrift registriert mit beeindruckender Detailkenntnis die politische und wissenschaftliche Diskussion, die eine Beschränkung der Tötungsverbotsnorm tatsächlich bewirkt: Führerschreiben, Führerbefehle, amtliche Tagungsprotokolle, Ministeriumserlasse, wissenschaftliche Stellungnahmen, alles Texte, die nicht einfach willkürlich daherreden, sondern die sich – ganz auf der Linie der Normentheorie – darauf berufen, die Mordbestimmung habe sich der höheren autoritativen Einsicht in die Einschränkung der Norm zu fügen[86].

Auch der Angeschuldigte läßt sich so ein. Nach dem Bericht der Anklageschrift meint er, die Norminterpretation der politischen Führung „entspreche dem sittlichen Werturteil des deutschen Volkes“ und rechtfertige „auch ohne Gesetz zu sein“ die Tötung „lebensunwerten Lebens“[87]. Das ist die Denkform der Normentheorie.

Was läßt sich juristisch dagegen ausrichten? Man muß aus dem Dunstkreis der Normentheorie, aus jener unabsehbaren Wechselwirkung zwischen angeblich zeitadäquater Norm und Gesetz heraustreten. Diese Wechselwirkung, ständig in verschiedener Sprachform geübt, muß von außen kritisiert werden. Die Anklageschrift ruft die „allen Kulturvölkern gemeinsamen Rechtsüberzeugungen von

---

84 A.a.O. (Anm. 80), S. LXVII. – *Dencker* (bei Vormbaum, a.a.O. – Anm. 72 – S. LXVII Note 7) zweifelt, ob „Binding/Hoche“ als Beweismittel im Sinne der StPO aufgefaßt werden durfte. Der Zweifel beruht auf einem zu engen Begriff des Beweismittels. „Binding/Hoche“ ist Teil des aufzuklärenden Sachverhalts und mußte daher als Beweismittel in das Verfahren eingeführt werden.

85 A.a.O. (Anm. 80), S. 431 ff.

86 A.a.O. (Anm 80), S. 400.

87 A.a.O. (Anm. 80), S. 429.

Wert und Würde der Persönlichkeit“ auf[88]. Aus diesen Überzeugungen schließt sie, daß die Behauptung einer notwendigen Abhängigkeit der gesetzlichen Mordbestimmung von der sozialen Norm mit dem Ziel einer Verkürzung der Mordbestimmung Unrecht ist. Hier finde ich ein juristisches Modell.

Die scheinbar so geschlossene Normentheorie des positiven Rechts, die eine zeitgemäße Politisierung des positiven Rechts ermöglicht, wird von absoluten rechtsphilosophischen Grundsätzen kontrolliert, was der Relativist Binding für unmöglich hielt und nicht erst versuchte.

Dieses Modell erweist sich in der Anklageschrift gegen Heyde/Sawade als ergiebig auch bei der Prüfung der Rechtswidrigkeit. Bei dieser Kategorie, mehr noch als bei der Tatbestandsmäßigkeit, gibt es Einlaßstellen für geänderte Auffassungen von der Verbotsnorm zu töten, beim Rechtfertigungsgrund des Handelns auf bindenden Befehl etwa[89]. Die Anklageschrift kommt in den Sog der Normentheorie an der Stelle, an der sie bei der Erörterung der Rechtswidrigkeit erwägt, ob schriftlich niedergelegte Tötungsanordnungen von Staats- oder Parteiführungen Normcharakter hatten[90]. Entschieden mißt die Anklageschrift solche Anordnungen an den grundlegenden Verteidigungsrechten des Menschen gegen den Staat und verwirft sie als ungerecht. Juristisch erleichternd ist es zu lesen, daß Anordnungen von Parteiführern eben nur „Parteirichtlinien“ sind[91], d.h. nicht zu Normänderungen stilisiert werden können[92].

---

88 A.a.O. (Anm. 80), S. 411.

89 A.a.O. (Anm. 80), S. 419 ff.

90 A.a.O. (Anm. 80), S. 420 f.

91 A.a.O. (Anm. 80), S. 421; früher schon: OGHSt 1, S. 324.

92 *Dencker* meint in seinem Kommentar zu dieser Stelle der Anklage, Hitlers Text v. 1.9.1939 sei doch juristisch verbindlich gewesen (bei Vormbaum – Hrsg. – a.a.O., Anm. 80, S. 409 Note 64; s. auch S. 421 Note 70). Es ist nicht klar, wie diese Meinung zustande kommt. Der Kommentar legt nahe, man müsse vom Rechtsverständnis des NS-Systems ausgehen. Eine juristische Verpflichtung hierzu finde ich nicht, es sei denn, man stelle sich auf den Standpunkt, da Hitler durch einen Privatbrief Tötungsorganisationen in Gang setzen konnte, habe es sich um Recht gehandelt. Aber das hat dann wieder mit Jurisprudenz nichts mehr zu tun, ist nur noch Akzeptieren aktueller Politik. Das Argument, die Anklage messe die NS-Zeit mit Begriffen der „Nachkriegszeit“, ist zum einen historisch nicht richtig. Die Begriffe, die die Anklage benutzt, sind unter Berufung auf eine ununterbrochene Tradition 1936 von dem Strafrechtswissenschaftler *Gleispach* in den Beratungen zur NS-Strafrechtsreform (S. *Gürtner* – Hrsg. –, Das kommende deutsche Strafrecht, Besonderer Teil, 1936, S. 375) und von den beiden Kirchen auf dem Höhepunkt der Tötungsaktionen (Nachweis oben Anm. 68) benutzt worden. Zum anderen ist die Zuordnung der Argumentation der Anklage zur „Nachkriegszeit“ sachlich falsch. Die Argumente treten in der Anklage gerade als von den Zeitumständen unabhängige Forderungen an das Recht auf. Denckers Kommentar ist nur verständlich, wenn man ihn normtheoretisch im Sinne Bindings versteht (keine Rechtstheologie, kein Naturrecht, nur positives Recht, das sich nach der je aktuellen Politik = Norm

Dieses juristische Modell, die Ergebnisse und das Verfahren einer das positive Recht steuernden Normentheorie von außen an den Menschenrechten zu kontrollieren, von der Dogmatik absolute Moral zu verlangen, arbeitet in der Anklageschrift gegen Heyde/Sawade besonders sicher im Bereich der Schuld, beim Verbotsirrtum.

Nichts liegt für den Angeschuldigten näher als sich auf die durch Parteistellen in der NS-Zeit vorgenommene Verkürzung der Tötungsnorm, also auf die „Freigabe der Vernichtung lebensunwerten Lebens" zu berufen. Juristisch ungleich viel sorgfältiger als „Binding/Hoche" nimmt die Anklageschrift von 1962 die Tötungsverbotsnorm tief ernst, versagt, gestützt auf grundsätzliche Menschenrechte, irgendeiner Fach- oder Parteiinstanz, die strafrechtlich relevante Norm neu zu interpretieren, und weist dem Angeschuldigten nach, daß er lediglich parteiliche Festlegungen zu seinen Gunsten anführen kann, niemals aber Normänderungen. Ein Verbotsirrtum scheidet damit aus, ebenso ein übergesetzlicher Strafausschluß[93].

Die Anklageschrift gegen Heyde/Sawade ist ein juristischer Schlüsseltext des 20. Jahrhunderts wie „Binding/Hoche". Das „rein Juristische" bei „Binding/Hoche", nämlich die unbegrenzte Säkularität des Strafens, zerbröselt das positive Tötungsstrafrecht, liefert die Tötungsbestimmungen willkürlichen, politisch monströsen, scheinbar fachlich gestützten Normänderungen aus. Heyde/Sawade, seine Mittäter und Gehilfen haben aufgrund einer solchen aberwitzigen Normänderung eine umfangreiche Tötungsmaschine organisiert.

Die Anklageschrift gegen Heyde/Sawade zeigt den grundsätzlichen Fehler dieser Jurisprudenz. Diese Jurisprudenz ist unfähig, sich zu kontrollieren, wird menschenfeindlich und tötet den Schwachen. Diese Anklageschrift zeigt völlig ausgebildet die beiden juristischen Abwehrmittel gegen eine solche klägliche, aber machtvolle Jurisprudenz: die juristischen Tötungsbestimmungen werden

---

richten muß). Gemessen an dieser einfachen Rechtstheorie ist die Anklage politisch erfahrener und begrifflich moderner und differenzierter.

93 A.a.O. (Anm. 80) S. 422 ff., 435. Die Anklageschrift gegen Heyde/Sawade hatte wegen der eindeutigen Tatsachen keinen Anlaß, auf die Frage eines übergesetzlichen persönlichen Entschuldigungs- und damit Strafausschließungsgrundes einzugehen. Als Ergänzung der Anklage in diesem Punkt ist die Entscheidung des OGHSt 1, S. 335 ff. hinzuzunehmen. Auch diese Entscheidung akzeptiert die Verteidigung nicht, die Tötungsnorm sei in der NS-Zeit eingeschränkt gewesen, billigt folgerichtig einen persönlichen Entschuldigungsgrund nur für den extremen Ausnahmefall zu, daß der Handelnde die Verbotsnorm zu töten uneingeschränkt gebilligt hat, Tötungshandlungen also nur ausgeführt hat, um der Verbotsnorm zu töten einen möglichst weiten Bereich zu erhalten, sie im Grunde durch Tötungshandlungen zu bestätigen (a.a.O., S. 337). – Es ist bemerkenswert, wie schwierig es ist, die Normentheorie Bindings im Bereich der Tötungsdelikte unwirksam zu machen.

als Ausdruck des Prinzips des Menschenschutzes gegen den Staat und gegen andere Menschen genommen und – für den Fall, daß die positivrechtlichen Tötungsbestimmungen doch als unverbindliche Prosa verstanden werden, die zur Verfügung der Juristen steht – die Menschenrechte, mögen sie positiviert sein oder nicht, mögen sie gerade anerkannt sein oder nicht, werden als unbefragbares staatskritisches Vernunftrecht in Ehren gehalten.

Es ist juristisch von Gewicht festzuhalten, daß die Anklageschrift gegen Heyde/Sawade von 1962 ohne Anführung der Art. 1 ff. GG auskommt und auskommen will. Die Anklageschrift sieht in den freiheitssichernden Menschenrechten mehr als nur positives Recht, das man – auf die Denkfiguren einer Normentheorie gestützt – auslegen kann, auch mit dem Ziel und dem Ergebnis, die Menschenrechte zu verkürzen[94]. Die Menschenrechte gewinnen in der Anklageschrift gegen Heyde/Sawade eine Festigkeit, die von juristischer Fertigkeit nicht angetastet werden kann, gewinnen eine vorsäkulare Absolutheit, kongenial der Überzeugung, mit der Bischof von Galen die Norm, die das Töten verbietet, gegen eine politisch gewollte Tötungspraxis gesichert hat. Diese Auszeichnung freitheitssichernder Menschenrechte als staatskritische Absolutheitsregeln gehören zu den rechtlichen Gegenmitteln gegen „Binding/Hoche".

b) Demokratie und Normentheorie

Diese Gegenmittel müssen weitergedacht und weitergesichert werden. Dies mag gelingen, wenn man die Demokratiewidrigkeit der ungezügelten Normentheorie belegen kann.

Bindings Normentheorie führt zur Vernichtung wehrloser Menschen durch den Staat. Die Normentheorie, eine Theorie des positiven Rechts, begräbt die alte Hoffnung, das Recht könne den Schwachen gegen den Starken schützen. Dies ist ein bedrückendes Beispiel für den Zusammenhang von Rechtstheorie und Staatsverbrechen. Ich betone *Rechtstheorie* und Staatsverbrechen. Den Zusammenhang von Rechtsphilosophie oder politischer Philosophie und Staatsverbrechen meint man zu kennen. Philosophische Rechtsziele, so argumentiert man in

94 Wie eine Probe auf diese Situation liest sich die gegenwärtige Debatte über das Verhältnis von Menschenrechten des Grundgesetzes und Sterbehilfe. Die ausführliche Bestandsaufnahme von *Fischer*, Recht auf Sterben?!, 2004, S. 334 ff., bes. S. 359, belegt, daß mit der Auslegung positiven Verfassungsrechts jede Meinung zur Sterbehilfe abgesichert werden kann. „Freigabe"-Vorstellungen würde es ähnlich ergehen, wenn sie sich an die lediglich positivierten Menschenrechte und ihre zeitadäquate Auslegung wendeten. Was schützenswertes Leben nach positivem auslegungsfähigem Verfassungsrecht ist, kann man nicht genau sagen (S. *Anderheiden*, „Leben" im Grundgesetz, KritV 2001, S. 353 ff.).

der Bequemlichkeit ruhiger Zeiten, seien relativ; da müsse man sich nicht wundern, wenn diese Ziele und damit das positive Recht manchmal pervertierten; das sei gleichsam normal.

Den Ausweg zu dennoch gutem wissenschaftlichem Tun findet man in der Rechtstheorie, der scheinbar unphilosophischen und unpolitischen, damit gegen den Relativismus gesicherten Theorie des positiven Rechts. Bindings Normentheorie ist ein renommiertes Beispiel für diesen Ausweg.

Wegen ihrer tödlichen Folgen muß es aber gelingen, die Theorien des positiven Rechts, seien sie Normentheorien oder reine Rechtslehren zu denunzieren, sie zu zwingen, sich der von außen kommenden rechtlichen und moralischen Kontrolle zu stellen.

Das juristisch Unerhörte an der Normentheorie ist, daß sie im Gewande völliger unpolitischer Wissenschaftlichkeit auftritt. Dennoch betreibt sie massiv affirmative Gesellschaftspolitik, so massiv, daß Menschen, die nicht passen, getötet werden. Diese trotz ihrer Ergebnisse gelassene Wissenschaftlichkeit geht vom positiven Strafrecht aus; konfrontiert es mit Normen, die zu begründen keine Verpflichtung empfunden wird; leitet von den Normen die Unterscheidung von Tötungsrecht, gerechtfertigter Tötung und „Freigabe der Tötung“ ab; schiebt in dieses Gemisch aus Normen und Tötungshierarchien die Vorstellung von einem „lebensunwerten Leben“; und gewinnt mit diesem abstrusen Vorgehen die als „rechtlich“ apostrophierte Legitimation zur Tötung einer Menschengruppe von Staats wegen ohne Gesetzesänderung.

Rechtstheorie und Dogmatik nach dem Muster von „Binding/Hoche“ betreiben Gesellschaftspolitik, ohne dies zu sagen und ohne sich dafür rechtfertigen zu müssen oder zu wollen. Der Grundfehler von Bindings Normentheorie ist der nur scheinbare Rückzug auf das positive Recht. Dieses positive Recht wird der Norm unterworfen und diese Norm wird durch ein simpel stilisiertes Gesellschaftsideal aufgefüllt. Rechtstheorie dieser Art ist die direkte Umwandlung ordinärer Macht in eine Rechtsfigur. Dieser Grundfehler zeigt, daß die Normentheorie vielleicht in ein autoritäres Kaiserreich paßt, in einer Demokratie aber nichts zu suchen hat.

Es fehlt bisher die Überführung der Rechtstheorie des 19. Jahrhunderts, insbesondere der Normentheorie Bindings und damit der Strafrechtsdogmatik, die dieser Theorie verpflichtet ist, in die Epoche der Demokratie. Binding nimmt sich den autoritären Zugriff auf die Norm und damit auf das Gesetz. Niemand wird an diesem Zugriff auf die Norm beteiligt. Stillschweigend vorausgesetzt ist, daß die Ergebnisse des Zugriffs staatstragend sind, was Binding auch von der „Freigabe der Vernichtung lebensunwerten Lebens“ annimmt. In der Demokratie unterliegen aber auch die Fassungen der Normen dem demokratischen Verfahren. Nur die Normen, die auf demokratischem Wege festgestellt sind, können ins Gesetz kommen. Wenn Fachleute, welcher empirischen oder normativen Fachrichtung auch immer, behaupten, sie kenn ten die vom Gesetzesinhalt zu trennende, diesen Inhalt einschränkende oder korrigierende Norm, so ist das juristische Usurpation.

In der Demokratie müssen Norm und Gesetz identisch sein. Wer diese Identität auflöst, führt autoritäre oder diktatorische Versatzstücke in das demokratisch-juristische Verfahren ein. Allein die Identität von Norm und Gesetz garantiert auch die in der Demokratie unerläßliche Kontrolle eines Gesetzes an den Menschenrechten. Es darf nicht juristische Illusion sein, sich vorzustellen, daß in einer gefestigten Demokratie die „Freigabe der Vernichtung lebensunwerten Lebens“ als rechtstheoretische Figur, als Emanation einer juristisch-psychiatrischen Fachkompetenz nach Verfahren und Ergebnis ausgelacht werden würde.

Bei der Überführung der Rechtstheorie des 19. Jahrhunderts in die Epoche der Demokratie muß es, gerade wegen der Dogmatik der „Freigabe der Vernichtung lebensunwerten Lebens“, zu einer Grundsatzkontrolle des als Strafrechtsdogmatik akzeptierten und professionell geübten Verfahrens kommen. Die Dogmatik wird verschiedene Eingeständnisse machen müssen. Dogmatik ist eine Konsequenz der relativistischen Rechtstheorie und damit des Gesetzespositivismus: sie ist so politisch wie das positive Recht selbst. Da aber nun im Begriff der Positivität alles abgelegt wird, was früher Theologie oder Naturrecht leisteten, ist Dogmatik ein funktionales Äquivalent zu Theologie und Naturrecht – wie die Positivität des Rechts selbst. Die 2. Hälfte des 19. Jahrhunderts sicherte mit der Positivität des Strafrechts die gesunde, tüchtige Mitte der Gesellschaft. Die Dogmatik ist damit Dogmatik der Erhaltung der gesunden Gesellschaft, Gesellschaftsverbesserung eingeschlossen. Die Dogmatik ist parteilich, ohne dies sagen zu wollen und zu müssen, weil es ihr gelungen ist, freischwebende, von den politischen Zielen des positiven Rechts unabhängige Dogmatik zu werden. Bei der Neukonstituierung der Dogmatik muß oder müßte diese akzeptieren, daß eine Dogmatik ohne explizite skeptische Moral der Dogmatik von „Binding/Hoche“ nichts entgegenzusetzen hat. Der Beginn einer derartigen Debatte läge im Übernehmen von „Binding/Hoche“ als einem zu verantwortenden Teil der Zeitgeschichte der Strafrechtswissenschaft[95]. Ein solcher Beginn ist nicht zu entdecken. Mithilfe von „Binding/Ho-

95 Ein hervorgehobenes Beispiel für eine Literaturrichtung, die von einer solchen Übernahme weit entfernt ist, bietet die breit angelegte Untersuchung von *Merkel*, Früheuthanasie, 2001. Bindings Normen, sein Handbuch und sein Lehrbuch des Besonderen Teils werden aufgeführt; „Binding/Hoche" taucht nicht auf. Das ist mehr als nur ein arbeitstechnisches Versäumnis.

Anlaß genug, „Binding/Hoche" zu beachten, hat für Merkel bestanden. Die kindlichen Krankheitsbilder, die einen Teil der Darstellung bei „Binding/Hoche" tragen (S. 31 mit Anm. 52, S. 45 f.), sind – moderner beschrieben – die Krankheitsbilder, die Merkels Gedankengang leiten (S. 42 ff.). Die Argumentation der Monographie Merkels läuft parallel zu „Binding/Hoche". Die Normen bestimmen die Auslegung des positiven Rechts (S. 389 ff., 521 ff.). Das Ergebnis – schwerkranke Neugeborene dürfen straflos getötet werden, durch Behandlungs-Unterlassen, aber auch durch Tun (S. 578 ff.) – ist bei „Binding/Hoche" wie bei Merkel gleich. Ein bemerkenswerter dogmatischer Fortschritt wird bei Merkel freilich erreicht und hätte registriert werden müssen: die Tötung schwerkranker Frühgeborener ist nicht lediglich wie bei „Binding/Hoche" „freigegeben", sondern gem. § 34 StGB gerechtfertigt (S. 521 ff.). Die Entscheidung über das Lebensschicksal kranker Neugeborener liegt bei „Binding/Hoche" wie bei Merkel bei den Sachverständigen, bei Medizinern und Strafjuristen. Auch die Anleihen bei einer Mitleidsethik und das Bedauern über die Schwäche des menschlichen Entscheidungsvermögens (S. 637 ff.) hätten mit Stellen aus „Binding/Hoche" (z.B. S. 25, 40) belegt werden können.

Unterschiede zu „Binding/Hoche" sind bei Merkel nicht benannt (die Anmerkung 10 auf S. 526 zeichnet sich mit unklaren Andeutungen von der Pflicht zur Benennung solcher Unterschiede frei). Dabei sind solche Unterschiede zu sehen. Es sind allerdings Unterschiede, die eine Auseinandersetzung mit „Binding/Hoche" in einer strafrechtswissenschaftlichen Arbeit über moderne Formen der Früheuthanasie unumgänglich gemacht hätten.

„Binding/Hoche" und die Linie, in der diese Schrift im 20. Jahrhundert steht, setzen sich ausdrücklich von religiösen und naturrechtlichen Vorstellungen ab, stellen betont säkulare Vorstellungen gegen die religiös-naturrechtlichen, sehen deutlich Möglichkeiten und Gefahren, die mit dem Relativismus säkularer Vorstellungen verbunden sind – und wählen entschlossen auch die für den Mitmenschen gefahrvollen Wege. In einer Monographie wie der Merkels ist die Grenzziehung zu nicht-säkularen Vorstellungen nicht mehr vollzogen. Säkulare Vorstellungen erscheinen als die einzig möglichen. Das macht die Sache zu einfach; vor allem die zahlreichen politischen Philosophien, die mit dem Übergang von religiös-naturrechlichen zu säkularen Vorstellungen für die Beurteilung Schwerkranker verbunden sind und praktisch wirksam werden, brauchen nicht mehr ausdrücklich auseinandergelegt zu werden. Die Gefahr für das Leben kranker Mitmenschen wird größer. Die Tötung dieser Menschen ist eine säkulare Möglichkeit der Lösung eines sozialen Problems – wie bei „Binding/Hoche". Es kommt nur noch darauf an, ist aber nur noch eine freiwillige zusätzliche Begründungsleistung, ein plausibles Auswahlkriterium zu formulieren. Das Kriterium der qualitativen Lebensinteressen des schwerkranken Neugeborenen (S. 523 ff.) ist vielleicht ein solches Kriterium, enthält aber keine Abgrenzung zu „Binding/Hoche". Dieses modern-säkulare Kriterium läßt sich auch bei „Binding/Hoche" finden. Dieses Kriterium leistet nicht einmal die Diskreditierung von „Binding/Hoche". Das Kriterium bestätigt nur, daß – wie bei „Binding/Hoche" – bei willensunfähigen Kranken ein Dritter nach seinen Maßstäben entscheiden darf.

che" lassen sich allerdings zwei unverbundene Literaturrichtungen unterscheiden: eine Richtung, die „Binding/Hoche" bis heute als unerledigten Teil der medizinischen und juristischen Zeitgeschichte des NS-Regimes auffaßt mit dem Ziel, „Binding/Hoche" als bleibende Warnung zu erörtern; und eine neuere Richtung, die die juristischen Probleme der Beendigung schwachen Lebens ohne Rücksicht auf „Binding/Hoche" abhandelt mit dem Ziel, ein ähnlich breites juristisches Ermessen zu gewinnen wie „Binding/Hoche".

c) Eine strafrechtswissenschaftliche Aufgabe

Ob die „Freigabe der Vernichtung lebensunwerten Lebens" mit neu gegründeten Menschenrechten und demokratischer Eingrenzung der Norm undenkbar wird, ist nicht sicher. Es bleibt eine strafrechtswissenschaftliche Aufgabe ersten Ranges zu untersuchen, wie die schwachen Stellen im juristischen Denken, jene Stellen, die die „Freigabe"-Vorstellungen als schlimmsten Fall der Vorstellungen von der ständigen Aufbesserung der Menschen- und Gesellschaftsnatur entstehen lassen, möglicherweise geschlossen werden können. Dies ist ein strafrechtliches Problem, das sich nicht an irgendein anderes Fachgebiet – Politik, Ethik, Ökonomie, Medizin, Biologie, Chemie, Gentechnik – abgeben läßt mit dem Auftrag, Lösungen zu formulieren und an die Gesetze und deren Nutzung zurückzugeben. Das wäre nur eine Aktualisierung der Normentheorie.

Das Entstehen dieser schwachen juristischen Stellen kann man bei „Binding/Hoche" sehen. Als gegeben und nicht weiter erörterbar wird die völlige Säkularisierung, einhergehend mit inhaltlicher Offenheit des Rechts und ungeklärtem Begriff der Positivität des Rechts, hingenommen. „Binding/Hoche" ist so außergewöhnlich aufschlußreich, weil der Text ungebremst die Folgen dieser juristischen Situation für das Tötungsverbot zeigt[96].

Der Aufbau eines politisch geschichtslosen säkularen Argumentationsrahmens zur Formulierung von Eingriffsmöglichkeiten gegenüber schwerkranken Mitmenschen ist ohne Grenzen. Merkels Überlegungen zu diesem Problem führen nicht weit (S. 595 ff., 601 ff.); das ist einleuchtend, ergibt sich doch aus einem säkularen Denkraum kein zwingender Grund, die Begrenztheit der Früheuthanasie überhaupt zu bestimmen. Merkels Argumente zur Gefahr der Entgrenzung der Tötung Schwerkranker sind folgerichtig nur empirisch bzw. argumentationstheoretisch. Es ergibt sich, daß die Gefahr der Grenzenlosigkeit der Früheuthanasie eher als abstrakt anzusehen ist (S. 599 f.). Das 20. Jahrhundert belegt das Gegenteil und belegt auch, daß es strafrechtswissenschaftlich fahrlässig ist, vor-säkulare Kontrollmechanismen gering zu schätzen.

96 Das Modell noch einmal anders beschrieben:

Es gibt im Recht nur Meinen und Argumentieren, keine Richtigkeit und keine Gewißheit. Freilich besteht Gewißheit darüber, daß es Festigkeit des Meinens geben muß. Auf die Frage,

Das säkular-relative Rechtsdenken hat zwei Möglichkeiten.

Es kann den Rechtsbegriff als Rest von Nicht-Säkularität und Nicht-Relativität aufgeben und findet sich mit regelgeleiteter Machtorganisation oder Anarchie, dem neuen Naturzustand, ab. Dann ist niemand seines Lebens sicher, mag das positive Recht aussehen wie es wolle. Diese Möglichkeit wird in der Rechtstheorie nicht erwogen[97]. Verstehen läßt sich dieses Unterlassen aus der Tradition säkular-relativen Rechts, den Satz, (irgendeine) „Ordnung muß sein", für absolut richtig zu halten. Das ist inkonsequent und gefährlich, weil die machtvolle Anarchie nicht als theoretisch falsch und daher praktisch ungerecht abgewehrt ist. Diese Abwehr muß die Strafrechtswissenschaft als ihre Zuständigkeit entdecken, um „Tötungs-Freigabe-Vorstellungen" undenkbar zu machen. Dies ist trotz „Binding/Hoche" nicht geschehen und geschieht derzeit auch nicht.

Vielmehr ist eine zweite Möglichkeit entschlossen ergriffen worden, gerade „Binding/Hoche" zeigt dies für das Tötungsverbot. Wenn, wie „Binding/Hoche" meint, Theologie und Naturrecht über das Recht auf Leben nichts Verbindliches sagen können, aus Tradition die Konsequenzen der Anarchie für das Leben undiskutiert bleiben, dann gibt es nur den individuellen menschlichen Willen als Kriterium für das Leben. Es ist mysteriös, bedarf daher geduldiger Überprüfung, warum im säkular-relativen Rechtsdenken der tatsächliche persönliche Wille Theologie und Naturrecht soll ablösen und ersetzen können. Aber es ist so. Und man kann bei „Binding/Hoche" klar lesen, was daraus folgt.

Eigentlich muß dem Willen nachgegeben werden. Wer sterben will, muß sterben können und dürfen, mag der Wille noch so unverständlich, absurd oder abstrus sein[98]. Aber schon an dieser Stelle zögert das Modell „Binding/Hoche". Ganz

---

wie möglich werden soll, was unmöglich ist, kommt wie selbstverständlich richtig die Antwort: durch das positive Recht. So beginnt ein Hasten aller Meinungen in das positive Recht, weil man glaubt, dort Stabilität zu finden. Doch dieser Glaube ist Selbstbetrug. Der von der Positivität erhoffte Gewinn bleibt aus. Man weiß oder erfährt bald, daß die Positivierung einer Meinung diese Meinung nicht zur Wahrheit adelt. Vielmehr muß das positive Recht sich immer wieder vor der Meinung rechtfertigen. Gelingt die Rechtfertigung nicht, muß das positive Recht weichen oder sich anpassen. Bindings Normentheorie ist das Beispiel für diesen Vorgang – bis hin zur Auflösung der positiven Tötungsbestimmungen, weil sie sich gegenüber dem Meinen, der Norm, nicht halten können. Beispielhaft an diesem Vorgang ist auch, daß das positive Recht wirklich nur als vorübergehend verfestigtes Meinen, das anderem kräftigeren Meinen nachzugeben hat, aufgefaßt wird. Auf den Gedanken, die Tötungsbestimmungen als Ausdruck fundamentaler Gewißheit zu nehmen, kommt man in einem solchen Beispiel nicht.

97 Die Diktaturen in Europa im 20. Jahrhundert lassen sich aber als Praxis dieser Möglichkeit auffassen.

98 Konsequent durchgeführt finde ich diesen Ausgangspunkt bei *Hoerster*, Sterbehilfe im säkularen Staat, 1998. Hoerster nutzt diese Konsequenz auch für eine Auseinandersetzung mit

und gar möchte sich das Modell nicht dem Einzelwillen unterwerfen. Es möchte sich vorbehalten zu prüfen, ob der Wille im Sinne der gerade herrschenden Ordnung hingenommen werden kann[99]. Wenn nicht, dann muß der Wille sich, auch zwangsweise, korrigieren lassen. Die säkular-relative Überlegung zum Recht der Tötung zeigt ein weiteres Absolutum: zusätzlich zur Ordnung überhaupt tritt die Nützlichkeit eines menschlichen Wollens für diese Ordnung.

Konzentrierte strafrechtswissenschaftliche Untersuchungen müßten klären, ob diese Absoluta in der modernen Rechtstheorie nicht erschlichen sind. Diese Untersuchungen wären nicht einmal zweckfreie theoretische Arbeit. In jenen Absoluta der säkular-relativen juristischen Denkart stecken Gefahren für das zwar willensgetragene, aber unnütze, erst recht für das von einem schwachen Willen getragene unnütze Leben. „Binding/Hoche" ist an dieser Stelle eindringlich konsequent.

Das willensorientierte säkular-relative Rechtsdenken im Bereich der Tötung kommt aber vor allem in Schwierigkeiten, sobald ein Lebewesen erblickt wird, dem kein Willen im säkular-empirischen Sinne zugeschrieben wird[100]. Das sind

---

„Binding/Hoche" (S. 127 ff.). Hoerster setzt die individuelle humane säkulare Selbstbestimmung als einzig mögliches Kriterium gegen „Kollektivinteressen" als nicht möglicher Leitvorstellung bei „Binding/Hoche" (S. 128). Das ist nicht einleuchtend. Die Bemerkung, „die Schrift von Binding/Hoche [...] mag durchaus dazu beigetragen haben, in den dreißiger Jahren die Euthanasieabsichten in den Köpfen der Verantwortlichen entstehen zu lassen" (S. 127), ist historisch erstaunlich uninformiert – zur Entlastung von „Binding/Hoche". Theoretisch bleibt ungeklärt, wie die individuelle Selbstbestimmung bei den Euthanasieproblemen für Politik und Recht verbindlich werden sollen und wie die Berücksichtigung von Kollektivinteressen bei der Erörterung von Euthanasiefragen ausgeschlossen werden kann. Die säkulare Moderne hat diesen Ausschluß theoretisch und praktisch nicht akzeptiert. Die Unterschätzung der Tötungsmacht säkular-relativer Politik ist wissenschaftlich fahrlässig.

99 Die niederländische Gesetzgebung zu modernen Formen der Sterbehilfe zeigt mit Deutlichkeit, daß mit der Frage nach dem Verhältnis des Einzelwillens zur aktuellen Gesellschaftsstruktur ein Dauerproblem formuliert ist. Ausgangspunkt dieser Gesetzgebung ist die völlige Säkularisierung der Tötungsbestimmungen. Konsequent wird auf den individuellen Willen abgestellt (vgl. den sorgfältigen Bericht über die Rechtslage in den Niederlanden von *Fischer*, Recht auf Sterben?!, 2004, S. 169 ff.). Dieser individuelle Wille ist die Norm für die Gesetzgebung, auch im Bereich des Tötungsverbots. Aber schon der Text des Gesetzes zur Überprüfung bei Lebensbeendigung auf Verlangen und bei der Hilfe zur Selbsttötung 2000 (gut zugänglich bei *Fischer,* a.a.O., Anhang, S. XIX ff.) zeigt, daß der Staat nur eine für ihn annehmbare Ausübung des Selbstbestimmungsrechts zulassen will. Die sog. „Sorgfaltskriterien" (Kapitel II Artikel 2) sind Kriterien für die Einschätzung eines Lebenswertes. Die staatliche Kontrolle (Kapitel III) ist so dicht, daß die Selbstbestimmung jederzeit gesellschaftsverträglich eingegrenzt werden kann.

100 Ein guter Beleg hierfür ist der Versuch *Saligers* (Sterbehilfe ohne Strafrecht?, KritV 2001, S. 382 ff., bes. S. 433 f.), die selbstbestimmte Sterbehilfe von der „Mitleidstötung" ohne Selbstbestimmung des Getöteten abzugrenzen. „Umgangsprachlich-begrifflich" sei die Ab-

die schwer Geisteskranken, die dauernd Bewußtlosen, die Ungeborenen, die Embryonen. Für jenes Rechtsdenken ist es schwierig, diesen Lebensformen mit Fürsorglichkeit zu begegnen und sie würdig zu erhalten[101]. Das wäre für dieses Rechtsdenken sichtlich inkonsequent. Die Folge für diese unnützen Lebensformen ist, daß sie als „lebensunwert“ etikettiert, „zur Vernichtung freigegeben“, für die Verbesserung der Menschen- und Gesellschaftsnatur verbraucht oder zu ihrem eigenen Interesse vom Leben erlöst werden. Diese Konsequenz liegt in einer säkular-relativen Denkweise so gebieterisch nahe, daß Menschenrechts-Argumente gegen diese Konsequenz nichts ausrichten, jedenfalls dann nicht,

---

grenzung schwer möglich; diese Abgrenzung sei ein „normatives“ Problem. Aber diese Normativität ist nichts anderes als Bindings Norm. – Entschieden dagegen noch 1975, dichter am Ende des 2. Weltkrieges, *Geilen*, Euthanasie und Selbstbestimmung (S. 21 f.), der „Binding/Hoche“ für einen eindeutigen Mißbrauch strafrechtlicher Denkformen und nur noch für einen Gegenstand der Geschichtsschreibung hält. Geilen hat die Modernität von „Binding/Hoche“ unterschätzt.

101 Deutlich zu sehen bei: *Peter Singer*, Praktische Ethik, 2. Aufl., 1994. Unter Berufung auf einen in bürokratischer Sprache vorgetragenen säkularen „Päferenz-Utilitarismus“ (S. 128 ff.) entsteht die aus „Binding/Hoche“ bekannte Frage nach dem „Wert“ unterschiedlicher Lebenssituationen (S. 134). Es kommt zum „Vergleich des Wertes verschiedenen Lebens“ (S. 141 ff.). Aus „lebensunwertem Leben“ bei „Binding/Hoche“ wird bei Peter Singer „elendes Leben“ (S. 236) oder „ruiniertes Leben“ (S. 436). Schließlich taucht die Vorstellung auf von der rechtlich zuzulassenden Tötung von Lebewesen, z.B. „schwer behinderter Neugeborener“ (S. 425), die nach der Lehre vom „Präferenz-Utilitarismus“ nicht am Leben bleiben sollen (zentrale Stelle S. 232 ff.). Die Denkform von „Binding/Hoche“ in *Singers* „Ethik“ (den Titel halte ich für einen sprachlichen Mißbrauch) ist unverkennbar. In einem „Anhang“ (S. 425 ff.) findet sich ein Versuch, die „praktische Ethik“ von der „Freigabe der Vernichtung lebensunwerten Lebens“ in der NS-Zeit abzusetzen (S. 432 ff.). Die Passage zeigt sich uninformiert von dem Umfang der Tötungen Geisteskranker und von den Tötungsverfahren im 3. Reich und zeigt sich unbeeindruckt von den wenigen Daten, die eingeführt werden. Mit wissenschaftlichem Stolz wird noch einmal gesagt, man vertrete eine „Doktrin in säkularen Begriffen ohne ihre traditionelle religiöse Untermauerung“ (S. 432). Eine solche Doktrin vertritt auch „Binding/Hoche“. Daß man damit Grenzen niederlegt, die „in säkularen Begriffen“ nicht zu ersetzen sind, wird durch die Inanspruchnahme einer immer erneut betonten Vernünftigkeit (wohl des „Präferenz-Utilitarismus“) auszugleichen versucht (S. 435, 443). Auch diese Floskel ist aus „Binding/Hoche“ bekannt. Es taucht die Formel auf, der „Präferenz-Utilitarismus“ und seine Folgen für das Töten von Menschen habe „rein gar nichts mit den Taten der Nazis gemein“ (S. 435). Als Erklärung hierfür kann Singer nur anführen, die Nazis hätten den Staat entscheiden lassen, er, Singer, aber wolle „die letzte Entscheidung über Leben und Tod“ z.B. bei der Tötung schwerbehinderter Neugeborener den Eltern überlassen. Mit säkularen Begriffen ist dies nicht zu sichern. Und von „Binding/Hoche“ kann man erfahren, daß die „Freigabe der Vernichtung lebensunwerten Lebens“ durchaus und gerade mit der Mitwirkung der nächsten Angehörigen zu bewerkstelligen ist. – Unter dem Eindruck der Tötung von Geisteskranken im 3. Reich war man sich noch völlig darüber klar, daß eine lediglich säkulare Ethik große Schwierigkeiten haben muß, die „Vernichtung lebensunwerten Lebens“ abzulehnen (S. *Ehrhardt*, a.a.O. – Anm. 36 –, S. 52).

wenn diese Argumente sich in Hinweisen auf positives Recht erschöpfen[102]. Die Aufgabe strafrechtlichen Grundlagenarbeitens muß oder müßte es wieder werden, die säkular-relative Denkweise im Prinzip kritisieren zu lernen. Dieses Grundlagenarbeiten darf oder dürfte sich nicht damit begnügen, einzelne Erscheinungsformen jener Denkweise z.B. bei den Tötungsstraftaten dann doch als Auswüchse oder Perversionen anzuerkennen, und mit dem Menschenrechtsargument zu begrenzen. Das ist zu oberflächlich, um „Binding/Hoche", verallgemeinert: um die Tötungsnorm der säkular-relativen Epoche und das von dieser Norm gesteuerte positive Recht für falsch erklären zu können.

Das Problem ist groß. Das säkular-relative Recht behauptet, anstelle von Theologie und Naturrecht den menschlichen Einzelwillen respektieren zu können. Aber dieser Wille und die Situation der Willenlosigkeit sind für dieses Denken nur leere Tatsachen. Was politisch und rechtlich mit diesen Tatsachen – also mit Menschen – geschieht, bestimmt die inhaltlich offene gesellschaftssteuernde und gesellschaftsverbessernde Norm[103].

Die aktuelle Rechtsprechung greift für die Entscheidung über Behandlung oder Nichtbehandlung eines willenlosen Menschen, der für den Fall der Willenlosigkeit keine Bestimmung getroffen hat, auf die Kriterien zurück, „die allgemeinen Wertvorstellungen entsprechen"[104]. Das ist die gegenwärtig schwer vermeidbare

---

102 Es muß auf der Kraftlosigkeit der Berufung auf die Menschenrechte lediglich als gerade geltendes positives Recht beruhen, daß in aktuellen rechtstheoretischen Überlegungen die Menschenwürde als „Solitär" über das positive Recht gehoben und zugleich oder zusätzlich die Herkunft vor allem der Menschenwürde aus Aufklärung und christlicher Tradition betont wird (*Hassemer*, Die Menschenwürde ist ein Solitär, ZRP 2005, 101 f.). Diese Art der Argumentation nimmt die Linie wieder auf, die die Rechtsprechung zu den Menschenrechten zwischen Kriegsende und Entdeckung der Art. 1 ff. GG begonnen hatte.

103 Einen klaren Beleg liefert die Debatte um die Sterbehilfe im weitesten Sinn in den Niederlanden. Die selbstsichere säkulare Gesetzgebung hat kein Problem, Sterbehilfe gesetzlich in großem Umfang zuzulassen, gestützt auf die gesellschaftliche Norm (S. das Material bei *Fischer*, a.a.O. – Anm. 94 –). Daß dann die Frage auftaucht und auftauchen soll, wie mit Leben, das zu tatsächlicher Selbstbestimmung nicht mehr fähig ist, verfahren werden soll, kann man aus der Struktur von „Binding/Hoche" ohne intellektuellen Aufwand entnehmen. Die öffentliche Mitteilung, daß in den Niederlanden Überlegungen zur „Freigabe" der Tötung von Menschen angestellt werden, die unfähig zur Selbstbestimmung sind (Einzelheiten bei *Dörner*, Tödliches Mitleid, 2002, S. 175 f.), wird kaum beachtet. Theorie und Praxis der „Freigabe" der Tötung belegen aber unübersehbar, daß „Unfähigkeit zur Selbstbestimmung" nur ein beschönigendes Synonym für „unnütz" ist.

104 BGHSt 40 (1994), S. 257 ff., S. 263; an dieser Stelle taucht auch das von „Binding/Hoche" bekannte Entscheidungskriterium des schwachen Lebens wieder auf. Auch die Einschaltung des Vormundschaftsgerichts in dem entschiedenen Fall entspricht der Forderung von „Binding/Hoche", die Angehörigen eines Willenlosen dürften die Entscheidung zur Tötung nicht ohne Überprüfung treffen.

Denkform von den Normen her, die Bindings Normentheorie tragen[105]. Es muß juristisch gelingen, die gesellschaftssteuernden und gesellschaftsverbessernden Normen zu schwächen[106], um „Binding/Hoche" undenkbar zu machen[107].

---

105 Die Frage, ob der BGH die „Freigabe der Vernichtung lebensunwerten Lebens" wieder für erörterbar halte (*Dörner*, ZRP 1996, S. 93 ff.) ist daher nicht übertrieben. Kaum überraschend ist auch, daß die Kritik an BGHSt 40, S. 257 die Argumentationslinie erneuert, die man in der Anklageschrift 1962 gegen Heyde/Sawade – s. oben bei Anm. 82 ff. – findet (vgl. *Bernsmann*, ZRP 1996, S. 87 ff.).

106 Eine gleichlaufende Überlegung aus dem Bereich der Psychiatrie bei *Dörner*, Tödliches Mitleid, 2002, S. 110 ff., 182.

107 In der europäischen Strafrechtswissenschaft könnte ein Beginn gemacht werden mit der Abfassung einer Geschichte der wissenschaftlichen Beurteilung Bindings. Ein Muster zeichnet sich ab. Wenn man Bindings Normentheorie als wichtiges strafrechtswissenschaftliches Arbeitsinstrument hochhalten möchte, dann erörtert man Binding und läßt „Binding/Hoche" unerwähnt; Hauptbeispiele: *Eberhard Schmidt*, Einführung in die Geschichte der deutschen Strafrechtspflege, 1. Aufl., 1946, § 273 und *Armin Kaufmann*, Lebendiges und Totes in Bindings Normentheorie. Normlogik und moderne Strafrechtsdogmatik, 1954 (beide Texte erscheinen in den Jahren, in denen in Strafverfahren gegen Tötungsärzte in Heilanstalten „Binding/Hoche" eine nicht zu übersehende Rolle spielt).

Oder man wendet ein Binding-Schema an: Binding war ein großer Strafrechtswissenschaftler, mit einer kleinen Einschränkung. Dafür gibt es verschiedene, in der Tendenz gleiche Fassungen. Die Formulierung dieses Schemas beginnt bereits gleich nach dem Tode Bindings. Für die erste breite Würdigung ist Binding der „bedeutendste kriminalistische Dogmatiker des 19. Jahrhunderts"; „Binding/Hoche" sei nur ein „Schriftchen", verfaßt aus einer durch Goethe-Lektüre entstandenen „Stimmung" am Lebensende (*Nagler*, Karl Binding zum Gedächtnis, Der Gerichtssaal 1925, S. 1, 40).

Das Schema ist gleich nach dem Ende des 2. Weltkrieges wiederzuerkennen. Unüberprüfbar und unklar plädierend ist der Hinweis, diese Schrift („Binding/Hoche") sei „übrigens nach dem Tode Bindings noch im Erscheinungsjahr zurückgezogen" worden (*R. Lange*, Deutsche Rechtswissenschaft 1947, S. 200 f.). Deutlich ist das Schema dann in der folgenden Formulierung aus dem Jahr 1947 zu sehen: „Binding/Hoche" enthalte „an sich ernste, aus nachträglicher Schau allerdings höchst gefährliche Gedanken und Bestrebungen" (*Karl S. Bader*, Deutsche Rechtswissenschaft 1947, S. 401/402). Oder: Man wolle den verantwortungsbewußten und ehrlichen Binding und Hoche nicht zu nahe treten, aber es „muß doch gesagt werden, daß ihr Programm abzulehnen ist" (*Engisch*, Euthanasie und Vernichtung lebensunwerten Lebens, 1948, S. 36 f.). Moderne Fassungen des Schemas lauten: Die Schrift von 1920/22 berühre zwar „ein dunkles Kapitel"; es wäre aber „ungerecht, Binding an dieser Altersschrift zu messen"; er habe seine eigene Methode „überzogen" (*Frommel*, Präventionsmodelle in der deutschen Strafzweck-Diskussion, 1987, S. 75 f.). – Binding sei ein großer Strafrechtler an der Wende vom 19. zum 20. Jahrhundert, aber sein „Andenken" sei „kompromittiert" durch „seine letzte Schrift", die man allerdings sehen müsse „eingebettet in eine breite sozialdarwinistische Strömung" und bemüht um „rechtlich reglementierte, freilich auch eingehegte, Tötung" (*Jerouschek*, JZ 2005, S. 514).

Dieses Schema gestattet es, die Normentheorie als gewichtigen Beitrag zur Rechtstheorie weiterzudiskutieren, und befreit von der Frage, ob Binding zu den großen Strafrechtlern zu zählen ist. Ohne eine Erörterung dieser Frage wird man „Binding/Hoche" jedoch nicht loswerden. Der Beginn einer solchen Erörterung ist zu finden bei: *Marxen*, Der Kampf gegen

Eine Aussicht auf dieses Gelingen entsteht nur, wenn die jeweils aktuelle sozial steuernde und sozial bessernde Strafgesetzgebung und Strafgesetzhandhabung in kritischer Absicht mit einem fundamentalen, nicht-säkularen Begriff des Unrechts konfrontiert werden.

Zusammenfassende und weiterführende Literatur:

Anderheiden, Michael: „Leben" im Grundgesetz, Kritische Vierteljahresschrift für Gesetzgebung und Rechtswissenschaft (KritV), 2001, S. 353 ff.

Bader, Karl S.: Zum Nürnberger Ärzteprozeß, Deutsche Rechtswissenschaft 1947, S. 401 f.

Bernsmann, Klaus: Der Umgang mit irreversibel bewußtlosen Personen und das Strafrecht, Zeitschrift für Rechtspolitik (ZRP), 1996, S. 87 ff.

Bieber, Elmar: Der Euthanasiebefehl Hitlers in der Bewertung rechtspositivistischer Theorien, 1996.

Binding, Karl: Die Normen und ihre Übertretung, 4 Bände, 1872 ff.

Binding, Karl: Handbuch des Strafrechts, 1885.

Binding, Karl: Grundriß des Deutschen Strafrechts, Allgemeiner Teil, 7. Aufl., 1907.

Borchardt: Die Freigabe der Vernichtung lebensunwerten Lebens, Deutsche Strafrechtszeitung 1922, S. 206 ff.

Burkhardt, Claudia: Euthanasie – „Vernichtung lebensunwerten Lebens" im Spiegel der Diskussionen zwischen Juristen und Medizinern von 1900–1940, medizinische Dissertation Mainz 1982.

Burleigh, Michael: Tod und Erlösung, Euthanasie in Deutschland 1900–1945, 2002.

Dörner, Klaus u.a. [Hrsg.]: Der Krieg gegen die psychisch Kranken, 1980.

---

das liberale Strafrecht, 1975, S. 37 ff.; *Frommel*, Präventionsmodelle in der deutschen Strafzweck-Diskussion, 1987, vor allem S. 104 ff., 116 ff.; *Westphalen*, Karl Binding (1841–1920), 1989, S. 475 ff.; *Vormbaum*, Strafrechtsdenker der Neuzeit, 1998, S. 628.

Dörner, Klaus: Hält der BGH die „Freigabe der Vernichtung lebensunwerten Lebens“ wieder für diskutierbar?, Zeitschrift für Rechtspolitik (ZRP), 1996, S. 93 ff.

Dörner, Klaus: Tödliches Mitleid, Zur sozialen Frage der Unerträglichkeit des Lebens, Neuausgabe 2002.

Ebbinghaus, Angelika, Klaus **Dörner** [Hrsg.]: Vernichten und Heilen. Der Nürnberger Ärzteprozeß und seine Folgen, 2002.

Ebbinghaus, Angelika: Strategien der Verteidigung, in: **Ebbinghaus** und **Dörner** [Hrsg.], Vernichten und Heilen, 2002, S. 405 ff.

Ebermayer, Ludwig: Die Freigabe der Vernichtung lebensunwerten Lebens, Leipziger Zeitschrift für Deutsches Recht 14 (1920), Sp. 599 ff.

Ehrhart, Helmut: Euthanasie und Vernichtung „lebensunwerten“ Lebens, 1965.

Engisch, Karl: Euthanasie und Vernichtung lebensunwerten Lebens, 1948.

Faulstich, Heinz: Hungersterben in der Psychiatrie 1914–1949. Mit einer Topographie der NS-Psychiatrie, 1998.

Fischer, Elena: Recht auf Sterben?!, Ein Beitrag zur Reformdiskussion der Sterbehilfe in Deutschland unter besonderer Berücksichtigung der Frage nach der Übertragbarkeit des Holländischen Modells der Sterbehilfe in das deutsche Recht, 2004.

Freisler, Roland: Mut zu lebenswahrem Strafrecht, Deutsches Strafrecht (DStr), neue Folge (nF), 8. Band, 1941, S. 65 ff. und: Nach geltendem Recht unmöglich?, S. 77 ff.

Frommel, Monika: Präventionsmodelle in der deutschen Strafzweck-Diskussion, 1987.

Gaup, R.: Die Freigabe der Vernichtung lebensunwerten Lebens, Deutsche Strafrechtszeitung 1920, S. 331 ff.

Geilen, Gerd: Euthanasie und Selbstbestimmung, 1975.

v. Gleispach, Wenzel: Art. Tötung, in: **Gürtner** [Hrsg.], Das kommende deutsche Strafrecht, Besonderer Teil, 2. Aufl., 1936.

Godau-Schüttke, Klaus-Detlev: Die Heyde/Sawade-Affäre, 2. Aufl., 2001.

Große-Vehne, Vera: Tötung auf Verlangen (§ 216 StGB), „Euthanasie" und Sterbehilfe. Reformdiskussion und Gesetzgebung seit 1870, 2005.

Gürtner, Franz [Hrsg.]: Das kommende deutsche Strafrecht, Besonderer Teil, 2. Aufl., 1936.

Hafner, Karl Heinz, Rolf **Winau**: Die Freigabe der Vernichtung lebensunwerten Lebens, Medizinhistorisches Journal 9 (1974), S. 234 ff.

Hassemer, Winfried: Die Menschenwürde ist ein Solitär, Zeitschrift für Rechtspolitik (ZRP), 2005, S. 101 f.

Hattenhauer, Hans: Europäische Rechtsgeschichte, 4. Aufl., 2004.

Hinz-Wessels, Annette, Petra Fuchs, Gerrit Hohendorf, Maike Rotzoll, Zur bürokratischen Abwicklung eines Massenmords. Die „Euthanasie"-Aktion im Spiegel neuer Dokumente, Vierteljahreshefte für Zeitgeschichte 2005, S. 79 ff.

Hippel, Robert von: Deutsches Strafrecht, Band 1, Allgemeine Grundlagen, 1925.

Hoche, Alfred: Das Rechtsgefühl in Justiz und Politik, 1932.

Hoche, Alfred: Jahresringe. Innenansicht eines Menschenlebens, 1934.

Hoche, Alfred: Tagebuch des Gefangenen, 1938.

Hohendorf, G., M. Rotzoll, P. Richter, W. Eckart, C. Mundt, Die Opfer der nationalsozialistischen „Euthanasie-Aktion T4". Erste Ergebnisse eines Projektes zur Erschließung von Krankenakten getöteter Patienten im Bundesarchiv Berlin, Der Nervenarzt 2002, S. 1065 ff.

Jerouschek, Günter: Carolus **Binding**: De natura inquisitionis processus criminalis ..., Juristenzeitung (JZ), 2005, S. 514.

Jost, Adolf: Das Recht auf den Tod. Sociale Studie, 1895.

Kaminsky, Uwe: Zwangssterilisation und „Euthanasie" im Rheinland. Evangelische Erziehungsanstalten sowie Heil- und Pflegeanstalten 1933–1945, 1995.

Klee, Ernst: „Euthanasie" im NS-Staat. Die „Vernichtung lebensunwerten Lebens", 1985.

Klee, Ernst [Hrsg.]: Dokumente zur „Euthanasie", 1985.

Klee, Karl: Das Volksempfinden als Rechtfertigungsgrund an sich strafbaren Verhaltens, Deutsches Strafrecht (DStr), neue Folge (nF), 8. Band, 1941, S. 71 ff.

Kolbe, Dieter: Reichsgerichtspräsident Dr. Erwin Bumke, 1975.

Lange, Richard: Anmerkung zu KG Berlin, Deutsche Rechtszeitschrift 1947, S. 200 f.

Loewy, Hanno, Bettina **Winter** [Hrsg.]: NS-"Euthanasie" vor Gericht, 1996.

Mann, Ernst: Die Erlösung der Menschheit vom Elend, 1922.

Marxen, Klaus: Der Kampf gegen das liberale Strafrecht. Eine Studie zum Antiliberalismus in der Strafrechtswissenschaft der zwanziger und dreißiger Jahre, 1975.

Mayer, Hellmuth: Strafrecht, Allgemeiner Teil, 1953.

Meltzer, Ewald: Das Problem der Abkürzung „lebensunwerten" Lebens, 1925.

Merkel, Reinhard: Früheuthanasie. Rechtsethische und strafrechtliche Grundlagen ärztlicher Entscheidungen über Leben und Tod in der Neonatalmedizin, 2001.

Mitscherlich, Alexander, Fred **Mielke** [Hrsg.]: Medizin ohne Menschlichkeit, Dokumente des Nürnberger Ärzteprozesses, 1960.

Müller, Christian: Verbrechensbekämpfung im Anstaltsstaat. Psychiatrie, Kriminologie und Strafrechtsreform in Deutschland 1871–1933, 2004.

Müller-Seidel, Walter: Alfred Erich **Hoche**. Lebensgeschichte im Spannungsfeld von Psychiatrie, Strafrecht und Literatur, 1999.

Nagler, Johannes: Karl Binding zum Gedächtnis, Der Gerichtssaal 1925, S. 1 ff.

Nationalsozialistisches Strafrecht: Denkschrift des Preußischen Justizministers, 1933.

Neuhäuser, Johann: Kreuz und Hakenkreuz. Der Kampf des Nationalsozialismus gegen die katholische Kirche und der kirchliche Widerstand, 2. Aufl., 1946.

Oppitz, Ulrich-Dieter: Medizinverbrechen vor Gericht. Das Urteil im Nürnberger Ärzteprozeß gegen Karl Brandt und andere, 1999.

Platen-Hallermund, Alice: Die Tötung Geisteskranker in Deutschland, 1948, 5. Aufl., 2005.

Röhl, Klaus: Allgemeine Rechtslehre, 2. Aufl., 2001.

Roth, Karl-Heinz [Hrsg.]: Erfassung zur Vernichtung. Von der Sozialhygiene zum „Gesetz über Sterbehilfe", 1984.

Roth, Karl-Heinz, Götz **Aly**: Das „Gesetz über Sterbehilfe bei unheilbar Kranken", in: Roth, Karl-Heinz [Hrsg.], Erfassung zur Vernichtung, 1984, S. 101 ff.

Saliger, Frank: Sterbehilfe ohne Strafrecht? Eine Bestimmung des Anwendungsbereichs von Sterbehilfe als Grundstein für ein intradisziplinäres Sterbehilferecht, Kritische Vierteljahresschrift für Gesetzgebung und Rechtswissenschaft (KritV), 2001, S. 382 ff.

Schimmelpenning, Gustav W.: Alfred Erich Hoche. Das wissenschaftliche Werk: „Mittelmäßigkeit"?, 1990.

Schmidt, Eberhard: Einführung in die Geschichte der deutschen Strafrechtspflege, 1. Aufl., 1946, 3. Aufl., 1965.

Schmuhl, Hans-Walter: Die Patientenmorde, in: **Ebbinghaus** und **Dörner** [Hrsg.], Vernichten und Heilen, 2002, S. 295 ff.

Schwartz, Michael: Sozialistische Eugenik. Eugenische Sozialtechnologien in Debatten und Politik der deutschen Sozialdemokratie 1890–1933, 1995.

Schwartz, Michael: „Euthanasie". Debatten in Deutschland 1885–1945, Vierteljahreshefte für Zeitgeschichte 46 (1998), S. 617 ff.

Seidenstücker, Herbert: Strafzweck und Norm bei Binding und im nationalsozialistischen Recht, 1938.

Seidler, Eduard: Alfred Hoche (1865–1943), Freiburger Universitätsblätter 25 (1986), S. 65 ff.

Vormbaum, Thomas: Strafrechtsdenker der Neuzeit, 1998.

Vormbaum, Thomas [Hrsg.]: „Euthanasie" vor Gericht. Die Anklageschrift des Generalstaatsanwalts beim OLG Frankfurt/Main gegen Werner Heyde vom

22. Mai 1962. Mit Anmerkungen von Uwe Kaminsky und Friedrich Dencker, 2005.

Werle, Gerhard: Justizstrafrecht und polizeiliche Verbrechensbekämpfung im Dritten Reich, 1989.

Wert des Lebens. Gedenken – Lernen – Begreifen. Begleitpublikation zur Ausstellung des Landes Oberösterreich „Wert des Lebens“ in Schloß Hartheim 2003, 2003.

Westphalen, Daniela: Karl Binding (1841–1920). Materialien zur Biographie eines Strafrechtsgelehrten, 1989.

„Feindstrafrecht“

1.

Die Abhandlung von González Cussac[1] ist sorgfältig in fünf Abschnitte eingeteilt. Diese Abschnitte treiben die Kritik an aktuellen Strafrechtsentwicklungen voran.

Die „Vorüberlegungen“ gewinnen einen selbständigen Standpunkt. *González Cussac* verweist darauf, dass die unter dem Namen „Feindstrafrecht“ gegenwärtig geführte Debatte zum zeitgeschichtlichen Dauerthema „autoritäres Denken im Strafrecht“ gehört. Dieses Denken sei so facettenreich, dass man es nicht „a priori“ (S. 1) ablehnen könne. Wichtig sei anzuerkennen, dass in einer modernen Rechtsordnung autoritäre und liberale Strafnormen koexistierten. Wichtig sei weiter, dass die Strafrechtswissenschaft „normative Parameter“ (S. 2) entwickele, an denen der liberale oder autoritäre Stand eines aktuellen Strafrechts abgelesen werden könne. Konkret laufe das darauf hinaus, die absoluten verfassungsrechtlichen Grenzen zu finden, an denen jedes Strafgesetz sich kontrollieren lassen müsse. Auf diesem Hintergrund erst könne man bestimmen und bewerten, was es mit der Diskussion um ein „Feindstrafrecht“ auf sich habe.

Der 2. Abschnitt ordnet die Rede von einem „Feindstrafrecht“ in die neuere Theorie-Tradition des Strafrechts ein. *González Cussac* belegt, dass die Lehren des Positivismus und des Funktionalismus im Strafrecht die Auffassung eines Täters als „Feind“ begünstigt hätten und heute – ohne Neuigkeitswert (S. 9) – wieder begünstigten. Man wird daran erinnert, dass Fichte, Hobbes, Rousseau, Carl Schmitt, Garófalo so formuliert haben wie heute die Texte, die ein „Feindstrafrecht“ für möglich halten.

Der 3. Abschnitt untersucht die Annahme, es könne ein „Feindstrafrecht“ geben, weil ein deutlich auszumachender Unterschied zwischen „Feinden“ und „Bürgern“ in einer staatlichen Gemeinschaft existiere. Mit subtilen begrifflichen Argumenten belegt *González Cussac*, dass dieser Unterschied mit willkürlichen intellektuellen Techniken gewonnen werde. Dieser Willkür stellt der Autor den Satz entgegen, dass ein grundlegendes Prinzip fortgeschrittener strafrechtlicher

---

1 Besprechung von: *José Luis González Cussac*: „Feindstrafrecht“. Die Wiedergeburt des autoritären Denkens im Schoße des Rechtsstaates. Übersetzung von Moritz Vormbaum und Thomas Vormbaum. (Rechtsgeschichte und Rechtsgeschehen – Kleine Schriften. 15) Münster / Hamburg / Berlin u. a. (LIT-Verlag) 2007, 48 S.

https://doi.org/10.1515/9783111284439-006

Gerechtigkeit gerade darin bestehe, dass keinem Menschen die Grundrechte verweigert werden dürften (S. 24).

Die Abschnitte 5–8 münzen diesen Gedanken aus. *González Cussac* registriert, dass die Unschuldsvermutung, der Gleichheitssatz, die Rechtssicherheit, die strafrechtliche Gesetzlichkeit und der Grundsatz der Verhältnismäßigkeit von einem „Feindstrafrecht" zerstört würden. An die Stelle der Strafe für eine rechtswidrige zurechenbare Tat trete – verfassungswidrig – die schwer begrenzbare Reaktion auf den gefährlichen Täter. Aus diesem Befund entwickelt *González Cussac* die Auffassung, dass, da mit der Unschuldsvermutung, dem Gleichheitssatz usw. die Hauptstützen eines demokratisch verfassten Strafrechts benannt seien, ein „Feindstrafrecht" in einer Demokratie nicht gedacht werden könne.

2.

Die Abhandlung von *González Cussac* ist 2007 auf Spanisch erschienen, noch im gleichen Jahr auf Italienisch und nun auf Deutsch. Mit dieser breiten sprachlichen Zugänglichkeit beansprucht die Argumentation *González Cussacs* in vielen europäischen Ländern Aufmerksamkeit, mit guten Gründen.

Die kleine Monographie von *González Cussac* ist eine aktuelle selbständige Zusammenfassung des Streits um die juristische Haltbarkeit der Vorstellung von einem „Feindstrafrecht". Beispielhaft sind die Genauigkeit und der Ernst, mit denen die verfassungsrechtlichen Probleme formuliert sind, die die aktuelle Strafrechtsdebatte stellt. Für einen deutschen Leser informativ ist der Einblick in die Hauptlinien der spanisch-sprachigen Straftheorie-Debatte. Diese Information verstärkt den Eindruck, dass jene Debatte eine gesamteuropäische Debatte ist, wahrscheinlich über die Grenzen Europas hinausgeht.

In *González Cussacs* Arbeit finde ich eine gewichtige sachliche Erweiterung dieser Debatte. *González Cussac* bezieht ein, dass die positiven Strafrechte zahlreicher europäischer Länder in letzter Zeit autoritäre Gehalte aufgenommen haben, Gehalte, die einem Anhänger eines „Feindstrafrechts" als Legitimation für diese Strafrechtsart dienen könnten. Die aussagekräftigsten Belege findet *González Cussac* im Strafrecht gegen die organisierte Kriminalität und im Strafrecht gegen den Terrorismus. Diese Linie der Schrift erklärt den Untertitel „Die Wiedergeburt des autoritären Denkens im Schoße des Rechtsstaates"; im spanischen Original ist diese Formulierung der angemessene Haupttitel, und der Untertitel lautet „Die Doktrin des Feindstrafrechts".

3.

Bei der Erörterung der Frage, wie das Entstehen einer autoritären Strafrechtslinie in einem rechtsstaatlichen Strafrecht zu diskutieren ist, geht *González Cussac* nicht weit genug.

Die Traditionslinie praktizierten autoritären Strafrechts gerät bei *González Cussac* zu kurz. Das „Feindstrafrecht“ in der neueren Gesetzgebung beginnt nicht erst mit den Maßnahmen gegen organisierte Kriminalität und Terrorismus. Seit es eine moderne Kriminalpolitik gibt, gibt es „Feindstrafrecht“. Ich nenne die hervorgehobenen Beispiele aus der deutschen Gesetzgebung: die Sozialdemokraten werden im letzten Viertel des 19. Jahrhunderts als Reichsfeinde durch Strafgesetze bekämpft; die Eingeborenen der Kolonien bekommen ein Strafrecht zu spüren, das alle Züge eines „Feindstrafrechts“ hat; die Ermächtigungsgesetzgebung des 20. Jahrhunderts ist überwiegend Strafgesetzgebung gegen Feinde der jeweiligen Staatsform; die Strafgesetzgebung in den Weltkriegen, die verschiedenen strafrechtlichen Regeln in den Revolutionen, in den Besatzungsregimen nach modernen Kriegen und die Staatsschutzgesetzgebung nach dem 2. Weltkrieg in beiden deutschen Staaten sind allesamt „Feindstrafrecht“. Der nicht erlahmende Drang der Gesetzgebung in die Maßregeln gegen gefährliche Gesellschaftsmitglieder, von der Strafrechtswissenschaft nur am Rande zur Kenntnis genommen, jedenfalls nicht aus Prinzip abgelehnt, bestimmt das kriminalpolitische Klima der Epoche seit der Einführung der Maßregeln 1933. Der dogmatische Ausdruck eines Strafrechts gegen Gefährliche ist die Subjektivierung des Unrechts. Jeder Student, der, verstärkt durch die Drohung mit schlechten Zensuren, angehalten wird, seine Klausur obligatorisch mit einem Punkt „subjektiver Tatbestand“ zu versehen, wird angehalten, ein Gefährlichenstrafrecht einzuüben.

4.

Die Formulierung *González Cussacs* „die Wiedergeburt autoritären Denkens im Schoße des Rechtsstaates“ ist für die aktuelle strafrechtstheoretische Auseinandersetzung wichtig, aber undeutlich. Im Text wird die Formulierung nicht entfaltet. Ich verstehe *González Cussac* so: parallel zum gegenwärtigen, eigentlich sicheren rechtsstaatlichen Strafrecht ist ein autoritäres Strafrechtsareal entstanden; und es ist die Aufgabe des bestehenden rechtsstaatlichen Strafrechts, das konkurrierende autoritäre Areal zu begrenzen. Aber die Argumentation *González Cussacs* und der Zustand des Strafrechts, des Strafprozessrechts, des Gerichtsverfassungsrechts und des Polizeirechts legen eine andere Auffassung zum Verhältnis von rechtsstaatlichem und autoritärem Strafrecht der Moderne nahe. Die Art des rechtsstaatlichen Strafrechts selbst, das wir so nennen, hat autoritäre Züge, die das „Feindstrafrecht“ möglich machen.

Die Autoritäten, von denen *González Cussac* in Übereinstimmung mit der vorherrschenden Auffassung die Versatzstücke zur Beschreibung und zum Legitimieren eines rechtsstaatlichen Strafrechts übernimmt, sind: die Aufklärung, insbesondere Beccaria, und die nicht mehr bezweifelten Lehren v. Liszts – weiter gedacht im strafrechtlichen Rechtsgutsdenken und abgesichert durch verfassungsrechtlich fest geschriebene Grundrechte.

Diese Autoritäten sind aber schwach. Die Formulierung eines „Feindstrafrechts“ trifft die vorherrschende Strafrechtslehre an einem wunden Punkt. Erst dadurch wird ein „Feindstrafrecht“ denkbar. Die schwache Gründung des aktuellen Strafrechts gehört in den Vorgang der „Wiedergeburt des autoritären Denkens im Schoße des Rechtsstaates“. Für mich wandele ich daher *González Cussacs* Titelformulierung ab. Sie muss heißen: Die Verstärkung autoritären Strafrechts aus dem Geist des verbrechensbekämpfenden Gesetzesstaates.

5.

Ich erörtere die Hauptpunkte, die bei *González Cussac* angeführt sind.

Die Formulierung (S. 38), „daß das Strafrecht, wie wir es heute kennen, seit der Aufklärung entstanden ist“ (gemeint ist das rechtsstaatliche Strafrecht), wird zwar als üblich erscheinen, entspricht aber nicht dem Stand der wissenschaftlichen Annäherung an die Aufklärung. *González Cussac* vermeidet es mit der üblichen Lehre, das Stichwort „Dialektik der Aufklärung“ (Horkheimer/Adorno) aufzunehmen und die auf das Strafrecht gemünzte Forderung nach „Aufklärung der Aufklärung“ (Vormbaum) zu diskutieren. So umgeht *González Cussac* die Erörterung, dass das Strafrecht der Aufklärung durch und durch ein funktionales, auf die Sicherheit des Staates und des Bürgers gerichtetes Strafrecht ausgebildet hat. Das Strafrecht der französischen Revolution nach 1791 ist beispielhaft aufgeklärtes „Feindstrafrecht“. Alle Einwände, die gegen ein systemtheoretisch-funktional konstruiertes Strafrecht vorgebracht werden (S. 12 f.), richten sich gegen das Strafrecht der Aufklärung. Aufgeklärtes, säkulares Strafrecht kann nur funktional sein. Die allgemein akzeptierte Lehre vom Strafrecht als Recht der Bekämpfung des Abweichenden ist in der Aufklärung entstanden. Das „Feindstrafrecht“ ist vom aufgeklärten Recht der Verbrechensbekämpfung allenfalls durch die größere Machtmenge, nicht durch die Machtqualität unterschieden.

Die Formulierung, „daß das Strafrecht, wie wir es heute kennen, ... vor allem aus der Forderung nach seiner Humanisierung (Beccaria)" entstanden sei, sei ein „Gemeinplatz" (S. 38), ist nur verständlich, weil Beccaria nicht mehr genau gelesen wird. Beccaria war aber ein moderner Sicherheitstheoretiker. Die Garantie der Sicherheit des Staates und des Bürgers war sein oberstes Prinzip. Dieser Sicherheit hat nach Beccaria das Strafrecht zu dienen. Die Todesstrafe soll abgeschafft werden, weil sie nicht zweckmäßig ist (sie kann wieder eingeführt werden, sollte es denn zweckmäßig sein). Ähnlich verhält es sich bei Beccaria mit der Folter. Die Humanität ist bei Beccaria kein leitendes strafrechtliches Prinzip, sondern ein Gefühl, eine persönliche Empfindsamkeit, die strafrechtlich nicht weit reicht. Die Gesetzlichkeit des Strafrechts ist in erster Linie ein wirksames Druckmittel gegen den Bürger. Der Straftäter ist der Feind der Gesellschaft (Nachweise in *meiner* Einleitung zu: *Beccaria*, Von den Verbrechen und von den Strafen – 1764 –, aus dem Italienischen von Thomas Vormbaum, 2004, S. XVIII ff.).

Die Formulierung, „daß das Strafrecht, wie wir es heute kennen, [...] aus seinem Verständnis als 'Magna Charta des Verbrechers' und als 'unübersteigbare Hürde der Kriminalpolitik' (v. Liszt)" entstanden sei (S. 38), ist noch heikler. Das Zitat, das die Argumentation González Cussacs trägt, ist ungenau. Bei v. Liszt ist das im Moment positive Strafgesetzbuch, nicht das Strafrecht die Magna Charta des Verbrechers. Für v. Liszt ist dies ein „paradoxer" Zustand, weil dieser Zustand nicht die Gesamtheit gegen den gefährlichen Straftäter schützt, wie es sein sollte, sondern den gefährlichen Straftäter gegen die Gesamtheit. Freilich wird auch das „Strafrecht" bei v. Liszt angerufen als „unübersteigbare Schranke der Kriminalpolitik" und als „Bollwerk gegenüber der staatlichen Allgewalt" (Aufsätze und Vorträge II, 1905, S. 60, 75 ff., 80). Aber für v. Liszt sind das Strafgesetzbuch und das Strafrecht jederzeit reformierbar im Interesse einer effektiven Kriminalpolitik. „Nur aus Zweckmäßigkeitsgründen gewährt der Staat [...] dem Verbrecher das Recht, bestraft zu werden [...]." (Aufsätze und Vorträge I, 1905, S. 153). Eine Reform des Bollwerks StGB muss zu „Strafknechtschaft mit strengstem Arbeitszwang und möglichster Ausnutzung der Arbeitskraft" des Täters führen; „als Disziplinarstrafe wäre die Prügelstrafe kaum zu entbehren"; und: „Der Gewohnheitsverbrecher (... ich meine den prinzipiellen Gegner der Rechtsordnung) muß unschädlich gemacht werden, und zwar auf seine Kosten" (Aufsätze und Vorträge I, 1905, S. 170 und Brief an Dochow, leicht zugänglich bei *Radbruch*, Elegantie Juris Criminalis, 2. Aufl., 1950, S. 229). v. Liszts Unterscheidung von „grundsätzlichen Gegnern der Rechtsordnung", die eigentlich „vogelfrei" seien (Aufsätze und Vorträge I, 1905, S. 167, 153) und „Gelegenheitsverbrechern" (a.a.O., S. 172) taucht im „Feindstrafrecht" in der Unterscheidung zwischen gefährlichen Feinden und Bürgern (= harmlosen Feinden) wieder auf. Allgemeiner: ich halte es für schwierig, gegen die strafrechtliche Nutzung einer modernen Systemtheorie im „Feindstrafrecht“ zu argumentieren (S. 12 ff., 23) und zugleich für v. Liszt einzutreten. v. Liszt dachte in den Begriffen der entschiedenen Systemstabilisierung, freilich ohne über das aktuelle sprachliche Raffinement zu verfügen, das die professionellen Systemtheoretiker machtverschönend ausgebildet haben. Überzeugte Terroristen sind schlicht „Todfeinde“ (Aufsätze und Vorträge II, 1905, S. 386). v. Liszt taugt nicht als juristischer Zeuge für ein rechtsstaatliches Strafrecht (vgl. aus der deutschen Literatur: *Ehret*, Franz v. Liszt und das Gesetzlichkeitsprinzip, 1996, mit vielen Nachweisen; zusammenfassend: *Joachim Vogel*, Einflüsse des Nationalsozialismus auf das Strafrecht, 2004, bes. S. 90 ff.). v. Liszts Auffassungen gehören zur Linie der autoritären Kriminalpolitik.

Die Formulierung, das „Feindstrafrecht“ werde möglich durch einen verfassungsrechtlich eigentlich unmöglichen „Verzicht auf die Lehre vom Rechtsgut“ (S. 47, s. auch S. 43, 45, 48), traut dem Rechtsgutsbegriff zu viel zu. *Birnbaums* naheliegende triviale Formulierung von 1834, Verbrechen sei nicht Rechtsverletzung, sondern Rechtsgutsverletzung und, was ein Rechtsgut sei, richte sich „nach den Grundsätzen der Politik“ (Archiv des Criminalrechts, Neue Folge, S. 176), nimmt dem Rechtsgutsbegriff von Beginn seiner dogmatischen Karriere an jede Kontur, macht ihn zur Strafrechtsbegrenzung untauglich. Die neuere Strafrechtsgeschichte belegt, dass jede von einer Politik für wichtig gehaltene Situation zum strafrechtlich geschützten Rechtsgut erklärt werden kann. Und es ist die in der Strafrechtswissenschaft unbezweifelte Lehre von der Notwendigkeit strafrechtlichen Rechtsgutsschutzes, die nach Intensivierung dieses Schutzes verlangt: durch Bestrafung der Unterlassung, durch Ausweitung des strafbaren Versuchs, durch Bestrafung der konkreten, dann auch ausgedehnt der abstrakten Gefährdung eines Rechtsguts, politisch folgerichtig durch die Bestrafung des Besitzes und des Besitznahmeversuchs von Gegenständen, die für den Rechtsgutsschutz unerwünscht sind (s. § 184b StGB). Die strafrechtliche Rechtsgutslehre ist kein natürlicher Feind des „Feindstrafrechts“, eher sein Vorbereiter.

Die Formulierung, die Theorie des „lebensunwerten Lebens“ sei „im Schoß eines totalitären Staates geboren“ (S. 10/11) ist wissenschaftshistorisch unpräzise und weist auf die wissenschaftliche Spannung hin, in die alle Einwände gegen ein „Feindstrafrecht“ geraten, wenn diese Einwände gleichwohl das „klassische“ Strafrecht (S. 15, 30) auf ihrer Seite wähnen. Die Vorstellung von der „Freigabe der Vernichtung lebensunwerten Lebens“ ist von Binding und Hoche 1920 unter dem Regime einer demokratischen Verfassung entwickelt worden – als strafrechtsdogmatische Figur in Abhängigkeit von der Rechtsgutslehre. Ein totalitäres System hat die juristischen Ausführungen Bindings als kongenial genutzt.

6.

Schließlich und vielleicht am wichtigsten: Die Berufung auf „das System der Grundrechte und der Verfassungsgarantien“ (S. 24–48) zur Widerlegung eines „Feindstrafrechts“ ist nicht mehr einfach zu haben. Die Unschuldsvermutung ist durch die Auflösung des Verdachtsbegriffs und durch die Einführung von verdachtsunabhängigen Eingriffen im Strafprozessrecht und im Polizeirecht zerbröselt. Die strafrechtliche Gesetzlichkeit ist ein offenes Gefäß für alle Arten von zupackenden Verfolgungsmaßnahmen. Der Grundsatz der Verhältnismäßigkeit ist zwiespältig; er kann das Strafrecht mildern, aber auch verhärten. Z.B. hat das Verhältnismäßigkeitsprinzip die gesetzliche Einführung und die verfassungsgerichtliche Bestätigung der nachträglichen Sicherungsverwahrung, die Debatten über die Rechtmäßigkeit der Folter in bestimmten Fällen und die Auseinandersetzung über die Rechtmäßigkeit des Abschusses von entführten Flugzeugen gestützt.

Diese juristischen Linien werden möglich, weil den machtkritischen Grundrechten ein vages, machtverstärkendes „Grundrecht auf Sicherheit“ gleichrangig zur Seite gestellt worden ist. Zuletzt hat die Charta der Grundrechte der EU diesen Gang der grundrechtlichen Dinge bestätigt (Kap. II, Art. 6). Das „Feindstrafrecht“ verwaltet ein inhaltlich offenes Grundrecht auf Sicherheit.

Möglich wird dies durch eine bemerkenswerte wissenschaftliche Unsicherheit bei der Verteidigung der machtkritischen Grundrechte. *González Cussacs* durchaus übliche Formulierung, „solange“ (S. 4) wir den machtkritischen Rechtsstaat haben, muss dieser „Bezugsparameter“ für strafrechtliches Handeln sein, öffnet die juristische Tür weit für andere, nicht-rechtsstaatliche Parameter. Durch diese Tür geht das „Feindstrafrecht“. Dort müsste es auf eine feste nicht-positivierte juristische Mauer der Menschenrechte treffen. Aber diese Mauer gibt es nicht. Dann nämlich müsste man überpositives Recht formulieren. Das ist nicht aktuell; man ist aus der Übung. In der Nähe überpositiven Rechts steht *González Cussacs* Andeutung, das Strafrecht müsse auf jeden Fall ein konfliktlösendes, auf Interessenausgleich bedachtes Strafrecht sein (S. 13, 21, 44). Die Anhänger eines „Feindstrafrechts“ haben von dieser Andeutung nichts zu besorgen.

Den Rechtsstaat als kulturelles „Paradigma“ (S. 22) zu bezeichnen, ist zwar aktuell, verpflichtet aber strafrechtlich zu nichts. Paradigmenwechsel sind leicht möglich, sind geradezu modisch, z. B. beim Wechsel vom absoluten Folterverbot zur verhältnismäßigen Folter oder beim straftheoretischen Wechsel von Luhmann zu Hegel.

7.

Das Verbrechensbekämpfungsrecht von der Aufklärung über die moderne und die klassische Schule des Strafrechts bis zu den heutigen Facetten der Resozialisierung und der Generalprävention sollte man, anders als *González Cussac* dies mit der vorherrschenden Meinung annimmt, für den Rechtsstaat nicht ungeprüft in Anspruch nehmen. Diese Linie gehört zur autoritären Linie des Strafrechts. Das „Feindstrafrecht“ denkt das Verbrechensbekämpfungsrecht auf historisch vertrauten Pfaden weiter. Verbrechensbekämpfungsrecht und „Feindstrafrecht“ gehören zusammen. Die Grundrechte sind, anders als *González Cussac* annimmt, in das Verbrechensbekämpfungsrecht nicht zu integrieren. Die Grundrechte sind in der juristischen Klarheit, die die Darstellung *González Cussacs* bestimmt, Abwehr und nur Abwehr einer ausufernden gesetzlichen Verbrechensbekämpfung. Nicht das rechtsstaatliche, sichernde Strafrecht und das „Feindstrafrecht“ stehen sich gegenüber, sondern Verbrechensbekämpfung durch Strafrecht mit der Ausbuchtung „Feindstrafrecht“ und rechtsstaatlich fundierte Kritik verbrechensbekämpfenden Strafrechts; Kriminalpolitik und Strafrechtswissenschaft stehen sich gegenüber.

Die robuste Tradition des Sicherheitsstrafrechts

I. Das Sicherheitsstrafrecht: kein aktuelles Problem

Die Frage „Sicherheit durch Strafrecht?“ wird als ein aktuelles Problem behandelt[*]. Als Auslöser für die Frage gelten Terrorismus und organisierte Kriminalität am Beginn des 21. Jahrhunderts. Auch die Forderung nach Sicherheit des Straßenverkehrs, des Luftverkehrs, der Gesundheit, der Daten, des Geldes und der Umwelt treiben die Suche nach Sicherheit durch Strafrecht an. Man meint, ein ganz neues Problem entdeckt zu haben. Als Folge nähert man sich dem Problem unbefangen. Man sucht nach neuen Lösungen für ein neues Problem.

Das ist eine zu flüchtige Annäherung an das Problem. Im Einleitungstext zu dieser Tagung weist Massimo Donini auf Hobbes hin[1]. Von Hobbes stammen Grundmuster und politisches Klima jedes Sicherheitsstrafrechts:

Es geht nur um säkulare Interessen. Der Mensch hat tatsächlich ein großes Interesse, sicher zu leben. Er schafft eine Staatsgewalt, die für Sicherheit sorgt. Als Hauptinstrument zur Erzeugung von Sicherheit dient Hobbes das Strafen. Hobbes weiß freilich, dass „Sicherheit“ ein vager und wandelbarer Zustand ist. Sicherheit ist historisch relativ. Hobbes stattet die Staatsgewalt daher mit der Autorität aus, festzulegen, was „Sicherheit“ sein soll.

Diese Autorität wird ausgeübt durch machtvolle Strafregeln. Diese Regeln werden „Gesetze“ genannt. Früh schon bedient sich die Sicherheitsstrafe einer rechtlichen Benennung. Dieses Verfahren verschönt die Sicherheitsstrafe. Und dieses Verfahren soll ihre Wirkung verstärken. Wer gegen die machtvollen Strafregeln, die edlen Strafgesetze, verstößt, ist ein Sicherheitsrisiko[2].

Das Sicherheitsstrafrecht bei Hobbes ist ein autoritäres, gewaltbereites Machtmittel. Diesen Charakter verliert das Sicherheitsstrafrecht nicht mehr. Dafür ist

---

* Vortrag, gehalten im Rahmen der Tagung „Sicurezza e Diritto Penale“ in Modena 20./21. März 2009. Einige aus Zeitgründen weggelassene kurze Passagen sind wieder eingefügt. Zuvor veröffentlicht in: *Vormbaum* (Hrsg.), Jahrbuch der Juristischen Zeitgeschichte 10 (2008/2009), S. 316 ff.

1 In: *Vormbaum* (Hrsg.), Jahrbuch der Juristischen Zeitgeschichte, Band 10 (2008/2009), S. 299.

2 *Hobbes*, Leviathan, 1651, Kap.13-15 und 26.

https://doi.org/10.1515/9783111284439-007

es gleichgültig, ob das Sicherheitsstrafrecht einer Monarchie, einer Diktatur oder einer Demokratie dient.

II. Die Strafrechtstheorie seit der Aufklärung: Theorie eines Sicherheitsstrafrechts

Die Strafrechtstheorie seit der Aufklärung festigt das Sicherheitsstrafrecht.

Beccaria im 18. Jahrhundert kennt nur einen Zweck des Strafrechts: die Sicherheit des Bürgers. Erreicht wird Sicherheit durch die unnachsichtige Exekution von Strafgesetzen. Bei Beccaria findet sich freilich auch ein Erschrecken über die Grenzenlosigkeit und Härte eines zweckmäßigen Sicherheitsstrafrechts. Als Korrektur führte er die Notwendigkeit und die Verhältnismäßigkeit der sichernden Strafe ein. Bis heute sind Notwendigkeit und Verhältnismäßigkeit die juristischen Hoffnungen für die Beherrschung des Sicherheitsstrafrechts. Von Beccaria kann man lernen, dass diese Hoffnungen unbegründet sind. Die Arbeitsstrafe, die lebenslange Galeerenstrafe, in unsicheren Zeiten die Todesstrafe gelten ihm als notwendig und verhältnismäßig. Die Sicherheitswünsche in Politik und Gesellschaft bestimmen Notwendigkeit und Verhältnismäßigkeit der Sicherheitsstrafe[3].

Feuerbach am Beginn des 19. Jahrhunderts modernisiert die Sicherheitsstrafe juristisch. Er bewundert Hobbes und Beccaria. Das Strafgesetz tritt in den Mittelpunkt des Sicherheitsstrafrechts. Mit der Forderung nach Gesetzlichkeit des Strafens gelingt Feuerbach eine bis heute bleibende Verschönerung der Sicherheitsstrafe. Diese Gesetzlichkeit ist aber keine Zähmung der Sicherheitsstrafe, im Gegenteil.

Das Gesetz muss genau und scharf drohen. Das Gesetz muss mit Härte ausgeführt werden. Nur dann schreckt das Gesetz zuverlässig ab. Nur dann erhöht sich die Sicherheit im Staat. Die Todesstrafe ist für Feuerbach als gesetzliches Drohmittel unverzichtbar. Der Umriss der sichernden Maßregel taucht auf.

Unzurechnungsfähige Täter, meint Feuerbach, seien besonders gefährlich. Die normale gesetzliche Strafdrohung erreiche diese Täter schwach. Folglich müssten sie besonders hart bestraft werden.

Feuerbach ist es auch, der die unmäßige Grundforderung des säkularen Sicherheitsstrafrechts in die juristische Welt setzt. Eigentlich, fordert er, dürfte es über-

---

3 *Beccaria*, Von den Verbrechen und von den Strafen (1764), Übersetzung von Thomas Vormbaum. Mit einer Einführung von Wolfgang Naucke, 2005.

haupt keine Straftaten geben. Eine Welt ohne Straftaten ist das Ideal des Sicherheitsstrafrechts. Erreichbar sei das, glaubt Feuerbach. Man müsse nur alle Bürger in Ketten legen. Das geht ihm aber dann doch zu weit; das ist unverhältnismäßig. Inzwischen gibt es aber die verhältnismäßige Kette: die elektronische Fessel, das technische Belauschen und die visuelle Dauerüberwachung. Das aktuelle Sicherheitsstrafrecht nutzt diese Möglichkeiten mit Selbstverständlichkeit. Aber es entfaltet damit nur die Tradition[4].

Das 19. Jahrhundert baut das Sicherheitsstrafrecht breit aus. Ich nehme die moderne und die klassische Schule als Beispiele. Beide sind international.

Die moderne Schule (Schulhaupt: v. Liszt) sieht den Straftäter als Feind der Gesellschaft. Das Strafen mindert die Gefahr, die von diesem Feind ausgeht. Es muss der Strafe gelingen, die Gefahr durch Resozialisierung zu mindern. Gelingt das nicht, dann ist der Hochgefährliche zu vernichten. Das Strafrecht ist „Kampfordnung".

Das Strafrecht ist für die moderne Schule das Recht der Verbrechensbekämpfung. Dieser Ausdruck „Strafrecht ist Verbrechensbekämpfung" geht in den Sprachgebrauch der Strafjuristen ein und wird für die Politik selbstverständlich; damit wird auch das Sicherheitsstrafrecht selbstverständlich.

Selbstverständlich wird mit der modernen Schule auch die Vorstellung, dass mit dem Strafrecht Kriminalpolitik betrieben wird. Es entsteht die Instrumentalisierung des Strafrechts für eine stets wechselnde Politik. Die Unterstellung des Strafrechts unter die gerade herrschenden politischen Begriffe wird akzeptiert.

Die rechtliche Verschönerung der Sicherheitsstrafe wird in der modernen Schule allerdings zum Randproblem. Die Mitteilung v. Liszts, die sichernde Strafe sei die gerechte Strafe, ist eine oberflächliche Konzession an wissenschaftliche Ansprüche. Das Strafgesetz braucht man eigentlich nicht mehr. Es mag als paradoxe Grenze für die Kriminalpolitik bestehen bleiben. Wenn es notwendig wird, ist diese Grenze allemal überwindbar[5].

---

4 *J.P.A. Feuerbach*, Revision der Grundsätze und Grundbegriffe des positiven peinlichen Rechts. 2 Teile, 1977/1800. Die Kernüberlegung des Sicherheitsstrafrechts, wie man eine straftatfreie Lage schaffen und ob man alle Bürger in Ketten legen könne, findet sich in: Feuerbach, Revision Teil 1, S. 40.

5 *v. Liszt*, Der Zweckgedanke im Strafrecht, ZStW 3 (1883), S. 1 ff. = Aufsätze und Vorträge, Band 1, 1905, S. 126 ff. – Die Festlegung, der Schutz des Verbrechers durch das Gesetz sei „paradox", findet sich in: Aufsätze und Vorträge 2, S. 80. Für die aktuelle Auseinandersetzung wichtig ist *v. Liszts* Beurteilung von Terroristen als „Todfeinde" der Gesellschaft (Aufsätze und Vorträge 2, S. 386). Strafrecht als „Kampfordnung": Lehrbuch des deutschen Strafrechts, 14. Aufl., 1905, S. 66.

Die klassische Schule (Schulhaupt: Binding) ist kein politischer oder wissenschaftlicher Gegner der modernen Schule. Das oberste Strafziel ist für die klassische Schule die Sicherheit der Gesellschaft. Der Straftäter ist der Feind der Rechtsordnung. Nur den Wirkungsmechanismus der Strafe stellt sich die klassische Schule ein wenig anders vor als die moderne. Das unnachsichtige Strafen soll die Normen garantieren, die der Sicherheit einer Gesellschaft dienen.

Das von Hobbes überkommene Problem der historischen Relativität des Sicherheitsbegriffs kann die klassische Schule juristisch fassen. Eine Änderung des Sicherheitsbegriffs ändert die Normen, die eine Gesellschaft stabilisieren sollen. Damit ändert sich die Richtung des Sicherheitsstrafrechts. Binding hält es für selbstverständlich, dass die Anwender des Strafrechts die neue Richtung sofort in die Praxis übernehmen. Das Analogieverbot muss fallen. Die subjektive Auslegung wird durch die objektive ersetzt. Der Strafjurist wird zum Garanten der jeweilig gewollten Sicherheit. Er wird zum Politiker. Das ist Sicherheitsstrafrecht par excellence[6].

In der Folgezeit gibt es nichts Neues. Es gibt nur Varianten des Sicherheitsstrafrechts nach schwankenden politischen Bedürfnissen. Ich rufe die Daten in Erinnerung, die geläufig sind.

Überall in Europa werden im 19. Jahrhundert Kolonialstrafrechte geschaffen. Sie nutzen die Härte, die eine moderne Schule des Strafrechts möglich macht[7]. Die Bestrafung von Terroristen in der Zarenzeit der 2. Hälfte des 19. Jahrhunderts[8] und im deutschen Kaiserreich[9] fasst zusammen, was juristisch inzwischen als Sicherheitsstrafrecht zur Verfügung steht. Es zeigt sich ein hartes, politisch opportunes, juristisch verbrämtes Machtmittel. Das Strafrecht im 1. Weltkrieg hat die gleichen Kennzeichen[10]. Noch einmal gesteigert findet man das Profil

---

6 *Binding*, Grundriß des Deutschen Strafrechts Allgemeiner Teil, 7. Aufl., 1907, S. 202 ff., 226 ff. (S. 229: der Straftäter ist der „Feind" des Rechts); Handbuch des Strafrechts, 1885, S. 17 ff., 450 ff.; Die Normen und ihre Übertretung, Band 1, 4. Aufl., 1922, S. 1 ff., 419 f.

7 *Hattenhauer*, Europäische Rechtsgeschichte, 3. Aufl., 1999, Rn. 1916 ff.; *Vormbaum*, Einführung in die moderne Strafrechtsgeschichte, 2009, S. 146; *v. Trotha*, Liszt in Togo?, in: v. Trotha (Hrsg.), Politischer Wandel, Gesellschaft und Kriminalitätsdiskurse, 1996, S. 237 ff.

8 *J. Baberowski*, Das Justizwesen im späten Zarenreich 1864-1914, in: Zeitschrift für neuere Rechtsgeschichte 13 (1991), S. 156 ff., bes. S. 164 ff.; *Foinitzky*, Art. „Der russische Staat (1. Das russische Kaisertum)", in: v. Liszt (Hrsg.), Die Strafgesetzgebung der Gegenwart in rechtsvergleichender Darstellung, Band 1, 1894, S. 269 ff., bes. S. 276 ff.

9 *Joachim Wagner*, Politischer Terrorismus und Strafrecht im Deutschen Kaiserreich von 1871. 1981, S. 325 ff., 402 ff.

10 *Jünger*, Die Kriegsgesetze, 1915; *Naucke*, Über das Strafrecht des 1. Weltkrieges, in: Über die Zerbrechlichkeit des rechtsstaatlichen Strafrechts, 2000, S. 287 ff.; *Vormbaum* (Fn. 7), S. 153 f.

des Sicherheitsstrafrechts im Revolutionsstrafrecht Russlands nach der Oktoberrevolution 1917[11], aber auch in Deutschland im Strafrecht der Münchener Räterepublik 1918/19[12]. Die Formlosigkeit, die unbegrenzbare Härte und die entsetzliche Brutalität, die das Sicherheitsstrafrecht bereitstellt, werden in den Diktaturen des 20. Jahrhunderts abgerufen. Die sowjetischen, die nationalsozialistischen und die faschistischen Sicherheiten haben andere Inhalte. Zu ihrem Schutz nutzen sie aber das gleiche Instrument: das Sicherheitsstrafrecht.

Nach dem 2. Weltkrieg erschrecken wir über die Gewalttätigkeit des Sicherheitsstrafrechts der Moderne. Wir versuchen, dieses Strafrecht zu beschränken. Aber wir geben es nicht auf. Verbrechensbekämpfung bleibt das oberste Ziel des Strafens. Die Beschränkung dieses Ziels wird schnell schwach. Die naturrechtliche Begründung für diese Beschränkung wird alsbald verworfen[13]. Die Anlässe, das Sicherheitsstrafrecht wieder in seine politische Rolle zurückzuholen, nehmen zu. Und schnell steht das Sicherheitsstrafrecht mit seinen juristischen Formen und seinen Härten wieder zur Verfügung, überall in Europa. Man braucht nur an die lange Tradition anzuknüpfen. Auch die EU tut dies. Ihre sichtbarsten Versuche auf strafrechtlichem Gebiet sind die Regeln zum Schutz ihres Vermögens, zum Schutz gegen „Terrorismus“ und zum europäischen Haftbefehl. Das ist pures Recht der Verbrechensbekämpfung, pures Sicherheitsstrafrecht. Selbst das Wiederauftauchen des Feindstrafrechts ist nicht verwunderlich. Es gehört zur festen Tradition des modernen Strafrechts.

III. Aktuelles materielles und prozessuales Strafrecht: Ausprägungen des Sicherheitsstrafrechts

Bisher ging es um die großen Themen der Straftheorie. Ich prüfe meine Auffassung von der robusten Tradition des Sicherheitsstrafrechts an Einzelfragen der Dogmatik.

Zunächst zum *Besonderen Teil des Strafrechts*: Zu beobachten ist in diesem Bereich eine ständi ge Ausweitung seit dem Erstarken einer Theorie der Sicherheit

---

11 Allgemeine Übersicht: *Hattenhauer* (Fn. 7), Rn. 1962 ff.; für das Strafrecht: *Cattaneo*, Strafrechtstotalitarismus, 2001, S. 131 ff. (= Terrorismo e Arbitrio, 1998, S. 129 ff.); Einzelheiten bei *Maurach*, System des Russischen Strafrechts, 1928, S. 35 ff. und bei *F.-C. Schroeder*, 74 Jahre Sowjetrecht, 1992, S. 10 ff.

12 *Barreneche*, Materialien zu einer Geschichte der Münchener Räterepublik 1918/1919, 2004.

13 In der Mitte der sechziger Jahre des vorigen Jahrhunderts; vgl. *U. Neumann* und *Hassemer*, in: D. Simon (H.), Rechtswissenschaft in der Bonner Republik, 1994, S. 158 ff. und S. 276 ff.

durch Strafe. Sobald Sicherheitsbedürfnisse größer werden oder sobald neue Sicherheitsbedürfnisse entstehen, tritt das Strafrecht auf den Plan. Sicherheitsbedürfnis führt zu Strafrecht: das ist ganz einfach zu denken.

Seit der Mitte des 19. Jahrhunderts entsteht ein umfangreiches Vermögens- und Wirtschaftsstrafrecht. Die Konjunktur dieses Gebiets ist ungebrochen. Am Anfang der Erörterung eines EU-Strafrechts steht das Vermögens- und Wirtschaftsstrafrecht. Das Staatsschutzstrafrecht dehnt sich in jeder politischen Epoche weiter aus. Straßenverkehrsstrafrecht und Umweltstrafrecht nehmen einen immer größeren Raum in den Strafgesetzbüchern ein. Das zu wenig beachtete Nebenstrafrecht wird zu einem riesigen Sammelbecken für strafrechtlich zu bedienende Sicherheitsbedürfnisse. Hier entstehen Gesundheitsstrafrecht, Medizinproduktstrafrecht, Datenschutzstrafrecht, Waffenstrafrecht, Vereinsstrafrecht, Verkehrsstrafrecht, Eisenbahnstrafrecht, Luftverkehrsstrafrecht, Kriegsstrafrecht, Militärstrafrecht, Verbraucherschutzstrafrecht. Dies sind nur Beispiele aus einer unabsehbar langen Liste[14].

Der *Allgemeine Teil des Strafrechts* zögert nicht, den Forderungen des Sicherheitsstrafrechts nachzukommen. Ganz deutlich ist das im Sanktionenrecht. Die Tendenz zu sichernden Strafen und Maßregeln ist klar. Der ungefährliche Straftäter wird milde behandelt. Der gefährliche Straftäter wird mit aller Härte behandelt. Die Entwicklung der Maßregeln ist das Hauptkennzeichen dieser Tendenz. Durchdacht werden sie in der modernen Schule. In den Strafgesetzen tauchen sie im 20. Jahrhundert auf. Ihr Ausbau ist unaufhaltsam. Die lebenslange Sicherungsverwahrung ist juristisch unsensationell. Die nachträgliche Sicherungsverwahrung wird verfassungsrechtlich gesichert[15]. Die Sicherungsverwahrung, auch die nachträgliche Sicherungsverwahrung für Heranwachsende als zweckmäßig für die innere Sicherheit, ist nicht zu vermeiden (§ 106 JGG).

Die *dogmatischen Begriffe* des Allgemeinen Teils verweigern sich dem Sicherheitsstrafrecht nicht, im Gegenteil.

Am klarsten zeigt sich dies am *Begriff des geschützten Rechtsguts.* Ziel des Schutzes ist Sicherheit des Rechtsguts. Das Strafrecht des Rechtsgüterschutzes kann nichts anderes als Sicherheitsstrafrecht sein. Die Intensität des erwarteten

---

14 Diese Liste ist bei den Debatten über Sicherheitsstrafrecht zu wenig gegenwärtig. Das liegt an der Neigung der modernen Lehrbücher, bei der Darstellung des positiven Strafrechts konzentriert allein auf ein StGB zu blicken. Vgl. dagegen als zeitgenössisches Beispiel den Überblick über die unbeherrschbare Menge an Nebenstrafrecht, die gleich nach dem Inkrafttreten des RStGB zur Verfügung stand, die Darstellung von *Seuffert*, Art. „Deutsches Reich", in v. Liszt (Hrsg.) – Fn. 8 – S. 30-112.

15 BVerfG, NJW 2004, 750 und NJW 2006, 3483.

Rechtsgutsschutzes bestimmt die Intensität des Sicherheitsstrafrechts. Die außerordentliche Wandelbarkeit des erwarteten Rechtsgutschutzes erklärt die außerordentliche Wandelbarkeit des Sicherheitsstrafrechts.

Die uferlose Ausweitung der *Kausalität* in der Blützeit der modernen Schule am Ende des 19. Jahrhunderts durch die „Bedingungstheorie" kann die entfernteste Gefahr für die Sicherheit eines Guts oder eines Interesses erfassen. Die aktuelle Lehre von der objektiven Zurechnung ist der kraftlose Versuch, wenigstens die völlig ungefährlichen, risikoarmen Verhalten aus dem Zugriff der strafrechtlichen Kausalitätslehre zu befreien.

Die ausgebreitete Bestrafung der *Unterlassung* geschieht zur stärkeren Sicherung eines Rechtsguts. Das Sicherheitsstrafrecht verlangt Schutz von Rechtsgütern nicht nur gegen gefährliches Tun, sondern auch gegen Unterlassen möglichen gefahrmindernden Schutzes.

Der *Versuch* ist Ausweitung der Strafbarkeit zur Erlangung von mehr Sicherheit. Die Grenze des Versuchs wird schwach. Wenn der Versuch Gefahren für die Sicherheit bringt, dann doch auch die Vorbereitung und die Vorbereitung der Vorbereitung. So werden der Kauf und der Besitz gefährlicher Stoffe und das Erlernen der Beherrschung von gefährlichen Waffen zu Straftaten.

Die strafbare *Beteiligung* ist Strafausdehnung im Interesse der Sicherheit von Rechtsgütern. Die Grenze ist auch hier schwach. Das Ziel des Sicherheitsstrafrechts ist der Einheitstäter, verbunden mit einer weiten Kausalitätslehre. Für das Sicherheitsstrafrecht ist dogmatisch jeder Mensch ein Täter, der nach den Umständen zur Verursachung eines Schadens beigetragen hat. Diese Formulierung stammt aus einer geltenden Vorschrift des Besonderen Teils des deutschen Strafgesetzbuchs (§ 142 Abs. 5 StGB). Ähnlich wegweisend denkt das deutsche Ordnungswidrigkeitenrecht (§ 14 OWiG). Neu ist das nicht. 1893 fordert v. Liszt, die verwickelte Teilnahmelehre durch den „einfachen" Satz abzulösen:

> Wer eine Bedingung zu dem eingetretenen Erfolge gesetzt hat, ist für diesen verantwortlich[16].

Einen noch größeren Beitrag zum Sicherheitsstrafrecht leistet eine Mischung aus verschwundener Versuchsgrenze und aufgelöster Teilnahmelehre. Ich meine die Bestrafung der „Bildung" gefährlicher „Gruppen" oder „Vereinigungen" (§§ 127 ff. des deutschen StGB). Diese dogmatische Figur ist begrifflich unbeherrschbar und befreit von genauem prozessualem Denken. Das abstrakte

16 *v. Liszt*, Aufsätze und Vorträge, Band 2, 1905, S. 88.

Gefährdungsdelikt macht bei einem Gesetzgeber, der Sicherheit durch Strafen verspricht, eine steile Karriere.

Ein folgerichtiges Sicherheitsstrafrecht müsste die gefährliche *Gesinnung* bestrafen. Die Theoretiker des Sicherheitsstrafrechts weisen eine solche Überlegung zurück.

Will man die genauen Gründe dafür wissen, erhält man eine ungenaue Auskunft. Ein Gesinnungsstrafrecht zur Erhöhung von Sicherheit sei wohl doch unverhältnismäßig. Das ist ein schwacher Schutz gegen ein Gesinnungsstrafrecht.

Der Umbau des Strafverfahrensrechts und des strafrechtlichen Gerichtsverfassungsrechts zu Instrumenten der Vermehrung von Sicherheit geht schnell. Zum Ziel jedes Strafverfahrens wird eben die Vermehrung von Sicherheit erklärt. Formen und Inhalte, die diesem Ziel abträglich sind, werden geschwächt. Einfach müssen die Verfahrensformen werden. Die verdachtsunabhängige Kontrolle ist die kongeniale prozessuale Maßnahme zum abstrakten Gefährdungsdelikt. Schnell muss das Verfahren gehen. Ungefährliche Täter müssen unaufwendig ausgeschieden werden. Das beschleunigte Verfahren wird ausgeweitet. Die Begründungspflichten für Entscheidungen werden erleichtert. Die Rechtsmittelzüge werden verkürzt. Die Besetzung der Gerichte wird vereinfacht. Die Laienbeteiligung geht zurück. Die Unabhängigkeit der Richter ist nicht mehr selbstverständlich. Die informelle Erledigung von Strafverfahren bemüht sich erfolgreich, gefährliche von ungefährlichen Straftätern zu trennen. Im grauen strafrechtlichen Agieren bei Einstellungen und Absprachen erlischt anspruchsvolles prozessuales Handeln. Fast widerstandslos schieben sich Polizeirecht und Strafprozessrecht zu einer Sicherheitsarchitektur zusammen.

IV. Das Sicherheitsstrafrecht und die Aufgaben der Strafrechtswissenschaft

Was tun? Die Strafrechtswissenschaft hat drei Möglichkeiten, dem Sicherheitsstrafrecht zu begegnen.

1. Die Strafrechtswissenschaft kann, das ist die erste Möglichkeit, das Sicherheitsstrafrecht als ihren eigentlichen modernen Gegenstand akzeptieren. Damit bleibt sie in der Tradition. Und sie bleibt aktuell. Sie bleibt dicht an der aktuellen Politik. Dies ist die einfachste Möglichkeit.

Man beschwört Gefahren. Man verlangt Prävention. Man denkt unaufwendig in Zweck-Mittel-Relationen. Man legt das gesetzliche Sicherheitsstrafrecht objektiv aus. Man erfindet immer neue Sanktionen und Ausnahmen von diesen Sanktionen, falls ein Verhalten als ungefährlich unbestraft gelassen werden kann. Die

Strafrechtswissenschaft erwirbt sich damit politischen Respekt. Sie wird medienwirksam. Und sie wird als praktisch vernünftig gelobt.

Mit dieser Möglichkeit hat die Strafrechtswissenschaft in der Moderne viel Erfahrung. Zu dieser Erfahrung gehört freilich auch, dass die Strafrechtswissenschaft mit der Unterstützung des Sicherheitsstrafrechts alle Distanz zur aktuellen Politik verliert. Damit wird sie selbst Politik. Scheitert diese Politik, dann scheitert die dazugehörende Strafrechtswissenschaft. Damit kann sie auf Wissenschaftlichkeit keinen Anspruch mehr erheben. Die Strafrechtswissenschaft, die ausschließlich Sicherheitspolitik betreibt, hebt sich selbst auf.

2. Die Strafrechtswissenschaft kann, das ist die zweite Möglichkeit, einen Kompromissfrieden mit dem Sicherheitsstrafrecht schließen. Man akzeptiert die Notwendigkeit eines Sicherheitsstrafrechts. Zugleich verlangt man die Einhaltung rechtsstaatlicher Prinzipien. Das führt zu einem neuen strafrechtlichen Gebiet, dem „rechtsstaatlichen Sicherheitsstrafrecht“[17]. Dieser Ausdruck bezeichnet eine Denkweise. Diese Denkweise hat sich als wissenschaftliche Denkweise weit verbreitet. Massimo Donini hat diese Denkweise unter Berufung auf Arbeiten von Winfried Hassemer präzise und zustimmend für diese Tagung be schrieben[18]. Man prüft alle rechtsstaatlichen Prinzipien auf ihre Vereinbarkeit mit dem Sicherheitsstrafrecht. Aber mit diesem Vorgehen hat die Strafrechtswissenschaft gegen das Sicherheitsstrafrecht schon verloren. Das Sicherheitsstrafrecht saugt die rechtsstaatlichen Prinzipien aus.

Beispiele: Die Verfassungsprinzipien werden weich. Man nutzt Verfassungstexte, z.B. das deutsche Grundgesetz, um ein Grundrecht auf Sicherheit zu erzeugen. Es geht auch einfacher und massiver. Die Charta der Grundrechte der EU garantiert in Überschrift und Text von Art. 6 ein „Recht auf Sicherheit“.

Das hat Konsequenzen. Die Genauigkeit der Strafgesetze wird relativiert – eine alte Linie des Sicherheitsstrafrechts. Das Analogieverbot verliert an Ansehen. Das Rückwirkungsverbot wird uninteressant. Folter wird juristisch möglich. Man erfindet Zonen ohne Rechtsstaat. Rechtsstaatswidrige Eingriffe wie die nachträgliche Sicherungsverwahrung werden mit verfassungsrechtlichen Argumenten gerettet[19]. Die Verhältnismäßigkeit spielt wieder ihre alte Rolle bei der Stärkung der Verbrechensbekämpfung. Sie stützt die Bestrafung von Verhalten weit im Vorfeld einer Tat und konsequent die verdachtsunabhängige Kontrolle.

---

17 Den Ausdruck übernehme ich von *Hassemer*, Sicherheit durch Strafrecht, in: Hassemer, Strafrecht. Sein Selbstverständnis, seine Welt, 2008, S. 269.

18 In: *Vormbaum* (Hrsg.), Jahrbuch der Juristischen Zeitgeschichte, Band 10 (2008/2009), S. 314 f.

19 Nachweise oben in Fn. 15.

Die Verhältnismäßigkeit bringt die Sicherheit in einen politischen Wettbewerb mit der Freiheit. Dabei gewinnt allemal die Sicherheit.

Das rechtsstaatliche Sicherheitsstrafrecht ist nur eine Seite im Buch der Verschönerung der Sicherheitsstrafe.

Die Denkform „rechtsstaatliches Sicherheitsstrafrecht" übersieht, dass die Sicherheitsstrafe ein selbstständiges, wegen der Unerreichbarkeit von Sicherheit unbegrenztes politisches Instrument ist. „Rechtsstaat" ist in der Tradition kein Teil des Sicherheitsstrafrechts, kann auch nicht nachträglich dazu gemacht werden. „Rechtsstaatliches Strafrecht" ist ein eigenständiges Rechtsgebiet, das als negatives Strafrecht dem Sicherheitsstrafrecht entgegentritt.

3. Die Strafrechtswissenschaft kann, das ist die dritte Möglichkeit, kompromisslose Kritik aller Sicherheitsstrafrechte sein. Diese Möglichkeit entsteht nur für eine politisch unabhängige Strafrechtswissenschaft. Strafrechtskritik und politische Unabhängigkeit gehören zusammen. Unabhängigkeit bedeutet nicht Bequemlichkeit, im Gegenteil. Das Sicherheitsstrafrecht ist bequem, verlangt keine intellektuelle Anstrengung. Die wissenschaftliche Kritik am Sicherheitsstrafrecht ist begrifflich aufwendig. Aber eine Wissenschaft vom Strafrecht, die ihre Unabhängigkeit nicht zur Kritik des Sicherheitsstrafrechts nutzt, verdient ihren Namen kaum.

Eine bedingungslose Kritik am Sicherheitsstrafrecht bringt das Sicherheitsproblem im Staat wieder in den Bereich, in den es gehört. Die Politik muss dem Bürger sagen, wieviel Unsicherheit tatsächlich besteht und wer für Unsicherheit überprüfbar verantwortlich ist. Die Politik muss vor allem sagen, wieviel Unsicherheit der Bürger in einer demokratischen freiheitlichen Lebensform zu ertragen hat. Verspricht die Politik dem Bürger ein risikofreies angenehmes Leben, hergestellt durch ein weltweit, auch im pakistanisch-afghanischen Grenzgebiet wirkendes Sicherheitsstrafrecht, so verspricht sie etwas Unmögliches. Aber sie verspricht zugleich etwas Mögliches: eine timide, unfreie, risikoscheue, ständig misstrauische Gesellschaft. Die Fundamentalkritik am Sicherheitsstrafrecht ist überfällig. Diese Fundamentalkritik muss die Grenze zwischen rechtlicher Strafe und polizeilicher, autoritärer Sicherheitspolitik wieder mit intellektueller Schärfe ziehen.

Die Kriterien für die Kritik am Sicherheitsstrafrecht sind nicht neu. Sie stammen aus dem wissenschaftlichen Widerstand gegen das vitale machtnahe Sicherheitsstrafrecht seit dem 18. Jahrhundert. Dieser Widerstand ist an erster Stelle Abwehr, Negation des Sicherheitsstrafrechts. Das Positive sucht man vergeblich.

Der Widerstand gruppiert sich um die Gewissheit, dass Strafe nur auf ein ungerechtes, zurechenbares Tun in der Vergangenheit reagieren kann. Sicherung,

Prävention, Gestaltung der Zukunft, Steuerung der Gesellschaft sind durch Strafe nicht erreichbar. Diese strafrechtliche Haltung rechnet mit einer unvermeidbaren Gefährlichkeit modernen Lebens.

Nur aus dieser Gewissheit folgen Einzelheiten: Unabhängigkeit der Justiz, präzise Formen des Prozesses, humane Sanktionen, Genauigkeit der Strafgesetze, Analogieverbot, Rückwirkungsverbot, Kernstrafrecht. Für viele Strafrechtswissenschaftler klingen diese Kriterien museal. Aber sie sind alles andere als museumsreif. Diese Kriterien müssen neu erforscht und neu begründet werden. In den Akademien muss wenigstens ein Teil der Strafrechtswissenschaft mit persönlicher Überzeugung zeigen, dass diese Kriterien, zusammengefasst im „rechtsstaatlichen Strafrecht", dem Sicherheitsstrafrecht Grenzen setzen können.

„Schulenstreit"?

Der Stand der Debatte

Als „Schulenstreit" bezeichnet man eine Auseinandersetzung über die richtige Straftheorie am Ausgang des 19. und im ersten Viertel des 20. Jahrhunderts. Als Streitlager werden gesehen: die klassische Schule mit dem Schulhaupt Karl Binding (1841-1920) und die moderne Schule mit dem Schulhaupt Franz v. Liszt (1851-1919). Der Streitgegenstand wird bestimmt als Kampf zwischen der Vergeltung der Tat durch repressive Strafe und der Resozialisierung des Täters durch präventive Strafe: Repression gegen Prävention durch Strafe, Vergeltungsstrafe gegen Zweckstrafe[1] Das Ende des Schulenstreits wird als Kompromiss beschrieben: eine Vereinigungstheorie der Strafe, eine Vereinigung der präventiven zweckmäßigen Strafe mit der repressiven vergeltenden Strafe. Die Zeitgenossen haben den Verlauf des Schulenstreits so gesehen[2]. Bis in die aktuelle Literatur wird der Verlauf des Schulenstreits so dargestellt[3].

Seit einigen Jahren zeigt sich freilich eine – noch schmale – Debattenlinie, die den Schulenstreit neu in die Geschichte der Strafrechtswissenschaft einordnet. Dass es im Schulenstreit um einen Streit über die richtige Straftheorie ging, wird nicht bezweifelt. Aber die Prinzipienhaftigkeit des Streits wird überdacht. Der Unterschied zwischen der klassischen und der modernen Schule (und damit der Unterschied zwischen Vergeltung und Prävention, zwischen Vergeltungsstrafe und Zweckstrafe) wird geringer eingeschätzt als in der üblichen Schilderung des

---

1 So die Charakterisierung des Gegenstands des Schulenstreits bei *E. Schmidt,* Einführung in die Geschichte der deutschen Strafrechtspflege, 3. Aufl. Göttingen 1965, S. 387; ähnlich *Rüping / Jerouschek,* Grundriß der Strafrechtsgeschichte, 4. Aufl. München 2002, Rn. 254 ff.

2 Materialreiche Übersicht über die zeitgenössische Literatur zum Schulenstreit bei *R. v. Hippel,* Deutsches Strafrecht 1, Berlin 1925, S. 473 ff., 487 ff. Vgl. weiter *Binding,* Grundriß des Deutschen Strafrechts Allgemeiner Teil, 7. Aufl. Leipzig 1907, S. 213 ff.; *E. Schmidt* (Fn. 1), §§ 321, 322; *H. Mayer;* Strafrecht Allgemeiner Teil. Stuttgart 1953, S. 31 f.; *Rüping/Jerouschek* (Fn. 1), Rn. 254 ff.

3 Präzise: *Jescheck/Weigend,* Lehrbuch des Strafrechts Allgemeiner Teil, 5. Aufl. Berlin 1996, S. 76 f. und *A. Koch,* Binding vs. v. Liszt, in: Hilgendorf / Weitzel (Hrsg.), Der Strafgedanke in seiner historischen Entwicklung, Berlin 2007, S. 127 ff. – Vgl. auch *Roxin,* Strafrecht Allgemeiner Teil, 3. Aufl. München 1997, § 4 Rn. 3; *H. Mayer,* Strafrecht Allgemeiner Teil, Stuttgart 1967, S. 18 f.; *Hassemer;* NK-StGB, Baden-Baden 1995, Rn. 407-428 vor § 1; *Schmidhäuser,* Strafrecht Allgemeiner Teil. 2. Aufl. Tübingen 1984, S. 10 f.

https://doi.org/10.1515/9783111284439-008

Schulenstreits[4]. Diese neue Debattenlinie greift der folgende Text auf mit dem Ziel, diese Linie zu festigen[5].

Die Voraussetzungen für die Rede von einem „Schulenstreit"

Die Hauptvoraussetzung für die Konstruktion des strafrechtlichen Schulenstreits ist eine dogmatische Entgegensetzung von Vergeltung und Prävention durch Strafe. Unter Vergeltung versteht man die strafende Reaktion auf eine Tat in der Vergangenheit und unter Prävention die strafende Reaktion auf einen Täter im Interesse der Zukunft. Es scheinen zwei völlig unterschiedliche Strafrechtsarten miteinander zu streiten, ein vergangenheitsorientiertes (klassisches) und ein zukunftsorientiertes (modernes) Strafrecht. Für die Strafrechtswissenschaft öffnet sich ein schier unerschöpfliches Argumentationsfeld. Die Schulstrategien sammeln sich um zwei Hauptargumente. Die klassische Schule betont einen Strafbegriff, der auf die unrechte Tat mit der Bestrafung des Täters reagiert. Das ermöglicht der klassischen Schule den Vorwurf an die moderne Schule, sie, die moderne Schule, gebe das Strafrecht auf und führe ein polizeilich ausgerichtetes soziales Kontrollrecht ein[6]. Die moderne Schule hält der klassischen Schule vor, die vergeltende Strafe habe keinen Nutzen für die Gesellschaft, verfehle also das Ziel eines gegenwartsnahen Strafrechts; das Strafrecht, das die Moderne aber brauche, sei das Strafrecht der Prävention[7].

Diese Haltungen zum Strafrecht sind unvereinbar. Es ist nicht verständlich, dass es zu einem Kompromiss aus dem Schulenstreit in der Form einer Vereinigung von klassischer und moderner Schule kommen konnte, es sei denn, an der

---

4 In zeitlicher Reihenfolge: *Marxen,* Der Kampf gegen das liberale Strafrecht, Berlin 1975, S. 28 ff.; *H. Müller,* Der Begriff der Generalprävention im 19. Jahrhundert, Frankfurt/M. 1984, S. 296 ff.; *Frommel,* Präventionsmodelle in der deutschen Strafzweckdiskussion , Berlin 1987, S. 42 ff.; *Westphalen,* Karl Binding (1841-1920), Frankfurt/M. 1989, S. 475 ff.; C. *Bohnert,* Zu Straftheorie und Staatsverständnis im Schulenstreit der Jahrhundertwende, Pfaffenweiler 1992 , bes. S. 150 ff.; *Vormbaum,* ZStW 116 (2004), S. 197; *J. Vogel,* Einflüsse des Nationalsozialismus auf das Strafrecht, Berlin 2004, S. 12 ff.; *A. Koch* (Fn. 3), bes. S. 142 ff.; *Mushoff,* Strafe – Maßregel – Sicherungsverwahrung, Frank- furt/M. 2008, S. 12 ff.; *Vormbaum,* Einführung in die moderne Strafrechtsgeschichte, Berlin 2009; S. 137 ff.; *Germann,* Zweispurige Verbrechensbekämpfung, in: Rechtsgeschichte 14 (2009), hrsg. von Stolleis, S. 111.

5 Damit setze ich frühere Versuche fort; vgl. Über die Zerbrechlichkeit des rechtsstaatlichen Strafrechts, Baden-Baden 2000, S. V ff. und S. 251 f.; Rechtstheorie und Staatsverbrechen, in: Binding / Hoche, Die Freigabe der Vernichtung lebensunwerten Lebens (1920), Berlin 2006, S. IX ff.; in: Hilgendorf / Weitzel (Fn. 3), S. 121 Anm. 80.

6 *Birkmeyer,* Was läßt Franz von Liszt vom Strafrecht übrig?, München 1907.

7 *v. Liszt,* Der Zweckgedanke im Strafrecht, Aufsätze und Vorträge 1 , Berlin 1905 , S. 126 ff.

Beschreibung und Entgegensetzung der Schulen stimmt etwas nicht. Möglicherweise haben klassische und moderne Schule die gleiche politische Absicht beim Strafen, liegen nicht im wissenschaftlichen Streit miteinander, sondern stehen im politischen Wettbewerb um den Zugang zur strafenden staatlichen Macht – und der Kompromiss aus dem Schulenstreit ist kein Kompromiss, sondern eine Machtsumme aus vergeltender Repression und resozialisierender Prävention.

Zweckfreie und zweckmäßige Vergeltung durch Strafe

„Alle Strafe ist Zweckstrafe“ – „Die Strafe ist Mittel zum Zweck“.

Diese Zitate stammen aus Kerntexten des Schulenstreits. Diese Zitate müssten klar der modernen Schule zugeordnet werden, falls der Schulenstreit bisher richtig dargestellt worden ist.

„Alle Strafe ist Zweckstrafe“ ist eine Formulierung Bindings[8]. „Die Strafe ist Mittel zum Zweck“ ist eine Formulierung v. Liszts[9]. Inhaltliche Unterschiede zwischen den Formulierungen bestehen nicht.

Die Unterschiede, die man dennoch zu sehen meint, liegen an einer ungenauen Auffassung des Vergeltungsgedankens in der klassischen Schule. In der Tat findet sich in Texten der klassischen Schule häufig die Anrufung der vergeltenden Strafe[10]. Aber bei der Erörterung von Vergeltung durch Strafe muss eingerechnet werden, dass es zwei Vergeltungsformen gibt: die zweckfreie und die zweckreiche Vergeltung.

Die Vorstellung von der Strafe als zweckfreier, reiner Vergeltung gewinnt durch Kant am Ende des 18. und am Anfang des 19. Jahrhunderts klare Konturen. Die zweckmäßige Strafe, die Strafe, die einem tatsächlich vorkommenden Ziel dient, sieht Kant als bloßes Politikum an. Dieses Politikum ändere sich von Epoche zu Epoche, sei unverbindlich und habe mit Gerechtigkeit nichts zu tun. Das zweckmäßige Strafrecht komme so weit wie die zweckmäßige Politik, die dieses Strafrecht brauche. Kants Suche nach einem zweckfreien Strafrecht ist mühsam. Jedenfalls kann er formulieren, ein von allen empirischen Zwecken

8 *Binding* (Fn. 2), S. 235 (im Original gesperrt).

9 *v. Liszt* (Fn. 7), S. 161.

10 *Binding* (Fn. 2), § 92. – Vgl. die Nachweise bei *Westphalen* (Fn. 4), S. 144 ff. und *H. Müller* (Fn. 4), S. 306 ff.

gereinigtes, erkenntnistheoretisch gesichertes Strafrecht könne nur ein enges, die Verletzung von Menschenrechten vergeltendes Strafrecht sein[11].

Wenn man von einem solchen reinen, unpolitischen, zweckfreien Strafrecht nach dem kantischen Aufwand ausgeht, ein solches Strafrecht in langwierigen Bemühungen aufbaut und in Einzelheiten bis zum Kostenrecht verfolgt – und ein solches Strafrecht gegen ein stets den aktuellen politischen Absichten nahes Strafrecht setzt: dann kann es einen Schulenstreit geben, genauer, einen strafrechtlichen Prinzipienstreit geben um die Frage, ob Strafrecht als Recht überhaupt möglich ist. Diese Frage macht scharf abgegrenzte wissenschaftliche und praktische Haltungen, Arbeitsweisen, Organisationen und damit Folgen für Staat und Gesellschaft möglich. Dies wäre der Streit des reinen gegen das politische Strafrecht. Dies wäre ein Schulenstreit, der freilich Kompromisse nicht duldete. Dazu aber kommt es in der Auseinandersetzung zwischen klassischer und moderner Schule nicht.

Das reine Vergeltungsstrafrecht findet im 19. Jahrhundert und danach keine Anhänger[12]. Vielleicht bleibt dieses reine Strafrecht mit allen Folgen für die Formulierung des materiellen Rechts, des Verfahrensrechts, des Gerichtsverfassungsrechts und der Praxis des Strafvollzugs ein untergründiges Ideal bei vielen Strafrechtsdebatten. In der Realität des Strafens bildet sich aber ein zweckmäßiges Vergeltungsstrafrecht aus, das unbescheidene Anleihen bei Kant macht.

Karl Binding und die klassische Schule sind dafür ein einprägsames Beispiel. Man liest hehre Sätze wie diese: Strafe ist Vergeltung allein für den Rechtsbruch. Die Straftat ist Auflehnung gegen die Autorität des Gesetzes. Die Strafe ist Unterwerfung des Täters unter die Herrlichkeit des Gesetzes[13].

Man kann solche Sätze als Anspielung auf kantische Formulierungen lesen, etwa auf den Satz „das Strafgesetz ist ein kategorischer Imperativ“[14], als Anspielung also auf ein reines zweckunabhängiges Strafrecht. Aber das wäre ein naives Missverständnis der klassischen Schule.

---

11 *Kant,* Metaphysik der Sitten, Ausgabe Meiner. Hamburg 1954, S. 154 ff., 158 ff. – Einzelbelege: *Naucke,* Die Reichweite des Vergeltungsstrafrechts bei Kant, SchlHA 1964, S. 203 ff. und: Kants Kritik der empirischen Rechtslehre, Stuttgart 1996.

12 Einzelnachweise bei *Frommel* (Fn. 4), S. 104 ff.; *Naucke,* Über den Einfluß Kants auf Theorie und Praxis des Strafrechts im 19. Jahrhundert, in: Blühdorn / Ritter (Hrsg.), Philosophie und Rechtswissenschaft, zum Problem ihrer Beziehung im 19. Jahrhundert, Frankfurt/M. 1969, S. 27 ff.

13 *Binding* (Fn. 2), S. 226 ff.; *Binding,* Die Normen und ihre Übertretung, Bd. 1 , 4. Aufl. Leipzig 1922, S. 419 f.

14 *Kant* (Fn. 11), S. 159.

Bindings klassisches Strafrecht ist zweckmäßige Kriminalpolitik wie das Strafrecht der Modernen[15]. Die Normen sind die Grundlage des klassischen Strafrechts. Die Normen bezeichnen jene Regeln, nach denen sich Gesellschaft und Staat zu richten haben, damit geordnete Verläufe gesichert sind. Die Normen bestehen zeitlich vor den Gesetzen. Die Gesetze nehmen die Normen auf und bestätigen und sichern sie dort, wo man das für wichtig hält, durch Strafe. Je deutlicher und unverbrüchlicher die Strafe auf den Normbruch folgt, umso deutlicher und sicherer ist die vom Gesetz gestützte Norm. Die Strafe hat den Zweck der Normsicherung. Vergeltung ist die notwendige Bestrafung für die Verletzung des Gesetzes, ist das wirksamste Mittel der Normstärkung.

Das ist beispielhafte zweckmäßige Vergeltung. Zur zweckmäßigen Prävention besteht kein prinzipieller Unterschied. v. Liszt hat keine intellektuelle Mühe, die moderne Zweckstrafe über eine an Binding angelehnte Normentheorie – angeblich eine eigentümliche Erfindung der Klassiker – zu formulieren[16].

Die Strafzwecke der Klassiker und der Modernen haben die gleiche Absicht[17]. Zweckmäßige Vergeltung und zweckmäßige Prävention zielen gleichermaßen in die Zukunft, wollen künftige Stabilität des gerade vorgefundenen Gemeinwesens. Die tatsächlich anzuwendenden Mittel sind unterschiedlich formuliert: zweckmäßige Vergeltung hier, zweckmäßige Resozialisierung dort. Aber das ist die Oberfläche. Die Hauptvertreter der klassischen und der modernen Schule haben das früh gesehen:

> Der Staat ... bekämpft den Feind des Rechts mit der Macht des Rechts ... (die Strafe ist für den Staat) nur ein Mittel zum Zweck (*Binding*)[18].
>
> Die Schutzstrafe ist die richtig verstandene Vergeltungsstrafe. Repression und Prävention sind keine Gegensätze (*v. Liszt*)[19].

Die parallelen Kriminalpolitiken in Klassik und Moderne

In beinahe jeder aktuellen strafrechtlichen Gesamtdarstellung findet man den Satz „Strafrecht ist Rechtsgüterschutz“. Für diesen Satz kann man sich nach Belieben auf Binding oder v. Liszt berufen[20]. Es gibt keinen Unterschied. Dass

15 *Frommel* (Fn. 4), S. 104 ff., 193 bezeichnet diesen Zustand plastisch als „verdeckt-relative" Strafbegründung.

16 Verblüffend *v. Liszt,* Lehrbuch des Deutschen Strafrechts, 14. Aufl. Berlin 1905, S. 65 f.

17 S. den Vergleich der Schulen bei *Marxen* (Fn. 4), S. 28 ff.

18 *Binding* (Fn. 2), S. 229.

19 *v. Liszt* (Fn. 7), S. 175.

20 *Binding,* Handbuch des Strafrechts, Leipzig 1885, S. 169 f.; *v. Liszt* (Fn. 7), S. 149, 163 f.

Rechtsgüter flüchtige Gebilde sind, die sich ändern, ergänzen, die auch verschwinden oder revolutionär neu entstehen, ist beiden Schulen geläufig. Dass Rechtsgüter kaum begrenzbar sind, finden beide Schulen normal. Die Lehrbücher Bindings und v. Liszts registrieren das gesamte positive Strafrecht ihrer Zeit. Ohne Nachdenken geraten der Besitz von Kolonien, das Militär, das Gesundheitswesen, die Kriegsorganisation, das Funktionieren der Wirtschaft, die Umwelt zu strafrechtlich schützenswerten Rechtsgütern.

Das Schutzmittel, die Strafe, ist in den beiden Schulen der Formulierung nach verschieden, aber nicht in der Sache. Es geht stets um zwangsweise Anpassung des Täters. Bindings Vorstellung vom „Gehorsam" des Täters gegen die Rechtsordnung, erreicht durch „sieghafte" Strafe[21], ist nichts anderes als v. Liszts Vorstellung von der „Besserung" des Täters, erreicht durch zweckmäßige Strafe[22].

Nebeneinander und zusammen handelnd stehen Klassiker und Moderne auch auf dem Feld der Bekämpfung gefährlicher, möglicherweise bei der Schuld geminderter Täter. Dass gegen die Gefährlichen mit Stärke und Härte gekämpft werden muss, ist beiden Schulen selbstverständlich. „Sicherung der Gesellschaft" auch jenseits oder außerhalb des überkommenen Strafrechts ist beiden Schulen natürlich. Für Binding haben die notwendigen, daher legitimen sichernden Maßnahmen mit der Strafe nichts zu tun. Für v. Liszt ist es gleichgültig, ob man die notwendige, daher legitime Sicherung im Strafrecht oder daneben betreibt[23]. Die spätere Zweispurigkeit ist den kriminalpolitischen Zielen der Klassiker so nahe wie denen der Modernen[24].

Die Bezeichnung der Straftheorie-Debatte am Ende des 19. und am Anfang des 20. Jahrhunderts als „Schulenstreit" ist irreführend. Die Auseinandersetzung zwischen Klassikern und Modernen zeigt das Strafrecht in der Epoche der unbezweifelten staatlichen Präventionstechnik[25]. Klassik und Moderne sind sich ergänzende, vikariierende Politikformen der unbestrittenen Forderung nach gesellschaftlicher Sicherheit und Stabilität durch Verbrechensminderung[26].

---

21 *Binding* (Fn. 2), S. 227 / 228. S. auch *Binding*, Die Normen (Fn. 13), S. 419 Anm. 5: „Die öffentliche Strafe erscheint stets und überall als eine soziale Machtäußerung im Dienste sozialer Selbstbehauptung".

22 *v. Liszt* (Fn. 2), S. 166.

23 *Binding* (Fn. 2), S. 226; ebenso *Birkmeyer* (Fn. 6), S. 52, 97; *v. Liszt* (Fn. 7), S. 64 ff., 73 ff.

24 Ausführliche Belege bei *Mushoff* (Fn. 4), S. 12 ff.

25 Eine wissenschaftlich verwandte Beurteilung mit vielen Nachweisen bei *Frommel* (Fn. 4), S. 135 ff., 131 ff.

26 Ähnlich: *P.-A. Albrecht*, Kriminologie. 3. Aufl. München 2005, S. 39, 44, 365.

Die Geringschätzung der staatsrechtlich begründeten Strafrechtsbegrenzung bei Klassikern und Modernen

Klassiker und Moderne sehen den Staat nur auf der Seite der Strafzwecklehre. Der Staat garantiert die Macht, die Strafzwecke – Normsicherung und /oder Resozialisierung – zu erreichen. Von einer Staatstheorie, die eine staatsrechtliche Pflicht zur begrenzenden Kontrolle des zweckmäßigen Strafrechts hat, ist im Schulenstreit nicht die Rede. Die scharfe Trennung von Strafzweck, der ständig auszuufern droht, und dagegen gesetztem Widerstand gegen diese einseitige Strafzweckdiskussion verschwindet. Die Überwältigung der staatsrechtlichen Theorie einer ständigen Begrenzung des Strafrechts durch die technische Theorie der Strafzwecke ist das eigentliche weitreichende Ergebnis der strafrechtswissenschaftlichen Kleinepoche „Schulenstreit".

Bei Binding findet man eine nicht umfangreiche, aber aussagekräftige spektakuläre Stelle zu diesem Problem. Er notiert gegen Ende des 19. Jahrhunderts den Unterschied zwischen steuerndem Strafzweck und staatsrechtlicher, auf das 18. Jahrhundert zurückzuführender Lehre von der Begrenzung der Handhabung des Strafzwecks. Die staatsrechtliche Strafbegrenzungslehre erklärt er für widersinnig, findet in Montesquieus Forderung nach Gewaltenteilung auch für das Strafrecht einen „seltsamen Gedanken", der die „ganze Gewalt" (des Strafrechts) zerreiße und die zweckmäßige Strafpraxis schwäche. Montesquieu erscheint als ein Fundamentalist, den man im zweckmäßig-pragmatischen Strafen nicht brauchen könne[27].

Die parallele Stelle bei v. Liszt ist noch kürzer, zugleich dunkler. Auf staatstheoretische Überlegungen lässt er sich nicht ein. Die Straftheorie kommt mit dem Begriff des zweckmäßigen Strafens aus. Es sei allerdings nicht zweckmäßig, die Freiheit des Einzelnen dem allgemeinen Interesse an Verbrechensbekämpfung schutzlos preiszugeben; die „im Volke lebenden Rechtsanschauungen" könnten das übelnehmen. Freilich seien diese offenbar den Strafzweck störenden Rechtsanschauungen durch kluge Maßnahmen zu „leiten und zu erziehen". Nicht zweckmäßig seien grausame Strafen, mögen sie auch wirksam sein; das Volk würde solche Strafen nicht verstehen. v. Liszt benennt das Problem einer Strafbegrenzung, nimmt es aber nicht ernst, fasst es als eine Frage zweckmäßiger Volkserziehung auf. Die Grenze der Zweckmäßigkeit ist die einzige Grenze des zweckmäßigen Strafrechts[28].

---

27 *Binding* (Fn. 20), S. 21 ff.

28 *v. Liszt* (Fn. 16), S. 79.

Die weitreichende Bedeutung des Streits zwischen Klassikern und Modernen für die Begrenzung des Strafrechts

Erst wenn man einräumt, dass Klassiker und Moderne das Gleiche wollten, nämlich effektive Verbrechensbekämpfung, kann man beginnen, das strafrechtswissenschaftlich Prägende dieser Debatte zu beschreiben. Debattiert wird allein eine Theorie der Strafwirkung. Der Schulenstreit ist ein von Steuerungsoptimismus erfüllter Beitrag zur gesamten Staatspolitik.

In der Debatte fehlt ein prominentes Stück der Strafrechtstheorie, ein Stück, das in den strafrechtlichen Überlegungen während des 19. Jahrhunderts gegenwärtig war: die staatsrechtliche Seite des Strafrechts, die rechtliche Begrenzung des Strafrechts von außen, das negative Strafrecht.

Das Feld des negativen Strafrechts hatte Montesquieu abgesteckt. Die folgende Zeit hatte dieses Feld entwickelt: Gewaltenteilung für materielles und prozessuales Strafrecht; strengste genaue Gesetzlichkeit als Strafbehinderung (nicht wie bei Feuerbach als Entfaltung eines präventiven Strafrechts[29]); engste Auslegung; Analogie- und Rückwirkungsverbot; Verbot der Doppelbestrafung; Unschuldsvermutung; genaueste Prozessformen; Unabhängigkeit der strafenden Juristen; ermessensfreie Gerichtsverfassung. Verglichen mit Montesquieu hat Kant das negative Strafrecht verschärft. Das politisch unvermeidbare willkürliche Mittel-Zweck-Strafen setze sich zwar immer wieder durch, sei aber eigentlich kein Strafrecht[30]. Das negative Strafrecht ist in der Montesquieu-Kant-Tradition im 19. Jahrhundert weit ausgearbeitet, aber nicht verselbständigt.

Am Beginn der Erörterung, die man „Schulenstreit" nennt, treffen zweckmäßige Vergeltung und zweckmäßige Resozialisierung auf eine juristische Sperre für ihre Strafziele. Die Entwicklung des Strafrechts mit strafökonomischen, kriminalpolitischen Absichten bei Klassikern und Modernen kann nur gelingen, wenn die Tradition des staatstheoretisch begrenzten Strafrechts nicht weitergeführt, der erreichte Stand sogar geschwächt wird. Das gelingt. In diesem Gelingen steckt die Bedeutung des Schulenstreits, die in das 20. und 21. Jahrhundert hineinreicht: die Überwältigung der begrenzenden staatsrechtlichen Strafrechtstheorie durch die technische Straftheorie.

---

29 Einzelbelege in *meinem* Beitrag zu: Hilgendorf/Weitzel (Fn. 3), S. 101 ff.

30 *Kant,* Gesammelte Schriften, herausgegeben von der Preußischen Akademie der Wissenschaften, Bd. XXI, Dritte Abtheilung: handschriftlicher Nachlaß, Achter Band, Berlin und Leipzig 1936, S. 178 f.

Die wichtigsten Einzelheiten:

Der führende Klassiker Binding hält nichts von Gewaltenteilung für das Strafrecht[31]. Kein Klassiker widerruft diese Festlegung. Die Klassiker, an der Spitze Binding, werden für Gesetzespositivisten gehalten, also für Strafrechtswissenschaftler, die das Gesetz um seiner selbst willen hochschätzten. Aber die Klassiker schätzten das Gesetz ausschließlich als Machtmittel bei der Durchsetzung der Norm. Das Gesetz muss nach Machtbedürfnissen, nach den Forderungen der Norm, deren Herkunft unklar, deren Wirkung und Entwicklung offen ist, zu Gebote stehen. Genauigkeit ist unnötig, legt die Strafgewalt zu sehr fest. Binding hält die Geltung des *nullum-crimen*-Satzes für „Tyrannei"[32] über das Strafrecht, eine Formulierung, die unterschwellig viele spätere Überlegungen zum Bestimmtheitsgebot im Strafrecht einfärbt. Die objektive Auslegung allein kann die Norm treffen. Das juristische Verlangen nach subjektiver Auslegung, die aus der Gewaltenteilung folgt, ist bei Binding ein wenig lächerlich. Das Analogieverbot ist in der klassischen Lehre für das Strafrecht unzweckmäßig. Binding empfiehlt nachdrücklich die ausdehnende Auslegung, um einem etwa gesetzlich vorgeschriebenen Analogieverbot zu entgehen. Gegen strafrechtliches Gewohnheitsrecht gibt es keinen klassischen Einwand. Vom Rückwirkungsverbot halten die Klassiker nicht viel; es schadet dem Strafzweck der Normstabilisierung[33].

Die moderne Schule ist nicht eifriger bei der wissenschaftlichen Durchdringung der staatstheoretisch gebotenen Begrenzung des Strafrechts. Das Gesetz braucht man zu Zwecken der Präventionsmechanik. Aber man unterwirft das Gesetz den strafenden Präventionsabsichten. Man hält es für paradox, dass das Strafgesetz den gefährlichen Täter und nicht, wie es sein müsste, den ungefährlichen Bürger schützt. Bei v. Liszt gibt es klare Vorstellungen, wie man das Paradoxon „gesetzliches Strafrecht" auflösen kann. Die an das Gesetz gebundene begriffliche Kunst der Strafrechtler sieht v. Liszt mit Distanz; das ist für ihn „Formel-Krimskrams". Der „Wert von Lehrbüchern und Handbüchern, von Monographien und Streitfragen ..." gehört „hinweggefegt"[34].

Eigentlich genügt den Modernen für die Organisation strafender Prävention eine einzige Bestimmung: „Jeder gemeingefährliche Mensch ist im Interesse

31 *Binding* (Fn. 20), S. 21 ff.

32 *Binding* (Fn. 20), S. 17

33 *Binding* (Fn. 20), S. 17 ff. – Es sind drei aus der Klassik kommende Strafrechtswissenschaftler – Nagler, Oetker, v. Weber –, die die Rückwirkung der Lex van der Lubbe 1933 in einem Gutachten für unbedenklich halten; normtheoretisch ist das folgerichtig.

34 *v. Liszt* (Fn. 7 Bd. 2), S. 80.

der Gesamtheit so lange als nötig unschädlich zu machen“[35]. Ein solcher Vorschlag beseitigt die paradoxe Situation des gesetzlichen Schutzes des Gefährlichen. Die Auslegungslehre, das Analogie- und das Rückwirkungsverbot werden zu uninteressanten Themen[36], bei denen wissenschaftliches Gewicht nicht zu erlangen ist[37].

Eine Rekapitulation: Der Schulenstreit ist unbedeutend bei der Erörterung zweckmäßiger Strafen. Die Schulen sind sich in diesem Punkt einig. Einen „tiefen Graben“[38] zwischen Repression und Prävention hat es nicht gegeben. Die zweckmäßige Kriminalpolitik herrscht über das Strafrecht.

Der Schulenstreit bleibt aktuell in der Frage der Begrenzung der Kriminalpolitik. Die Anfänge der Lehre von der staatsrechtlich begründeten Begrenzung jeder Kriminalpolitik werden nicht fortgeführt; sie werden vernachlässigt, von der Kriminalpolitik eingefangen und neutralisiert[39].

Die moderne positive Generalprävention: Befreiung von den Folgen des Schulenstreits?

Die nicht zu beherrschende Folge des Schulenstreits ist die Konzentration des Nachdenkens über Strafe auf die Kriminalpolitik. Den Rahmen für dieses Nachdenken hat der Schulenstreit abgesteckt. Vergeltende negative und positive Generalprävention, Besserung und Sicherung und eine Summe aus allem sind die Möglichkeiten, die der Schulenstreit der nachfolgenden Debatte bietet. Die politischen Epochen des 20. und des beginnenden 21. Jahrhunderts sind stets zugleich kriminalpolitische Epochen, die im Rahmen der Ergebnisse des Schulenstreits bleiben: Vorrang der Resozialisierung in der Weimarer Republik, Summierung aller Strafzwecke in der NS-Zeit, generalpräventive Vergeltung mit Resozialisierungsanteilen in der frühen Bundesrepublik, Betonung der Resozialisierung 1960-1980, danach Übergang zu allen Spielarten der Generalprävention

35 *v. Liszt* wie Fn. 34.

36 Die Vernachlässigung des Rückwirkungsverbotes bei Klassikern und Modernen bereitet das spätere Streichen dieses Verbots bei den Maßregeln vor (§ 2 VI StGB). *S. Dietz*, Die Problematik der Rückwirkung von Strafgesetzen bei den Maßregeln der Besserung und Sicherung in der Strafrechtsreform. Diss. Frankfurt/M. 1977.

37 Auf breiter Textgrundlage ist die Haltung v. Liszts zum Gesetzlichkeitsprinzip behandelt bei: *Ehret*, Franz von Liszt und das Gesetzlichkeitsprinzip, Frankfurt/M. 1996.

38 *Hassemer*, Warum Strafe sein muß. Ein Plädoyer, Berlin 2009, S. 50.

39 Zu untersuchen bleibt, was *Hellmuth Mayer* mit dem Hinweis gemeint hat, die Klassiker hätten ab Mitte der zwanziger Jahre des vorigen Jahrhunderts den Schulenstreit „bewußt im Interesse der menschlichen Freiheit geführt“ (Strafrecht Allgemeiner Teil, Stuttgart 1953, S. 31), also eine eigene Strafbegrenzungslehre entwickelt.

mit Dominanz der positiven Generalprävention und Zugeständnissen an den Resozialisierungsgedanken[40]. In der DDR herrscht in der Strafzwecklehre die Vorstellung vom notwendigen Schutz der sozialistischen Gesellschaft und ihrer staatstreuen Bürger mit den Mitteln der resozialisierenden Anpassung und der generalpräventiven Vergeltung[41].

Die weitere, ebenfalls nicht zu beherrschende Folge des Schulenstreits ist die Amalgamierung von positiver Kriminalpolitik und negativer staatsrechtlicher Begrenzung der Kriminalpolitik. Das Modell des Schulenstreits: erst die Festlegung einer zweckmäßigen Kriminalpolitik, dann uninteressiert die Frage nach der staatsrechtlichen, von außen gesetzten Grenze einer solchen Kriminalpolitik, und die Regelantwort: die zweckmäßige Kriminalpolitik verträgt, je nach Staatspolitik, nur eine geringe oder gar keine Grenze – dieses Modell ist Bestandteil aller modernen kriminalpolitischen Epochen. Die Handhabung dieses Modells wird erleichtert durch einen parallelen Vorgang in der kriminalpolitischen Debatte selbst. Die Auffassung Bindings, eine von außen kommende Begrenzung zweckmäßigen Strafrechts durch staatsrechtliche Überlegungen sei ein „seltsamer“ unpraktischer Gedanke[42] und die dunkle Ergänzung v. Liszts, das zweckmäßige Sanktionieren könne sich nur aus sich selbst begrenzen[43], werden zu zentralen Teilen kriminalpolitischen Denkens. Die Lehre von einer staatsrechtlich für jeden Staat verlangten Begrenzung zweckmäßigen Strafens kann sich aus der Umklammerung durch die Kriminalpolitik nicht mehr befreien.

Oder doch? Vielleicht bietet die gegenwärtige Lehre von der positiven Generalprävention, gerade in der von Hassemer ausgeführten Form[44] ein neues Bild des Verhältnisses von Strafzweck und Begrenzung der Wirkungen des Strafzwecks. Das ist so. Aber der Strafzweck bleibt führend, lässt die Strafbegrenzung nur zu, soweit der Strafzweck nicht behindert wird. Die Anziehungskraft, die funktionales Strafrechtsdenken seit der Aufklärung hat,

---

40 Aktuelle Übersicht: *Vormbaum* (Fn. 4), §§ 4, 5.

41 *Autorenkollektiv*, Strafrecht der DDR, Lehrbuch, Berlin 19 88, S. 103 ff., 108 f.

42 S. oben bei Fn. 27.

43 Die wörtliche Fassung ist: „Der Zweckgedanke begrenzt und schützt sich selbst“ *(v. Liszt*, Fn. 2, S. 79).

44 Zusammenfassungen, die zugleich die Entwicklungsschritte dieser Lehre zeigen: *Hassemer*, Generalprävention und Strafzumessung, in: Hassemer/Lüderssen/Naucke, Hauptprobleme der Generalprävention, Frankfurt/M. 1979, S. 29 ff.; Einführung in die Grundlagen des Strafrechts, 2. Aufl. München 1990, S. 323 ff.; Einige Bemerkungen über „positive“ Generalprävention , FS Buchala, Krakau 1994, S. 133 ff.; Nomos-Kommentar zum StGB, Baden-Baden 1995, Rn. 243 ff. vor § l; Warum Strafe sein muß. Ein Plädoyer, Berlin 2009, S. 96 ff.

ist bei Hassemer allenthalben spürbar[45]. Die Ergebnisse des Schulenstreits werden modernisiert, aber nicht beseitigt.

Stabilisierung fundamentaler Normen durch Vergeltung in „präventiven Gewand“[46] ist das Hauptziel der modernen positiven Generalprävention. Damit bleibt sie in der Tradition Bindings Allerdings weicht sie von der Tradition ab durch einen distanzierten Umgang mit diesem Strafziel.

Was Klassik und Moderne ohne Weiteres für möglich hielten (eine unmittelbare Wirkung der Strafe auf die Mitglieder einer Gesellschaft), gilt in der aktuellen Lehre von der positiven Generalprävention als empirisch widerlegt. Mehr als eine mittelbare, nur im Zusammenhang mit anderen Mechanismen der sozialen Kontrolle wirksame Funktion hat die Strafe nicht. Die Sicht auf die ganze Breite sozialer Kontrolle macht eine Summierung von Resozialisierung und Repression im Strafvorgang möglich[47]. Dass schließlich die Stabilisierung fundamentaler sozialer Normen Hauptzweck der Strafe bleibt, liegt an der Empirie dieses Strafzwecks. Dieser Strafzweck kann abstrakter gefasst werden als in der Klassik. Es geht nur um eine „allgemeine Wirkung auf die Gesellschaft“ durch „den Glanz eines glatten kommunikationstechnologischen Instruments“, genannt Strafe[48]. Dieser Mechanismus ist empirisch nicht zu widerlegen, freilich auch nicht zu bestätigen. Also bleibt er möglich[49]. Diese Haltung zur Empirie des Strafzwecks hat eine ausschlaggebende Bedeutung für die Erörterung der Grenzen des Strafrechts. Eigentlich kann die politische Festigkeit des Schulenstreits – die Strafe hat immer einen erreichbaren Zweck – einer scharfen Empirie-Kontrolle nicht standhalten. Hassemers Konzept rettet die zweckmäßige Strafe gegen den Einwand, sie sei nutzlos, durch eine Formulierung des Zwecks, der empirischer Nachprüfung nicht zugänglich ist. So bleibt es bei dem Denkrahmen und den Ergebnissen des Schulenstreits, nur die Sicherheit, die die Protagonisten dieses Streits gemeinsam hatten, weil sie die jeweiligen Zwecke für zweifellos erreichbar hielten, wird schwächer[50]. Konsequenzen für eine Strafrechtsbegrenzung ergeben sich. nur, wenn man diese neue Unsicherheit ausmünzt. Das geschieht einerseits, andererseits aber auch nicht.

---

45 Beispiele: *Hassemer,* FS Buchala (Fn. 44), S. 142, 147; *Hassemer,* Unverfügbares im Strafprozeß, FS Maihofer, Frankfurt/M. 1988, S. 187 f.

46 *Hassemer,* Einführung (Fn. 44), S. 326 und FS Buchala (Fn. 44), S. 135.

47 Konzentrierte Übersicht: *Hassemer,* FS Buchala (Fn. 44), S. 133 ff., bes. S. 139.

48 *Hassemer,* FS Buchala (Fn. 44), S. 145

49 *Hassemer,* FS Buchala (Fn. 44), S. 145 f.

50 *Hassemer.* FS Buchala (Fn. 44), S. 145 f. – Genaue Auseinandersetzung mit dieser Linie bei *Herzog,* Prävention des Unrechts oder Manifestation des Rechts, Frankfurt/M. 1987.

Die Bedenken, ob der Zweck der positiven Generalprävention erreichbar ist, führen zu einem anderen Blick auf das Strafen als man ihn seit dem Schulenstreit gewöhnt ist. Die Sicherheit, dass ein erreichbarer Zweck die strafenden Mittel legitimiert, schwindet, weil die Erreichbarkeit nicht sicher ist.

Bei Hassemer finden sich folglich Formulierungen, die Binding und den Klassikern, aber auch v. Liszt und den Modernen fern gelegen haben: der zweckmäßigen positiven Generalprävention sei doch mit „Vorsicht" zu begegnen; das zweckmäßige Strafen habe „dunkle" Seiten[51], könne „terrorisieren" [52], könne „Schrecken und Qual"[53] sein; das Strafen könne seinerseits „Rechtsverletzung" werden[54].

Das ist eine gewichtige Änderung in der Tradition der neuzeitlichen Kriminalpolitik. Diese Kriminalpolitik hatte und hat stets eine selbstgewisse, optimistische Färbung: das kriminalpolitisch gesteuerte Strafrecht ist gut und gerecht, weil unbefragbar nützlich für Staat und Gesellschaft. In diesem selbstsicheren Optimismus sind sich Klassiker und Moderne im Schulenstreit einig[55]. Nun tritt bei Hassemer als eigenständiger Gegenstand der Strafrechtstheorie eine pessimistische Distanz zum zweckmäßigen Strafrecht auf.

Die Erwartung, die diese Distanz weckt, ist groß. Diese Erwartung, eine zeithistorisch informierte pessimistische Lehre von der positiven Generalprävention werde ein eigenständiges vitales Gebiet der rechtlichen Kontrolle des Strafrechts entwickeln, erfüllt sich aber nicht. Die kraftvolle Tradition des zweckmäßigen Strafens, in der die positive Generalprävention steht, schwächt die Bemühungen um eine feste Begrenzung des Strafrechts[56].

---

51 *Hassemer,* Einführung (Fn. 44), S. 326; Warum Strafe sein muß (Fn. 44), S. 17.

52 *Hassemer,* FS Buchala (Fn. 44), S. 145.

53 *Hassemer,* FS Buchala (Fn. 44), S. 145; Warum Strafe sein muß (Fn. 44), S. 87.

54 *Hassemer,* Nomos-Kommentar zum StGB (Fn. 44), Rn. 311 vor § 1

55 Der Grundbau dieses Strafrechtsoptimismus ist im Schulenstreit prägend vorgegeben durch zwei parallel argumentierende Texte: *v. Liszt,* Der Zweckgedanke im Strafrecht, ZStW 3 (1883), S. 1 ff.; *Binding,* Die Entstehung der öffentlichen Strafe im germanisch-deutschen Recht, Leipzig 1909.

56 Solche Bemühungen findet man freilich zeitlich parallel zum Erstarken der positiven Generalprävention. Der Band „Hauptprobleme der Generalprävention", Frankfurt/M. 1979, enthält sowohl Hassemers erste profilierte Zusammenfassung seines Konzepts der Generalprävention (S. 29 ff.) als auch meinen Versuch zu zeigen, dass jede zweckmäßige Generalprävention sich an rechtlichen Grenzen stoßen muss (S. 9 ff.). – In der aktuellen, die Ausbildung der Lehre von der positiven Generalprävention begleitenden Literatur finden sich unterschiedlich argumentierende Übersichten über eine eigenständige Begrenzung zweckmäßigen Strafens; vgl. *P.-A. Albrecht,* Die vergessene Freiheit, Berlin 2003, S. 47 ff.; *Sander,* Grenzen instrumenteller Vernunft im Strafrecht , Frankfurt/M. 2007, S. 281 ff., 307 ff.; *Naucke,* Die zweckmäßige und die kritische Strafgesetzlichkeit, in: Quaderni Fiorentini, Bd. 36/1

Hassemer führt die Vorsicht vor einer ungezügelten zweckmäßigen positiven Generalprävention unter zwei Überschriften aus: „Formalisierung strafrechtlicher Sozialkontrolle“ und „Unverfügbares“ im Strafrecht[57]. Die Themen, die unter diesen Überschriften abgehandelt werden, sind überwiegend identisch. Das formalisierte Unverfügbare ist das rechtsstaatliche Strafrecht[58]. Die entscheidende Frage an die zweifelnde positive Generalprävention ist, ob sie es unternimmt, das formalisierte unverfügbare rechtsstaatliche Strafrecht als eigenständigen Widerpart zum zweckmäßigen Strafrecht auszubauen[59]. An zwei entscheidenden Festlegungen ist abzulesen, dass die „formalisierte Unverfügbarkeit“ eine so weit gehende juristische Energie nicht entfalten kann und will.

Die Hauptweiche ist durch die entschiedene Verneinung zweckfreier Rechtswerte gestellt. Die Haltung der Klassiker im Schulenstreit wiederholt sich. „Unverfügbares“ klingt nach Naturrecht, nach strafrechtlich Absolutem, nach unverrückbaren ontologischen Strukturen[60]. Hassemer weist solche Assoziationen ausdrücklich zurück. Dem strafrechtlichen Relativismus in der Nachfolge Radbrnchs ist offenbar nicht zu entkommen[61]. Absoluta im Strafrecht gibt es nicht. Wörtlich:

> Uns sind die Zeiten naturrechtlicher Rechtsbegründungen vergangen und mit ihnen auch die Idee unverfügbarer Rechte[62].

Die Geschichtlichkeit des formalisierten Unverfügbaren steht auch für die vorsichtige positive Generalprävention fest. Man gelangt allenfalls in die Nähe eines Naturrechts mit wechselndem Inhalt[63]. Das „Unverfügbare" ist viel nach-

---

(2007), S. 321 ff.; *Vormbaum* (Fn. 4), S. 273 f.; *Naucke*, Die robuste Tradition des Sicherheitsstrafrechts, in: Vormbaum (Hrsg.), Jahrbuch der juristischen Zeitgeschichte, Bd. 10 (2009).

57 Zusammenfassend zum Konzept der Formalisierung: *Hassemer*, Nomos-Kommentar zum StGB (Fn. 44), Rn. 291 ff. vor § 1 und: Warum Strafe sein muß (Fn. 44), S. 118 ff.; zum Konzept des „Unverfügbaren“ im Strafrecht: *Hassemer*, FS Maihofer (Fn. 45), S. 138 ff.

58 *Hassemer*, Nomos-Kommentar zum StGB (Fn. 44), Rn. 293 vor § 1; FS Maihofer (Fn. 45), S. 200: die dort beschriebene strafrechtliche „Rechtskultur“; aktualisierte Zusammenfassung: Warum Strafe sein muß (Fußn. 44), S. 115 ff.

59 Die Berechtigung der Frage ergibt sich aus manchen Formulierungen *Hassemers*, z.B.: Einführung (Fn. 44), S. 326; FS Buchala (Fn. 44), S. 148 f.

60 *Hassemer*, FS Maihofer (Fn. 45) , S. 184 ff.; bekräftigt in: FS Buchala (Fn. 44), S. 135.

61 *Hassemer*, FS Maihofer (Fn. 45), S. 197.

62 *Hassemer*, FS Maihofer (Fn. 45), S. 185; Warum Strafe sein muß (Fn. 44), S. 150 f. – Der deutliche Widerspruch gegen einen solchen Satz, gegen seine vagen Voraussetzungen und seine ungeklärten strafrechtlichen Folgen führten und führen zu den Auseinandersetzungen, die als „Frankfurter Schule“ dokumentiert sind.

63 *Hassemer*, FS Maihofer (Fn. 45), S. 192.

giebiger als ein Naturrecht im Stile Montesquieus, obschon die gleichen strafrechtlichen Prinzipien bewahrt werden sollen. „Unverfügbares“ sagt weniger, als man mit diesem Wort sagen könnte. Das formalisierte Unverfügbare gilt nur für ein kongeniales Hier und Heute[64]. Das Unverfügbare ist je nach geschichtlicher Situation doch verfügbar, wird bei Änderung der geschichtlichen Situation nur „lästiges Hindernis“ für eine effektive Kriminalpolitik[65].

Die zweite entscheidende Stellungnahme ist eine Konsequenz der ersten. Diese Konsequenz zeigt sich, sobald es um strafrechtliche Einzelheiten geht. Die Vorsicht gegen das zweckmäßige Strafrecht führt zu einer formalisierten „Schutztechnik“[66], die gleichzusetzen ist mit: Strafen innerhalb der „Verfassung“ und der „Tradition des rechtsstaatlichen Kriminalrechts“[67]. Aber die Geschichtlichkeit des Strafrechts schließt es aus, diese Grenze absolut zu setzen. Die Verletzung der Grenze ist lediglich nicht „akzeptabel“, widerstreitet dem rechtsstaatlichen „Interesse“[68]. Der Schutz der Grenze wird politisch realistisch an einen „Rahmen des Möglichen“[69] gebunden. Die Strafgesetze erhalten folglich einen „berechtigten" Vagheitsbonus, dürfen eine „Verbindung von Präzision und Flexibilität" eingehen[70]. Das Analogieverbot, der Kern negativen Strafrechts, erreicht nur die unbedeutenden Ränder der Strafgesetze[71]. Es ist eine Zusammenfassung, wenn Hassemer formuliert, die ausdifferenzierte Genauigkeit strafrechtlichen Denkens dürfe „das System strafrechtlicher Normen nicht überkomplizieren“. Der Zusammenhang, in dem die Formulierung steht, lässt vermuten, dass in Hassemers Konzept die Überkompliziertheit strafrechtlichen Denkens – für mich eine Hauptsperre bei großer Strafbereitschaft – der Wirkung positiver Generalprävention schadet[72].

---

64 *Hassemer*, FS Maihofer (Fn. 45), S. 186, 197 ff.; Warum Strafe sein muß (Fn. 44), S. 52 f.

65 *Hassemer*, FS. Maihofer (Fn. 45), S. 204. – Diese rechtsphilosophische Festlegung erklärt, warum in der Formel „Normstabilisierung durch Strafe“ die Frage, ob es falsche Normen gibt, nicht entsteht. Als Folge entsteht auch die Frage nicht, ob es falsche Strafgesetze gibt, also Strafgesetze, die eine falsche Norm stützen; Strafgesetze müssen sich nur die Frage gefallen lassen, ob sie nicht überraschend, ob sie korrigierbar und überprüfbar sind (*Hassemer*, Nomos-Kommentar zum StGB [Fn. 44], Rn. 20 zu § 1). Diese Kriterien sind leicht erfüllbar.

66 *Hassemer*, Nomos-Kommentar zum StGB (Fn. 44), Rn. 312 ff. vor § 1.

67 *Hassemer*, Nomos -Kommentar zum StGB (Fn. 44), Rn. 293 vor § 1.

68 *Hassemer*, Nomos-Kommentar zum StGB (Fn. 44), Rn. 293 vor § 1; s. auch FS Buchala (Fn. 44), S. 149.

69 *Hassemer*, Nomos-Kommentar zum StGB (Fn. 44), Rn. 311 vor § 1.

70 *Hassemer*, Nomos-Kommentar zum StGB (Fn. 44), Rn. 18 („berechtigter Bedarf an Vagheit“ des Strafrechtssystems), 19, 20 zu § 1; s. auch Rn. 487 vor § 1.

71 S. die Beispiele: Nomos-Kommentar zum StGB (Fn. 44), Rn. 21 ff. vor § 1.

72 *Hassemer*, Nomos-Kommentar zum StGB (Fn. 44), Rn. 315.

Damit ist man wieder beim Schulenstreit, der die Kriminalpolitik als Zentralgegenstand des Strafrechts eingesetzt hat und eine rechtliche Grenze der Wirkung von Strafzwecken nur hinnehmen wollte, wenn diese Grenze die Wirkung des Strafzwecks stützte. Die Begrenzung des Strafens darf den Erfolg des Strafens nicht gefährden: das ist das Ergebnis des Schulenstreits. Die moderne positive Generalprävention in der Prägung durch Hassemer schärft das Problem zu. Möglicherweise gibt es eine von der Strafzweckdiskussion getrennte Strafrechtsgrenze. Doch bleibt es beim Formulieren dieser Möglichkeit. Die Denkform der relativen formalisierten Unverfügbarkeit fasst nach dem Modell des Schulenstreits die Denkform des zweckmäßigen Strafens mit der Denkform der Strafbegrenzung wieder zusammen, räumt dem zweckmäßigen Strafen den Vorrang ein. Die Strafrechtsbegrenzung ist lediglich Teil der „Instrumente“[73] sozialer Kontrolle, gerät zur freiwilligen Selbstbeschränkung der Strafjuristen. Es bleibt, wie bei den Klassikern und den Modernen, beim „Einbau der normativen Prinzipien der Strafbegrenzung und des Rechtsschutzes in die Ziele der Strafe“[74]. Der Einbau wird durch die Benennung „rechtsstaatliches Sicherheitsstrafrecht“[75] moderner und akzeptierbarer, begrenzt das Strafrecht aber nicht fester als Klassiker und Moderne es zuließen. Selbst das Argument v. Liszts, die Grenze des Strafrechts sei ein volkspädagogisches Problem, könne durch eine kluge Leitung des Volkes bestimmt werden[76], nimmt Hassemer in gegenwartsnaher Fassung wieder auf: Prävention nach den Regeln der positiven Generalprävention gelinge, wenn man der Bevölkerung „emotive Botschaften: Vertrauen und Zustimmung“[77] vermitteln könne. Hassemer meint das rechtsstaatliche Strafrecht. Sein Konzept des zeitabhängigen Strafrechts kann aber nicht ausschließen, dass andere Strafrechte jenes Vertrauen und jene Zustimmung gewinnen[78]. Was man im Schulenstreit schon wusste (ein gut organisiertes Strafrecht, dem Volke plausibel gemacht, stärkt Prävention), wird unterstrichen. Der durchgehende Zug der Strafrechtslehre seit dem Schulenstreit, der keiner war, wird in moderner Argumentation gefestigt.

---

73 *Hassemer,* FS Buchala (Fn. 44), S. 148 f.

74 *Hassemer,* Einführung (Fn. 44), S. 324.

75 *Hassemer,* Sicherheit durch Strafrecht, in: Hassemer, Strafrecht. Sein Selbstverständnis, seine Welt, Berlin 2008, S. 239 ff., 269.

76 *v. Liszt,* Lehrbuch (Fn. 16), S. 79.

77 *Hassemer,* Warum Strafe sein muß (Fn. 44), S. 113, 286; FS Buchala (Fn. 44), S. 149.

78 Es gibt in Hassemers Konzept kein falsches Strafrecht, sondern nur ein, an den Zielen der positiven Generalprävention gemessenes unzweckmäßiges, interessenwidriges Strafrecht; konzentriert ist das an Hassemers kritischer Auseinandersetzung mit dem aktuellen Sicherheitsstrafrecht zu sehen (Warum Strafe sein muß – Fn. 44 – S. 285–287).

Eine Strafrechtsbegrenzung ist nur als Verstärkung eines Strafzweckes zu begründen[79]. Das Ausbilden einer selbständigen Lehre vom negativen Strafrecht gegen jeden Strafzweck wird schwieriger.

79 *Hassemer*, FS Buchala (Fn. 44), S. 149; Warum Strafe sein muß (Fn. 44), S. 114 – Wahrscheinlich ist dies eine unvermeidbare Folge der Anlage der Lehre von der positiven Generalprävention. Das erste ausgeführte Beispiel für diese Lehre nach dem Schulenstreit ist Hellmuth Mayers Auffassung von der „sittenbildenden Kraft der Strafe" (*(H. Mayer*, Das Strafrecht des deutschen Volkes. Stuttgart 1936, S. 18 ff., 32 ff.; Strafrecht Allgemeiner Teil. Stuttgart 1953, S. 23). Hellmuth Mayer hat seine Auffassung der positiven Genralprävention ausdrücklich mit einer Lehre von der Begrenzung des Strafrechts, die heute „rechtsstaatlich" genannten Linien folgt, verbunden (Strafrecht des deutschen Volkes, S. 53 ff.). Doch dient diese Grenze allein der Verstärkung der Zwecke der positiven Generalprävemtion; nur gezähmtes Strafen ist wirksames Strafen (Strafrecht des deutschen Volkes, S. 49 ff., 59; Strafrecht Allgemeiner Teil, S. 25). Mit guten Gründen zählt Hassemer die Arbeiten Hellmuth Mayers zu den Vorläufern der aktuellen Fassung der positiven Generalprävention (FS Buchala – Fn. 44 – S. 136).

Die zweckmäßige und die kritische Strafgesetzlichkeit, dargestellt an den Lehren P. J. A. Feuerbachs (1775–1833)

I. Einleitung. – **II.** Die Kennzeichen jeder Strafgesetzlichkeit bei Feuerbach – **III.** Die zweckmäßige Strafgesetzlichkeit bei Feuerbach. – **IV.** Die vielfältigen Formen zweckmäßiger Strafgesetzlichkeit im Anschluß an Feuerbach. – 1. Die Gesetzlichkeitslehre Feuerbachs als abwandelbares Muster. – 2. Die zweckmäßige Strafgesetzlichkeit in der klassischen und in der modernen Schule der Kriminalpolitik. – 3. Die zweckmäßige Strafgesetzlichkeit in den Diktaturen des 20. Jahrhunderts. – 4. Die zweckmäßige Strafgesetzlichkeit im Rahmen der sozialistischen Gesetzlichkeit und im Rahmen der positiven Generalprävention. – 5. Fazit. – **V.** Konturen einer kritischen Strafgesetzlichkeit bei Feuerbach. – **VI.** Die kritische Strafgesetzlichkeit. – 1. Kritische Strafgesetzlichkeit im positiven Recht. – 2. Die vom positiven Recht unabhängige kritische Strafgesetzlichkeit.

I. Einleitung

Am Anfang des 19. Jahrhunderts entwirft Feuerbach in seiner „Revision"[1] und in seinem „Lehrbuch"[2] ein profiliertes Bild zweier Arten der Strafgesetzlichkeit: der zweckmäßigen und der kritischen Strafgesetzlichkeit. Die zweckmäßige Strafgesetzlichkeit ist genau ausgeführt (unten II. und III.) und erweist sich in der Folgezeit als vielfältig abwandelbar (unten IV.). Die kritische Strafgesetzlichkeit hat Feuerbach nur in ersten, nicht deutlichen Konturen beschrieben (unten V.). Diese Konturen müssen entschiedener gezeichnet werden. Erst dann entsteht die Balance zwischen zweckmäßiger und kritischer Strafgesetzlichkeit, die Feuerbach angestrebt, aber verfehlt hat (unten VI.).

1 *Paul Johann Anselm Feuerbach*, Revision der Grundsätze und Grundbegriffe des positiven peinlichen Rechts, Erster Theil, Erfurt 1799; Zweiter Theil, Chemnitz 1800 (zitiert als: Revision 1 und 2).

2 *Paul Johann Anselm Feuerbach*, Lehrbuch des gemeinen in Deutschland gültigen Peinlichen Rechts, 1. Aufl., Giessen 1801; 14 Aufl., herausgegeben von C. J. A. Mittermaier, Giessen 1847 (zitiert als: Lehrbuch).

https://doi.org/10.1515/9783111284439-009

II. Die Kennzeichen jeder Strafgesetzlichkeit bei Feuerbach

Feuerbach formuliert eine Reihe von Bedingungen, die erfüllt sein müssen, damit überhaupt von Strafgesetzlichkeit, gleich welcher Art, gesprochen werden kann.

„Jede Zufügung einer Strafe setzt ein Strafgesetz voraus (Nulla poena sine lege)“. Dieser Grundsatz dulde keine Ausnahme und begründe erst die rechtliche Möglichkeit einer Strafe[3]. Die Straftat muß im Gesetz genau beschrieben sein (heute abgekürzt: nullum crimen sine lege)[4]. Ein richterliches Ermessen bei der Annahme einer Straftat und ein Ermessen bei der Strafzumessung muß ein genaues Gesetz ausschließen[5]. Das Gesetz mache das Vorliegen einer strafbaren Handlung zur „rechtlich notwendigen Voraussetzung“ für das Verhängen einer Strafe: „Nulla poena sine crimine“[6]. Wird eine gesetzlich genau beschriebene Straftat begangen, so muß nach dem Prinzip der Legalität bestraft werden: „Nullum crimen sine poena legali. Denn [...] durch das Gesetz wird an die bestimmte (Straftat) das Übel als eine notwendige rechtliche Folge geknüpft“[7]. Feuerbach führt ein Analogieverbot, ein Rückwirkungsverbot und ein Verbot des strafrechtlichen Richterrechts noch nicht explizit aus. Doch sind diese Verbote in seiner Vorstellung von der „Natur eines Gesetzes überhaupt“[8] und in seiner Bestimmung des Verhältnisses von Richter und Gesetz enthalten[9]. Die Hauptsätze, die die Ausformulierung jener Verbote in der Folgezeit nahelegen, lauten: „Das Strafgesetz ist gültig durch sich selbst. Seine Anwendung kann nicht erst abhängen von einer besonderen Beurteilung seiner Zweckmäßigkeit oder Rechtmäßigkeit“[10]. Es „muß jedes richterliche Urteil durch gesetzliche Gründe bestimmt sein, um gerecht zu sein“[11] „[...] das Gesetz ist heilig [...]. Der Richter ist sein Diener“[12].

Zusammengefaßt: Strafbarkeit und Strafe müssen gesetzlich genau bestimmt sein. Liegen die gesetzlichen Voraussetzungen für Strafbarkeit und Strafe vor,

---

3 *Feuerbach*, Lehrbuch, 3. Aufl., 1805, § 20 I.

4 *Feuerbach*, Revision 1 (Fn. 1), S. 132 ff.

5 *Feuerbach*, Revision 1 (Fn. 1), S. 136 f., 140 f.

6 *Feuerbach*, Lehrbuch (Fn. 3), § 20 II.

7 *Feuerbach*, Lehrbuch (Fn. 3), § 20 III.

8 *Feuerbach*, Lehrbuch (Fn. 3), § 74.

9 *Feuerbach*, Lehrbuch (Fn. 3), §§ 73 ff.

10 *Feuerbach*, Lehrbuch (Fn. 3), § 74.

11 *Feuerbach*, Lehrbuch (Fn. 3), § 74.

12 *Feuerbach*, Revision 1 (Fn. 1), S. XXV.

so besteht die gesetzliche Verpflichtung, die Straftat zu verfolgen und die vorgesehene Strafe zu verhängen.

III. Die zweckmäßige Strafgesetzlichkeit bei Feuerbach

Dieses Bild wird in der gängigen Betrachtung als Ausdruck eines „rechtsstaatlichen Wollens" Feuerbachs gesehen[13]. Doch widerspricht diese Auffassung Feuerbachs Texten und verstellt den Blick auf die Schwierigkeiten, die seit der Wende vom 18. zum 19. Jahrhundert in der Lehre von der Gesetzlichkeit des Strafrechts aufgetreten sind.

Feuerbach macht unübersehbar darauf aufmerksam, daß das skizzierte Bild der Strafgesetzlichkeit einen massiven politischen Hintergrund hat und nur vor diesem Hintergrund zu verstehen ist. Die zitierten „Grundsätze" seien nur „untergeordnete Grundsätze"; sie „fließen" aus einem übergeordneten „höchsten Prinzip"[14]. Damit ist klargestellt, daß die Strafgesetzlichkeit für Feuerbach nicht autonom ist, daß sie einer Begründung bedarf, daß sie sich gegen ein Strafrecht ohne Gesetzlichkeit behaupten muß, damit auch abhängig wird von einem überzeugenden Beleg für ein „höchstes Prinzip" als Quelle strikter Strafgesetzlichkeit.

Feuerbach entwirft ein epochemachendes Modell für das Verhältnis zwischen einem „höchsten Prinzip" und einer Strafgesetzlichkeit. Das Modell heißt: „Notwendigkeit eines psychologischen Zwanges im Staat"[15].

Diese Kennzeichnung stellt klar, daß die Beschreibung der Strafgesetzlichkeit erst möglich ist, wenn die Begriffe von Staat und Recht festgelegt sind. Der Staat ist für Feuerbach die Verfassung der bürgerlichen Gesellschaft. Der Staat hat einen „Zweck". Dieser Zweck ist die „Errichtung des rechtlichen Zustands" und

---

13 *Eberhard Schmidt*, Einführung in die Geschichte der deutschen Strafrechtspflege, 3. Aufl., 1965, S. 244; *Krey*, Keine Strafe ohne Gesetz, 1983, S. 18 ff. – Die neuere Feuerbach-Debatte in Deutschland hat diese einfache Einordnung aufgegeben. Die Differenziertheit dieser Debatte ist abzulesen an zwei Sammelbänden: Gedenkkonferenz für den Juristen P. J. A. Feuerbach, Wissenschaftliche Zeitschrift der Friedrich-Schiller-Universität Jena, Gesellschaftswissenschaftliche Reihe, 32. Jahrgang, Heft 4/1984; *Groschner* und *Haney* (Herausgeber), Die Bedeutung P. J. A. Feuerbachs (1775–1833) für die Gegenwart, Archiv für Rechts- und Sozialphilosophie, Beiheft 87, 2003.

14 Alle Zitate aus *Feuerbach*, Lehrbuch (Fn. 3), §§ 20, 19.

15 *Feuerbach*, Lehrbuch (Fn. 3), Überschrift vor § 8.

die Verteidigung dieses Zustands gegen Verletzer. Es ist „schlechthin notwendig, daß im Staate gar keine Rechtsverletzungen geschehen"[16]. Was „Rechtsverletzungen" sind, bleibt an dieser Stelle offen. Dies wird eine bleibende Offenheit in der Lehre von der Strafgesetzlichkeit.

Mit dem Zweck des Staates, Rechtsverletzungen zu verhindern, hat Feuerbach jenes höchste Prinzip festgelegt, das zur Strafgesetzlichkeit führt. Feuerbach folgert:

Rechtsverletzungen müssen verhindert werden. Dazu braucht man Zwang. Dieser Zwang kann physisch sein; man legt alle Bürger in Ketten. Das ist aber absurd. Also bleibt nur psychischer Zwang. Man muß es dem Bürger psychisch unmöglich machen, Rechtsverletzungen zu begehen. Das zweckmäßigste Mittel, diesen Zwang zu organisieren, ist das Strafgesetz. Das Strafgesetz muß genau sein, damit der Bürger weiß, was er zu unterlassen hat. Das Gesetz muß präzise und hart drohen, damit der Bürger die geplante Rechtsverletzung aufgibt. Das Gesetz muß ohne weitere Überlegung in jedem einzelnen Fall der Verletzung exekutiert werden, damit die strafgesetzliche Drohung ernst genommen wird[17].

Daraus ergibt sich die Forderung nach einer Strafgesetzlichkeit mit genauer Bestimmung von Straftat und Strafe und einem festen Legalitätsprinzip.

Von weitreichender Bedeutung für die Diskussion der Strafgesetzlichkeit ist, daß Feuerbach diese Strafgesetzlichkeit abhängig macht vom Zweck des Staates und des Rechts, den Bürger vor Rechtsverletzungen zu schützen. Feuerbach begründet damit die juristische Denkform der zweckgebundenen Strafgesetzlichkeit. Die strikte Strafgesetzlichkeit ist nur eine kriminalpolitische Ableitung aus der zweckmäßigen Strafgesetzlichkeit[18]. Die für den Staat zweckmäßige Strafgesetzlichkeit ist die erste der beiden Arten der Strafgesetzlichkeit, die sich im Anschluß an Feuerbach ausbilden. Feuerbach verkennt nicht, daß seine Lehre die Tradition säkularer Rechts- und Staatslehren seit Hobbes verpflichtet ist und diese Tradition für das Strafrecht modernisiert und zuspitzt[19]. Das Aufnehmen

---

16 Die angeführten Stellen sind entnommen aus *Feuerbach*, Lehrbuch (Fn. 3), §§ 8, 9.

17 Die Formulierungen folgen der Argumentation *Feuerbach*, Lehrbuch (Fn. 3), §§ 8 ff.

18 Ähnlich *Bohnert*, Paul Johann Anselm Feuerbach und der Bestimmtheitsgrundsatz im Strafrecht, 1982, S. 9 ff.

19 *Feuerbach*, Anti-Hobbes, 1797, S. 24 und 48 (Freude über die Nähe zu Hobbes), s. auch Anti-Hobbes, S. 20 Anmerkung: Feuerbach stimmt ausdrücklich Rousseaus Vorstellung vom säkularen Sicherheitsstaat zu; ähnlich: Philosophisch-juridische Untersuchung über das Verbrechen des Hochverrats, 1798, S. 14; eine Art Hymne auf den säkularen Sicherungsstaat („o Staat!") findet sich in der Schrift: Über Philosophie und Empirie in ihrem Verhältnisse zur positiven Rechtswissenschaft, 1804, S. 13.

und Verstärken dieser Tradition fördert die Wirksamkeit der Lehre Feuerbachs von der zweckmäßigen Strafgesetzlichkeit.

IV. Die vielfältigen Formen zweckmäßiger Strafgesetzlichkeit im Anschluß an Feuerbach

1. Die Gesetzlichkeitslehre Feuerbachs als abwandelbares Muster

Die Feuerbach'sche Denkform der Verbindung von sicherndem Staatszweck und steuerndem Strafgesetz, die Denkform der zweckmäßigen Strafgesetzlichkeit, entfaltet im Strafrecht eine große Anziehungskraft. Staatliche Gesetzgebung, Strafpraxis und Strafrechtswissenschaft erhalten, was sie zu brauchen meinen. Feuerbachs Beispiel erweist sich als außerordentlich abwandelbar. Dabei wird ein bei Feuerbach vorgeprägtes Muster aufgenommen und umgeformt. Stets aber bleibt es bei der ersten Art der strafrechtlichen Gesetzlichkeit, der zweckmäßigen Strafgesetzlichkeit.

In allen Formen zweckmäßiger Strafgesetzlichkeit werden der Staatszweck der Sicherheit und die Drohungskraft des Gesetzes beibehalten. Aber Feuerbachs Auffassung, es gebe nur ein einziges Mittel zur Sicherung des Bürgers gegen Straftaten, nämlich das genau drohende und nach Begehung der Tat ausnahmslos angewandte Strafgesetz, diese Auffassung erweist sich als Illusion. Feuerbachs Verbindung von Staatszweck und genauer Strafgesetzlichkeit ist schwach. Der Motor der Entwicklung vielfältiger Lehren von der zweckmäßigen Strafgesetzlichkeit ist die ständig variierte Antwort auf Feuerbachs Frage, welches Mittel das wirksamste für die Sicherung gegen Straftaten ist. Bei der Suche nach immer neuen Antworten auf diese Frage kommt es zu einem massiven Wettbewerb. Es ist der Wettbewerb um den Zugang zu staatlicher Macht.

Die profiliertesten Typen zweckmäßiger Strafgesetzlichkeit, die im 19. und 20. Jahrhundert nach dem Vorbild Feuerbachs entstehen, sind zu schildern (ich folge der Entwicklung in Deutschland, die aber ähnlich überall in Europa nachweisbar ist). Die Tendenz der Entwicklung ist vorweg zusammenzufassen: Jede neue kriminalpolitische Antwort auf die Sicherheitsfrage wirkt zurück auf die Strafgesetzlichkeit. Diese Rückwirkung ist eine stetige Minderung der genauen Strafgesetzlichkeit. Die Bewegung weg von Feuerbachs Lehre, allein eine genaue Gesetzlichkeit sei eine zweckmäßige Gesetzlichkeit, ist unaufhaltsam. Die Verbote der analogen Anwendung des Gesetzes, der Rückwirkung des Gesetzes und der Bildung richterlichen Gewohnheitsrechts werden eingeschränkt.

2. Die zweckmäßige Strafgesetzlichkeit in der klassischen und in der modernen Schulde der Kriminalpolitik

Im letzten Viertel des 19. Jahrhunderts konkurrieren zwei Aktualisierungen der zweckmäßigen Strafgesetzlichkeit um die Nachfolge Feuerbachs: die sog. klassische Schule Bindings und die sog. moderne Schule v. Liszts. Beide Schulen halten den Zweck der Strafe für den Zentralbegriff des Strafrechts: „alle Strafe ist Zweckstrafe“ (Binding)[20]; „die Strafe ist [...] Mittel zum Zweck“ (v. Liszt)[21]. Beide Schulen tragen gezielt zur Schwächung der Strafgesetzlichkeit bei.

Bindings klassisch genannte Lehre sieht im Strafrecht einen Beitrag zur Erhaltung und zur Formung der Gesellschaft. Diesen Beitrag leistet das Strafrecht – oberflächlich betrachtet – mit dem Mittel des strikten Verhängens eines Übels als Vergeltung für den Verstoß gegen positives Recht. Binding feiert das positive Recht als „herrlich“[22]. Doch eine präzise und bedingungslose Einhaltung der Gesetzlichkeit folgt aus dieser Meinung nicht. Das positive Recht ist nur deshalb herrlich, weil es die Normen erkennen läßt, die die „soziale Selbstbehauptung“ der Gesellschaft garantieren. Die Festigung dieser Normen ist der Zweck des vergeltenden Strafrechts[23]. Die Qualität der Gesetzlichkeit wird durch die Rückbindung des Gesetzes an die Norm bestimmt. Ist die Norm stabil, ist auch das Gesetz stabil. Ändert sich die Norm, ändert sich das Gesetz. Der Zweck des Strafrechts – Sicherung der gesellschaftlichen Norm durch unabdingbare Bestrafung des Gesetzesverstoßes – wirkt auf die Strafgesetzlichkeit zurück. Binding verlangt die objektive, an den Stand der gesellschaftlichen Norm gebundene Auslegung, verspottet die subjektive Auslegung und wendet sich gegen das Analogieverbot[24]. Bindings angebliche Vergeltungstheorie enthält eine weitreichende Abwandlung Feuerbachs. Die Änderung des Strafzwecks (Unterstützung einer wandelbaren Norm) führt zu einem anderen Inhalt der zweckmäßigen Strafgesetzlichkeit. Die Strafgesetzlichkeit wird unscharf.

Die modern genannte Lehre v. Liszts verstärkt diesen Verlauf. v. Liszt setzt auf direkte Resozialisierung des einzelnen Straftäters zur Verminderung von Ab-

---

20 *Binding*, Grundriß des Deutschen Strafrechts, Allgemeiner Teil, 7. Aufl., 1907, S. 235.

21 *v. Liszt*, Der Zweckgedanke im Strafrecht, Zeitschrift für die gesamte Strafrechtswissenschaft, Band 3 (1883), S. 22.

22 *Binding*, Grundriß (Fn. 20), S. 228 und *Binding*, Die Normen und ihre Übertretung, Band 1, 4. Aufl., 1922, S. 419.

23 *Binding*, Grundriß (Fn. 20), S. 228 f. und Die Normen (Fn. 22), S. 418 f., bes. S. 419 Anm. 5.

24 *Binding*, Handbuch des Strafrechts, 1885, S. 213 ff., 454 ff.

weichung in der Gesellschaft als Strafzweck. Die Strafe ist ein kriminalpolitisches Instrument, das gegen den Täter eingesetzt wird[25]. Das Strafgesetz spielt in dieser Festsetzung des Strafzwecks und in der Konstruktion der Mittel zum Zweck keine Rolle. Erst nachträglich, widersprüchlich und unüberzeugt, wird ein Zusammenhang zwischen Strafzweck und Strafgesetzlichkeit hergestellt. v. Liszt formuliert den vielzitierten Satz, das Strafgesetzbuch sei die Grenze der Kriminalpolitik[26]. Der Frage, wie das begrenzende Gesetz beschaffen sein muß, widmet v. Liszt keine große Aufmerksamkeit. Die Kriminalpolitik arbeitet selbständig. Das Gesetz ist eine als „paradox" registrierte Beengung der Kriminalpolitik[27]. Die Abtrennung des Strafzwecks von den rechtlichen Mitteln, diesen Zweck zu erreichen, eine Abtrennung, die sich bei Binding schon findet, wird bei v. Liszt verstärkt. Die Form der zweckmäßigen Strafgesetzlichkeit, die die moderne Schule v. Liszts absteckt, hat den Schwerpunkt auf die zweckmäßige Verbrechensbekämpfung verlagert. Die Verbindung zur Strafgesetzlichkeit ist lose, anders als bei Feuerbach, aber mit Feuerbachs Denkformen erreicht.

3. Die zweckmäßige Strafgesetzlichkeit in den Diktaturen des 20. Jahrhunderts

Die Plastizität, d.h. die politische Anpassungsfähigkeit des Feuerbach'schen Konzepts „zweckmäßige Strafgesetzlichkeit" zeigt sich im Strafrecht der Diktaturen des 20. Jahrhunderts. Strafzweck ist die Erhaltung der Macht und die Erhaltung einer bestimmten Gesellschaftsform. Diese Ziele sind vage und erfordern eine ständige Justierung der strafrechtlichen Mittel. Vergeltung, Abschreckung und Resozialisierung, alle Mittel werden genutzt, wenn sie nur Wirkung versprechen[28]. Das Gesetz wird in dieses harte Zweck-Mittel-Denken hineingezogen. Das Gesetz wird als kriminalpolitisches Druckmittel eingesetzt, wenn dies politisch opportun ist. Stört das Gesetz die Kriminalpolitik, muß es mißachtet werden können. Dazu dienen: Generalklauseln im Gesetz, Aufhebung des Analogieverbots, Mißachtung des Rückwirkungsverbots, politische Führung des Richters, Einführung der von genauer Gesetzlichkeit befreiten Maßregeln und Verdrängung des Strafrechts durch Polizei und Verwaltung[29]. Von der

---

25 *v. Liszt*, Der Zweckgedanke im Strafrecht (Fn. 21), S. 1 ff., bes. S. 23 ff.

26 *v. Liszt*, Strafrechtliche Vorträge und Aufsätze, 2. Band, 1905, S. 80. Genaue Interpretation dieser Wendung: *Ehret*, Franz von Liszt und das Gesetzlichkeitsprinzip, 1996.

27 *v. Liszt* (Fn. 25), S. 80.

28 *Werle*, Justiz-Strafrecht und polizeiliche Verbrechensbekämpfung im Dritten Reich, 1989, für die NS-Diktatur.

29 *Cattaneo*, Terrorismo e Arbitrio, 1998, S. 115 ff., 237 ff., 299 ff. (deutsch unter dem Titel: *Cattaneo*, Strafrechtstotalitarismus, 2001, S. 120 f., 227 ff., 279 ff.); *Werle* (Fn. 28), S. 681

zweckmäßigen Strafgesetzlichkeit ist nur die unbegrenzte strafende Zweckmäßigkeit übriggeblieben[30]. Diese Erosion der Bedeutung der Gesetzlichkeit ist freilich bei Feuerbach als Möglichkeit schon vorhanden und durch Zwischenschritte bei Binding und v. Liszt vorbereitet. Diese Erosion ist eine Möglichkeit der ersten Art der Strafgesetzlichkeit, der zweckmäßigen Strafgesetzlichkeit.

4. Die zweckmäßige Strafgesetzlichkeit im Rahmen der sozialistischen Gesetzlichkeit und im Rahmen der positiven Generalprävention

Die zweite Hälfte des 20. Jahrhunderts revidiert diesen Zustand der zweckmäßigen Strafgesetzlichkeit nicht mehr. Die Vorstellung Feuerbachs, die Drohung mit dem genauen, strikt durchgeführten Gesetz verhindere Straftaten, gilt als empirisch falsch. Damit zerbricht die politische Grundlage für strikte Strafgesetzlichkeit. Die Rückkehr zu einer zweckmäßigen Strafrechtshandhabung auf der Grundlage präziser Gesetzlichkeit ist praktisch und theoretisch verbaut. Die präzise Strafgesetzlichkeit hängt in der Luft. Die kriminalpolitisch zweckmäßige präzise Gesetzlichkeit kehrt in keiner Abwandlung der klassischen oder der modernen Schule der Kriminalpolitik in der Zeit nach dem 2. Weltkrieg wieder. Vielmehr bestätigt diese Zeit die bisherige Entwicklung und Feuerbachs Bedeutung für diese Entwicklung: die an einen Strafzweck gebundene Gesetzlichkeit höhlt die Gesetzlichkeit aus.

Freilich enthält die Konzentration der Darstellung auf die Dominanz der zweckmäßigen ungenauen Strafgesetzlichkeit in der Nachkriegszeit eine Verkürzung. Diese Zeit entdeckt langsam, daß mit dem Aufgeben der psychologischen Zwangstheorie, mit dem Aufgeben der Vorstellung Feuerbachs also, der Strafzweck der negativen Generalprävention erzwinge eine genaue Strafgesetzgebung, daß mit dieser strafjuristischen Situation eine genaue Strafgesetzgebung keinen natürlichen politischen Befürworter mehr hat. Anders als die klassische und als die moderne kriminalpolitische Schule, die das Abschleifen der Gesetzlichkeit als normale Folge ihrer Lehren auffaßten, sehen die Lehren der Nachkriegszeit eine Art Verantwortung für eine von einem Strafzweck abgetrennte, schutzlos gelassene genaue Gesetzlichkeit. In den eigenständig begründeten Fortführungen der klassischen und der modernen Kriminalpolitik tritt das Bemühen hervor, neben der zweckmäßigen Strafgesetzlichkeit eine andere Art der

---

ff.; *Rüping / Jerouschek*, Grundriß der Strafrechtsgeschichte, 4. Aufl., 2002, S. 273 ff.; *Krey*, Keine Strafe ohne Gesetz, 1983, S. 23 ff.

30 Zusammenfassend für die Diktaturen des 20. Jahrhunderts in Deutschland, in Italien und in der Sowjetunion: *Cattaneo*, Strafrechtstotalitarismus (Fn. 29), S. 131 ff., 181 ff., 243 ff.

Gesetzlichkeit mitzuführen. Man kann diese andere Art eine kontrollierende Gesetzlichkeit nennen. Es entstehen Versuche, die Auflösung der Strafgesetzlichkeit durch den Strafzweck zu verlangsamen. Doch auch diese Versuche entkommen der Herrschaft des Strafzwecks über die Strafgesetzlichkeit nicht.

Zwei hervorgehobene Versuche und ihre Abhängigkeit von Feuerbach sind zu beschreiben.

Im Strafrecht der Deutschen Demokratischen Republik bildet sich von 1949 bis 1989 die Vorstellung von einer sozialistischen Gesetzlichkeit aus (Art. 7 StGB der DDR). Bereits die Wortwahl ist dem Modell der zweckmäßigen Strafgesetzlichkeit verpflichtet. Man ist für Strafgesetzlichkeit, aber die Gesetzlichkeit muß einem Zweck, der Förderung des Sozialismus, dienen. Das ist Feuerbach, nur der Zweck ist ausgetauscht. Dieser Zweck verändert den Inhalt der Gesetzlichkeit. Gesetzlichkeit hat dienende Aufgaben. Das ist seit Feuerbach nichts Neues. Aber das Ziel des Dienstes ist unscharf. Was als Dienst verlangt wird, hängt ab vom Grad des Erreichens einer sozialistischen Gesellschaft. „Die Auslegung (der Strafrechtsnormen) muß auf der Politik der Arbeiterklasse und ihrer Partei in der konkreten Etappe der gesellschaftlichen Entwicklung basieren“[31]. Das Gesetz muß flexibel sein und flexibel gehandhabt werden. In der sozialistischen Strafgesetzlichkeit als Ausprägung des Gedankens der zweckmäßigen Strafgesetzlichkeit besteht der eindeutige Vorrang des Zwecks. Das liegt in der Tendenz der Entwicklung seit Feuerbach.

Das Strafgesetzbuch der DDR enthält aber unvermittelt auch jene andere Art der Gesetzlichkeit, auf die ich hingewiesen habe. Art. 4 IV StGB der DDR formuliert eine politisch unbedingte strikte Strafgesetzlichkeit mit Analogie- und Rückwirkungsverbot. Die Verbindung dieser Vorschrift zu Feuerbach wird ausdrücklich hergestellt[32]. In einem modernen StGB ist deutlich zu sehen das Auseinandertreten einer zweckmäßigen und einer weiteren Strafgesetzlichkeit, die bei Feuerbach vereint erscheinen. Modellhaft informieren Text und Deutung des StGB der DDR, wie in der Moderne das positivrechtliche Auseinandertreten von zweckmäßiger und anderer, kontrollierender Strafgesetzlichkeit aufgehoben wird. Das Gesetz selbst (Art. 7 StGB der DDR) deutet nur an, daß die zweckmäßige sozialistische Gesetzlichkeit den Vorrang vor der kontrollierenden hat. Die Strafrechtstheorie macht klar, daß auch die kontrollierende Gesetzlichkeit zu verstehen ist als Förderung der Entwicklung einer sozialistischen Gesellschaft, dem Geist der Präambel zum StGB der DDR entsprechend[33]. In einem

---

31 Autorenkollektiv (*Reuter*), Strafrecht der DDR, Lehrbuch, 1988, S. 140.

32 Autorenkollektiv (*Reuter*), Fn. 31, S. 126.

33 Autorenkollektiv (*Reuter*), S. 126 ff.

StGB des 20. Jahrhunderts sieht man die Überwältigung einer kontrollierenden Strafgesetzlichkeit durch die zweckmäßige. Feuerbachs Versuch, die strikte Strafgesetzlichkeit als einzig zweckmäßige zu festigen, ist schon im 19. Jahrhundert durch die Änderung der Strafzwecke gescheitert. Das Bemühen, die strikte Strafgesetzlichkeit zu retten, indem man sie positivrechtlich von der zweckmäßigen trennt, scheitert, wie das Beispiel des StGB der DDR eindringlich lehrt, an der Fähigkeit der zweckmäßigen Strafgesetzlichkeit, sich der Kontrolle zu entziehen.

In der Bundesrepublik Deutschland entsteht seit etwa 1980 eine in den Denkformen parallele, freilich in den Inhalten politisch verschiedene neue Art zweckmäßiger Gesetzlichkeit als Folge der positiven Generalprävention. Am leichtesten ist die positive Generalprävention als Auseinandersetzung mit Feuerbach zu begreifen.

Es bleibt in dieser Auffassung dabei, daß die Strafe aktuelle Zwecke zu erfüllen hat, nämlich die Stabilisierung der gesellschaftlich nützlichen Norm[34]. Die Normentheorie Bindings wirkt nach. Zu stabilisieren sind die „fundamentalen Normen"[35] der Gesellschaft, nicht das Gesetz. Die Bestrafung nach dem Gesetz ist Mittel der Normstabilisierung. Im Verhältnis von zweckmäßiger Strafe und Gesetz tauchen die gleichen Probleme auf wie bei Binding. Das Gesetz muß hochgehalten werden, sonst leidet die Norm.

Die positive Generalprävention nimmt allerdings auch die Erfahrung der zweiten Hälfte des 19. und der ersten Hälfte des 20. Jahrhunderts auf, daß der Strafzweck, gerade der gesetzlich verfolgte Strafzweck, die Strafgesetzlichkeit überhaupt zerstören kann. Die Lehre von der positiven Generalprävention sieht es als Teil ihrer Bemühungen an, der zweckmäßigen Strafgesetzlichkeit, der sie verpflichtet ist, mit „Vorsicht" zu begegnen, die „dunklen" Seiten des zweckmäßigen Strafens nicht zu übersehen[36]. Man unterscheidet die zweckmäßige Strafgesetzlichkeit mit dem Ziel der positiven Generalprävention von einer anderen Strafgesetzlichkeit mit dem Ziel, die Vorsicht vor der positiven Generalprävention zu stärken. Freilich kann sich diese Lehre zu einer eindeutigen Trennung zweier entgegengerichteter Gesetzlichkeiten nicht entschließen. Vielmehr versucht sie, beide strafjuristischen Tendenzen in einer Denkform aufzuheben: der „Formalisierung" der zweckmäßigen Bestrafung[37]. Es ist eine Teilrückkehr

---

34 *Hassemer*, Einführung in die Grundlagen des Strafrechts, 2. Aufl. 1990, S. 324 ff. in Distanz zu Feuerbach (S. 309 ff.).

35 *Hassemer*, (Fn. 34), S. 326.

36 *Hassemer*, (Fn. 34), S. 326.

37 *Hassemer*, (Fn. 34), S. 316 ff., bes. S. 326 f.

zum „Modell Feuerbach". Die zweckmäßige und die strikte Strafgesetzlichkeit fließen in der „Formalisierung" sozialer Kontrolle zusammen. Aber es wirkt sich tiefgreifend aus, daß der Strafzweck von der negativen zur positiven Generalprävention entwickelt worden ist. Feuerbachs negative Generalprävention läßt die Folgerung zu: nur wenige, zudem sehr genaue Gesetze können den Strafzweck erfüllen. Bei der positiven Generalprävention liegt diese Folgerung nicht auf der Hand. „Vorsicht" und „Formalisierung" dürfen nicht so weit gehen, daß das Erreichen des Zwecks der Normstabilisierung gefährdet wird. Genaue Gesetze, Analogie- und Rückwirkungsverbot werden zwar hoch geschätzt[38], aber dem gesetzlichen Strafrecht muß, damit Normstabilisierung möglich bleibt, ein „berechtigter Bedarf an Vagheit" eingeräumt werden; eine „Verbindung von Präzision und Flexibilität" wird befürwortet, die kontrollierende Gesetzlichkeit ist lediglich als „ Programmsicherung", nicht, was für eine vom Strafzweck scharf getrennte Gesetzlichkeit unerläßlich wäre, als „Ergebnissicherung" aufgefaßt[39]. Folgerichtig wird die juristische Figur einer Abwägung zwischen den Vorzügen der Formalisierung und den Vorzügen der Entformalisierung entworfen[40].

Der in die zweckmäßige Strafgesetzlichkeit eingesetzte Zweck der Normstabilisierung hebt die strikte Gesetzlichkeit an entscheidenden Stellen auf. Aber das ist nur eine Modernisierung Feuerbachs.

5. Fazit

Feuerbachs Verbindung von Strafzweck und genauer Gesetzlichkeit war künstlich, einseitig gebunden an den Strafzweck der negativen Generalprävention und daher leicht auflösbar. Die Auflösung geschieht mit den Denkmitteln Feuerbachs. Der Strafzweck wird verändert. Jede Änderung des Strafzwecks baut das Verhältnis zur Gesetzlichkeit um. Eine klare Tendenz ist zu sehen. Die Strafzwecke, die sich nach Feuerbach durchsetzen, lösen die Gesetzlichkeit überhaupt auf.

Dabei lassen sich zwei Epochen, getrennt durch das zweckmäßig-terrorisierende Strafrecht der Diktaturen des 20. Jahrhunderts, unterscheiden. In der ersten Epoche dominiert die Suche nach dem besten Strafzweck. Die Gesetzlichkeit muß sich nach den Notwendigkeiten des Strafzwecks richten. Repräsentiert wird diese Überwältigung der Strafgesetzlichkeit durch den Strafzweck von der klassischen und der modernen Schule der Kriminalpolitik. Die zweite Epoche, die Zeit nach

38 *Hassemer*, Nomos Kommentar zum StGB, 1. Aufl. 1995, Rn. 301 ff. vor § 1.

39 *Hassemer* (Fn. 38), Rn. 18, 19, 20 zu § 1.

40 *Hassemer* (Fn. 38), Rn. 487 vor § 1.

dem Ende der Diktaturen des 20. Jahrhunderts, bleibt in der Tradition der zweckmäßigen Strafgesetzlichkeit, ist freilich bemüht, juristische Mechanismen zur Kontrolle der Kraft des zweckmäßigen legalen Strafens zu finden. Dieses Bemühen führt nicht weit. Die Kontrollmechanismen weichen vor den Forderungen des zweckmäßigen legalen Strafens zurück. Der kriminalpolitische Sog, der von der zweckmäßigen Strafgesetzlichkeit ausgeht, ist zu stark. Praktisch wird diese Entwicklung in den Folgen der Auffassung einer sozialistischen Gesetzlichkeit und in der Konstruktion einer positiven Generalprävention.

Die variantenreiche, politisch genehme Ausbildung zweckmäßiger Strafgesetzlichkeit ist eine stetige Gefährdung der Strafgesetzlichkeit überhaupt. Die Gefährdung ist zu mindern, wenn man die nach den Diktaturen des 20. Jahrhunderts formulierte Frage, wie sich die zweckmäßige Strafgesetzlichkeit zu einer anderen, der Zweckmäßigkeit widerstreitenden Strafgesetzlichkeit verhält, aufgreift und entschieden beantwortet. Die entschiedene Antwort ist: scharfe Trennung von zweckmäßiger und kritischer Strafgesetzlichkeit und nicht „ rechtsstaatliches Sicherheitsstrafrecht“[41] als Amalgam von Verbrechensbekämpfung und deren Kritik, einem Amalgam, in dem die legierten Teile ununterscheidbar sind. Bei der Sicherung dieser Antwort kann Feuerbach hilfreich sein. In seinen Texten ist das Problem der Trennung zweier Strafgesetzlichkeiten angedeutet. Die Lösung dieses Problems ist bei Feuerbach widerspruchsvoll, läßt sich aber weiterführen.

V. Konturen einer kritischen Strafgesetzlichkeit bei Feuerbach

Die zweite Art der Strafgesetzlichkeit, die kritische Strafgesetzlichkeit, die unerläßlich ist, soll die zweckmäßige Strafgesetzlichkeit im Zaum gehalten werden, kommt bei Feuerbach vor[42] und hat in den Versuchen über kontrollierende Strafgesetzlichkeit nach dem 2. Weltkrieg überlebt. Man träfe Feuerbachs Absichten auch, wenn man diese zweite Strafgesetzlichkeit eine absolute, autonome oder reine Strafgesetzlichkeit nennte. Aber „kritische“ Strafgesetzlichkeit ist am treffendsten. Es geht Feuerbach darum, die Gefahr der Verhärtung, der jede zweckmäßige Strafgesetzlichkeit ausgesetzt ist, zu mindern. Feuerbach bemüht sich, die Kennzeichen jeder Strafgesetzlichkeit, die sich aus seinen Erwägungen zum Zweck der Strafe ergeben (s. oben I.), als Maßstab für alles Strafrecht, als Grundlage der Kritik an allem Strafrecht, auch am zweckmäßigen,

---

41 *Hassemer*, Sicherheit durch Strafrecht, in: Institut für Kriminalwissenschaften und Rechtsphilosophie Frankfurt a. M. (Herausgeber), Jenseits des rechtsstaatlichen Strafrechts, 2007, S. 136/137.

42 Eine systematische Darstellung dieser Seite von Feuerbachs Lehre bei: *Cattaneo*, Anselm Feuerbach, filosofo e giurista liberale, 1970.

auszuweisen. Den politischen Opportunismus der zweckmäßigen Strafgesetzlichkeit, ein Opportunismus, der die Strafrechtsgeschichte des 19. und 20. Jahrhunderts charakterisiert, wollte Feuerbach theoretisch einschränken.

Als Instrument zum Erreichen dieses Ziels dient Feuerbach die kantische Philosophie, die er vor dem Erscheinen seiner strafrechtlichen Hauptwerke studiert hatte[43]. Er versucht, die zweckmäßige Strafgesetzlichkeit als Erkenntnis aus reiner Vernunft in der Nachfolge Kants aufzufassen[44], die Strafgesetzlichkeit also von der Zweckmäßigkeit zu reinigen, ohne sie aufzugeben. Er schließt sich Kants Satz an, der Staat sei nichts anderes als die Vereinigung einer Menge Menschen unter Rechtsgesetzen[45], also kein in Gesetzesform auftretendes Sicherheitsunternehmen. Aus der Aufgabe des Staates, das Recht zu garantieren, entnimmt Feuerbach seinen sehr engen Verbrechensbegriff. Verbrechen sei immer Rechtsverletzung. Damit rückt das Verbrechen in die Nähe der Menschenrechtsverletzung[46]. Dieser enge Begriff des Verbrechens ist in Feuerbachs Denken ein wichtiges Mittel der Kritik gegen ein ausuferndes zweckmäßiges Strafrecht und seine Gesetze.

Und das Gesetz selbst ist in Feuerbachs Lehre nicht ein offenes Gefäß, das auf zweckmäßige Inhalte wartet, sondern wegen seiner würdigen Inhalte ein würdiger Teil einer rechtlichen Staatsverfassung. Das Gesetz nennt Feuerbach einen „kategorischen Imperativ" und beruft sich dazu auf Kant[47]. Mit einem solchen Gesetzesbegriff läßt sich Widerstand gegen die kriminalpolitische Trivialisierung des Gesetzes leisten.

Im Zentrum der Kant-Verehrung Feuerbachs steht die kantische Forderung, den Menschen im Strafrecht niemals bloß als Mittel zum Zweck zu gebrauchen. Die Anziehungskraft, die dieser Satz hatte und hat, ist bei Feuerbach zu lesen und zu spüren. Er übernimmt diesen Satz bedingungslos. Er setzt ihn in eben jener Absicht ein, in der Kant ihn vorgetragen hat: zur Kritik eines nur zweckmäßigen Strafrechts[48]. Feuerbach verwirft unter Berufung auf Kant die Verbindung von

---

43 *Feuerbach*, Biographischer Nachlaß, veröffentlicht von seinem Sohn Ludwig Feuerbach, 2. Ausgabe 1853, 1. Band, S. 51.

44 *Feuerbach*, Über die einzig möglichen Beweisgründe gegen das Dasein und die Gültigkeit der natürlichen Rechte, 1795, abgedruckt in: Haney (Herausgeber), Naturrecht und positives Recht, Ausgewählte Texte von Paul Johann Anselm Feuerbach, 1993, S. 16 ff.

45 *Feuerbach*, Lehrbuch (Fn. 3), §§ 8 ff.

46 *Feuerbach*, Lehrbuch (Fn. 3), §§ 8 ff., 21 f.

47 *Feuerbach*, Revision 1 (Fn. 1), S. 141 Anmerkung.

48 *Feuerbach*, Revision 1 (Fn. 1), S. 48.

Strafe und Erziehung; diese Verbindung benutze den Straftäter als Mittel zum Zweck[49].

Theorie und Praxis des Strafens nach Feuerbach belegen, daß Feuerbachs Versuch, die zweckmäßige Strafgesetzlichkeit durch eine parallel geführte kritische Strafgesetzlichkeit zu kontrollieren, mißlungen ist. Die Berufung auf die reine kantische Vernunft erweist sich bei Feuerbach als inhaltsarme Floskel. Feuerbachs „Staat als Garant reinen Rechts" kann dem Staat als Garanten wechselnder politischer und wirtschaftlicher Interessen, durchgesetzt auch mithilfe des Strafrechts, wenig entgegensetzen. Der Verbrechensbegriff verkommt noch zu Feuerbachs Lebzeiten zum offenen Begriff der Güter- und Interessenverletzung[50] und erweist sich als kritikresistent gegenüber dem Hinweis, das Verbrechen sei beschränkt allein auf die Verletzung von absoluten Rechten. Feuerbachs ernster Gesetzesbegriff wird theoretisch mühelos umgeformt in den Begriff der Zwangsregel für vielfältige Ziele. Das „Kategorische" am Strafgesetz wird, ähnlich wie schon bei Feuerbach, genutzt zur Machtverstärkung des Gesetzes. Feuerbachs bewunderter Kant-Satz, der Mensch dürfe im Strafrecht nicht als Mittel zum Zweck gebraucht werden, verliert schnell jede kritische Kraft. In der Resozialisierungsdebatte, in der gesamten Straftheorie-Debatte des 19. und 20. Jahrhunderts, kann man den Satz mißachten, ohne eine praktische oder wissenschaftliche Sanktion befürchten zu müssen. Wahrscheinlich liegt das an Feuerbachs Umgang mit Kants Satz selbst. Feuerbachs eigene Lehre, die kategorische Strafe am Täter sei notwendig, um die Autorität des Gesetzes zu stärken, ist, gemessen an der Forderung, den Menschen im Strafrecht nicht als Mittel zum Zweck zu gebrauchen, unmöglich.

Die Konturen einer kritischen Strafgesetzlichkeit findet man wohl bei Feuerbach. Es zeichnet sich bei ihm die Forderung nach einer ständigen Prüfung der vorhandenen zweckmäßigen Strafgesetze ab. Feuerbachs Kriterien der Prüfung ermöglichen auch einen Zweifel an Legitimation und praktischem Nutzen des weiten zweckmäßigen Strafrechts. Enge Verbindung von Staat und reinem Recht; theoretisch gesicherter Respekt vor dem genauen Gesetz; enger Verbrechensbegriff; Schutz des einzelnen Bürgers gegen das Benutztwerden durch einen Straftäter oder durch den strafenden Staat: das ist eine Ansammlung von Möglichkeiten der Kritik an zweckmäßigem Strafrecht.

49 *Feuerbach*, Revision 1 (Fn. 1), S. 78 ff.

50 *Birnbaum*, Über das Erfordernis einer Rechtsverletzung zum Begriff des Verbrechens, in Archiv des Criminalrechts, Neue Folge, 1834, S. 149 ff.

Feuerbachs Auffassung von der kritischen Strafgesetzlichkeit hatte aber gewichtige Schwächen. Diese Schwächen haben es leicht gemacht, den Stand, den Feuerbach in der kritischen Strafgesetzlichkeit erreicht hatte, nicht weiter zu verfolgen. Eine Schwäche lag in der allzu lockeren Verbindung zu Kant. Feuerbach hat es vermieden, die ganze Reichweite der kantischen Kritik an der Lehre vom zweckmäßigen Strafrecht aufzufassen. Kants Urteil: „Eine bloß empirische Rechtslehre ist [...] ein Kopf, der schön sein mag, nur schade! daß er kein Gehirn hat"[51], wird bei Feuerbach nicht erörtert. Die möglichen Ergebnisse einer solchen Erörterung, nämlich: die psychologische Zwangstheorie ist als nur empirisch und damit als hohl einzustufen oder diese Theorie muß völlig neu begründet werden, diese Ergebnisse wären für straftheoretisches Denken zu sperrig. Feuerbach und die straftheoretische Folgezeit müssen in ihren Überlegungen immer einen Vorteil für das zweckmäßig-sichernde Strafen finden.

Was ein an Kant anknüpfendes System kritischer Strafgesetzlichkeit sein könnte, ist bei Feuerbach schließlich nur eine Verschönerung seiner eigenen Lehre einer zweckmäßigen Strafgesetzlichkeit. Ein Grundproblem des Verhältnisses von kritischer und zweckmäßiger Strafgesetzlichkeit hat Feuerbach freilich gesehen, gestaltet und weitergereicht. Kritische und zweckmäßige Strafgesetzlichkeit verwenden, um sich durchsetzen zu können, die gleichen Begriffe, in erster Linie den Begriff des Gesetzes. Seit Feuerbach steht fest: das Strafgesetz ist zweckmäßige Machtverstärkung und kann zugleich Machtkritik sein.

Das Hauptproblem, das Feuerbach der Debatte der Strafgesetzlichkeit hinterlassen hat, lautet also in Frageform: kann die Strafgesetzlichkeit unvermeidlich zweckmäßig und doch notwendig zugleich kritisch sein bei ständiger gegenseitiger Durchdringung?

VI. Die kritische Strafgesetzlichkeit

Das Beispiel Feuerbach belegt, daß die Antwort auf die Frage, ob sich zweckmäßige und kritische Strafgesetzlichkeit trennen lassen und dann gegeneinander arbeiten können, schwierig ist. Feuerbach hat die Art der Strafgesetzlichkeit, die man kritisch nennen kann, als kriminalpolitisch zweckmäßig begründet und damit den Aufbau einer unabhängigen kritischen Strafgesetzlichkeit erschwert, die Konturen einer solchen Strafgesetzlichkeit sogar auflösbar gemacht. Diese straf-

---

51 *Kant*, Metaphysik der Sitten, Erster Teil, Metaphysische Anfangsgründe der Rechtslehre, Einleitung in die Rechtslehre, § B.

juristische Situation führt auf die Frage, ob eine selbständige kritische Strafgesetzlichkeit formulierbar ist, durchaus in Auseinandersetzung mit Feuerbach. Es gibt *zwei Antworten* auf diese Frage.

1. Kritische Strafgesetzlichkeit im positiven Recht

Die *erste Antwort* auf die eben gestellte Frage lautet:

Es gibt die *kritische Strafgesetzlichkeit als positives Recht*. Anders als bei Feuerbach ist diese Art der Strafgesetzlichkeit nicht in die Kriminalpolitik integriert. Vielmehr wird die Kontrolle des Strafens, die bei Feuerbach unvollkommen ausgebildet ist, in der Strafrechtsentwicklung seit der Französischen Revolution als eigenständiger Teil des positiven Rechts verfaßt. Ein Modell findet sich in der französischen Erklärung der Menschen- und Bürgerrechte von 1789. Die Erklärung enthält eine moderne Philosophie des Strafgesetzes. Sie geht davon aus, daß Kriminalpolitik im Staat, also Machtausübung durch Strafen, unvermeidlich genutzt wird; das Gesetz muß aber sicherstellen, daß Kriminalpolitik, wie zweckmäßig sie auch sei, kontrollierbar bleibt. Das Gesetz muß die natürlichen Rechte der Person respektieren; das Gesetz muß die Freiheit der Person achten; ohne Gesetz gibt es keine Handlungsverbote; das Gesetz muß sich auf notwendige Strafen beschränken; das Gesetz muß die Unschuldsvermutung garantieren; das Gesetz muß willkürliche Verhaftungen verhindern (Art. 7–9 der französischen Erklärung von 1789). Das scheint die beispielhafte Form kritischer Strafgesetzlichkeit zu sein. Es zeigt sich allerdings schon an der Erklärung von 1789, daß das bei Feuerbach formulierte Hauptproblem der Strafgesetzlichkeit, die gegenseitige Durchdringung von zweckmäßiger und kritischer Strafgesetzlichkeit, durch positives Recht nur schwer lösbar ist. Die gleichen Artikel der Erklärung von 1789, die eine kritische Strafgesetzlichkeit formulieren, legen zugleich fest, daß der Umfang der Kritik, den das Gesetz festlegt, bei Strafe nicht ausgeweitet werden darf und daß die für eine Erhaltung von Staat und Gesellschaft „notwendigen" Strafen durch Gesetze angedroht und ausgeführt werden müssen (Art. 7, 8). Das ist massive zweckmäßige Strafgesetzlichkeit. Eine Abstimmung der kritischen auf die zweckmäßige Strafgesetzlichkeit gibt es im Text der Erklärung von 1789 nicht. Das ist das strafjuristische Feuerbach-Dilemma als positives Recht. Zweckmäßige und kritische Strafgesetzlichkeit stehen einander positivrechtlich gegenüber. Das positive Recht bestimmt keinen Vorrang. Daß die gesetzliche Kriminalpolitik kräftiger ist als die kritische Gesetzlichkeit, ist erwartbar und zeigt sich bereits in der Politisierung und Brutalisierung der Strafpraxis in der Französischen Revolution.

Mit diesem Inhalt wird das Problem im positiven Recht der Folgezeit erhalten, ausgebaut und fortgeschrieben. Das Muster ist: die kritische Strafgesetzlichkeit wird im Allgemeinen Teil eines StGB, zusätzlich im Allgemeinen Teil einer Verfassung abgelegt. Zugleich betreiben die Einzelvorschriften der Strafgesetzbücher und die Texte des Nebenstrafrechts bei der Beschreibung der Straftaten und bei der Organisation der Sanktionen massiv Kriminalpolitik durch zweckmäßige Gesetzlichkeit.

Die positivrechtlichen Texte zur kritischen Gesetzlichkeit sind inzwischen so zahlreich und so differenziert, daß ein System kritischer Gesetzlichkeit zu entwerfen wäre. In Europa müßten folgende Texte zusammengesehen werden, die ihrerseits nur die Formulierungstradition seit der französischen Erklärung von 1789 abbilden: Art. 92 ff. des deutschen Grundgesetzes; §§ 1, 2 des deutschen Strafgesetzbuchs; § 152 der deutschen Strafprozeßordnung als Beispiele für den Zustand der kritischen Strafgesetzlichkeit in einem nationalen Strafrecht. Art. 6, 7 der Europäischen Konvention zum Schutz der Menschenrechte; Art. 6 ff. des Internationalen Paktes über bürgerliche und politische Rechte; Art. 22 ff. des Statuts des Internationalen Strafgerichtshofs; Art. 47 ff. der Charta der Grundrechte der Europäischen Union als Beispiele für den Zustand der internationalen kritischen Strafgesetzlichkeit. Aber alle diese Texte sehen die kritische Strafgesetzlichkeit nur als Gegengewicht, zudem als ein unkoordiniertes Gegengewicht zur zweckmäßigen Strafgesetzlichkeit. Was Feuerbach vorgedacht hat, tritt in allen modernen Texten des positiven Rechts zur kritischen Strafgesetzlichkeit hervor. Das Strafgesetz ist zunächst und vor allem Mittel zur Herstellung von Sicherheit (ausdrücklich: Art. 5 I 1EMRK; Art. 6 der Charta der Grundrechte der Europäischen Union). Wenn man versucht, sich zur Förderung einer kritischen Strafgesetzlichkeit auf das positive Recht zu verlassen, muß man außerdem beachten, daß die Techniken, positives Recht durch Nichtbeachtung, Interpretation und schnelle Änderung zu schwächen, beachtlich ausgebaut sind. Die positivrechtlichen Regeln zur kritischen Strafgesetzlichkeit haben unter diesen Techniken zu leiden. Die positivrechtlichen Regeln zur zweckmäßigen Strafgesetzlichkeit werden durch diese Techniken gefördert. In der Bundesrepublik Deutschland wird ein Hauptelement der kritischen Strafgesetzlichkeit, die Genauigkeit des Gesetzes, durch eine beständige Praxis abgeschliffen; die Verfassungsgerichtsbarkeit stützt die kritische Strafgesetzlichkeit nur zögernd[52]. Die in der deutschen Rechtslehre ausgebreitete Meinung, es gebe nicht nur eine Sicherheitspolitik, sondern ein Verfassungsrecht auf Sicherheit auch durch

52 Vgl. *Krahl*, Die Rechtsprechung des Bundesverfassungsgerichts und des Bundesgerichtshofs zum Bestimmtheitsgrundsatz im Strafrecht (Art. 103 Abs. 2 GG), 1986.

Strafrecht[53], lähmt die kritische Strafgesetzlichkeit. Schließlich hat die Gesetzgebung die Möglichkeit, die positivrechtliche kritische Strafgesetzlichkeit durch positives Recht abzuschaffen.

Gemessen am Textbestand des positiven Rechts wäre es wohl gegenwärtig möglich, ein System der kritischen Strafgesetzlichkeit zu entwerfen. Die Aussicht aber für die kritische Strafgesetzlichkeit, der Kontamination durch die zweckmäßige Strafgesetzlichkeit zu entgehen, ist gering, so gering wie schon bei Feuerbach. Über das positive Recht ist eine selbständige kritische Strafgesetzlichkeit nicht zu sichern.

2. Die vom positiven Recht unabhängige kritische Strafgesetzlichkeit

Es muß eine *zweite Antwort* auf die Frage geben, ob eine selbständige kritische Strafgesetzlichkeit formulierbar ist. Teile der Antwort liegen auf der Hand. Als strafjuristische Realität gibt es eine durchgearbeitete kritische Strafgesetzlichkeit nicht. Formulierbar ist sie also nur als Programm. Eine solche Programmdebatte mag finden, daß die kritische Strafgesetzlichkeit in der aktuellen Situation des Strafrechts Utopie ist. Ein wirklicher Einwand gegen das Entwerfen eines vollständigen Programms einer kritischen Strafgesetzlichkeit wäre das nicht. Es gibt zu wenig Utopie in der aktuellen Strafrechtsdebatte.

Für den Inhalt einer kritischen Strafgesetzlichkeit ist gewiß, daß sie als vorpositives Programm gelingen muß. Für „vorpositiv" kann man setzen: autonom, zweckunabhängig, politikfrei, rein. An dieser Stelle findet man das komplizierteste Stück der kritischen Strafgesetzlichkeit seit Feuerbach. Er hoffte, dieses komplizierte Stück mit Kant-Anspielungen bearbeiten zu können und begründete damit das Verfahren einer kantianisierenden kritischen Strafgesetzlichkeit. Die Machtlosigkeit dieses Verfahrens gegenüber der zweckmäßigen Strafgesetzlichkeit verlangt nach einer Änderung dieses Verfahrens. Die Anknüpfung an Kant wird bleiben müssen. Keine andere Philosophie hat die Denkformen für das Ausbilden einer kritischen Strafgesetzlichkeit entwickelt. Feuerbach hat das gespürt. Doch zum Programm einer kritischen Strafgesetzlichkeit gehört ein geduldigeres, konzentrierteres Bemühen um Kant als man es bei Feuerbach findet, vor allem in der Frage der Erkenntnistheorie. Feuerbach hat sie vernachlässigt. Kants kritische Strafrechtslehre steht in der „Metaphysik der Sitten". Kantische säkulare Metaphysik ist Theorie des richtigen Erkennens. Eine kritische Straf-

53 S. *Robbers*, Sicherheit als Menschenrecht, 1987.

gesetzlichkeit wird nur gelingen, wenn Feuerbachs Annäherung an Kant aufgegeben und durch eine zähe Arbeit an den Voraussetzungen der Erkenntnis richtiger Kritik-Kriterien ersetzt wird. Diese Arbeit muß zum Ziel eine säkulare Strafrechtsmetaphysik für kleine Bereiche des Strafrechts haben. Eine Tradition für diese Arbeit gibt es nicht. Zum Programm einer kritischen Strafgesetzlichkeit gehört die Begründung einer solchen Tradition, an dieser Stelle also ein Überwinden der durch Feuerbach eingeleiteten erkenntnistheoretischen Bequemlichkeit im Strafrecht.

Zum Programm der kritischen Strafgesetzlichkeit gehört weiter das mühsame Unternehmen, das zweckmäßige Strafrecht von einer kritischen Strafgesetzlichkeit scharf abzutrennen. Das widerspricht heftig den strafjuristischen Denk- und Arbeitsgewohnheiten seit Feuerbach. Wissenschaftlich wichtig wäre es, könnte man die Kriminalpolitik abdrängen in bloße Regelhaftigkeit und das Gesetz reservieren für die kritische Strafgesetzlichkeit. Der Kriminalpolitik wäre dann genommen, was sie seit Feuerbach schätzt: das Gesetz als Verstärker der Kriminalpolitik zu nutzen. Es stünden sich dann klar gegenüber die kriminalpolitischen Regeln, die sich ständig ändern, vermehren, verstärken, und eine Gesetzlichkeit, die konzentriert den Bewegungen der Kriminalpolitik folgt und sie hartnäckig mithilfe der immer gleichen Kriterien begrenzt. Dann stünden sich gegenüber die *Politik* der Verbrechensbekämpfung und das *Recht* der Begrenzung dieser Verbrechensbekämpfung[54]. Die Kriminalpolitik wäre Sache des regierenden politischen Systems. Das Verbrechensbekämpfungsbegrenzungsrecht wäre Sache der Wissenschaft. Wahrscheinlich entstünden unversöhnliche Lager mit unsicheren Zugehörigkeiten zu den Lagern.

Der Einwand, das gehe praktisch nicht, ist nur teilweise plausibel. Die Trennung von Kriminalpolitik und Recht geht nur heute nicht, bedingt durch die mit Feuerbach eingeleitete Verklammerung von Kriminalpolitik und begrenzendem Strafrecht. In einer längeren Periode unabhängiger wissenschaftlicher Arbeit wird diese Trennung von Kriminalpolitik und Strafrecht wieder möglich. Beginnen kann man sofort mit einer Sichtung der großen positivrechtlichen Regelungsmasse im nationalen, europäischen und internationalen Recht. Diese Masse läßt sich jetzt schon trennen in kritische und zweckmäßige Strafgesetzlichkeit. Zweifelsfälle wären nur ein Anlaß, das Trennungskriterium zu schärfen. Dieser Teil des Programms einer selbständigen kritischen Strafgesetzlichkeit ist alles andere als Utopie. Dieser Teil ist ständige Aufgabe einer freien

54 Überblick über den Stand der Debatte zu diesem Problem bei: *Lisa Kathrin Sander*, Grenzen der instrumentellen Vernunft im Strafrecht, Dissertation Frankfurt a. M. 2007, S. 320 ff.

Strafrechtswissenschaft, die für die Offenlegung des jeweils aktuellen Geistes des positiven Strafrechts zuständig ist.

Ein weiterer gewichtiger Teil eines Programms einer kritischen Strafgesetzlichkeit ist die Sicherung der Kriterien der Kritik, wobei, noch einmal, diese Sicherung abhängt vom Gelingen einer erkenntnistheoretischen Grundlegung der Richtigkeit dieser Kriterien[55]. Aber es läßt sich mit Gewißheit sagen, welches mindestens diese zu sichernden Kriterien sind[56]. Das Nachfragen bei Feuerbach ist an dieser Stelle ergiebig.

Eine kritische Strafgesetzlichkeit ist in einem analytischen Verfahren nicht bestimmbar. Sie ist eine Ableitung aus einem kritischen Rechtsbegriff, der seinerseits abhängt von einem kritischen Staatsbegriff. Den Zusammenhang von Staat, Recht und Strafrecht muß man in einer kritischen Strafgesetzlichkeit als notwendig annehmen und in seinen Einzelheiten beherrschen, um irgendeine strafrechtliche Frage entscheiden zu können. Feuerbach ist an dieser Stelle Vorbild[57]. Der Folgezeit ist dieser Zusammenhang unbequem.

Es kommt darauf an, den richtigen Staatsbegriff so zu bestimmen, daß die strafende Tätigkeit von vornherein begrenzt ist, daß Strafrecht folglich diese Begrenzung nur ausarbeitet und daß eine kritische Strafgesetzlichkeit das Einhalten dieser Begrenzung stetig überprüfen und durchsetzen kann. Die Kriminalpolitik muß in jeder politischen Epoche auf einen limitierten Staats- und Rechtsbegriff und auf eine Praxis kritischer Strafgesetzlichkeit treffen, also auf Gegner treffen, die sich nicht leicht überwinden lassen.

Das Ausarbeiten des Zusammenhangs von Staat, Recht und kritischer Strafgesetzlichkeit in Einzelheiten kann sich wiederum an Feuerbach orientieren:

Das Gesetz ist kein wohlfeiles Druckmittel für jede strafpolitische Richtung, sondern Begrenzung jeder strafenden Staatsmacht und Begrenzung der Macht eines Täters, Straftaten zu begehen. Das Gesetz hat einen unzerstörbaren Charakter. Es ist unabhängig von den Interessen der gerade maßgebenden Politik, von den Interessen des Gesetzesanwenders und den Interessen des Gesetzesverletzers. Dieses Gesetz verlangt den unabhängigen Richter. Feuerbach hat mit seiner Forderung, der Verbrechensbegriff müsse sehr eng sein, dürfe mehr nicht umfassen als die Überwältigung des Willens des Einzelnen und der Gesellschaft

55 S. hierzu, gerade in Auseinandersetzung mit Feuerbach: *Cattaneo*, Dignità umana e pena nella filosofia di Kant, 1981 und *Cattaneo*, Metafisica del diritto e ragione pura, 1984.

56 Sammlung und Ordnung dieser Kriterien, mit dem Ziel der Kritik an der modernen Strafrechtsentwicklung, von *Peter-Alexis Albrecht*, Die vergessene Freiheit. Strafrechtsprinzipien in der europäischen Sicherheitsdebatte, 2. Aufl., 2006.

57 S. erneut *Feuerbach*, Lehrbuch (Fn. 3), §§ 8 ff.

durch Macht oder unwiderstehliche List, einen wichtigen Teil der kritischen Strafgesetzlichkeit benannt. Die Formulierung der Mindestbedingung menschenwürdigen Lebens, die Kennzeichnung der Überwältigung eines Einzelnen durch Macht und List anderer Einzelner oder organisierter Gruppen als absolutes Unrecht, ist die Formulierung der Verfassung einer kritischen Strafgesetzlichkeit. Erneut ist die schwierige Voraussetzung für das Gelingen einer solchen Verfassung einzuräumen: die *Erkenntnis* der Richtigkeit dieser Verfassung. Nur persönliche Bekenntnisse zu einer solchen Verfassung, wie Feuerbach sie formuliert hat, oder die Summierung solcher Bekenntnisse zu einem Konsens reichen nicht, stärken nur die zweckmäßige Strafgesetzlichkeit.

Das Programm einer ausgearbeiteten kritischen Strafgesetzlichkeit ist nicht das Programm eines machtvollen Sicherheitsunternehmens, sondern ist das Programm einer Verteidigung des Einzelnen gegen ein machtvolles, immer leicht begründbares Sicherheitsunternehmen. Der Kritikbegriff ändert sich, verglichen mit Feuerbach und der von ihm abhängigen Wissenschaftstradition. Kritik ist nicht länger, wie bei Feuerbach und später, Kritik der Wirksamkeit einer bestimmten Straforganisation mit dem Ziel, eine wirksamere Straforganisation zu etablieren. Sondern Kritik, jene Kritik, die der kritischen Strafgesetzlichkeit den Namen gibt, ist Kritik der Begründbarkeit überhaupt allen zweckmäßigen Strafens, setzt das zweckmäßige Strafen immer wieder der Frage aus: Ist das Recht? Die Frage ist von Kant geborgt. Er verdächtigte die juristische zweckmäßige Strafgesetzgebung, sich unter Berufung auf ihre „Majestät" der Kritik ihrer Richtigkeit entziehen zu wollen[58]. Diese Kant-Linie fehlt bei Feuerbach.

Die kritische Strafgesetzlichkeit wird, auch wenn ihr Programm noch nicht vollständig ausgeführt ist, genug Arbeit haben, solange die zweckmäßige Strafgesetzlichkeit immer weiter entfaltet wird[59]. Sollte die kritische Strafgesetzlichkeit erfolgreich sein, entsteht ihr freilich ein Problem, das so groß ist wie das praktische Wirksamwerden eines kritischen Strafrechts. Bei Erfolg, wenn die kritische Strafgesetzlichkeit keinen Gegner mehr hätte, müßte sie die Frage beantworten, wie ein der Kritik nicht mehr bedürftiges, ein richtiges Strafrecht aussehen könnte. Zum Programm einer kritischen Strafgesetzlichkeit gehört also der Entwurf eines idealen modernen gesamten Strafrechts. Und auch wenn das ideale Strafrecht niemals gebraucht würde (was wahrscheinlich ist, weil das zweckmäßige Strafrecht schwerlich verschwinden wird) – schon das Bemühen um ein ideales Strafrecht würde die Kritikmacht der kritischen Strafgesetzlichkeit stärken.

---

58 *Kant*, Kritik der reinen Vernunft, Vorrede zur 1. Auflage, 1781, Anmerkung.

59 Für den großen Bereich des sich ausbildenden europäischen Strafrechts ist dies belegt von *Braum*, Europäische Strafgesetzlichkeit, 2003.

Anmerkung zu RGSt 76 (1943), Ziffer 1, S. 316 f. (strafrechtlicher Begriff des Erwerbs; Irrtumsdogmatik)

1.

Mein Vortrag[1] will zu den Problemen und den Aussichten der strafrechtlichen Zeitgeschichte beitragen. Ich behandle eine einzelne Revisionsentscheidung des ehemaligen Reichsgerichts aus dem Jahr 1942 als einen Ausdruck der strafrechtlichen Zeitgeschichte. Die Ziele dieser Behandlung übernehme ich von einer Formulierung Thomas Vormbaums[2]. Diese Formulierung ist gefunden nach intensiven Einzeluntersuchungen, Überlegungen und Debatten zur Arbeitsrichtung der juristischen Zeitgeschichte[3]. Die strafjuristische Zeitgeschichte dient, so Vormbaum, der genauen Bestandsaufnahme, der Interpretation und der Bewertung strafrechtlicher Lagen anhand auch juristischer Maßstäbe[4]. Also stelle

1 Erweiterter Text eines Vortrags am 21.6.2013 im Rahmen des Hagener Symposions zum 70. Geburtstag von Thomas Vormbaum „Strafrecht und juristische Zeitgeschichte".

2 *Vormbaum*, Einführung in die moderne Strafrechtsgeschichte, 2. Aufl., 2011, S. 21, 23.

3 Die strafrechtlichen Einzeluntersuchungen des Hagener Instituts für Zeitgeschichte sind dokumentiert vor allem in den von Vormbaum herausgegebenen Schriftenreihen „Allgemeine Reihe" und „Beiträge zur modernen deutschen Strafgesetzgebung". Beispielhaft für die Bewältigung der Aufgaben der juristischen Zeitgeschichte ist die interpretierende Dokumentation der Veränderungen des deutschen StGB seit 1870 (*Vormbaum / Welp* (Hrsg.), Das Strafgesetzbuch. Sammlung der Änderungen und Neubekanntmachungen, 4 Bände und 3 Supplementbände, 1999 ff.). – Vormbaums ausgedehnte Überlegungen zu Gegenstand und Arbeitsweise der juristischen, insbesondere der strafrechtlichen Zeitgeschichte sind zusammengefasst in: *Vormbaum*, Juristische Zeitgeschichte, Docupedia-Zeitgeschichte (www.docupedia.de), 2010; *Vormbaum*, Juristische Zeitgeschichte, Darstellungen und Deutungen, 2011. – *Vormbaums* konzentrierte Beteiligung an der Debatte um Gegenstand und Arbeitsweise der juristischen Zeitgeschichte sind belegt in: Einführung in die moderne Strafrechtsgeschichte, 2. Aufl., 2011, S. 21 f.; ausführlicher: Dialog über Juristische Zeitgeschichte, in: Vormbaum, Juristische Zeitgeschichte. Darstellungen und Deutungen, 2011, S. 17 ff. – Was die juristische Zeitgeschichte bei der Auseinandersetzung über konkrete Probleme leisten kann, belegt: *Vormbaum*, Die „strafrechtliche Aufarbeitung" der nationalsozialistischen Justizverbrechen in der Nachkriegszeit, in: Görtemaker / Safferling (Hrsg.), Die Rosenburg, Das Bundesministerium der Justiz und die NS-Vergangenheit – eine Bestandsaufnahme, 2013, S. 142 ff.

4 Nachweis in Anm. 2. Der folgende Text ist auch als Beitrag zu einer „zeithistorischen Rechtsschule im Strafrecht" angelegt, s. die Forderung nach dieser Arbeitsweise von *Marxen*, Strafrecht nach Überwindung zweier Unrechtsregime in Deutschland. Ein Plädoyer für eine zeithistorische Rechtsschule im Strafrecht, in: Grundmann u.a. (Hrsg.), Festschrift 200 Jahre Juristische Fakultät der Humboldt-Universität zu Berlin, 2010, S. 1201 ff., bes. S.

https://doi.org/10.1515/9783111284439-010

ich RGSt 76, S. 316 f. dar, interpretiere und bewerte diese Entscheidung anhand strafrechtlicher Maßstäbe und unternehme es, die Aktualität der Entscheidung zu belegen.

2.

Der Sachverhalt[5]: Angeklagt ist 1942 Frau Frieda Siebrandt. Frau Siebrandt hat von ihrer Schwester als Geschenke einige Brillantsplitter, zwei Brillantanhänger, zwei Brillantohrringe und einen Brillantring erhalten. Mehr geschieht tatsächlich nicht.

Das Landgericht Berlin[6] verurteilt Frau Siebrandt zu 4 Monaten Gefängnis, zu einer Geldstrafe von 2000 Reichsmark und zur Tragung der Verfahrenskosten; die geschenkten Gegenstände werden eingezogen[7]. Als entscheidendes juristisches Argument führt das Landgericht an, dass Frau Siebrandt Jüdin sei. Damit wird die „Verordnung über den Einsatz jüdischen Vermögens" von 1938 (offizielle Abkürzung: EinsatzVO, im Reichsgesetzblatt abgedruckt[8]) anwendbar.

1215 f. – Mit Klaus Marxen habe ich die Möglichkeit, eine einzelne strafrechtliche Entscheidung als Ausdruck weitreichender strafjuristischer Haltungen aufzufassen, intensiv debattieren können.

5 RGSt 76, S. 316 f. – Auf diese Stelle beziehen sich alle im Text folgenden Informationen aus der besprochenen Entscheidung des Reichsgerichts.

6 Nach den Regeln von 1942 ist zuständig gemacht eine Strafkammer, besetzt mit drei Berufsrichtern. Die Unterscheidung zwischen großer und kleiner Strafkammer und Schwurgericht und die Beteiligung von Laien ist weggefallen (§ 14 der VO über Maßnahmen auf dem Gebiete der Gerichtsverfassung und der Rechtspflege vom 1. September 1939, RGBl I, S. 1658). Die Zuständigkeit für ein Verfahren wie das gegen Frau Siebrandt ist nicht konkret geregelt. Die StA hatte es in der Hand, ob sie bei der Strafkammer oder beim Amtsrichter anklagt (§ 4 Abs. 1 der VO über die Zuständigkeit der Strafgerichte, die Sondergerichte und sonstige strafverfahrensrechtliche Vorschriften vom 21. Februar 1940, RGBl I, S. 405).

7 Landgericht (4. Strafkammer) Berlin, Urteil vom 5. Mai 1942, Az. Ko.K.Ms.1/42. Eine beglaubigte Abschrift des Urteils befindet sich in der Akte 2 D 427/1942 des 2. Strafsenats des Reichsgerichts. Die Akte ist im Bundesarchiv registriert unter Nr. R3002/Strafsenate/41306. Klaus Marxen hat mich auf die mögliche Fundstelle für diese Akte hingewiesen. Herrn Andreas Grunwald vom Bundesarchiv danke ich für die Hilfe beim Beschaffen einer Kopie der Akte.

Die Angeklagte ist vom Landgericht Berlin wegen mehrerer Taten in Tatmehrheit verurteilt worden. Das Landgericht hat eine Gesamtstrafe gebildet. Die im Text genannte Strafmenge ist die Einsatzstrafe für den verbotenen Erwerb von Edelsteinen (Urteilsabschrift S. 12). Die Gesamtstrafe ist nach Aufhebung des Urteils durch das Reichsgericht wegen der fehlerhaften rechtlichen Würdigung eines anderen Sachverhalts (RGSt 76, S. 318 f., Ziffer 2) gebildet worden. Die Neubildung ist so ungenau, dass die Einsatzstrafe für die Nichtbeachtung des Schenkverbots nicht zu ermitteln ist (Entscheidung des LG Berlin v. 16. März 1943, enthalten in der Senatsakte des Reichsgerichts).

8 RGBl I 1938, S. 1709.

Mit „Einsatz" ist der Einsatz jüdischen Vermögens zur Finanzierung des Vierjahresplans für die Vorbereitung des 2. Weltkrieges gemeint. Diese EinsatzVO verbietet es Juden, Edelsteine „zu erwerben" (§ 14 EinsatzVO). Die Übertretung des Verbots ist mit Gefängnis oder mit Geldstrafe, in schweren Fällen mit Zuchthaus bis zu 10 Jahren bedroht; die Einziehung wird zugelassen (§ 23 EinsatzVO)[9]. Das angefochtene Urteil des Landgerichts Berlin subsumiert: Brillantgegenstände annehmen ist „erwerben", also für eine Jüdin strafbar[10].

3.

Die Revision rügt die Verletzung materiellen Rechts und stützt sich auf zwei dogmatische Argumente. Erstens: Erwerb sei immer entgeltlich. Das Annehmen einer unentgeltlichen Schenkung sei folglich kein Erwerb. Zweitens: die Angeklagte habe nicht gewusst, dass man eine Schenkung doch juristisch als Erwerb auffassen könne; sie habe sich in einem Irrtum befunden[11].

Das Reichsgericht verwirft die Revision als unbegründet. Die beiden Sachrügen weist der Senat in der traditionellen Sprache der strafrechtlichen Revision zurück.

Erste Sachrüge: Erwerb „im Rechtssinn" sei „der Erwerb des Eigentums ... an einem Gegenstand ohne Rücksicht auf den Rechtsgrund, also ... der – entgeltliche oder unentgeltliche – Erwerb ...". Das klingt juristisch tadellos. Der Senat

---

9 Die Strafdrohung ergibt sich aus folgender Kette von Texten: Am 18. Oktober 1936 erlässt der „Führer und Reichskanzler" als Führererlass eine „Verordnung zur Durchführung des Vierjahresplanes", die im Reichsgesetzblatt gedruckt wird (RGBl I 1936, S. 887). Die zeitgenössische Staatsrechtslehre fasst diesen Text als „Gesetz" auf (*E.R. Huber*, Verfassungsrecht des Großdeutschen Reiches, 2. Aufl., 1939, S. 251 Anm. 1). Durch diese Verordnung wird dem „Ministerpräsidenten Generaloberst Göring" die Durchführung des Vierjahresplans übertragen und die Befugnis eingeräumt, die „erforderlichen Maßnahmen" zu treffen und zur Erreichung dieses Zwecks „Rechtsverordnungen und Verwaltungsvorschriften" zu erlassen. Göring nutzt diese Befugnis für eine „Verordnung über die Anmeldung des Vermögens von Juden" (RGBl I 1938, S. 414). § 8 dieser VO droht für die Nichtanmeldung jüdischen Vermögens die oben im Text genannten Strafen an. § 7 dieser VO gibt dem Beauftragten für den Vierjahresplan die Macht, „die Maßnahmen zu treffen, die notwendig sind, um den Einsatz des anmeldepflichtigen Vermögens im Einklang mit den Belangen sicherzustellen". Dieser § 7 führt zu der „Zweiten Anordnung auf Grund der Verordnung über die Anmeldung des Vermögens von Juden" (RGBl I 1938, S. 1688). Diese zweite Anordnung macht „den Reichswirtschaftsminister im Einvernehmen mit dem Reichsminister des Inneren" zuständig für alle Maßnahmen, anmeldepflichtiges jüdisches Vermögen sicherzustellen. Diese beiden Minister erlassen die EinsatzVO mit Erwerbsverbot und Strafandrohung bei Verletzung des Verbots. Die Strafandrohung und die Einziehungsmöglichkeit werden durch Verweisung auf § 8 der Verordnung über die Anmeldung des Vermögens von Juden erzeugt.

10 Landgericht Berlin (Anm. 7), Urteilskopie S. 3, 9 f., 11, 12 f.

11 Die sorgfältige, traditionelle Begründung der Revision vom 5. Juni 1942 befindet sich in der Senatsakte des Reichsgerichts (Anm.7), S. 1 ff. des Begründungsschriftsatzes.

sieht freilich, dass solche tadellosen juristischen Festlegungen ihre selbstgeschaffenen dogmatischen Tücken haben.

Das Reichsgericht bemerkt, dass der tadellose Erwerbsbegriff auch den Erwerb durch Erbfolge umfasst. Danach macht sich auch der Jude strafbar, der einen Brillanten durch Erbschaft erwirbt. Der Senat hält das zwar für folgerichtig. Das Erben eines Brillanten ist eigentlich strafbarer Erwerb, falls der Erbe Jude ist. RGSt 76, S. 316 f. ist wichtig, weil die Entscheidung massiv belegt, wieweit Reichsrichter, also Richter mit langer Berufserfahrung und geübter juristischer Technik, allein mit dieser Technik gehen. Die Erbschaft als Straftatbestand nach der EinsatzVO lässt das Reichsgericht aber doch fallen mit einem achselzuckenden Hinweis auf das Erbrecht des BGB. Es gibt dazu nur einen Satz: „...mit Rücksicht auf §§ 1942 Abs. 1 und 1953 Abs. 1 BGB (Anfall der Erbschaft)“ könne der eigentlich strafbare Erwerb „nicht den Erwerb auf Grund gesetzlicher oder testamentarischer Erbfolge umfassen“. Plötzlich kommt die traditionelle Erbrechts-Dogmatik in das grässliche argumentative strafrechtliche Spiel. Hinter den revisionsrichterlichen Überlegungen sieht man jene harmlose akademische Übungsfrage: wie wäre es, wenn, also wenn die angeklagte Jüdin die Brillanten nicht durch Schenkung sondern durch Erbfolge erworben hätte. Und ein gewisses Behagen, eine schöne dogmatische Antwort auf die Alternativfrage zu wissen, wird nicht verborgen.

Dabei wirkt dieser prätentiöse Ausflug in das Gebiet ns-ferner reiner Jurisprudenz gespenstisch. Dieser Ausflug ist nach positivem Recht 1942 falsch. Längst ist das dogmatisch scheinbar so feste Institut des Anfalls der Erbschaft zerstört, wenn der Erbe Jude ist. Das Gesetz über die Errichtung von Testamenten und Erbverträgen von 1938 (§ 48 Abs. 2)[12] in Verbindung mit der Allgemeinverfügung des Reichsjustizministeriums von 1941 führt – so der Titel der Allgemeinverfügung – zur „Nichtigkeit von Verfügungen von Todes wegen, durch die ein deutschblütiger Erblasser einen Juden bedenkt“[13].

Nach dem Ausflug in das Erbrecht findet der Senat sogleich in die politische Wirklichkeit zurück. Als erschräken sie über das Abschweifen in unpolitische juristische Denkformen, betonen die Reichsrichter noch einmal geflissentlich, dass es bei der Strafbarkeit des Erwerbs durch Schenkung bleibe. Der Senat fügt eine Floskel hinzu, die jederzeit, vor 1933, 1933–1945 und nach 1945 als hoch-

12 Gesetz über die Errichtung von Testamenten und Erbverträgen vom 31.7.1938, RGBl I, S. 973, nachgewiesen bei *Walk* (Hrsg.), Das Sonderrecht für die Juden im NS-Staat, 2. Aufl., 1996, II 515.

13 Abgedruckt in: Deutsche Justiz 1941, S. 958, nachgewiesen bei *Walk* (vorige Anm.), IV 245.

stehende akzeptierte Methodenerwägung für die Praxis abrufbar ist. Zitat: „Weder aus dem Wortlaut noch aus dem Zweck" der EinsatzVO ergebe sich eine Beschränkung der Strafbarkeit auf den entgeltlichen Erwerb.

Über den Wortlaut wird nicht weiter nachgedacht. Der Zweck der Verordnung wird nicht formuliert. Das Reichsgericht setzt voraus, dass alle beteiligten Juristen diesen Zweck kennen: die zwangsweise Enteignung jüdischen Vermögens zur Finanzierung des Krieges. Das Ergebnis revisionsrichterlicher Überlegungen bis hierher ist: die Annahme von Brillantschmuck als Geschenk ist eindeutig strafbar, wenn die Beschenkte Jüdin ist.

Zur zweiten Sachrüge der Revision, die Beschenkte habe gemeint, Beschenktwerden sei kein Erwerb, die Beschuldigte habe sich in einem beachtlichen Irrtum befunden: Zunächst entdeckt der Senat in dem angefochtenen Urteil des Landgerichts, dass dieses Landgericht der Beschuldigten den Irrtum nicht geglaubt hat[14]. Der Senat folgert, dass er sich mit der Rechtsfrage, welche Bedeutung dem Irrtum zukomme, eigentlich nicht zu beschäftigen habe.

Aber die Rechtsfrage ist doch zu schön. Der Senat öffnet sich den Weg zur Erörterung dieser Rechtsfrage mit einer von politischen Lagen unabhängigen strafrechtlichen Denkform, der Annahme der Bedeutungslosigkeit des Verteidigungsvorbringens für das strafrechtliche Ergebnis. Eingeleitet mit dem Wort „übrigens" erklärt der Senat: selbst wenn die Beschuldigte sich in dem Irrtum befunden habe, eine Jüdin dürfe sich straflos Brillantschmuck schenken lassen, sei sie strafbar. Es folgt eine klassische Irrtumserörterung.

Die Revisionsbegründung und der entscheidende Senat legen die 1942 vorherrschende Rechtsprechung des Reichsgerichts zum Verbotsirrtum zugrunde. Nach dieser Rechtsprechung ist zu unterscheiden zwischen einem Irrtum über strafrechtliche Begriffe: dieser Irrtum ist unbeachtlich, und einem Irrtum über außerstrafrechtliche Begriffe: dieser Irrtum ist beachtlich. Zusammengefasst: strafrechtliche Begriffe muss man kennen, bei Irrtum bleibt man strafbar; außerstrafrechtliche Begriffe braucht man nicht zu kennen, bei Irrtum kann man straflos

---

14 Die zentrale Begründung des Landgerichts Berlin für die Meinung, der Angeklagten sei ein Irrtum nicht zu glauben, ist für die juristische Zeitgeschichte wichtig. Das Landgericht schreibt ohne Beleg, es sei „ausgeschlossen, daß Juden … nicht über alle sie betreffenden Maßnahmen unterrichtet sind". Da die Angeklagte mit einem, wie das Gericht feststellt, „Arier" verheiratet ist, fügt das Landgericht hinzu: „...auch wenn sie in Mischehen leben" (Urteilsabschrift – Anm. 7 – S. 3, 10). Das ist absurd, wenn man in dem Urteil liest, welche Mühe das Landgericht hat, in den vielen einschlägigen Texten eine einigermaßen zutreffende Grundlage für die Bestrafung von Frau Siebrandt zu finden (Urteilsabschrift – Anm. 7 – S. 10).

sein[15]. Für das strafrechtliche Schicksal der Beschuldigten ist die Antwort auf die Frage, ob „Erwerb“ ein strafrechtlicher oder ein außerstrafrechtlicher Begriff ist, entscheidend. Die Revisionsbegründung argumentiert, der Begriff des Erwerbs sei unverändert dem bürgerlichen Recht entnommen. Der Irrtum über den Begriff des Erwerbs sei mithin ein außerstrafrechtlicher beachtlicher Irrtum. Dagegen der Senat: das Strafrecht bestimme zivilrechtliche Begriffe wie „Erwerb“ eigenständig; es liege ein strafrechtlicher unbeachtlicher Irrtum vor[16]. Der Senat geht wie selbstverständlich davon aus, dass das Strafrecht sich von zivilrechtlichen Begriffen befreit hat. Der Senat sieht sich in einer Linie, die vor dem 1. Weltkrieg beim Betrug mit dem Aufgeben des zivilrechtlich-juristischen Vermögensbegriffs beginnt[17], die in der Rechtslehre des 3. Reichs als Befreiung des Strafrechts vom zivilistischen Denken dogmatisiert wird[18] und die bis heute herrschend bleibt[19].

4.

Die Entscheidung ist falsch. Und sie war 1942/43 falsch. Es gehört zu den vordringlichen Aufgaben der wissenschaftlichen strafrechtlichen Zeitgeschichte,

---

15 Z.B. RGSt 42, S. 27 und 72, S. 309.

16 An dieser Stelle ist die Reichsgerichtsentscheidung unfassbar schwach. Die Revisionsbegründung (s. Anm. 11, S. 2–4) hat dogmatisch genau argumentiert, es gehe nicht um den Irrtum über einen feststehenden Ausdruck in einer Strafregel, sondern um den Irrtum über die Auslegung eines durchaus offenen Ausdrucks in einer Strafregel, hier des Ausdrucks „Erwerb“. Die Revisionsbegründung stellt dem Senat die aktuelle dogmatische Frage, ob ein Beschuldigter eine gerichtliche Auslegung zu seinen Lasten kennen müsse, und belegt für die konkrete Entscheidung ausführlich, dass eine in einer Mischehe lebende Jüdin wegen des weitreichenden Schutzes durch die Mischehe die Auslegung eines einzelnen gegen Juden gerichteten Ausdrucks in einer Strafregel nicht kennen konnte. Der Senat sagt zu dieser Argumentation kein Wort. Hier ist die Quelle jener gegenwärtigen strafrechtsdogmatischen Linie, die Mühe hat, bei unklarer Rechtslage einen unvermeidbaren Verbotsirrtum zuzugestehen.

17 RGSt 16 (1888), S. 1 ff.; dann RGSt 44 (1911), S. 230 ff.

18 *Hans-Jürgen Bruns*, Die Befreiung des Strafrechts vom zivilistischen Denken. Beiträge zu einer selbständigen, spezifisch strafrechtlichen Auslegungs- und Begriffsbildungsmethodik, 1938.

19 Der BGH handhabt diese Befreiung als aktuell unter Berufung auf die Rechtsprechung des Reichsgerichts, zu sehen an einem der profiliertesten Ergebnisse der Befreiung des Strafrechts vom zivilistischen Denken, dem wirtschaftlichen Vermögensbegriff beim Betrug – BGHSt 2 (1952), S. 364. In der Literatur wird die Zuständigkeit des Strafrechts, den Vermögensbegriff selbstständig zu bestimmen, nicht bestritten, s. *Matt / Renzikowski / Saliger*, StGB, 2013, § 263 Rn. 151, 152 mit Nachweisen. – Kritisch: *Lüderssen*, Die Wiederkehr der „Befreiung des Strafrechts vom zivilistischen Denken“ – eine Warnung, in: Lüderssen, Entkriminalisierung des Wirtschaftsstrafrechts II, 2007, S. 37 ff.

die Furcht erregende Falschheit solcher einzelnen Entscheidungen genau zu begründen.

Folgende Begründung liegt nahe:

Man befindet sich am Ende des Jahres 1942. Das Verschleppen und Töten der Juden ist organisiert. Die Mitglieder des Senats waren entweder Nationalsozialisten und Antisemiten, zumindest ängstliche Mitläufer. Juristisch war für den Senat die EinsatzVO ein folgerichtiger Teil eines dichten, in allen Rechtsgebieten gegen Juden gerichteten Regelwerks[20]. Gleichwohl hätten die Reichsrichter sehen müssen und können, dass sie falsch entscheiden. Der Widerspruch zwischen dem Inhalt der Entscheidung und dem Inhalt strafrechtlicher Tradition ist zu massiv. Dieser Widerspruch hätte zu einem für Frau Siebrandt gut begründbaren entlastenden Urteil führen müssen: die Möglichkeit, den Erwerbsbegriff auf den entgeltlichen Erwerb zu beschränken und einen Irrtum über einen außerstrafrechtlichen Begriff anzunehmen, lag dogmatisch nahe.

Aber diese Begründung für die absolute Falschheit des Urteils reicht nicht. Die strafrechtliche Zeitgeschichte kann vor derart schlichten Begründungen warnen. Die Falschheit der Entscheidung folgt sicher aus dem persönlichen Versagen einiger Richter. Aber man muss immer wieder betonen, dass dieses persönliche Versagen juristisch tadellos formuliert werden konnte und formuliert worden ist. Die falsche Entscheidung RGSt 76, S. 316 f. ist eine strafrechtstheoretisch moderne Entscheidung. Die Falschheit der Entscheidung gibt den Blick frei auf die Falschheit der strafrechtstheoretischen Moderne, die das persönliche Versagen bei Entscheidungen antreibt.

Die Ausdrücke „strafrechtstheoretische Moderne, modernes Strafrecht“ verwende ich mit dem Inhalt, den Vormbaum in seiner „Einführung in die moderne Strafrechtsgeschichte“ festgelegt hat. Das Strafrecht der Moderne ist das Strafrecht „der gegenwärtigen Rechtsepoche“, deren Quelle (bei Vormbaum heißt es „deren Beginn“) „in der Zeit des ausgehenden 18. Jahrhunderts“ zu suchen ist[21].

RGSt 76, S. 316 f. ist das Ergebnis einer rechtstheoretisch akzeptierten, jedoch falschen Erzeugung von strafenden Regeln und einer rechtstheoretisch akzeptierten, jedoch falschen Auffassung über den möglichen Inhalt strafrechtlicher

---

20 S. *Werle*, Justiz-Strafrecht und polizeiliche Verbrechensbekämpfung im Dritten Reich, 1989, S. 179 ff., 200, 449 ff.; *Walk*, Das Sonderrecht für die Juden im NS-Staat, 2. Aufl., 1996; *Ostendorf*, Dokumentation des NS-Strafrechts, 2000.

21 *Vormbaum*, Einführung in die moderne Strafrechtsgeschichte, 2. Aufl., 2011, S. 23.

Regeln. Es ist diese Ausprägung einer zweifach falschen, jedoch als normal geltenden Art der Strafrechtshandhabung in RGSt 76, S. 316 f., die der Beschuldigten keinen Ausweg lässt.

Ich skizziere diese beiden Haltungen kurz und zeige sie dann in ihrer Wirkung auf RGSt 76, S. 316 f.

Die erste Haltung nimmt jede Regel für das Bestrafen hin, wenn sie von einer politischen Macht technisch korrekt erzeugt worden ist. Die zweite Haltung kümmert sich nicht um den Inhalt der technisch korrekt erzeugten Regel für das Bestrafen, solange dieser Inhalt als gerade gesellschaftsnützlich aufgefasst werden kann. Diese beiden Haltungen tragen RGSt 76, S. 316 f. Die Kritik an RGSt 76, S. 316 f. muss diese Haltungen treffen.

5.

Zur ersten Haltung: Es ist revisionsrechtlich auffällig, dass der Senat kein Wort über die Gesetzesqualität der EinsatzVO verliert. Auch 1942 ist die Revision gem. § 337 StPO verpflichtet, die Gesetzlichkeit des Strafens zu wahren.

Der Urteilstext erinnert sich sogar selbst an diese Verpflichtung. Bei der Erörterung der Frage, welchem Zweck die EinsatzVO wohl diene, formuliert der Senat wirklich, es gehe um den „Zweck des Gesetzes". Es hätte heißen müssen „Zweck der Verordnung". Das ist ein aussagekräftiger Fehler[22]. Der Senat schreibt in der revisionsrechtlichen Sprache von „Gesetz und Gesetzesverletzung". Die Begriffe, die mit dieser Sprache bezeichnet werden, hat der Senat aber aufgegeben.

Die Entscheidung, die ich bespreche, ist beklemmend, weil sie mit unemotionalen, unpolitischen juristischen Mitteln die EinsatzVO zu einer unverletzlichen Strafrechtsregel erklärt, eine Verordnung, die es Juden bei Strafe verbietet, einen Brillanten als Geschenk anzunehmen. Die juristische Zeitgeschichte kann Bericht darüber erstatten, dass sich im 20. Jahrhundert im Strafrecht eine Haltung entwickelt, die jeden mit Autorität auftretenden Strafrechts-Text als verbindliches Strafrecht hinnimmt, auch eine EinsatzVO.

22 Dieser Fehler findet sich auch in der Revisionsbegründung der Verteidigung (Anm. 7, Verteidigungsschrift S. 3). Die Verteidigung schreibt „Gesetzesbestimmung" und meint Verordnung. Die Fähigkeit wahrzunehmen, dass Strafverordnungen das Gesetzlichkeitsprinzip im Strafrecht auflösen, scheint verschwunden zu sein.

1942 sind Strafrechtler daran gewöhnt, dass Strafrecht bis hin zur Verhängung der Todesstrafe in Verordnungen steht[23]. Diese Gewöhnung ist als feststehend beschrieben in geachteten Kommentaren zu § 2 StGB a.F. und zu Art. 116 der Weimarer Reichsverfassung von 1919. Diese Bestimmungen legen das Gesetzlichkeitsprinzip für das Strafrecht fest. Die Kommentierungen lassen in Auflagen von 1919 bis 1933 Strafverordnungen als Grundlagen der Strafbarkeit ausreichen[24]. Diese Gewöhnung an nicht-gesetzliches Strafrecht entsteht aus drei machtvollen Quellen.

Die erste Quelle ist das Denken und Arbeiten in der Form der Ermächtigungsgesetze. Die Ermächtigungsgesetze ersetzen das Strafgesetz durch die Strafverordnung. Die Ermächtigungsgesetze von 1919, 1923, 1933, 1942[25] erzeugen eine große Fläche von Verordnungsstrafrecht. Dieses Verordnungsstrafrecht prägt den strafjuristischen Alltag[26]. Am Beispiel der Emminger-VO von 1924 hat Vormbaum diese weitreichende Wirkung des Verordnungsstrafrechts aus Ermächtigungsgesetzen für das Strafprozessrecht gezeigt[27].

Die EinsatzVO kommt nicht aus der Quelle der Ermächtigungsgesetze. Sie kommt aus der zweiten starken Quelle für Strafen durch Verordnungen. Die EinsatzVO, die das Reichsgericht 1942 so selbstverständlich als „Gesetz" handhabt, beruft sich auf eine Verordnung über die Anmeldung des Vermögens von Juden von 1938, diese Verordnung ihrerseits holt sich ihre Zuständigkeit aus einem Führererlass zur Durchführung des Vierjahresplans von 1936. Dieser Führererlass steht im Reichsgesetzblatt und ist dort als „Verordnung" bezeichnet[28]. Das ist kein juristischer Zufall. Diese Führererlasse sind zurückzuführen auf das

---

23 Z.B. § 5 der VO des Reichspräsidenten zum Schutze von Volk und Staat vom 28.2.1933, RGBl I, S. 83.

24 *Frank*, Das Strafgesetzbuch für das Deutsche Reich, Kommentar, 11.–14. Aufl., 1919, § 2 Anm. I; *Anschütz*, Die Verfassung des Deutschen Reiches vom 11. August 1919, Kommentar, 14. Aufl., 1933, Art. 116 Anm. 4; *Kohlrausch*, Strafgesetzbuch für das Deutsche Reich, Kommentar, 28. Aufl., 1928, § 2 Anm. 2; *Ebermayer / Lobe / Rosenberg*, Reichs-Strafgesetzbuch, Leipziger Kommentar, 5. Aufl., 1933, § 2 Anm. 3.

25 Vgl. *Frehse*, Ermächtigungsgesetzgebung im Deutschen Reich 1914–1933, 1985. Das Ermächtigungsgesetz 1919 in der Münchener Räterepublik ist nachgewiesen bei: *Barreneche*, Materialien zu einer Strafrechtsgeschichte der Münchener Räterepublik 1918/19, 2004, S. 94 f. Das in der juristischen Technik besonders auffällige Ermächtigungsgesetz 1942 findet sich in RGBl I, S. 247.

26 Übersicht für die Zeit des 1. Weltkriegs: *H. Jünger*, Kriegsgesetze, o.J. (1915); für die Zeit der Weimarer Republik: *Gusy*, Weimar – die wehrlose Republik?, 1991, S. 128 ff.; für das 3. Reich: *Müller-Pohle*, Führer durch das gesamte Reichs-Neben-Strafrecht, 1937; *Dombrowski*, Kriegsstrafrecht, 5. Aufl., 1942.

27 *Vormbaum*, Die Lex Emminger vom 4. Januar 1924, 1988.

28 Fundstellen oben in Anm. 9.

Notverordnungsrecht in Art. 48 der Weimarer Reichsverfassung. Mit der Vereinigung der Ämter des Reichskanzlers und des Reichspräsidenten 1934 ist die Notverordnungsbefugnis des Reichspräsidenten zum Reichskanzler, damit zu Hitler gelangt[29]. Die EinsatzVO ist für das Reichsgericht unauffälliges Notverordnungsstrafrecht.

Für die Staatslehre des 3. Reiches war eine solche Ableitung der Verordnungsbefugnis des NS-Reichskanzlers aus der Weimarer Reichsverfassung allerdings juristisch unzeitgemäß. Seit 1939 fasst diese Lehre die beiden genannten Quellen für Strafverordnungen zu einer dritten, massiven Quelle zusammen, dem Führerentscheid[30]. Dann ist die EinsatzVO für das Reichsgericht unmittelbare Folge eines Führererlasses.

Die fehlende gesetzliche Qualität der EinsatzVO ist 1942 für das Reichsgericht kein Problem. Strafdrohungen in Verordnungen sind seit Jahrzehnten als richtig gewohnt. Man beugt sich vor jedem mit Strafe drohendem Text, der für seine Erzeugung irgend eine Art von Autorität vorweisen kann[31].

Diese Haltung nimmt den von der EinsatzVO betroffenen Bürgern alle Verteidigungsmöglichkeiten. An RGSt 76, S. 316 f. sieht man: beim Aufeinandertreffen von traditionellem Revisionsrecht, das der Sicherung der Strafgesetzlichkeit verpflichtet ist, und Machtvermehrung durch Strafrecht ohne Gesetzlichkeit, gibt das Revisionsrecht nach, sprengt den Gesetzesbegriff und begnügt sich mit einer minderen Art der Positivität[32]. Das Prinzip der Gesetzlichkeit des Strafens schützt den Bürger nicht mehr[33].

---

29 § 1 Satz 2 des Gesetzes über das Staatsoberhaupt des Deutschen Reiches, RGBl I 1934, S. 747, das seinerseits aus dem Ermächtigungsgesetz von 1939 hervorgeht.

30 *E. R. Huber*, Verfassungsrecht des Großdeutschen Reiches, 2. Aufl., 1939, S. 218 f., 251 ff. – Zu dieser Frage aus aktueller zeitjuristischer Sicht: *Werle* (Anm. 20), S. 193 f.

31 Im Urteil des Landgerichts Berlin ist das an einer bezeichnenden Stelle zu sehen. Das Landgericht handhabt die in Sprache und Gehalt an das Gesetzesstrafrecht gebundene Konkurrenzlehre unbestimmt im Verordnungsstrafrecht (s. Anm.7, Urteilsabschrift S. 11 ff.).

32 Diese Haltung ist Teil einer umfangreichen Änderung der Aufgaben und der Arbeitsweise der strafrechtlichen Revision bei unverändertem Gesetzestext; s. dazu *Naucke*, Der Revisionsrichter in Strafsachen, in: Bemmann / Manelodakis (Hrsg.), Der Richter in Strafsachen, 1992, S. 107 ff. und – materialreich – *Braum*, Geschichte der Revision im Strafverfahren von 1877 bis zur Gegenwart, 1996, insb. S. 155 ff. zur strafrechtlichen Revision in der NS-Zeit.

33 Diese juristische Technik, Ermächtigungsgesetze zu machen und die Straftatbestände erst in Verordnungen zu formulieren, bleibt bis heute erhalten. Das BVerfG hat keine Bedenken, die Präzisierung von Straftatbeständen durch Verordnungen für verfassungsgemäß zu halten. Zur Begründung erfährt man, präzise Regelungen in einem Gesetz könnten notwendige Anpassungen erschweren (BVerfG NJW 1987, S. 3176). Diese Rechtsprechung wird ohne Diskussion in die aktuelle Kommentarliteratur übernommen; die Forderung, die Strafbarkeit ausschließlich auf ein formelles parlamentarisches Gesetz zu gründen (das ist der Kern des

6.

Diese Haltung verbündet sich mit einer zweiten modernen Entgleisung strafrechtlichen Denkens. Das Reichsgericht kümmert sich nicht um die juristische Qualität der zu prüfenden Bestimmung, kümmert sich freilich ebensowenig um deren Inhalt. Der Inhalt der EinsatzVO ist grauenvoll. Jemand nimmt ein Geschenk an und wird dafür mit anerkannt professioneller juristischer Argumentation bestraft. RGSt 76, S. 316 f. wird möglich, weil sich diese Entscheidung als Anwendungsfall einer seit langem für normal gehaltenen Jurisprudenz versteht.

Für diese Jurisprudenz ist Strafrecht immer und nur positives Strafrecht. Dieser Positivismus – damit es nicht vergessen wird: kein Gesetzespositivismus, sondern überwiegend ein Verordnungspositivismus – ist eine moderne Macht. Diese Macht steht den unterschiedlichsten Machtzielen zur Verfügung. Grob skizziert: Seit dem Beginn des 20. Jahrhunderts sind die natürlichen Rechte des Menschen theoretisch und praktisch ruiniert. Es gibt nur noch relativ richtiges Recht. Verbindlichkeit erlangt das Recht allein durch Positivierung.

Diese Positivierung, durch Gesetz oder durch Verordnung oder durch autoritären Entscheid, verändert Wissenschaft und Praxis des Strafrechts grundlegend. Noch um 1800 kann nur jenes Verhalten positiv strafbar gemacht werden, das vorher für strafwürdig befunden worden ist. Nur das strafwürdige Verhalten ist auch gesetzwürdig. Das Gesetz muss sich vor außergesetzlichen Maßstäben rechtfertigen können. Für das Reichsgericht um 1940 ist die strafrechtstheoretische Lage ganz anders. Die Beweislast dafür, dass das positive Strafgesetz richtig ist, hat sich umgekehrt. Wer den Inhalt einer positiv gewordenen Strafrechtsregel für falsch erklären will, muss das beweisen – kann das aber nicht beweisen, weil der positivierte Inhalt sich stets darauf zurückziehen kann, er nehme Richtigkeit nicht in Anspruch, bestehe nur auf relativer zeitgemäßer Richtigkeit, und die sei immer gegeben. Wenn etwas selbstverständlich Falsches positiviert wird – wie die Bestrafung des Verschenkens eines Schmuckstücks in der EinsatzVO – dann ist das durch modern-strafrechtstheoretische Auffassungen gedeckt. Falschheit ist nicht zu beweisen; relative Zeitgemäßheit besteht aber. Das erklärt die juristische Arroganz, mit der das Reichsgericht die EinsatzVO anwendet. Es gibt nur noch relativ-richtiges, zeitabhängiges positives Strafrecht[34].

Gesetzlichkeitsprinzips), wird lediglich als „aA“ registriert (*Matt / Renzikowski / Basak*, StGB, Kommentar, 2013, Rn 11, Fn 77).

34 Das ist gegenwärtig nicht anders. Eine ausgearbeitete Lehre von der Gesetzwürdigkeit gibt es nicht. Diese Lehre würde absolut geltende Maßstäbe voraussetzen. Absoluta im Strafrecht sind aber abgetan. Relativismus ist wissenschaftliche Pflicht. Es gibt lediglich einen materi-

Eigentlich müsste dieser Relativismus das positive Strafrecht lähmen. Warum sollte man ein Strafrecht, z.B. die EinsatzVO, achten, wenn dieses Strafrecht im Augenblick seiner Geltung wenig gilt? Möglich wird das Hinnehmen jeder positivierten Strafrechtsregel durch einen juristischen Mechanismus, den man überall in der modernen strafrechtlichen Geschichte am Werke sieht. Dieser Mechanismus trennt den relativen Inhalt des Strafrechts von einem inhaltsleeren, stets funktionstüchtigen Zwangsapparat, genannt „positiviertes Bestrafen". Dieser leere Zwangsapparat wartet auf Inhalte und weist keinen Inhalt ab. Der Inhalt des positiven Strafrechts ist relativ-wechselnd, der strafrechtliche Zwang ist absolut beständig[35]. Es gibt für dieses Strafrecht kein menschliches Verhalten, das nicht strafbar gemacht werden könnte[36].

Dies ist freilich eine dürftige Strafrechtstheorie. Um diese Dürftigkeit auszugleichen, füllt man sie mit folgender Überlegung auf: ganz leer ist der Zwangsapparat „positiviertes Bestrafen" doch nicht. Dieser Zwangsapparat ist jeder Gesellschaft nützlich, weil er Rechtssicherheit schafft. Welcher Inhalt auch immer den Zwangsapparat „positiviertes Bestrafen" erreichen mag, *einen* Wert bekommt dieser Inhalt durch Positivierung stets. Dieser Wert ist die gesellschaftsnützliche Rechtssicherheit. Rechtssicherheit gerät unversehens zur Machtsicherheit. Dieses Dogma erhöht die EinsatzVO zu einer Förderung zeitgemäßer gesellschaftsnützlicher Rechtssicherheit. Wenn der eine oder andere Reichsrichter 1942 gelehrt war, kannte er die wissenschaftliche Fassung dieses Dogmas von 1932: „Der Richter, indem er sich dem Gesetze ohne Rücksicht auf seine Gerechtigkeit dienstbar macht, wird also trotzdem nicht bloß zufälligen Zwecken der Willkür dienstbar. Auch wenn er, weil das Gesetz es so will, aufhört, Diener

---

ellen Verbrechensbegriff, der die Strafgesetzgebung leiten soll. Dieser materielle Verbrechensbegriff wird regelmäßig gleichgesetzt mit „Rechtsgutsverletzung". Bei der Untersuchung des Rechtsgutsbegriffs kommt man aber nicht weiter als bis zu der Meinung, Rechtsgüter seien nur relativ verbindlich, seien nämlich die Güter, die eine gerade aktuelle Gesellschaft für wichtig hält und die ein Gesetzgeber zu Rechtsgütern erklärt. Der Relativismus der Rechtsgutslehre zeigt sich daran, dass diese Lehre keinen Maßstab für richtige oder falsche Rechtsgüter hat, sich um einen Maßstab für die Richtigkeit oder die Falschheit eines Rechtsguts auch nicht bemüht, weil sie die theoretische oder historische Relativität aller Rechtsgüter für ausgemacht hält. Die EinsatzVO widerstreitet dieser Rechtsgutslehre nicht. Die EinsatzVO dient der zeitabhängig zweckmäßigen Sicherung der Kriegsfinanzierung.

35 Der Satz ist übernommen aus *meinem* Beitrag zur FS für E. A. Wolff, 1998, S. 363.

36 Fast wörtlich übernommen von *Kelsen*, Reine Rechtslehre, 1. Aufl., 1934, Studienausgabe der 1. Auflage 1934, 2008, S. 74 f. Dort heißt es: Die Normen des Rechts „gelten nicht kraft ihres Inhalts. Jeder beliebige Inhalt kann Recht sein, es gibt kein menschliches Verhalten, das als solches, kraft seines Gehalts, ausgeschlossen wäre, Inhalt einer Rechtsnorm zu werden. Deren Geltung kann dadurch nicht in Frage gestellt werden, daß ihr Inhalt einem irgendwie vorausgesetzten materiellen Wert, etwa der Moral, nicht entspricht. Als Rechtsnorm gilt eine Norm stets nur darum, weil sie … nach einer ganz bestimmten Regel erzeugt … wurde."

der Gerechtigkeit zu sein, bleibt er noch immer Diener der Rechtssicherheit“[37]. Die ständige Berufung auf eine nützliche Rechtssicherheit, die das positive Recht schaffe, erhöht aber nur die Zustimmungsbereitschaft zu jedwedem positivierten Inhalt[38].

7.

RGSt 76, S. 316 f. ist keine Entscheidung, die nur in die falsche politische Zeit gefallen ist. RGSt 76, S. 316 f. ist professioneller Teil eines im Prinzip, nicht nur vorübergehend falschen Strafrechtsdenkens, falsch, weil es jede oberflächlich korrekt abgeleitete Strafrechtsregel und jeden, auch den willkürlichen Textinhalt, als verbindliches Strafrecht auffasst. Das Akzeptieren von vermeintlich korrekt erzeugten Strafregeln zusammen mit dem Akzeptieren jedes Inhalts einer Strafregel als rechtssichernde Gesellschaftsnützlichkeit gelten als normale tüchtige Jurisprudenz[39]. Solange irgendetwas positiviert ist, gilt es eben. Es ist

37 *Radbruch*, Rechtsphilosophie, 3. Aufl., 1932 = Gustav Radbruch Gesamtausgabe, Bd. 2, 1993, S. 315 f.

38 *Mario A. Cattaneo*, Terrorismo e Arbitrio, 1998, S. 120 (deutsch: *Cattaneo*, Strafrechtsterrorismus, aus dem Italienischen von Thomas Vormbaum, 2001, S. 124 f.).

39 Diese Tüchtigkeit erklärt die beflissene Sorgfalt, mit der gut ausgebildete, im Beruf erfahrene Juristen das Strafrecht gegen Juden bis in den letzten Winkel eines Prozesses systematisieren. In der Akte des Reichsgerichts (Anm. 7) verzichtet kein Schriftstück darauf, den der beschuldigten Frau Siebrandt durch § 2 der mit Strafe drohenden VO vom 17.8.1938 (RGBl I, S. 1044) auferlegten Vornamen „Sara“ mitzuteilen. Wird das doch einmal vergessen, wird das handschriftlich nachgetragen (Senatsakte – Anm. 7 –, Protokoll der Sitzung des 2. Strafsenats vom 10. Dezember 1942). Eine Verpflichtung besteht für das Gericht nicht. Der Verteidiger der Beschuldigten ist Jude. Nach der Fünften Verordnung zum Reichsbürgergesetz vom 27. September 1938 (RGBl I, S. 1403) ist der jüdische Anwalt aus der Rechtsanwaltschaft ausgeschieden, darf sich aber „Konsulent“ nennen und Juden vertreten. Der Verteidiger gibt in allen Schriftsätzen seinen aufgezwungenen Vornamen „Israel“ an, nennt sich selbst „Konsulent“, fügt an: „zugelassen nur zur rechtlichen Beratung und Vertretung von Juden“ und ergänzt das offizielle Aktenzeichen um die Mitteilung „Frau Siebrandt ist Jüdin Kennkarte Berlin A 191 190“. Das geschieht in allen Schriftsätzen des Verteidigers. Es gibt offenbar Regeln, die diese Angaben verlangen, um Prozesshandlungen wie Einlegung und Begründung der Revision wirksam zu machen (Senatsakte – Anm. 7 –, Schriftsätze des Verteidigers vom 9. Mai, 5. und 8. Juni 1942). Staatsanwaltschaft und Gericht nennen den jüdischen Verteidiger stets „Konsulent“. – Dem Landgericht genügt im Tenor seines Urteils vom 5. Mai 1942 zur rechtlichen Bezeichnung der Tat die Wendung „wegen Vergehens gegen die Judenverordnung usw.“. Jemand entdeckt bei der Durchsicht des Urteils, dass es im Verfahren um mehrere Verordnungen geht und ändert den Ausdruck „Judenverordnung“ in „Judenverordnungen“ (Senatsakte – Anm. 7 –, Abschrift des angefochtenen Urteils). Der Ausdruck „JudenVO“ taucht auch im Protokoll des Reichsgerichts über die mündliche Verhandlung am 10. Dezember 1942 auf, wird aber mit einer anderen Handschrift geändert in „VO. Über den Einsatz des jüdischen Vermögens v. 3.12.1938 u.a.“. – Die Staatsanwaltschaft führt bei der Übersendung der Akten an den Senat am 10. November 1942 zwei Beschuldigte auf: „1.

dieses seit langem entgleiste Strafrechtsdenken, das die Revision der Beschuldigten Frau Siebrandt von vornherein offensichtlich unbegründet macht[40].

Frau Frieda Sara Siebrandt" und 2. einen weiteren „arischen" Beschuldigten. Die Staatsanwaltschaft fügt in klarem Aktendeutsch hinzu „Jude zu 1.". – Man braucht zur Handhabung einer EinsatzVO keine pervertierte Sonderjurisprudenz; die Normaljurisprudenz kann die strafprozessuale Verfolgung von Juden ohne weiteres aufnehmen.

40 Der Verlauf des Revisionsverfahrens, das RGSt 76 (1943), S. 316 f. dokumentiert, ist nur ein ganz geringer Teil des Schicksals von Frau Frieda Siebrandt, ihrer Verwandten und ihrer persönlichen Umgebung. Dieses Schicksal ist durchdrungen von juristisch bestimmten Handlungsformen.

1943 wird Frau Siebrandt von einer „Blockwalterin in der NSV" (Nationalsozialistische Volkswohlfahrt, eine Parteiorganisation der NSDAP) angezeigt; der Vorwurf: Frau Siebrandt habe Lebensmittel an Juden abgegeben. Frau Siebrandt wird von der Gestapo am 20.4.1943 – sie ist, 1888 geboren, 55 Jahre alt – „abgeholt" und in Polizeihaft gebracht. In der Haft stirbt sie nach einem Monat, am 20.5.1943, zwei Monate nach der rechtskräftigen Beendigung des Verfahrens RGSt 76 (1943), S. 316 f.

Gegen die Denunziantin wird 1947 ein Strafverfahren wegen eines „Verbrechens gegen die Menschlichkeit" nach Art. II 1 c des Kontrollratsgesetzes Nr. 10 vom 20. Dezember 1945 eingeleitet. Die Beschuldigte wird mit der Begründung, andere Personen seien für die Denunziation verantwortlich, freigesprochen.

Der „arische" Ehemann von Frau Frieda Siebrandt, wird 1946 vom Magistrat der Stadt Berlin, Abteilung für Sozialwesen, Hauptausschuss „Opfer des Faschismus" als „Opfer des Faschismus" (OdF) anerkannt. Max Siebrandt macht in diesem Verfahren geltend, seine Frau sei durch rassische Verfolgung umgekommen; er habe wirtschaftliche Nachteile hinnehmen müssen, weil seine Frau als Jüdin das Geschäft nicht habe betreten dürfen, ihn daher auch nicht habe unterstützen können. Diese Anerkennung als „Opfer des Faschismus" führt zu einer Anzeige der Schwester von Frau Frieda Siebrandt gegen Max Siebrandt. Begründet wird die Anzeige mit der Information, im Geschäft von Max Siebrandt habe, auch vor dem Tod von Frau Frieda Siebrandt, ein Schild mit der Aufschrift, Juden seien unerwünscht, gehangen. Die Richtigkeit der Information über das Schild im Geschäft kann im Verfahren nicht geklärt werden. Max Siebrandt bleibt „Opfer des Faschismus". Er stirbt 1958 im Alter von 75 Jahren. Max Siebrandt hatte nach dem Tod von Frau Frieda Siebrandt wiedergeheiratet. Die zweite Frau wird verdächtigt, überzeugte Nationalsozialistin gewesen zu sein, was folgenlos bleibt.

In dem Verfahren zur Anerkennung von Max Siebrandt als „Opfer des Faschismus" stellt sich durch eine Mitteilung der Schwester von Frau Frieda Siebrandt heraus, dass ein zweiter Angeklagter in dem Verfahren, das zu RGSt 76 (1943), S. 316 f. führt, Herr Max Meyer, jüdischen Bekenntnisses, in Auschwitz zu Tode gekommen ist.

Die vorstehenden Daten stammen aus zwei Akten des Berliner Landesarchivs (Akte zum Strafverfahren gegen die freigesprochene Denunziantin, Az.: Landesarchiv Berlin BRep 058 Nr.: 2499 und Akte des „Magistrats der Stadt Berlin, Hauptstadt der DDR", Az. des Landesarchivs Berlin CRep. 118-01 Nr.: 31279). Klaus Marxen hat diese Akten ermittelt und Kopien der wichtigsten Dokumente aus diesen Akten beschafft.

8.

Wie tief diese Haltung in das strafjuristische Handeln der Moderne eingeprägt ist, zeigt sich nach dem Zusammenbruch des NS-Regimes. Die EinsatzVO fällt nicht einfach mit der Macht, die sie hervorgebracht hat, weg. Der alliierte Kontrollrat muss sie mit dem Gesetz Nr. 1 vom 20. September 1945 förmlich aufheben[41]. Aber Positivität ist ein starkes, in seinen Wirkungen schwer vorhersehbares Institut. Das Kontrollratsgesetz Nr. 1 gilt erst ab 20. September 1945. Geregelt werden muss nach positivistischen Kategorien die rechtliche Qualität der EinsatzVO zwischen dem 8. Mai 1945 und dem 20. September 1945. Der Kontrollrat behilft sich mit einer Anleihe am nicht-positivistischen Denken und formuliert, die EinsatzVO sei „ausdrücklich" aufgehoben[42], war also, so ist das zu verstehen, schon vorher aufgehoben und wird zur Sicherheit noch einmal aufgehoben. Das ist absurde Jurisprudenz, aber den herrschenden Positivismus scheint das nicht zu stören.

Für die Zeit nach dem 20. September 1945 ist die EinsatzVO endgültig aufgehoben. Für diese Zeit nach der endgültigen Aufhebung der EinsatzVO hält es der Kontrollrat aber für möglich, dass diese Aufhebung rechtstheoretisch auf schwachen Argumenten ruht, also von Juristen nach wie vor als gültig angesehen werden wird. Der Kontrollrat beschreibt diese Situation als Anwendung oder Versuch der Anwendung der aufgehobenen Verordnung. Für so stark hält der Kontrollrat die Kraft der einstmaligen Positivierung, dass er die Anwendung oder die versuchte Anwendung von aufgehobenen NS-Strafregeln, die EinsatzVO eingeschlossen, mit Strafe bedroht[43].

9.

Die Entscheidung RGSt 76, S. 316 f., die auf der EinsatzVO beruht, ist 1942 rechtskräftig geworden. Rechtskraft ist so schwer loszuwerden wie Positivität. Die Frage, ob RGSt 76, S. 316 f. immer noch rechtskräftiger Teil unserer strafrechtlichen Zeitgeschichte ist, lässt sich nicht einfach beantworten.

41 Kontrollrat, Gesetz Nr. 1 vom 20. September 1945, Art. I Abs. 1 Buchstabe p (Amtsblatt des Kontrollrats Nr. 1 S. 6).

42 Art. I Nr. 1 vor a des Kontrollratsgesetzes Nr. 1 (Anm. 41).

43 Art. III des Kontrollratsgesetzes Nr. 1 (Anm. 41). Es handelt sich offenbar um ein allgemeines Problem, das in Art. III des Kontrollratsgesetzes Nr. 1 beschrieben ist. Eine ähnliche Formulierung wird in Art. VI des Kontrollratsgesetzes Nr. 11 benutzt (Amtsblatt des Kontrollrats Nr. 3, S. 559).

An dieser Stelle wird es für die juristische Zeitgeschichte schwierig. Es geht um die Begriffe, mit denen man eine von Anfang an unrechte, aber rechtskräftige Entscheidung als nicht vorhanden behandeln darf. Die moderne Prozessdogmatik kann die Vorstellung nicht entwickeln, dass eine von Anfang an unrechte, aber rechtskräftige Entscheidung nicht vorhanden ist.

Diese juristische Situation findet wenig Aufmerksamkeit. Ein durchdachtes Rechtskraftkonzept muss vertrauen können auf die nicht bezweifelbare Rechtlichkeit des vorausliegenden materiellen und prozessualen Strafrechts. Nur relativ richtige, allein durch die gerade aktuelle politische Macht gestützte materielle und prozessuale Regeln relativieren auch das Rechtskraftkonzept, gestalten dieses Konzept zu einer leeren Machtäußerung um. Die Rechtskraft einer Entscheidung, die auf der EinsatzVO beruht, schreibt Unrechtlichkeit fest. Das zerstört die Konstruktion des Rechtskraftkonzepts.

Es gibt die Wiederaufnahme. Einen Wiederaufnahmegrund „unrechte Entscheidung“ gibt es aber nicht. Anfänge eines solchen Wiederaufnahmegrundes kann man in den zersplitterten Gesetzen und Verordnungen sehen, die in den ersten Jahrzehnten nach dem 2. Weltkrieg die Überprüfung von nationalsozialistischen Strafurteilen, in erster Linie von Urteilen gegen Widerstandskämpfer und Fahnenflüchtige, ermöglichten. Das sind aber begrenzte, zögernde Ausnahmen[44]. Eine tüchtige, positivrechtlich korrekte Jurisprudenz kann eben nur tüchtig sein, aber nicht rechtlich oder unrechtlich. Dieses Fundament modernen Entscheidens trägt RGSt 76, S. 316 f. und die Ausnahmeregeln nach dem 2. Weltkrieg gleichermaßen.

Es hilft alles nichts: Eine falsche rechtskräftige Reichsgerichtsentscheidung kann fehlerlos nur durch positivierte Regeln beseitigt werden. Ohne Positivierung ist die Befugnis zur Missachtung von RGSt 76, S. 316 f. juristisch nicht zu haben. Schon das Besatzungsrecht erkennt das an. Urteile wie RGSt 76, S. 316 f. werden nicht für ungeschehen erklärt. Eine Proklamation des Kontrollrats von 1945 verlangt allein, dass solche Entscheidungen durch neue positive Regeln aufgehoben werden müssen[45].

---

44 S. dazu die materialreiche, kritisch argumentierende Monographie von *Vogl*, Stückwerk und Verdrängung. Die Wiedergutmachung nationalsozialistischen Strafjustizunrechts in Deutschland, 1997, S. 198 ff. ; weiter *Vogl*, in: Marxen / Miyazawa / Werle (Hrsg.), Der Umgang mit Kriegs- und Besatzungsunrecht in Japan und Deutschland, 2001, S. 177 ff.

45 Proklamation Nr. 3, Ziff. II, 3 des Kontrollrats vom 20. Oktober 1945, Amtsblatt des Kontrollrats 1945, Nr. 1, S. 22.

Man hatte auf diese Regeln bis 1998 zu warten. In diesem Jahr gibt es das „Gesetz zur Aufhebung nationalsozialistischer Unrechtsurteile in der Strafrechtspflege (NS-AufhG)“[46].

Dieses Gesetz hebt die Rechtskraft eines Urteils wie RGSt 76, S. 316 f. auf[47].

Freilich kann sich nicht jeder Bürger, z.B. ein Betroffener oder seine Nachkommen, auf das Aufgehoben-Sein einer Entscheidung wie RGSt 76, S. 316 f. berufen. Dann hätte jeder Bürger ein verbindliches Urteil, dass eine Entscheidung, weil sie eine unrechte Entscheidung ist, nicht mehr existiert. Das kann der strafrechtliche Positivismus nicht zulassen. Der Bürger oder seine Nachkommen müssen deshalb einen Antrag an die Staatsanwaltschaft richten[48]. Diese Behörde stellt fest, ob ein Urteil aufgehoben ist und erteilt „hierüber“ eine Bescheinigung. Dann erst darf man das unrechte Urteil als aufgehoben bezeichnen. Für RGSt 76, S. 316 f. habe ich eine solche Bescheinigung nicht finden können.

10.

Für eine moderne Rechtstheorie ist die Sache dogmatisch damit aber noch nicht zu Ende. RGSt 76, S. 316 f. ist zwar aufgehoben. Auch die EinsatzVO, auf der RGSt 76, S. 316 f. beruht, ist aufgehoben. Nach positivem Recht gibt es aber noch das auf der aufgehobenen EinsatzVO beruhende Verfahren, das zu RGSt 76, S. 316 f. geführt hat. Mit diesem Verfahren muss man irgendetwas machen. Nach § 1 Satz 2 des NS-AufhG wird dieses Verfahren „eingestellt“. Der gegenwärtige Stand des Verfahrens gegen Frau Frieda Siebrandt, die sich 1940 Schmuck hatte schenken lassen, die dafür 1942 bestraft worden ist und die nach einer Denunziation 1943 in Polizei-Haft in Berlin gestorben ist[49], der Stand dieses Verfahrens ist: das Verfahren wurde eingestellt.

11.

Eine unabweisbare Frage aus diesen Daten an die juristische Zeitgeschichte ist, wie sie diese Art der Jurisprudenz von RGSt 76 (1943) S. 316 f. bis zur Einstellung des Verfahrens 1998 beurteilen will, ob dies nur tüchtige oder unangenehm zeitgemäße oder aber hochmoderne Jurisprudenz ist.

---

46 BGBl I, S. 2501.

47 § 1 Satz 1 in Verbindung mit § 2 Ziffer 3 und Anlage Nr. 15 zu § 2 Ziffer 3 NS-AufhG.

48 § 6 Abs. 1 NS-AufhG.

49 Belege oben in Anm. 40.

Meine Antwort auf diese Frage: Die Juristische Zeitgeschichte sollte die Art der Jurisprudenz, die sich in RGSt 76 (1943), S. 316 f. und im NS-AufhG 1998 mit Macht Geltung verschafft, als hochmoderne, tief beunruhigende Jurisprudenz auffassen.

Eine weitere Frage an die Juristische Zeitgeschichte ist, ob die Daten, die ich mitgeteilt habe, nicht einen Ausbau des Gegenstandes jedenfalls der strafrechtlichen Zeitgeschichte fordern. Die strafrechtliche Zeitgeschichte ist wahrscheinlich mit der Konzentration auf das Juristische zu begrenzt. Die strafrechtliche Zeitgeschichte sollte auch Personengeschichte, geprägt vom Juristischen, werden.

Nachweise der Erstveröffentlichungen

NS-Strafrecht als Teil einer längeren Entwicklungslinie im Strafrecht? in: Säcker (Hrsg.), Recht und Rechtslehre im Nationalsozialismus. Baden-Baden (Nomos) 1992, S. 981 ff.

Schwerpunktverlagerungen im Strafrecht, in: Kritische Vierteljahresschrift für Gesetzgebung und Rechtswissenschaft 1993, S. 135 ff.

Konturen eines nach-präventiven Strafrechts, in: Kritische Vierteljahresschrift für Gesetzgebung und Rechtswissenschaft 1999, S. 336 ff.

Die Michael-Kohlhaas-Situation. Ein juristischer Kommentar, in: Heinrich von Kleist, Michael Kohlhaas. Mit Kommentaren von Wolfgang Naucke und Joachim Linder. Baden-Baden (Nomos) 2000, S. 111 ff.

Rechtstheorie und Staatsverbrechen. Zur Schrift von Binding / Hoche, in: Karl Binding / Alfred Hoche, Die Freigabe der Vernichtung lebensunwerten Lebens. Ihr Maß und ihre Form (1920). Neuausgabe mit einer Einführung von Wolfgang Naucke. (Juristische Zeitgeschichte. Taschenbücher. Bd. 1). Berlin (Berliner Wissenschaftsverlag) 2006, S. VII ff.

„Feindstrafrecht". Besprechung des Buches von: José Luis González Cussac: „Feindstrafrecht". Die Wiedergeburt des autoritären Denkens im Schoße des Rechtsstaates. Übersetzung von Moritz Vormbaum und Thomas Vormbaum. (Rechtsgeschichte und Rechtsgeschehen – Kleine Schriften. 15) Münster / Hamburg / Berlin u. a. (LIT-Verlag) 2007, in: Journal der juristischen Zeitgeschichte 2007, S. 32 ff.

Die robuste Tradition des Sicherheitsstrafrechts, in: Jahrbuch der Juristischen Zeitgeschichte, Band 10 (2008/09), S. 317 ff

„Schulenstreit"? in: Festschrift für Winfried Hassemer. Heidelberg (c.f.müller) 2010, S. 559 ff.; japanische Übersetzung von Minoru Honda in: Ritsumeikan Hogaku 2013, S. 51 ff.

Die zweckmäßige und die kritische Strafgesetzlichkeit, dargestellt an den Lehren P. J. A Feuerbachs (1775–1833), in: Quaderni Fiorentini per la storia del pensiero giuridico moderno 36 (2007), S. 321 ff.; Nachdruck in: Naucke, Negatives Strafrecht. Vier Ansätze. Münster, Berlin (LIT) 2015, S. 1 ff.; italienische Fassung in: Donini/Pavarini, Sicurezza e diritto penale 2012.

https://doi.org/10.1515/9783111284439-011

Anmerkung zu RGSt 76 (1943), Ziffer 1, S. 316 f. (strafrechtlicher Begriff des Erwerbs; Irrtumsdogmatik), in: Asholt u.a. (Hrsg.), Strafrecht und juristische Zeitgeschichte. Symposium aus Anlass des 70. Geburtstags von Thomas Vormbaum. Baden-Baden (Nomos) 2014, S. 9 ff.

Juristische Zeitgeschichte

Herausgeber: Prof. Dr. Dr. Dr. h.c. Thomas Vormbaum, FernUniversität in Hagen

Abteilung 1: Allgemeine Reihe

1 *Thomas Vormbaum (Hrsg.):* Die Sozialdemokratie und die Entstehung des Bürgerlichen Gesetzbuchs. Quellen aus der sozialdemokratischen Partei und Presse (1997)
2 *Heiko Ahlbrecht:* Geschichte der völkerrechtlichen Strafgerichtsbarkeit im 20. Jahrhundert (1999)
3 *Dominik Westerkamp:* Pressefreiheit und Zensur im Sachsen des Vormärz (1999)
4 *Wolfgang Naucke:* Über die Zerbrechlichkeit des rechtsstaatlichen Strafrechts. Gesammelte Aufsätze zur Strafrechtsgeschichte (2000)
5 *Jörg Ernst August Waldow:* Der strafrechtliche Ehrenschutz in der NS-Zeit (2000)
6 *Bernhard Diestelkamp:* Rechtsgeschichte als Zeitgeschichte. Beiträge zur Rechtsgeschichte des 20. Jahrhunderts (2001)
7 *Michael Damnitz:* Bürgerliches Recht zwischen Staat und Kirche. Mitwirkung der Zentrumspartei am Bürgerlichen Gesetzbuch (2001)
8 *Massimo Nobili:* Die freie richterliche Überzeugungsbildung. Reformdiskussion und Gesetzgebung in Italien, Frankreich und Deutschland seit dem Ausgang des 18. Jahrhunderts (2001)
9 *Diemut Majer:* Nationalsozialismus im Lichte der Juristischen Zeitgeschichte (2002)
10 *Bianca Vieregge:* Die Gerichtsbarkeit einer „Elite". Nationalsozialistische Rechtsprechung am Beispiel der SS- und Polizeigerichtsbarkeit (2002)
11 *Norbert Berthold Wagner:* Die deutschen Schutzgebiete (2002)
12 *Miloš Vec:* Die Spur des Täters. Methoden der Identifikation in der Kriminalistik (1879–1933), (2002)
13 *Christian Amann:* Ordentliche Jugendgerichtsbarkeit und Justizalltag im OLG-Bezirk Hamm von 1939 bis 1945 (2003)
14 *Günter Gribbohm:* Das Reichskriegsgericht (2004)
15 *Martin M. Arnold:* Pressefreiheit und Zensur im Baden des Vormärz. Im Spannungsfeld zwischen Bundestreue und Liberalismus (2003)
16 *Ettore Dezza:* Beiträge zur Geschichte des modernen italienischen Strafrechts (2004)
17 *Thomas Vormbaum (Hrsg.):* „Euthanasie" vor Gericht. Die Anklageschrift des Generalstaatsanwalts beim OLG Frankfurt/M. gegen Werner Heyde u. a. vom 22. Mai 1962 (2005)
18 *Kai Cornelius:* Vom spurlosen Verschwindenlassen zur Benachrichtigungspflicht bei Festnahmen (2006)
19 *Kristina Brümmer-Pauly:* Desertion im Recht des Nationalsozialismus (2006)
20 *Hanns-Jürgen Wiegand:* Direktdemokratische Elemente in der deutschen Verfassungsgeschichte (2006)
21 *Hans-Peter Marutschke (Hrsg.):* Beiträge zur modernen japanischen Rechtsgeschichte (2006)
22 *Katrin Stoll:* Die Herstellung der Wahrheit (2011)

23 *Thorsten Kurtz:* Das Oberste Rückerstattungsgericht in Herford (2014)

24 *Sebastian Schermaul:* Die Umsetzung der Karlsbader Beschlüsse an der Universität Leipzig 1819–1848 (2013)

25 *Minoru Honda:* Beiträge zur Geschichte des japanischen Strafrechts (2020)

26 *Michael Seiters:* Das strafrechtliche Schuldprinzip. Im Spannungsfeld zwischen philosophischem, theologischem und juridischem Verständnis von Schuld (2020)

27 *Hannes Ludyga:* Rechtsgeschichte Saarbrückens im 20. Jahrhundert (2022)

28 *Wolfgang Naucke:* Strafrecht als Teil politischer Macht (2023)

Abteilung 2: Forum Juristische Zeitgeschichte

1 *Franz-Josef Düwell / Thomas Vormbaum (Hrsg.):* Themen juristischer Zeitgeschichte (1) – Schwerpunktthema: Recht und Nationalsozialismus (1998)

2 *Karl-Heinz Keldungs:* Das Sondergericht Duisburg 1943–1945 (1998)

3 *Franz-Josef Düwell / Thomas Vormbaum (Hrsg.):* Themen juristischer Zeitgeschichte (2) – Schwerpunktthema: Recht und Juristen in der Revolution von 1848/49 (1998)

4 *Thomas Vormbaum:* Beiträge zur juristischen Zeitgeschichte (1999)

5 *Franz-Josef Düwell / Thomas Vormbaum:* Themen juristischer Zeitgeschichte (3), (1999)

6 *Thomas Vormbaum (Hrsg.):* Themen juristischer Zeitgeschichte (4), (2000)

7 *Frank Roeser:* Das Sondergericht Essen 1942–1945 (2000)

8 *Heinz Müller-Dietz:* Recht und Nationalsozialismus – Gesammelte Beiträge (2000)

9 *Franz-Josef Düwell (Hrsg.):* Licht und Schatten. Der 9. November in der deutschen Geschichte und Rechtsgeschichte – Symposium der Arnold-Freymuth-Gesellschaft, Hamm (2000)

10 *Bernd-Rüdiger Kern / Klaus-Peter Schroeder (Hrsg.):* Eduard von Simson (1810–1899). „Chorführer der Deutschen" und erster Präsident des Reichsgerichts (2001)

11 *Norbert Haase / Bert Pampel (Hrsg.):* Die Waldheimer „Prozesse" – fünfzig Jahre danach. Dokumentation der Tagung der Stiftung Sächsische Gedenkstätten am 28. und 29. September in Waldheim (2001)

12 *Wolfgang Form (Hrsg.):* Literatur- und Urteilsverzeichnis zum politischen NS-Strafrecht (2001)

13 *Sabine Hain:* Die Individualverfassungsbeschwerde nach Bundesrecht (2002)

14 *Gerhard Pauli / Thomas Vormbaum (Hrsg.):* Justiz und Nationalsozialismus – Kontinuität und Diskontinuität. Fachtagung in der Justizakademie des Landes NRW, Recklinghausen, am 19. und 20. November 2001 (2003)

15 *Mario Da Passano (Hrsg.):* Europäische Strafkolonien im 19. Jahrhundert. Internationaler Kongreß des Dipartimento di Storia der Universität Sassari und des Parco nazionale di Asinara, Porto Torres, 25. Mai 2001 (2006)

16 *Sylvia Kesper-Biermann / Petra Overath (Hrsg.):* Die Internationalisierung von Strafrechtswissenschaft und Kriminalpolitik (1870–1930). Deutschland im Vergleich (2007)

17 *Hermann Weber (Hrsg.):* Literatur, Recht und Musik. Tagung im Nordkolleg Rendsburg vom 16. bis 18. September 2005 (2007)

18 *Hermann Weber (Hrsg.):* Literatur, Recht und (bildende) Kunst. Tagung im Nordkolleg Rendsburg vom 21. bis 23. September 2007 (2008)

19 *Francisco Muñoz Conde / Thomas Vormbaum (Hrsg.):* Transformation von Diktaturen in Demokratien und Aufarbeitung der Vergangenheit (2010)
20 *Kirsten Scheiwe / Johanna Krawietz* (Hrsg.): (K)Eine Arbeit wie jede andere? Die Regulierung von Arbeit im Privathaushalt (2014)
21 *Helmut Irmen:* Das Sondergericht Aachen 1941–1945 (2018)

Abteilung 3: Beiträge zur modernen deutschen Strafgesetzgebung. Materialien zu einem historischen Kommentar

1 *Thomas Vormbaum / Jürgen Welp (Hrsg.):* Das Strafgesetzbuch seit 1870. Sammlung der Änderungen und Neubekanntmachungen; fünf Textbände (1999–2017) und drei Supplementbände (2005, 2006)
2 *Christian Müller:* Das Gewohnheitsverbrechergesetz vom 24. November 1933. Kriminalpolitik als Rassenpolitik (1998)
3 *Maria Meyer-Höger:* Der Jugendarrest. Entstehung und Weiterentwicklung einer Sanktion (1998)
4 *Kirsten Gieseler:* Unterlassene Hilfeleistung – § 323c StGB. Reformdiskussion und Gesetzgebung seit 1870. (1999)
5 *Robert Weber:* Die Entwicklung des Nebenstrafrechts 1871–1914 (1999)
6 *Frank Nobis:* Die Strafprozeßgesetzgebung der späten Weimarer Republik (2000)
7 *Karsten Felske:* Kriminelle und terroristische Vereinigungen – §§ 129, 129a StGB (2002)
8 *Ralf Baumgarten:* Zweikampf – §§ 201–210 a.F. StGB (2003)
9 *Felix Prinz:* Diebstahl – §§ 242 ff. StGB (2003)
10 *Werner Schubert / Thomas Vormbaum (Hrsg.):* Entstehung des Strafgesetzbuchs. Kommissionsprotokolle und Entwürfe. Band 1: 1869 (2002); Band 2: 1870 (2004)
11 *Lars Bernhard:* Falsche Verdächtigung (§§ 164, 165 StGB) und Vortäuschen einer Straftat (§ 145d StGB), (2003)
12 *Frank Korn:* Körperverletzungsdelikte – §§ 223 ff., 340 StGB. Reformdiskussion und Gesetzgebung von 1870 bis 1933 (2003)
13 *Christian Gröning:* Körperverletzungsdelikte – §§ 223 ff., 340 StGB. Reformdiskussion und Gesetzgebung seit 1933 (2004)
14 *Sabine Putzke:* Die Strafbarkeit der Abtreibung in der Kaiserzeit und in der Weimarer Zeit. Eine Analyse der Reformdiskussion und der Straftatbestände in den Reformentwürfen (1908–1931), (2003)
15 *Eckard Voßiek:* Strafbare Veröffentlichung amtlicher Schriftstücke (§ 353d Nr. 3 StGB). Gesetzgebung und Rechtsanwendung seit 1851 (2004)
16 *Stefan Lindenberg:* Brandstiftungsdelikte – §§ 306 ff. StGB. Reformdiskussion und Gesetzgebung seit 1870 (2004)
17 *Ninette Barreneche †:* Materialien zu einer Strafrechtsgeschichte der Münchener Räterepublik 1918/1919 (2004)
18 *Carsten Thiel:* Rechtsbeugung – § 339 StGB. Reformdiskussion und Gesetzgebung seit 1870 (2005)
19 *Vera Große-Vehne:* Tötung auf Verlangen (§ 216 StGB), „Euthanasie“ und Sterbehilfe. Reformdiskussion und Gesetzgebung seit 1870 (2005)
20 *Thomas Vormbaum / Kathrin Rentrop (Hrsg.):* Reform des Strafgesetzbuchs.

Sammlung der Reformentwürfe. Band 1: 1909 bis 1919. Band 2: 1922 bis 1939. Band 3: 1959 bis 1996 (2008)

21 *Dietmar Prechtel:* Urkundendelikte (§§ 267 ff. StGB). Reformdiskussion und Gesetzgebung seit 1870 (2005)

22 *Ilya Hartmann:* Prostitution, Kuppelei, Zuhälterei. Reformdiskussion und Gesetzgebung seit 1870 (2006)

23 *Ralf Seemann:* Strafbare Vereitelung von Gläubigerrechten (§§ 283 ff., 288 StGB). Reformdiskussion und Gesetzgebung seit 1870 (2006)

24 *Andrea Hartmann:* Majestätsbeleidigung (§§ 94 ff. StGB a.F.) und Verunglimpfung des Staatsoberhauptes (§ 90 StGB). Reformdiskussion und Gesetzgebung seit dem 19. Jahrhundert (2006)

25 *Christina Rampf:* Hausfriedensbruch (§ 123 StGB). Reformdiskussion und Gesetzgebung seit 1870 (2006)

26 *Christian Schäfer:* „Widernatürliche Unzucht“ (§§ 175, 175a, 175b, 182, a.F. StGB). Reformdiskussion und Gesetzgebung seit 1945 (2006)

27 *Kathrin Rentrop:* Untreue und Unterschlagung (§§ 266 und 246 StGB). Reformdiskussion und Gesetzgebung seit dem 19. Jahrhundert (2007)

28 *Martin Asholt:* Straßenverkehrsstrafrecht. Reformdiskussion und Gesetzgebung seit dem Ausgang des 19. Jahrhunderts (2007)

29 *Katharina Linka:* Mord und Totschlag (§§ 211–213 StGB). Reformdiskussion und Gesetzgebung seit 1870 (2008)

30 *Juliane Sophia Dettmar:* Legalität und Opportunität im Strafprozess. Reformdiskussion und Gesetzgebung von 1877 bis 1933 (2008)

31 *Jürgen Durynek:* Korruptionsdelikte (§§ 331 ff. StGB). Reformdiskussion und Gesetzgebung seit dem 19. Jahrhundert (2008)

32 *Judith Weber:* Das sächsische Strafrecht im 19. Jahrhundert bis zum Reichsstrafgesetzbuch (2009)

33 *Denis Matthies:* Exemplifikationen und Regelbeispiele. Eine Untersuchung zum 100-jährigen Beitrag von Adolf Wach zur „Legislativen Technik“ (2009)

34 *Benedikt Rohrßen:* Von der „Anreizung zum Klassenkampf“ zur „Volksverhetzung“ (§ 130 StGB). Reformdiskussion und Gesetzgebung seit dem 19. Jahrhundert (2009)

35 *Friederike Goltsche:* Der Entwurf eines Allgemeinen Deutschen Strafgesetzbuches von 1922 (Entwurf Radbruch) (2010)

36 *Tarig Elobied:* Die Entwicklung des Strafbefehlsverfahrens von 1846 bis in die Gegenwart (2010)

37 *Christina Müting:* Sexuelle Nötigung; Vergewaltigung (§ 177 StGB) (2010)

38 *Nadeschda Wilkitzki:* Entstehung des Gesetzes über Internationale Rechtshilfe in Strafsachen (IRG) (2010)

39 *André Brambring:* Kindestötung (§ 217 a.F. StGB). Reformdiskussion und Gesetzgebung seit 1870 (2010)

40 *Wilhelm Rettler:* Der strafrechtliche Schutz des sozialistischen Eigentums in der DDR (2010)

41 *Yvonne Hötzel:* Debatten um die Todesstrafe in der Bundesrepublik Deutschland von 1949 bis 1990 (2010)

42 *Dagmar Kolbe:* Strafbarkeit im Vorfeld und im Umfeld der Teilnahme (§§ 88a, 110, 111, 130a und 140 StGB). Reformdiskussion und Gesetzgebung seit dem 19. Jahrhundert (2011)

43 *Sami Bdeiwi:* Beischlaf zwischen Verwandten (§ 173 StGB). Reform und Gesetzgebung seit 1870 (2014)
44 *Michaela Arnold:* Verfall, Einziehung und Unbrauchbarmachung (§§ 73 bis 76a StGB). Reformdiskussion und Gesetzgebung seit dem 19. Jahrhundert (2015)
45 *Andrea Schurig:* „Republikflucht" (§§ 213, 214 StGB/DDR). Gesetzgeberische Entwicklung, Einfluss des MfS und Gerichtspraxis am Beispiel von Sachsen (2016)
46 *Sandra Knaudt:* Das Strafrecht im Großherzogtum Hessen im 19. Jahrhundert bis zum Reichsstrafgesetzbuch (2017)
47 *Michael Rudlof:* Das Gesetz zur Strafbarkeit der geschäftsmäßigen Förderung der Selbsttötung (§ 217 StGB nF.) (2018)
48 *Karl Müller:* Steuerhinterziehung (§§ 370, 371 AO). Gesetzgebung und Reformdiskussion seit dem 19. Jahrhundert (2018)
49 *Katharina Kühne:* Die Entwicklung des Internetstrafrechts unter besonderer Berücksichtigung der §§ 202a–202c StGB sowie § 303a und § 303b StGB (2018)
50 *Benedikt Beßmann:* Das Strafrecht des Herzogtums Braunschweig im 19. Jahrhundert bis zum Reichsstrafgesetzbuch (2019)
51 *Josef Roth:* Die Entwicklung des Weinstrafrechts seit 1871 (2020)
52 *Arne Fischer*: Die Legitimität des Sportwettbetrugs (§ 265c StGB). Unter besonderer Berücksichtigung des „Rechtsguts" Integrität des Sports (2020)
53 *Julius Hagen*: Die Nebenklage im Gefüge strafprozessualer Verletztenbeteiligung. Der Weg in die viktimäre Gesellschaft. Gesetzgebung und Reformdiskurs seit 1870 (2021)
54 *Teresa Frank*: Die Wiederaufnahme zuungunsten des Angeklagten im Strafverfahren. Reformdiskussion und Gesetzgebung seit dem Neunzehnten Jahrhundert (2022)

Abteilung 4: Leben und Werk. Biographien und Werkanalysen

1 *Mario A. Cattaneo:* Karl Grolmans strafrechtlicher Humanismus (1998)
2 *Gerit Thulfaut:* Kriminalpolitik und Strafrechtstheorie bei Edmund Mezger (2000)
3 *Adolf Laufs:* Persönlichkeit und Recht. Gesammelte Aufsätze (2001)
4 *Hanno Durth:* Der Kampf gegen das Unrecht. Gustav Radbruchs Theorie eines Kulturverfassungsrechts (2001)
5 *Volker Tausch:* Max Güde (1902–1984). Generalbundesanwalt und Rechtspolitiker (2002)
6 *Bernd Schmalhausen:* Josef Neuberger (1902–1977). Ein Leben für eine menschliche Justiz (2002)
7 *Wolf Christian von Arnswald:* Savigny als Strafrechtspraktiker. Ministerium für die Gesetzesrevision (1842–1848), (2003)
8 *Thilo Ramm:* Ferdinand Lassalle. Der Revolutionär und das Recht (2004)
9 *Martin D. Klein:* Demokratisches Denken bei Gustav Radbruch (2007)
10 *Francisco Muñoz Conde:* Edmund Mezger – Beiträge zu einem Juristenleben (2007)
11 *Whitney R. Harris:* Tyrannen vor Gericht. Das Verfahren gegen die deutschen Hauptkriegsverbrecher nach dem Zweiten Weltkrieg in Nürnberg 1945–1946 (2008)

12 *Eric Hilgendorf (Hrsg.):* Die deutschsprachige Strafrechtswissenschaft in Selbstdarstellungen (2010)

13 *Tamara Cipolla:* Friedrich Karl von Strombeck. Leben und Werk – Unter besonderer Berücksichtigung des Entwurfes eines Strafgesetzbuches für ein Norddeutsches Staatsgebiet (2010)

14 *Karoline Peters:* J.D.H. Temme und das preußische Strafverfahren in der Mitte des 19. Jahrhunderts (2010)

15 *Eric Hilgendorf (Hrsg.):* Die ausländische Strafrechtswissenschaft in Selbstdarstellungen. Die internationale Rezeption des deutschen Strafrechts (2019)

16 *Hannes Ludyga:* Otto Kahn-Freund (1900–1979). Ein Arbeitsrechtler in der Weimarer Zeit (2016)

17 *Rudolf Bastuck:* Rudolf Wassermann. Vision und Umsetzung einer inneren Justizreform (2020)

18 *Eric Hilgendorf (Hrsg.)*: Die deutschsprachige Strafrechtswissenschaft in Selbstdarstellungen II (2021)

Abteilung 5: Juristisches Zeitgeschehen. Rechtspolitik und Justiz aus zeitgenössischer Perspektive

Mitherausgegeben von Gisela Friedrichsen („Der Spiegel")
und RA Prof. Dr. Franz Salditt

1 *Diether Posser:* Anwalt im Kalten Krieg. Ein Stück deutscher Geschichte in politischen Prozessen 1951–1968. 3. Auflage (1999)

2 *Jörg Arnold (Hrsg.):* Strafrechtliche Auseinandersetzung mit Systemvergangenheit am Beispiel der DDR (2000)

3 *Thomas Vormbaum (Hrsg.):* Vichy vor Gericht: Der Papon-Prozeß (2000)

4 *Heiko Ahlbrecht / Kai Ambos (Hrsg.):* Der Fall Pinochet(s). Auslieferung wegen staatsverstärkter Kriminalität? (1999)

5 *Oliver Franz:* Ausgehverbot für Jugendliche („Juvenile Curfew") in den USA. Reformdiskussion und Gesetzgebung seit dem 19. Jahrhundert (2000)

6 *Gabriele Zwiehoff (Hrsg.):* „Großer Lauschangriff". Die Entstehung des Gesetzes zur Änderung des Grundgesetzes vom 26. März 1998 und des Gesetzes zur Änderung der Strafprozeßordnung vom 4. Mai 1998 in der Presseberichterstattung 1997/98 (2000)

7 *Mario A. Cattaneo:* Strafrechtstotalitarismus. Terrorismus und Willkür (2001)

8 *Gisela Friedrichsen / Gerhard Mauz:* Er oder sie? Der Strafprozeß Böttcher/Weimar. Prozeßberichte 1987 bis 1999 (2001)

9 *Heribert Prantl / Thomas Vormbaum (Hrsg.):* Juristisches Zeitgeschehen 2000 in der Süddeutschen Zeitung (2001)

10 *Helmut Kreicker:* Art. 7 EMRK und die Gewalttaten an der deutsch-deutschen Grenze (2002)

11 *Heribert Prantl / Thomas Vormbaum (Hrsg.):* Juristisches Zeitgeschehen 2001 in der Süddeutschen Zeitung (2002)

12 *Henning Floto:* Der Rechtsstatus des Johanniterordens. Eine rechtsgeschichtliche und rechtsdogmatische Untersuchung zum Rechtsstatus der Balley Brandenburg des ritterlichen Ordens St. Johannis vom Spital zu Jerusalem (2003)

13 *Heribert Prantl / Thomas Vormbaum (Hrsg.):* Juristisches Zeitgeschehen 2002 in der Süddeutschen Zeitung (2003)
14 *Kai Ambos / Jörg Arnold (Hrsg.):* Der Irak-Krieg und das Völkerrecht (2004)
15 *Heribert Prantl / Thomas Vormbaum (Hrsg.)*: Juristisches Zeitgeschehen 2003 in der Süddeutschen Zeitung (2004)
16 *Sascha Rolf Lüder:* Völkerrechtliche Verantwortlichkeit bei Teilnahme an „Peacekeeping"-Missionen der Vereinten Nationen (2004)
17 *Heribert Prantl / Thomas Vormbaum (Hrsg.)*: Juristisches Zeitgeschehen 2004 in der Süddeutschen Zeitung (2005)
18 *Christian Haumann:* Die „gewichtende Arbeitsweise" der Finanzverwaltung. Eine Untersuchung über die Aufgabenerfüllung der Finanzverwaltung bei der Festsetzung der Veranlagungssteuern (2008)
19 *Asmerom Ogbamichael:* Das neue deutsche Geldwäscherecht (2011)
20 *Lars Chr. Barnewitz:* Die Entschädigung der Freimaurerlogen nach 1945 und nach 1989 (2011)
21 *Ralf Gnüchtel:* Jugendschutztatbestände im 13. Abschnitt des StGB (2013)
22 *Helmut Irmen:* Stasi und DDR-Militärjustiz. Der Einfluss des MfS auf Militärjustiz und Militärstrafvollzug in der DDR (2014)
23 *Pascal Johann:* Möglichkeiten und Grenzen des neuen Vermögenschabschöpfungsrechts. Eine Untersuchung zur vorläufigen Sicherstellung und der Einziehung von Vermögen unklarer Herkunft (2019)
24 *Zekai Dağaşan:* Das Ansehen des Staates im türkischen und deutschen Strafrecht (2015)
25 *Camilla Bertheau:* Politisch unwürdig? Entschädigung von Kommunisten für nationalsozialistische Gewaltmaßnahmen. Bundesdeutsche Gesetzgebung und Rechtsprechung der 50er Jahre (2016)
26 *Anja J. Weissbrodt:* Etwas Besseres als den Tod – Aktuelle Regelung der Suizidbeihilfe und ihre Auswirkungen auf die Ärzteschaft (2021)

Abteilung 6: Recht in der Kunst – Kunst im Recht

Mitherausgegeben von Prof. Dr. Gunter Reiß
und Prof. Dr. Anja Schiemann

1 *Heinz Müller-Dietz:* Recht und Kriminalität im literarischen Widerschein. Gesammelte Aufsätze (1999)
2 *Klaus Lüderssen (Hrsg.):* »Die wahre Liberalität ist Anerkennung«. Goethe und die Juris prudenz (1999)
3 *Bertolt Brecht:* Die Dreigroschenoper (1928) / Dreigroschenroman (1934). Mit Kommentaren von Iring Fetscher und Bodo Plachta (2001)
4 *Annette von Droste-Hülshoff:* Die Judenbuche (1842) / Die Vergeltung (1841). Mit Kommentaren von Heinz Holzhauer und Winfried Woesler (2000)
5 *Theodor Fontane:* Unterm Birnbaum (1885). Mit Kommentaren von Hugo Aust und Klaus Lüderssen (2001)
6 *Heinrich von Kleist:* Michael Kohlhaas (1810). Mit Kommentaren von Wolfgang Naucke und Joachim Linder (2000)
7 *Anja Sya:* Literatur und juristisches Erkenntnisinteresse. Joachim Maass' Roman

„Der Fall Gouffé“ und sein Verhältnis zu der historischen Vorlage (2001)

8 *Heiner Mückenberger:* Theodor Storm – Dichter und Richter. Eine rechtsgeschichtliche Lebensbeschreibung (2001)
9 *Hermann Weber (Hrsg.):* Annäherung an das Thema „Recht und Literatur“. Recht, Literatur und Kunst in der NJW (1), (2002)
10 *Hermann Weber (Hrsg.):* Juristen als Dichter. Recht, Literatur und Kunst in der NJW (2), (2002)
11 *Hermann Weber (Hrsg.):* Prozesse und Rechtsstreitigkeiten um Recht, Literatur und Kunst. Recht, Literatur und Kunst in der NJW (3), (2002)
12 *Klaus Lüderssen:* Produktive Spiegelungen. 2., erweiterte Auflage (2002)
13 *Lion Feuchtwanger:* Erfolg. Drei Jahre Geschichte einer Provinz. Roman (1929). Mit Kommentaren von Theo Rasehorn und Ernst Ribbat (2002)
14 *Jakob Wassermann:* Der Fall Maurizius. Roman (1928). Mit Kommentaren von Thomas Vormbaum und Regina Schäfer (2003)
15 *Hermann Weber (Hrsg.):* Recht, Staat und Politik im Bild der Dichtung. Recht, Literatur und Kunst in der Neuen Juristischen Wochenschrift (4), (2003)
16 *Hermann Weber (Hrsg.):* Reale und fiktive Kriminalfälle als Gegenstand der Literatur. Recht, Literatur und Kunst in der Neuen Juristischen Wochenschrift (5), (2003)
17 *Karl Kraus:* Sittlichkeit und Kriminalität. (1908). Mit Kommentaren von Helmut Arntzen und Heinz Müller-Dietz (2004)
18 *Hermann Weber (Hrsg.):* Dichter als Juristen. Recht, Literatur und Kunst in der Neuen Juristischen Wochenschrift (6), (2004)
19 *Hermann Weber (Hrsg.):* Recht und Juristen im Bild der Literatur. Recht, Literatur und Kunst in der Neuen Juristischen Wochenschrift (7), (2005)
20 *Heinrich von Kleist:* Der zerbrochne Krug. Ein Lustspiel (1811). Mit Kommentaren von Michael Walter und Regina Schäfer (2005)
21 *Francisco Muñoz Conde / Marta Muñoz Aunión:* „Das Urteil von Nürnberg“. Juristischer und filmwissenschaftlicher Kommentar zum Film von Stanley Kramer (1961), (2006)
22 *Fjodor Dostojewski:* Aufzeichnungen aus einem Totenhaus (1860). Mit Kommentaren von Heinz Müller-Dietz und Dunja Brötz (2005)
23 *Thomas Vormbaum (Hrsg.):* Anton Matthias Sprickmann. Dichter und Jurist. Mit Kommentaren von Walter Gödden, Jörg Löffler und Thomas Vormbaum (2006)
24 *Friedrich Schiller:* Verbrecher aus Infamie (1786). Mit Kommentaren von Heinz Müller-Dietz und Martin Huber (2006)
25 *Franz Kafka:* Der Proceß. Roman (1925). Mit Kommentaren von Detlef Kremer und Jörg Tenckhoff (2006)
26 *Heinrich Heine:* Deutschland. Ein Wintermährchen. Geschrieben im Januar 1844. Mit Kommentaren von Winfried Woesler und Thomas Vormbaum (2006)
27 *Thomas Vormbaum (Hrsg.):* Recht, Rechtswissenschaft und Juristen im Werk Heinrich Heines (2006)
28 *Heinz Müller-Dietz:* Recht und Kriminalität in literarischen Spiegelungen (2007)
29 *Alexander Puschkin:* Pique Dame (1834). Mit Kommentaren von Barbara Aufschnaiter/Dunja Brötz und Friedrich-Christian Schroeder (2007)

30 *Georg Büchner:* Danton's Tod. Dramatische Bilder aus Frankreichs Schreckensherrschaft. Mit Kommentaren von Sven Kramer und Bodo Pieroth (2007)
31 *Daniel Halft:* Die Szene wird zum Tribunal! Eine Studie zu den Beziehungen von Recht und Literatur am Beispiel des Schauspiels „Cyankali“ von Friedrich Wolf (2007)
32 *Erich Wulffen:* Kriminalpsychologie und Psychopathologie in Schillers Räubern (1907). Herausgegeben von Jürgen Seul (2007)
33 *Klaus Lüderssen:* Produktive Spiegelungen: Recht in Literatur, Theater und Film. Band II (2007)
34 *Albert Camus:* Der Fall. Roman (1956). Mit Kommentaren von Brigitte Sändig und Sven Grotendiek (2008)
35 *Thomas Vormbaum (Hrsg.):* Pest, Folter und Schandsäule. Der Mailänder Prozess wegen „Pestschmierereien“ in Rechtskritik und Literatur. Mit Kommentaren von Ezequiel Malarino und Helmut C. Jacobs (2008)
36 *E.T.A. Hoffmann:* Das Fräulein von Scuderi – Erzählung aus dem Zeitalter Ludwigs des Vierzehnten (1819). Mit Kommentaren von Heinz Müller-Dietz und Marion Bönnighausen (2010)
37 *Leonardo Sciascia:* Der Tag der Eule. Mit Kommentaren von Gisela Schlüter und Daniele Negri (2010)
38 *Franz Werfel:* Eine blaßblaue Frauenschrift. Novelle (1941). Mit Kommentaren von Matthias Pape und Wilhelm Brauneder (2011)
39 *Thomas Mann:* Das Gesetz. Novelle (1944). Mit Kommentaren von Volker Ladenthin und Thomas Vormbaum (2013)
40 *Theodor Storm:* Ein Doppelgänger. Novelle (1886) (2013)
41 *Dorothea Peters:* Der Kriminalrechtsfall ‚Kaspar Hauser‘ und seine Rezeption in Jakob Wassermanns Caspar-Hauser-Roman (2014)
42 *Jörg Schönert:* Kriminalität erzählen (2015)
43 *Klaus Lüderssen:* Produktive Spiegelungen. Recht im künstlerischen Kontext. Band 3 (2014)
44 *Franz Kafka:* In der Strafkolonie. Erzählung (1919) (2015)
45 *Heinz Müller-Dietz:* Recht und Kriminalität in literarischen Brechungen (2016)
46 *Hermann Weber (Hrsg.):* Das Recht als Rahmen für Literatur und Kunst. Tagung im Nordkolleg Rendsburg vom 4. bis 6. September 2015 (2017)
47 *Walter Müller-Seidel:* Rechtsdenken im literarischen Text. Deutsche Literatur von der Weimarer Klassik zur Weimarer Republik (2017)
48 *Honoré de Balzac:* Eine dunkle Geschichte. Roman (1841). Mit Kommentaren von Luigi Lacchè und Christian von Tschilschke (2018)
49 *Anja Schiemann:* Der Kriminalfall Woyzeck. Der historische Fall und Büchners Drama (2018)
50 *E.T.A. Hoffmann:* Meister Floh. Ein Mährchen in sieben Abentheuern zweier Freunde (1822). Mit Kommentaren von Michael Niehaus und Thomas Vormbaum (2018)
51 *Bodo Pieroth:* Deutsche Schriftsteller als angehende Juristen (2018)
52 *Theodor Fontane:* Grete Minde. Nach einer altmärkischen Chronik (1880). Mit Kommentaren von Anja Schiemann und Walter Zimorski (2018)
53 *Britta Lange / Martin Roeber / Christoph Schmitz-Scholemann (Hrsg.):* Grenzüberschreitungen: Recht, Normen, Literatur und Musik. Tagung im Nordkolleg Rendsburg vom 8. bis 10. September 2017 (2019)

54 *Wolfgang Schild*: Richard Wagner *recht* betrachtet (2020)
55 *Uwe Scheffler u.a. (Hrsg.)*: Musik und Strafrecht. Ein Streifzug durch eine tönende Welt (2021)
56 *Britta Lange / Martin Roeber / Christoph Schmitz-Scholemann (Hrsg.)*: Verbrechen und Sprache. Tagung im Nordkolleg Rendsburg vom 13. bis 15. September 2019 (2021)
57 *Dirk Falkner*: Straftheorie von Leo Tolstoi (2021)
58 *Dela-Madeleine Halecker u.a. (Hrsg.)*: Kunst und Strafrecht. Eine Reise durch eine schillernde Welt (2022)
59 *Robert Louis Stevenson*: Der seltsame Fall von Dr. Jekyll und Mr. Hyde. 1886. Mit Kommentaren von Anja Schiemann und Burkhard Niederhoff (2022)
60 *Conrad Ferdinand Meyer*: Die Richterin. Novelle. 1885. Mit Kommentaren von Thomas Sprecher und Walter Zimorski (2022)

Abteilung 7: Beiträge zur Anwaltsgeschichte

Mitherausgegeben von RA Dr. Dieter Finzel (†), RA Dr. Tilman Krach; RA Dr. Thomas Röth; RA Dr. Ulrich Wessels; Prof. Dr. Gabriele Zwiehoff

1 *Babette Tondorf:* Strafverteidigung in der Frühphase des reformierten Strafprozesses. Das Hochverratsverfahren gegen die badischen Aufständischen Gustav Struve und Karl Blind (1848/49), (2006)
2 *Hinrich Rüping:* Rechtsanwälte im Bezirk Celle während des Nationalsozialismus (2007)
3 *Dieter Finzel:* Geschichte der Rechtsanwaltskammer Hamm (2018)

Abteilung 8: Judaica

1 *Hannes Ludyga:* Philipp Auerbach (1906–1952). „Staatskommissar für rassisch, religiös und politisch Verfolgte“ (2005)
2 *Thomas Vormbaum:* Der Judeneid im 19. Jahrhundert, vornehmlich in Preußen. Ein Beitrag zur juristischen Zeitgeschichte (2006)
3 *Hannes Ludyga:* Die Rechtsstellung der Juden in Bayern von 1819 bis 1918. Studie im Spiegel der Verhandlungen der Kammer der Abgeordneten des bayerischen Landtags (2007)
4 *Michele Sarfatti:* Die Juden im faschistischen Italien. Geschichte, Identität, Verfolgung (2014)

Abteilung 9: Beiträge zur modernen Verfassungsgeschichte

1 *Olaf Kroon: Die Verfassung von Cádiz (1812). Spaniens Sprung in die Moderne, gespiegelt an der Verfassung Kurhessens von 1831 (2019)*

www.ingramcontent.com/pod-product-compliance
Lightning Source LLC
LaVergne TN
LVHW042239300926
849161LV00003B/407